主　编　郑长铃

2018 第三届“一带一路”文化艺术交流与合作国际学术研讨会论文集

文化藝術出版社
Culture and Art Publishing House

图书在版编目（CIP）数据

2018第三届“一带一路”文化艺术交流与合作国际学术研讨会论文集 / 郑长铃主编. — 北京 : 文化艺术出版社, 2019.12
ISBN 978-7-5039-6868-6

Ⅰ. ①2… Ⅱ. ①郑… Ⅲ. ①文化交流—国际合作—国际学术会议—文集 Ⅳ. ①G115-53

中国版本图书馆CIP数据核字（2019）第280248号

2018第三届“一带一路”文化艺术交流与合作国际学术研讨会论文集

主　　编　郑长铃
责任编辑　张　恬
书籍设计　李　鹏　姚雪媛
出版发行　文化艺术出版社
地　　址　北京市东城区东四八条52号　（100700）
网　　址　www.caaph.com
电子邮箱　s@caaph.com
电　　话　（010）84057666（总编室）　84057667（办公室）
　　　　　84057696—84057699（发行部）
传　　真　（010）84057660（总编室）　84057670（办公室）
　　　　　84057690（发行部）
经　　销　新华书店
印　　刷　国英印务有限公司
版　　次　2019年12月第1版
印　　次　2019年12月第1次印刷
开　　本　787毫米×1092毫米　1/16
印　　张　24
字　　数　450千字
书　　号　ISBN 978-7-5039-6868-6
定　　价　98.00 元

2018第三届“一带一路”文化艺术交流与合作国际学术研讨会论文集

编委会名单

目 录
CONTENTS

中国古代海上丝绸之路图像资料的收集与论说

谢必震 / 福建师范大学
李湘敏 / 福建师范大学

海上丝绸之路的研究，涉及的领域极其广泛，涉及的问题难以穷尽。迄今虽有连篇累牍、不计其数的海上丝绸之路研究论著，然而，我们梳理这些海上丝绸之路研究成果时，却惊奇地发现，迄今我国还未有“中国海洋发展史”这样的论著出版，这的确是一件令人感到缺憾的事。其关键之处在于海洋发展史的主要内容——海上丝绸之路的研究尚处于初级阶段，还没有完整和可信的历史文献资料作为研究的基础。有鉴于此，组织团队，从事海上丝绸之路图像资料的研究工作，十分重要，对古代海上丝绸之路的图像资料做一个全面、系统的整理和研究，用图像资料来丰富、解析、勾勒中国古代的海上丝绸之路的发展全貌，意义非凡。

一

以往的研究，关于海上丝绸之路图像的应用，仅仅是学术论著的点缀，纵然有图像资料专门的研究，也多是仅就某一图像或某一类图像加以论述，有着极大的局限性。客观地说，也有综合性的图像研究，但限于篇幅和研究者的能力，大多是数百幅图像资料集合和简要的说明而已，对整个海上丝绸之路图像资料而言，也只能是挂一漏万，沧海一粟。

海上丝绸之路图像资料的收集、整理和研究，必须对从中外收集到的图像进行整理归类，科学编排，以历史为经，事实为纬，编织成海上丝绸之路全景式的图像大全，在此基础上，按学科、依门类加以研究，梳理出海上丝绸之路的百科全图，为未来的海上丝绸之路研究奠定坚实的基础。

全面搜集中国古代海上丝绸之路相关的历史图像资料，大致分为造船、航海、港口、海外交通贸易、中外文化交流、海外移民、海洋文献、海图、航海人物、航海管理机构等类别。解析所有的图像资料，挖掘其深刻的内涵。集图录、图典、图解、图志之大全，勾勒出中国古代海上丝绸之路的历史全貌。

中国古代海上丝绸之路图像资料纷繁复杂，不计其数，我们认为，搜集图片分类大致如下：

1. 造船与航海。涉及船舶建造、航海工具、造船场所、航海设施、港口码头、航海针路、海图、航海画卷、航海文献、海神信仰、祈风石刻、海底沉船、沿海航标等。这些图像资料将深刻地反映古代中国航海造船位居世界一流水平。

2. 海外贸易。涉及贸易品名，包括丝绸、瓷器、茶叶、药材、漆器、工艺品、珍宝、字画、香料、皮货、文化用品、农产品、生活生产用品、各类书籍等，亦有贸易执照、贸易契约文书、贸易管理机构、贸易货币等，充分展现古代海上丝绸之路的经济内涵。

3. 人口迁徙。涉及海商、航海家、海外移民、留学僧侣、族谱、侨民聚集地、碑刻墓志、商馆会馆、驿馆客栈、册封队列图、中国人的海外活动等，从而证明海外移民是古代海上丝绸之路的建设者、参与者。

4. 文化交流。涉及赴华外国留学生、国子监、宗教寺庙、基督教堂、园林建筑、音乐舞蹈、相关器具、海洋文化遗址、文物等，以揭示古代海上丝绸之路促进了各国之间的文化交流。

5. 场景再现。选择富有意义的航海长卷（图组），应用新媒体技术，使平面的图画实现 3D 的效果，让读者领略历史场景重现的妙趣。

可以想见，这些图片资料的收集整理工作，不仅是严谨的学术研究，还以图像资料整理研究的成果，让读者徜徉在海上丝绸之路丰富的知识海洋中，触景生情，有着卷帙浩繁著述所不能赋予的愉悦和获得，是海上丝绸之路高层次的科普教育。我们认为，以专题的特色编纂这些图像资料，必然给读者专门的知识，丰富的图像资料刺激读者的感官神经，提升思考问题的能力。在读者的面前呈现各显特色的海船、错综复杂的航路、令人赞叹的航海技术、五花八门的海图、风格迥异的港口、浩浩荡荡的贸易船队、不计其数的贸易物品、无比珍稀的航海文献、声名显赫的航海家、庄严肃穆的航海仪式、千奇百怪的航海神明、惊心动魄的航海事件、传说神奇的海底沉船……这一切在读者的眼前一一浮泛而过，直观、明了、清晰，丰富课题成果的可读性、知识性、趣味性，同时大大丰富了海上丝绸之路的研究。尽管以往亦有图像资料的研究，与之相比，这种研究力求集海上丝绸之路研究图像资料之大成，并深入细致地解析这些图像资料的丰富信息，从而对我国的古代的造船航海历史的研究、对海外诸国的贸易研究、对海外移民的研究、对先民开海拓疆的研究、对中外关系的研究、对中外文化交流的研究、对我国古代航海人物的研究起到积极促进的作用。

二

研究搜集海上丝绸之路的图像资料，不是简单地分类堆砌，而是设定主题、主线、专题的编纂，图像与图像之间有着缜密的逻辑关系，相互衔接，编织成历史的画卷。每幅图都有图题和注释文字，每幅图的注释都是一篇论文。一幅平面的图画，有着丰富的立体解析，揭示图画背后的故事。

以图像资料为主的研究，赋予读者丰富的想象空间。譬如我们展示明代《卫所武职选簿》档案，阐释沿海卫所军士随郑和下西洋一节，以往学术论著的论述，受众面小，文字表述给读者想象的空间非常有限；但是图像资料的展示，先将档案的真真切切的文字史证呈现给各位读者，接着推出皇家船队出行的隆重画面，一应的队列、旌旗、节杖、庞大的海船、威风凛凛的官员等，呈现在读者的面前。海船上的将台、香房，那些图画难以描绘的海神，我们只要将画面切换到岸上的宫庙，一应与航海有关的供奉的各路护航神仙，都会露出它的庐山真面目。随着航海图的推移，沿途的卫所遗址、港口码头、宝塔航标、海口礁石、深水海沟一一映入眼帘。每一幅历史图像都像一颗珍珠，当我们用图解文字将其串在一起，就成了璀璨的珍珠项链。这样的历史场景再现，显现图像资料研究作用的奇妙无穷。

同样，海船的图像资料，让我们在研究中国古代造船、中国船只与域外船只的比较中受益匪浅。通过图像资料，我们对航行在海上丝绸之路上的各国船只的形制、海船的各个部件，诸如锚、桅、帆，篙、桨、橹、舵等有所了解。这些图像的船只将把人们的思绪带回大航海时代。从中我们可以了解古代航海的组织分工，从图像中认识火长、舵工、鸦班、缭手、值库、押工、香工、头阡、二阡、三阡、总铺、总甲、水梢等人。

从图像中我们还能完整地看到中国册封属国的全景：威武壮观的行进队列、落落大方的册封使臣、令人肃然起敬的册封大典、目光焦点的诏书、绚丽炫目的赐品、婀娜多姿的舞蹈，一片歌舞升平的祥和气氛。图像资料还原真实的历史场景，图像资料研究给人遐想的空间，这是以文字为主的学术论著所不能替代的。

这一研究的表现形式是以反映海上丝绸之路发展的历史图像资料为主，因此它的表达形式就不仅仅是图像与文字，通过新媒体技术的应用，对特别有意义的历史长卷，利用计算机动漫设计，使其更加形象生动地展示古人构建海上丝绸之路的活动。通过互联网，使中国古代海上丝绸之路图像的学术影响更加广泛、更加深远。

历史上的海上丝绸之路是东西方通过海路，以商贸为依托，承载文化、艺术交流的和平之路。海上丝绸之路以其深远的意义、广博的内涵，对世界文明的进程产生了巨大的推动和影响。通过对海上丝绸之路图像资料的收集梳理，不仅能使我们深刻领悟古代海上丝绸之路的辉煌与奥秘，同时也为我们建设 21 世纪新的海上丝绸之路提供历史的启迪与借鉴。

三

这一课题研究的设计，不同于以往一般单一的研究。过去的研究，很少能有跨界的研究。谈贸易的课题，与造船、宗教、习俗就很难融在一起；谈史地的考证，也就难以论及海洋考古与沉船的话题；而图像资料的研究，实现了学术研究的大协作。海上丝绸之路的各个方面都能逐一涉及，每项研究都是整体的一部分，而且都能完整地展现。犹如诸多画家协同创作，有人精于构思、有人善于工笔、有人擅长色彩、有人好渲染、有人爱题款……运用集体智慧的结晶，构建中国古代海上丝绸之路的长画卷。这幅长卷具有典藏欣赏的价值，具有按图索骥的解惑功能，具有读史明智的作用。

中国古代海上丝绸之路图像资料的收集、整理与研究，是科学地重现海上丝绸之路历史的重要工作。用具象的形式使枯燥乏味的历史文献资料生动形象化，又使得与海上丝绸之路相关的文物、遗址更加清晰明了。更为重要的是它将以图为证，证明历史上中国人造船航海的伟大，确立中国人开海拓疆的史证，歌颂中国人对人类社会的巨大贡献。本选题的图像图解，必将促进我国与海上丝绸之路沿线国家进一步的合作与交流，从而使“中国威胁论”“新殖民主义”的谬论不攻自破。当然，丰富的图像资料的整理与研究，也为我国在海洋维权和领土主权争端方面提供了无可辩驳的证据。

中国古代海上丝绸之路图像资料的收集、整理与研究，将有助于我国构建新的21世纪海上丝绸之路，有利于遵循党的十九大会议精神，为打造人类命运共同体，加强文化自信，实现中华民族复兴的中国梦，起到历史的应有的推动作用。

四

这一研究课题，在资料文献发现与利用上势必会有拓荒性的建树。无须赘言，海上丝绸之路的研究在资料挖掘和利用方面已有诸多的成就。尤其是“海丝申遗”以来，各级政府文化部门、各博物馆及研究机构、新闻媒体闻风而动，特别是“一带一路”热潮汹涌时，有不少机构重走“海上丝绸之路”。大型的“海上丝绸之路”文物展览的画册、各种类型的与海上丝绸之路图像相关的图册、重走“海上丝绸之路”摄影图片都会成为我们研究的重要资料和研究的基础。

以往“海上丝绸之路”研究的成果，不仅在学术研究方面对我们的研究有指导作用，而且大量论著所引用的图片资料给我们提供了追溯的线索和方向，可以减少一部分工作量。这些图片资料，有学者精心研究的学术成果相佐证，真实可靠，是研究可充分利用的基础。

我们应该清楚地看到，与这一研究相关的相当一部分的资料收藏在国家各有关的档案馆、博物馆，虽然有的资料已经公开发表，但仍有大量资料还深藏未露，亟待我们去收集、整理并加以研究。

这一研究课题，有一部分资料是实地遗存和遗址，遍布在我国沿海各地，以及海外海水所能到达的某些地方，对这些资料我们需要做实地考察、调研。踏着先民的足迹，探寻古人航海的奥秘，发掘古代海上丝绸之路的遗存。可以想见，我们所搜集的每一幅图像，背后都有一个动人的故事。实地图像资料的调研工作令人期待。

海上丝绸之路有大量的遗存深藏在海底，现在经过水下考古发掘的沉船已经不少，水下考古的发现成果为海上丝绸之路的研究提供了大量的实物证据。同时，我们会将其他国家水下考古发现的与我国海上丝绸之路相关的资料收入其中，这将大大丰富我们的研究文献资料来源。

我们还将密切关注学术研究的动态，通过追踪有关学术论坛和研讨会，跟世界各地的学者加强交流，最快掌握新出现的图像资料，将其吸纳到我们的图像资料研究中，予以消化和应用。

建设 21 世纪海上丝绸之路，是顶层设计，是一项伟大工程，是中国人民对人类社会进步的再一次贡献。系统、全面、客观地梳理古代海上丝绸之路的图像资料，解读分析，形成图表、图解、图库，建立完备的数据库，上可为国家有关决策层提供参考，下可为研究者提供进一步研究的资料，同时为广大读者提供了一套了解和掌握我国古代海上丝绸之路的读本，可以促进中国与海上丝绸之路沿线国家的人文交流，达到睦邻友好的目的。

我们相信，本研究课题的成果，必将极大地促进海上丝绸之路的研究。集海上丝绸之路图像资料之大成，本身就是一件庞大的工程，为相关研究领域的深入、拓展奠定坚实的基础。

我们相信，本课题的研究，必将丰富当下“一带一路”各项活动的开展，尤其对于进行海上丝绸之路申遗的城市，这一成果可以成为其开展各种活动的资料，诸如各地开展的文博会、文化节、文物展、校园文化等都可以享用这一研究的成果，让学术研究与社会发展紧密结合，交相辉映。

本课题的研究，将使我们从中国古代海上丝绸之路的发展过程中，领略历史的启迪，提升文化自信心，重振海上雄风，开创光明的未来。

“一带一路”倡议是“构建人类命运共同体”思想的伟大实践

任慧 / 中国艺术研究院
郑长铃 / 中国艺术研究院

构建人类命运共同体，是习近平新时代治国理政思想关于外交理念和外交政策的明确阐述，是习近平提出的“中国方案”，是解决当今世界各种难题、消弭全球各种乱象的“中国钥匙”。这一倡议的思想内涵，源于中国优秀的思想文化，所以在2011年9月发布《中国的和平发展》的白皮书，“命运共同体”作为中国面向世界的新视角出现时，就和文明紧密联系在一起，“要以命运共同体的新视角，以同舟共济、合作共赢的新理念，寻求多元文明交流互鉴的新局面”。

2013年3月，习近平在莫斯科国际关系学院发表演讲，首次向世界阐述他的“全球观”，向世界传递了对人类文明走向的基本判断：“这个世界，各国相互联系、相互依存的程度空前加深，人类生活在同一个地球村里，生活在历史和现实交汇的同一个时空里，越来越成为你中有我、我中有你的命运共同体。”之后的几年，在诸多国内和国际重要舞台上，习近平多次阐释和丰富这一思想。2017年1月18日，习近平在联合国日内瓦总部演讲时，对世界未来的文明发展进行了描绘：“让和平的薪火代代相传，让发展的动力源源不断，让文明的光芒熠熠生辉，是各国人民的期待，也是我们这一代政治家应有的担当。中国方案是：构建人类命运共同体，实现共赢共享。”

一、“共同体”的渊源

构建人类命运共同体是中国方案，但是“共同体”这个词汇诞生于西方世界。“共同体”的英文community，是由拉丁文前缀“com”（“一起”“共同”之意）和伊特鲁亚语单词“munis”（“承担”之意）组成。追本溯源，大约在古希腊时期，以亚里士多德为代表的西方哲学家就对这一概念有所思考。

1887年，欧洲现代社会学的重要奠基人、德国学者斐迪南·滕尼斯（Ferdinand

Tönnies）推出了《共同体与社会》（*Community and Society*）一书，不仅是他个人的成名作，也是社会学界影响深远的著名著作。该书问世后，直到1936年作者逝世的49年间，一直处于修订和再版的状态，累计出过8版，延续到今天已被翻译为多国文字版本。

滕尼斯认为《共同体与社会》这本书讲述的历史，无疑是共同体正在消逝、社会正在形成并且走向繁荣的历史，因此如同书名所明确呈现的那样，"本书最鲜明的特征莫过于它采取了二元对立的结构、围绕着'共同体'与'社会'这对彼此相对的概念展开讨论"。所谓"共同体"，其原型囊括了从古希腊—罗马的民社与城邦，中世纪的日耳曼封建王国直到早期近代的自由市镇的漫长的欧洲历史的诸阶段，其本质包含着"真实而有机的生命"，是古老的；而"社会"，则是近代以来的商业社会与国家，无论作为事物还是名称都是全新的，是抽象出的"想象的与机械的构造"。总之，"共同体"和"社会"分别对应古代和近现代的两种总体文化形态。[1]

《共同体与社会》一书的副标题是"纯粹社会学的基本概念"，可见他对"共同体"和"社会"的研究都是基于社会学的视角，当时"社会"作为全新的概念，与古老的"共同体"相对，但随着社会的发展，古老的"共同体"越来越遥远，而在"社会"中又出现了"社区"的概念，后世中西方学者更多地将"community"翻译为社区。这种理解更多地体现了共同体的地理属性，而非文化属性。

沿着滕尼斯社会学视角的共同体理论，"community"这一概念在西方社会不断拓展。1955年，美国社会学家希勒里（Hillery）出版的《农村社会学》一书，发表了题为《共同体定义：共识的领域》的论文，对当时具有代表性的英、德、法语学者使用的94种关于共同体的定义进行了系统规范的统计，研究发现在不到百年的时间里，西方学术界对于"共同体"这一理论架构的确定含义及适用范围，从不同的角度和跨度进行了深入的关注，但对这一问题的思考尚未达成共识。

近半个世纪以来，社会学家继续关注"共同体"的定义。1971年，美国社会学家贝尔和纽柏在统计过程中发现"共同体"的定义已经增至98个。1981年，美籍华裔社会学者杨庆堃统计的"共同体"定义已经多达140余个。随着表面定义的增多，一方面代表着关注度越来越高，另外一方面也表明社会的加速发展，导致"共同体"的内容和特征潜在地发生了不同程度的变化。

同时，特别需要指出的是，从"community"到"共同体"这三个汉字的确立，也就是

[1] ［德］斐迪南·滕尼斯：《共同体与社会》，张巍卓译，商务印书馆2019年版，引自译者导言。

从西方到东方的过程，要归功于日本学术界。同时从社会学的角度观照中国的共同体经验，早在20世纪的30年代日本学者已经对中国乡村的共同体模式进行过调研和思考，并且影响了中国学人。因此，在日本最权威的词典《広辞苑》2008年的版本中，对“共同体”一词又有了新的阐释，具体包含三类对象：1. 由居住于一定区域，拥有共同情感的人们所构成的集团，地域社会。2. 由美国学者设定的，全面包容了个人的社会集团。3. 在一定地域内，以某种关系而生活着的全部生活个体群。[1] 由此可见日本学者的观念受到西方（社会学）学术的影响很深。

二、中国的“人类命运共同体构想”

习总书记提出的构建人类命运共同体，英文翻译为：The community of shared future for mankind，虽然依然采用了“community”这个词，但并不简单等同或者来自社会学领域的共同体概念。反之可以追溯到马克思主义的经典论述。

在马克思的经典论著中，虽然没有明确提出“共同体”这个词，但包括马克思、恩格斯1845—1846年合著《德意志意识形态》第一章，马克思1846年12月致巴·瓦·安年柯夫的信，马克思1857—1858年所著《资本主义生产以前的各种形式》，马克思1859年所著《〈政治经济学批判〉序言》，恩格斯1878年所著《反杜林论》等篇章，在对其他问题的阐释中都有所涉及。如果将“共同体”这个词引申开来，我们就可以发现《共产党宣言》所说的，“代替那存在着阶级和阶级对立的资产阶级旧社会的，将是这样一个联合体，在那里，每个人的自由发展是一切人的自由发展的条件”这句话中的“联合体”，可以视为马克思“真正的共同体”思想。在这一思想中，没有阶级，没有国家，可以作为我们今天理解人类命运共同体思想和方法论的基础。

立足历史，面向未来。中国的“人类命运共同体思想”逐渐得到国际社会的认可。2017年2月，“构建人类命运共同体”理念写入联合国决议。联合国秘书长古特雷斯说：多极世界需要多边的治理方式，今天的中国可以发挥重要的作用。2018年3月23日，联合国人权理事会第三十七届会议通过中国提出的“在人权领域促进合作共赢”决议。决议呼吁各国共同努力，构建相互尊重、公平正义、合作共赢的新型国际关系，构建人类命运共同体，强调各国要坚持多边主义，加强人权领域对话与合作，实现合作共赢。

更加值得注意的是，2017年10月，“构建人类命运共同体”写入《中国共产党章程》。

[1] 摘自上海师范大学教授钱杭《共同体的中国经验》的讲座稿。

2018年2月25日，中共中央建议在修改宪法部分内容时，增加“推动构建人类命运共同体”。“构建人类命运共同体”思想相继写入《中国共产党章程》和《中华人民共和国宪法》，成为习近平新时代中国特色社会主义思想的重要内容。这都充分表明，以“促进和而不同、兼收并蓄的文明交流”为基础的人类命运共同体思想，不仅代表中国对世界未来的信念，也是向世界宣布中国愿意承担的一份责任。

三、“一带一路”倡议与“构建人类命运共同体”思想

中国面向世界，希望实现共赢共享的美好局面，最伟大的实践就是已经走过五年精彩历程的“一带一路”倡议。2013年9月7日，习近平主席提出共建丝绸之路经济带重大倡议。2013年10月3日，习近平主席提出共建21世纪海上丝绸之路重大倡议。以2013年金秋为起点的建设“一带一路”倡议，迄今全球已有100多个国家和国际组织积极支持和参与“一带一路”建设。习近平总书记战略构想关于文化的部分——“‘一带一路’建设要以文明交流超越文明隔阂、文明互鉴超越文明冲突、文明共存超越文明优越，推动各国相互理解、相互尊重、相互信任”，“国之交在于民相亲，民相亲在于心相通”等，已经充分确立了文化在这个全球战略中的重要地位，也成为中国艺术研究院举办“‘一带一路’文化艺术交流与合作国际学术研讨会”的战略因素。

2018年11月在阿根廷举行的G20峰会上，习近平主席又多次提到“一带一路”倡议，也多次提到构建人类命运共同体的思想。最为重要的是11月30日，习主席会见联合国秘书长古特雷斯时说：“我提出构建人类命运共同体，倡议共建‘一带一路’，就是在反复思考世界各国应如何在千差万别的利益和诉求中实现共商共享、和而不同、合作共赢。”由此，“一带一路”倡议作为承载时代使命的世纪工程，掀开了世界发展进程新的一页，是构建人类命运共同体的伟大实践。

从“一带一路”倡议，到构建“人类命运共同体”的思想，其背后都以中华民族优秀传统思想文化为智力支撑。中华文化源远流长，博大精深，积淀着中华民族最深层的精神追求，代表着中华民族独特的精神标识，确立了中华民族的精神命脉，不仅历史上为中华民族生生不息、发展壮大提供了丰厚滋养，也是面向世界时我们中华民族最深厚的文化软实力，为我们在世界文化激荡中站稳脚跟提供坚实的根基。其中具有悠久历史传统和广泛群众基础的“和”文化，包括儒家思想的天人合一的宇宙观、协和万邦的国际观、和而不同的社会观，以及人心和善的道德观等思想精髓，辅以内化新时代要求，联合构成了“命运共同体”的文化源泉和根基。

四、中国艺术研究院的使命与贡献

中国艺术研究院在文化和旅游部“十三五”规划中，以建设成为文化艺术高端智库为目标，聚焦“构建人类命运共同体”思想，聚焦“一带一路”倡议，通过智库专家团队的论证，近些年相继召开了跨地域、跨学科的学术研讨会，希望借此搭建文化艺术的国际交流合作平台，促进国内外学界和相关人士对于“一带一路”倡议和“构建人类命运共同体”思想，提供广泛而深入的精神支持。

2014 年，中国艺术研究院文化发展战略研究中心和外事处即着手策划响应“一带一路”倡议的文化艺术学术交流合作的活动。2015 年，中国艺术研究院的“‘一带一路’文化艺术交流与合作国际学术研讨会”列入文化和旅游部 2016—2018 年度文化艺术交流活动三年规划，成为国家级国际学术论坛。

2016 年 12 月，首届“一带一路”文化遗产国际学术研讨会在福建泉州召开，会议主题“实现海上丝绸之路和陆上丝绸之路在学术上的贯通”，既初具国际属性，也突出了泉州的地域特征，为和“海丝”相关的丝绸、瓷器、茶叶、音乐、舞蹈、建筑、服饰等文化载体或“非遗”载体提供了学术研究和文化交流具体而深入的切入口，彰显了“各美其美、美美与共”的理念，并形成了一批学术与智库成果。

2017 年 10 月，第二届“一带一路”文化艺术交流与合作国际学术研讨会在甘肃省敦煌市召开，与会专家、学者围绕“如何发挥文化遗产在公共教育、审美教育中的作用”，“丝绸之路上的艺术交流、交融与合作”，以及“文明共享共荣背景下敦煌文化的当代价值和战略意义”等多个议题，进行了深入探讨与广泛对话，呈现中外交织、学科交汇的多元化学术视角，延续了 2016 年“一带一路”文化遗产国际学术研讨会的多层次相结合的会议形式，并在内容上有所拓展与扩充，呈现多维度立体化的学术框架，为“一带一路”文化艺术、交流、合作建设进行了一次成功的学术实践，搭建了一个丰满立体的活动平台。

2017 年 9 月召开的第八届世界儒学大会，以“儒学思想和人类命运共同体”为主题，吸引了来自世界各地 34 个国家和地区的 100 多个儒学研究机构和团体到会，表明“人类命运共同体”理念在思想和精神层面得到越来越多的认同和支持，而如何将这一理念与各国实际发展情况相结合，坚持和平发展与互利共赢的原则不动摇，切实推动形成人类命运共同体，专家们在论坛讨论中发表了不少真知灼见，正如杜维明先生所言，大会必将为人类命运共同体的构建做出积极贡献，促进人类社会和各文明传统的和睦相处。

2018 年冬天，中国艺术研究院按计划举办“第三届‘一带一路’文化艺术交流与合作国际学术研讨会”，以“弘扬‘一带一路’精神，助推人类命运共同体建构”为主题，以“‘一带一路’倡议作为人类命运共同体建构的途径与策略”“人类命运共同体建构中的文化问题研究”“文化遗产（文化线路）与‘东盟’诸国文化艺术交流合作研究”为分议题，不仅对“民心相通”和“互学互鉴”的研究应有历史的深度，而且将进一步紧扣当代的时代脉搏，站在当今人文交流的时代背景和视野下，对“一带一路”文化相关领域的问题进行现代性的阐释与研讨，促进“一带一路”沿线各国与地区的文化沟通、实践交流更加深入有效，推动“一带一路”文化交流与合作走向更广阔的视野和更高的格局，从而为“一带一路”倡议的实践和国家“文化走出去”，“人类命运共同体”建构的实施，提供切实的学术和智库支持。

世界历史与人类命运共同体

——从彼得·弗兰科潘的《丝绸之路》谈起

周诗茵 / 中共中央党校

牛津大学学者彼得·弗兰科潘的《丝绸之路》是一本享誉东西方的学术畅销书。弗兰科潘笔下的"丝绸之路"是一个非常广阔的地区——从伊朗、伊拉克和阿富汗，一直延展至黑海以东，从叙利亚到乌克兰，从哈萨克斯坦到吉尔吉斯斯坦，从土库曼斯坦到阿塞拜疆，以及从俄罗斯到中国。它是"世界舞台的中心"，东西方之间的"肚脐"，也是国际视野的盲区，没有受到应有的重视和得到足够的研究。[1] 无论在东方还是在西方，人们对它的了解和理解远少于对它的幻想与猜测。弗兰科潘想用这本《丝绸之路》打破这种无谓的神秘，讲述在这个广阔领域里 2000 多年来发生过的故事和繁盛一时的文明，以及它正在经历着的转型阵痛，因为人类命运在此紧密交织。

一、繁盛的帝国，复杂的宗教

在人类历史上出现过很多组织国家权力的形式，帝国无疑是存续时间最久的一种。[2] 丝绸之路在 2000 多年的历史里，波斯、希腊、中国的汉王朝和蒙古帝国都曾盛极一时。帝国有两个突出的特点，一是在其治下共存多种不同质的文化，因此一般来说都比较庞大和复杂。二是我们现在所继承的所有古代文明遗产，几乎都曾经过各大帝国的整理与锻造。

弗兰科潘对丝绸之路上的帝国颇感兴趣。他注意到，无论是古代的军事帝国，还是现代的商业帝国，往往都对外呈现强大的军事实力和政治霸权，于是人们通常忽略了它们"利益共享"的意愿、决心和行动，而这才是它们能够整合资源、成功扩张和稳固统治的核心原因。早在公元前 6 世纪，波斯就从今天伊朗的南部迅速扩张为一个帝国，弗兰科潘认为这得益于

---

[1] ［英］彼得·弗兰科潘：《丝绸之路——一部全新的世界史》，邵旭东、孙芳译，浙江大学出版社 2016 年版，前言第 2—7 页。

[2] 尹钛：《帝国与多样性的治理》，《读书》2019 年 2 期，生活·读书·新知三联书店，第 80 页。

波斯人的开放态度。公元前4世纪，希腊马其顿的亚历山大大帝指挥军队一路向东，直至印度河流域。他征服当地后继续依赖当地的高层精英，而且对当地的宗教和习俗采取宽容和尊重的态度。公元前2—前1世纪，中国的汉帝国与强大的游牧民族——匈奴毗邻而居。与这样凶悍的对手相处必然要在经济和政治上都有摩擦，汉朝皇帝曾经一度不惜通过战斗的方式来斩断纠葛。不过他们还是对域外的商人打开了大门，并为他们制定贸易的规则和建立管理的体系，一条经河西走廊，通向帕米尔高原以西的贸易通道——“丝绸之路”由此诞生。13世纪初，蒙古的成吉思汗创建了一个横跨欧亚大陆的庞大帝国。弗兰科潘提到，蒙古人降低了各地的关税，将大笔资金投入城镇重建工程，并采纳相对宽松、随意的宗教政策，让被征服地区能够较快地恢复生产。在17世纪的欧洲也是如此。荷兰人之所以能建起海上“商业帝国”，不仅因为他们具备高超的造船技术、重视知识的积累和拥有勤奋的品质，还因为他们采用大规模集资的方法，将海外贸易的风险分散到尽可能多的投资人身上。[1]总之，无论在哪个时间的节点，无论在丝绸之路上的哪一地区，利益共享都是帝国整合资源、实现扩张的前提；而一旦征服者或统治者丧失了这种共赢的精神，妄图把利益固化在狭隘的家族或阶层，帝国的崩塌也就近在眼前了。

丝绸之路文化的繁荣昌盛离不开帝国的财力支持。公元前1世纪，罗马奉行英勇无畏和崇尚荣耀的军国主义。它先是征服高卢等地，然后又把目光投向了地中海以东。罗马人征服埃及后不但带回无数方尖碑作为胜利的纪念——它们至今依然屹立在罗马城的各处，还在埃及和其他行省进行人口普查，以确保获得精准的税收。这种做法当然会给当地人民带来沉重的负担——故而在《圣经》中有不少对税吏的微词——但它对维系一个庞大帝国的运转和培育传世的文化来说似乎又必不可少。巴格达是8世纪宗教、经济和政治的中心，教育和求学是当时那里的风尚。大量文献汇聚到此，学者把它们从希腊文、波斯文和叙利亚文译成阿拉伯文。这些“奢华”的文化追求需要一个多产、统一和庞大的帝国用巨额的税收作为支撑。10世纪的拜占庭也创造了一个艺术和文化复兴的“黄金时代”。当时的拜占庭人不只是建造教堂和修道院歌颂上帝，他们还创立各种学院以利于帝国的运作。17世纪以后，欧洲大陆的经济中心从南欧转移到北欧，美国也在美洲发展起来，古代的文化遗产和当代的文化创作都随之转移。于是我们可以看到，在现存的顶级文物中，有很大一部分藏于大英博物馆、法国的罗浮宫和美国的大都会博物馆。[2]弗兰科潘的这种观察与《管子·牧民》里所说的“仓廪足而

---

[1] ［英］彼得·弗兰科潘：《丝绸之路——一部全新的世界史》，邵旭东、孙芳译，浙江大学出版社2016年版，第1、3—7、8—10、138、150、216页。

[2] ［英］彼得·弗兰科潘：《丝绸之路——一部全新的世界史》，邵旭东、孙芳译，浙江大学出版社2016年版，第11—15、81—87、109、224—225页。

知礼节”和马克思主义的“经济基础决定上层建筑”有几分共通之处。

丝绸之路是各种宗教的汇集之地。宗教可能促进当地经济发展，也可以在规范社会和改善民俗上起到一些积极作用。例如 3 世纪的时候，基督教传入波斯，由于它禁止血亲通婚，改变了当地与母亲通婚的风气。宗教还是一种统治利器。法国年鉴学派历史学家马克·布洛赫在他的《国王神迹》中梳理过这样一种现象：在中世纪法国人心目中，具有神圣性的国王自然地拥有某种超自然的力量。[1] 这种观念在世界历史上具有普遍性，很多国家的人民认为他们的君主对万物的秩序负有责任。统治者也常常借助宗教的威望向民众宣示其合法性，他们为了争夺权力或是整合国家，把敌对者说成是亵渎神圣。弗兰科潘以 5—6 世纪的中国北魏统治者为例，他们进驻中原，迁都洛阳后，抛弃了旧有的多神传统，竖立起高高的佛像，以此说明自己不但是战场上的胜利者，而且自己的统治还是神圣宗教体系的一部分。11 世纪的时候，回鹘人建立的喀喇汗朝信奉伊斯兰教，另一支回鹘人建立的高昌政权则信奉佛教，双方在宗教上做出了不同的选择，也就预示着在军事上的相互对抗。比起喀喇汗朝的回鹘人，同时代的塞尔柱人更把自己视为穆罕默德遗教的捍卫者和伊斯兰世界的守护者，借此建立起人类历史上最强盛的帝国之一。[2]

阿克顿勋爵是一位终身信奉天主教的历史学家，但他仍说，宗教不只是“善行的动力”，还是“罪恶的常见托词”[3]。弗兰科潘对此深以为然，他列举大量史实说明这一点。3 世纪的时候，波斯帝国在向外扩张的过程中以琐罗亚斯德教为国教，并迫害那些与其不同的宗教派别，摩尼教的创始人就死在了监狱里。4 世纪罗马帝国的皇帝君士坦丁皈依基督教，但因为他与波斯之间的战事，激起后者的宗教极端主义，影响了基督教在东方的生存前景。7 世纪伊斯兰教刚刚兴起不久，与基督教和犹太教尚可以和平共处。它们挖掘信仰中的共同来源，强调各方习俗和教义之间的相似性，例如反对多神教和崇拜偶像。11 世纪以后，基督徒与穆斯林之间缠绵不断的宗教战争——著名的十字军东征——持续了近两百年。最荒谬的是在 1204 年，十字军没能忍住权力和财富的诱惑，向他们的基督徒同伴发起进攻，像野兽一样蹂躏了君士坦丁堡，甚至无情地掠夺和亵渎了这座城市的所有教堂。战利品先是“与血泊和污水融在一起”，然后被运回西欧，各教堂、修道院和私人收藏者瓜分了它们。到 16 世纪的时候，随着奥斯曼帝国的兴起，著名的人文主义者伊拉斯谟说出了这样的话：“这世界无法允许天上有两个太阳”，未来要么属于穆斯林，要么属于基督教。就好像穆斯林与基督徒有不共戴天之仇，

[1] ［法］马克·布洛赫：《国王神迹：英法王权所谓超自然性研究》，张绪山译，商务印书馆 2018 年版，第 365、383 页。

[2] ［英］彼得·弗兰科潘：《丝绸之路——一部全新的世界史》，邵旭东、孙芳译，浙江大学出版社 2016 年版，第 27—29、113—115 页。

[3] ［英］阿克顿：《自由史论》，胡传胜等译，译林出版社 2001 年版，第 3 页。

完全忽视了他们在信仰上的共通之处。[1] 伊拉斯谟的话似乎打破了我们对古代社会与近代早期的既有印象，到底哪个才是更宽容的时代？

尽管宗教的冲突与交融似乎是两种极端的状态，在历史中却时常互为因果。11 世纪的时候，尽管罗马教会与君士坦丁教会都以基督为信仰，但对“圣父、圣子、圣灵”教义的理解不尽相同，加之其他一些更为现实的原因，两个教会之间冲突不断，几近决裂。有意思的是，后来由于穆斯林势力逐渐壮大，拜占庭皇帝不得不在 1095 年派出特使，请求罗马教皇乌尔班二世协助共同抵抗“异教”，教皇也欣然回应，亲自来到阿尔卑斯山以北，在克莱蒙特召开会议，责令基督教骑士进军东方援助同教兄弟。12 世纪的时候，由于穆斯林占领了“圣城”耶路撒冷，罗马教皇格雷戈里八世又一次呼吁各位国王、贵族和领主摒弃“前嫌”，暂停基督徒之间的内斗，去对付共同的敌人——穆斯林。遥远东方的“危机”和穆斯林这个“他者”带来的胁迫感，促使东正教与天主教之间，还有天主教徒彼此之间化解了一部分“内部”的矛盾。更有意思的是，尽管十字军东征是一场基督徒与穆斯林之间的宗教战争，他们似乎在政治和战争上势不两立，其实在漫长的战斗与经常的休战中，他们反而学会了如何相处。在耶路撒冷附近，基督徒和穆斯林之间经常进行贸易往来，双方旅行者都来去自由，不会受到任何阻挠。一些基督徒在东方大开眼界，发现这里不乏思想开放、求知欲强、慷慨大度的智者，从而对伊斯兰教的科学造诣和智慧成就产生兴趣。他们返回家乡之后，才发现原本生活的世界其实十分局限。[2]

简而言之，弗兰科潘从一些人们以往没注意到的角度去解读帝国和宗教：强大如帝国，也要为稳固中央集权体系而做出某些让步和妥协；坚韧如宗教，也会在历史的长河中，与不同的族群发生各异的“化学”反应，在文明的冲突与交融中扮演意想不到的角色。

二、古老的殖民，现代的新生

弗兰科潘是一个西方人，但他从 14 岁便开始怀疑这样一个命题：西方在近代取得了经济和军事上的“胜利”，是否就意味着，它不但在政治上是成功的，在文化上是有优势的，甚至

[1] ［英］彼得·弗兰科潘：《丝绸之路——一部全新的世界史》，邵旭东、孙芳译，浙江大学出版社 2016 年版，第 29、68—72、133—134 页。

[2] ［英］彼得·弗兰科潘：《丝绸之路——一部全新的世界史》，邵旭东、孙芳译，浙江大学出版社 2016 年版，第 85—87、125 页。

值得世界对它唱起道德的颂歌。[1] 他在《丝绸之路》一书中多处反思西方历史不光彩的一面。例如，他多次提到贩卖人口这一丑陋现象[2]，还对西方人的暴力倾向心有余悸[3]，不过他最大加鞭笞的还是西方的殖民主义。

1494 年西班牙和葡萄牙用一纸条约将世界分成两半，分别拥有界限东西所有新发现地域的主权，这种行径甚至得到了教皇的祝福。随后西方逐渐通过征服和暴力取代东方成为世界的中心。欧洲商人在亚洲先是使用“毒品交易、行贿送礼、敲诈勒索”等卑劣的手段获利，然后升级为野蛮的剥削。弗兰科潘不无讽刺地说，欧洲的清教徒想要寻找理想化的虔敬质朴生活，他们却闯入美洲原住民的生活，用屠杀、掠夺和疾病彻底摧毁了他们的世界。[4]

弗兰科潘发现，在殖民主义的浪潮中，“旧世界”的破产与“新世界”的兴盛形成了鲜明的对比。以伊莱胡·耶鲁为例，他在东方的印度赚得盆满钵盈，然后拿大笔金钱回馈自己在美国的家乡，成就了著名的耶鲁大学。西方人对自己的这种行为非但不感到羞愧，反而引以为豪。在英国人的笔下，东方世界神秘而排外，而西方文明则开放而积极，然而欧洲的纷争会让全世界都陷入战火。以 18 世纪奥地利的特蕾西亚女王为例，由于她的王位继承问题，欧洲各国掀起了一场席卷全球殖民地的战争。不过西方列强的这一行径最终也为自己带来了恶果。全球霸权问题，特别是垄断波斯、美索不达米亚和海湾地区资源的野心，把欧洲各国拖进第一次世界大战。众所周知，英王乔治五世和德皇威廉二世都是维多利亚女王的后代，“一战”前西欧各国之间没有多么强烈的敌意。然而，它们在东方投下的阴影制造出焦虑和误解的紧张局面，于是“像田园诗一样美好”的 1914 年最终变成欧洲历史上一场屠杀的噩梦，“整个欧洲的灯光正在熄灭”[5]。人们开始质疑，西方文明是否能够代表人性最高的美德与目标。[6] 第二次世界大战的破坏力则更大。弗兰科潘几近悲愤地叙述道，“二战”本应与伊朗无关，然而德黑兰和伊斯法罕的居民只能眼睁睁地看着自己的国家卷进去。[7] 他直白地说，2012

---

[1] ［英］彼得·弗兰科潘：《丝绸之路——一部全新的世界史》，邵旭东、孙芳译，浙江大学出版社 2016 年版，前言第 1—2 页。

[2] ［英］彼得·弗兰科潘：《丝绸之路——一部全新的世界史》，邵旭东、孙芳译，浙江大学出版社 2016 年版，第 100、102、178、185—186 页。

[3] ［英］彼得·弗兰科潘：《丝绸之路——一部全新的世界史》，邵旭东、孙芳译，浙江大学出版社 2016 年版，第 221—223 页。

[4] ［英］彼得·弗兰科潘：《丝绸之路——一部全新的世界史》，邵旭东、孙芳译，浙江大学出版社 2016 年版，第 227、232、235 页。

[5] ［英］彼得·弗兰科潘：《丝绸之路——一部全新的世界史》，邵旭东、孙芳译，浙江大学出版社 2016 年版，第 231、239 页。

[6] ［德］多明尼克·萨赫森迈尔等：《多元现代性的反思：欧洲、中国及其他的阐释》，郭少棠等译，商务印书馆 2007 年版，第 23、230 页。

[7] ［英］彼得·弗兰科潘：《丝绸之路——一部全新的世界史》，邵旭东、孙芳译，浙江大学出版社 2016 年版，第 320、324 页。

年给欧盟颁发诺贝尔和平奖的行为很讽刺。[1]

《丝绸之路》对当今西方“带头大哥”——美国的批评更是毫不客气。它把美国对中东石油资源的态度称作“货真价实的帝国主义政策”。美国在介入其他地区事务的时候往往打着维护和平、安全和人权的旗号，但其实它把本国利益和战略影响看得比那些价值观念重要得多，而且经常基于政治现实做出草率的决定。美国言必称“民主”，自诩自由与人权的导师，却随意对其他国家实施制裁，甚至策划政变，扶持符合其战略利益的政权和统治者，不管那些统治者是不是令人生厌、独裁、虐待本国人民或挑衅邻国。这种虚伪、粗暴和冷酷无情的做法没有考虑其他民族的情感，“早晚会引发信任危机和信誉瓦解”。以 20 世纪 60 年代石油生产国成立的石油输出国组织（OPEC）为例。它一方面利用各大国在这一地区相互的博弈，迫使西方政府向它们提供更多的政治和资金支援；一方面又具有强烈的民族感情，想要摆脱强大的外部干涉。不少上层人士在接受西方帮助后反而更加坚信国家独立的重要性，并把他们国家遇到的所有问题都归咎到美国头上，最终刺激现代伊斯兰激进主义对西方更深层次的怀疑和排斥，让中东变成战争的滋生地。[2]

弗兰科潘不愿对历史与现实加以粉饰，但他并不是怀疑论者或悲观主义者。他冷静分析的目的，还是要鼓励丝绸之路的沿线各国努力用自己的智慧摆脱对西方的依赖。他提醒读者，尽管随着现代文明的进步，西方内部也出现了反殖民的呼声，但完全的独立向来都不是给予的，而是夺来的。他乐观地称，这个地区正在再次崛起过程中经历阵痛。[3]

三、全球化与人类命运共同体

弗兰科潘认为，早在 2000 年前，全球化就已是事实。人们从古代开始就生活在一个相互联系、非常复杂和渴望交流的世界。古代人对世界的概念可能局限在他们生活的一小块区域，但他们的趣味与观念已经受到来自千里之外因素的影响。比如说，基督教来自东方，后来却成为西方文明的代表。中世纪欧洲富人如同今天的一样，靠来自东方的奢侈品彰显自己的身份。[4] 在 13 世纪蒙古人建立的帝国里，人们能看到多种不同的风情：农业文明高度发达的中原，无数弱小却敌对分裂的中亚城邦，能用现金纳贡、购买能力强大的欧洲。贸易、战争、

[1] ［英］彼得・弗兰科潘：《丝绸之路——一部全新的世界史》，邵旭东、孙芳译，浙江大学出版社 2016 年版，第 343 页。
[2] ［英］彼得・弗兰科潘：《丝绸之路——一部全新的世界史》，邵旭东、孙芳译，浙江大学出版社 2016 年版，第 291 页。
[3] ［英］彼得・弗兰科潘：《丝绸之路——一部全新的世界史》，邵旭东、孙芳译，浙江大学出版社 2016 年版，第 307、436 页。
[4] ［英］彼得・弗兰科潘：《丝绸之路——一部全新的世界史》，邵旭东、孙芳译，浙江大学出版社 2016 年版，第 127 页。

文化、货币，还有恐怖的传染病，它们更是2000多年来一直通过丝绸之路在欧亚大陆来回穿梭，从未停歇。

15世纪的时候，陆地货运要经过无数道关卡，缴纳重重关税，而海上运输则无须承担这些成本。这种现实激励哥伦布和达伽马等探险家开启了一个大航海的时代。尽管在人类历史上从未有过真正的孤岛，大航海还是具有划时代的重要意义。在此以前，欧洲从来都不是世界的中心：人们的目光曾经聚焦在东方，中世纪地图的心脏在“圣城”耶路撒冷，11世纪《突厥语大辞典》从喀喇汗王朝位于中亚的都城八剌沙衮观察世界，中国人认为自己的国家才是天下的中心。而在大航海以后，全世界都不得不承认，欧洲再也不只是丝绸之路的末端而已。在弗兰科潘看来，西方文明的成熟也是大航海的“蝴蝶效应”之一。启蒙和理性的观念，通往民主、自由和人权的道路，并非是古代希腊罗马文明经由中世纪、文艺复兴与宗教改革以后自然成熟的结果，它们最终降临也是因为欧洲的触角伸向了亚洲和美洲。

全球的流动资源，在一千年以前是香料和丝绸，在五百年前是奴隶和白银，而到20世纪则变成了石油。[1]21世纪是名副其实的全球化时代，也是一个机遇与挑战并存的时代：科学技术正在不断进步，但从世界人口的财富、权力、信息和知识分配来看，两极分化的不平等问题依然严重，外来思潮与既有秩序之间的张力永不间断，文明冲突、宗教矛盾和贸易战争都有愈演愈烈之势。人类看似比以往强大，但他们遇到的问题可能也更加严峻。经济危机、社会动乱、环境污染、疾病肆虐、恐怖主义和难民安置等难题，都非某个国家仅凭一己之力就能解决。

弗兰科潘知道，《丝绸之路》这样一本严肃的历史书籍之所以大受欢迎，不仅因为它旁征博引、妙趣横生，更是因为“我们生活在一个变革不断的21世纪，一个充满动荡和挑战的时代”[2]。他强调历史的作用，鼓励人们站在全球史的高度，用更高、更广的洞察力来看待我们现在的世界。“太阳底下无新事”，无论是宗教的激进主义或是民族的极端主义，还是国际法受到忽视、国家间摩擦不断的这些现实，这些此刻的困境在人类漫长的历史中都有迹可循、有例可查。历史可以让我们在面对新挑战的时候，不至于全然地感到困惑和迷茫。历史也是一把双刃剑，对它的不同诠释可以挑起也可以平息昔日对手之间的敌意和争端。弗兰科潘期待人们从千年的历史中反思自己的行为，甚至正视“恐怖主义”这样的噩梦。在谴责它、反对它、对付它的同时，也不要忘记，它的存在其实是在提醒所有人：永远不要忘记与那些受到

---

[1] ［英］彼得·弗兰科潘：《丝绸之路——一部全新的世界史》，邵旭东、孙芳译，浙江大学出版社2016年版，第354页。

[2] ［英］彼得·弗兰科潘：《丝绸之路——一部全新的世界史》，邵旭东、孙芳译，浙江大学出版社2016年版，中文版序言第9页。

忽视的民族、文化及宗教建立各种联系。[1]

在全球化的时代，没有人是一座孤岛，人类的命运已然浑然一体、休戚相关。西方近代的“胜利”似乎一度让我们失去对世界历史的解读权。今天，像弗兰科潘这样的西方学者想要从全新的角度来看“丝绸之路”，中国的历史学家也已经开始用批判的眼光看待“欧洲中心论”[2]，开始尝试用一种“全球”的视角去重新认识和书写世界。中国人民“愿与各国人民一道，推动人类命运共同体建设，共同创造人类的美好未来”[3]！

[1] ［英］彼得·弗兰科潘：《丝绸之路——一部全新的世界史》，邵旭东、孙芳译，浙江大学出版社 2016 年版，第 447 页。

[2] 参见马克垚《困境与反思：“欧洲中心论”的破除与世界史的创立》，《历史研究》2006 年第 3 期。

[3] 2017 年 10 月 18 日，习近平总书记在《决胜全面建成小康社会 夺取新时代中国特色社会主义伟大胜利——在中国共产党第十九次全国代表大会上的报告》中，提出“十四条坚持”，构成新时代坚持和发展新时代中国特色社会主义的基本方略，其中第十三条即为“坚持推动构建人类命运共同体”。其具体内容为：中国人民的梦想同各国人民的梦想息息相通，实现中国梦离不开和平的国际环境和稳定的国际秩序。必须统筹国内国际两个大局，始终不渝走和平发展道路、奉行互利共赢的开放战略，坚持正确义利观，树立共同、综合、合作、可持续的新安全观，谋求开放创新、包容互惠的发展前景，促进和而不同、兼收并蓄的文明交流，构筑尊崇自然、绿色发展的生态体系，始终做世界和平的建设者、全球发展的贡献者、国际秩序的维护者。

曹议金奉天靖难讨回鹘考

盖佳择 / 淮阴师范学院
杨富学 / 敦煌研究院人文研究部

后梁末帝乾化四年（914）七月，远在西陲大漠的敦煌似乎发生了一场政变，晚唐五代执政河西达 64 年的张氏家族悄然下台，敦煌首任节度使张议潮的外孙女婿曹议金走上了前台，开启了长达 120 年的曹氏归义军时代。

张曹两姓之间的易代方式长期来一直困扰敦煌学界，因为如从现存敦煌文献看，张曹两姓的易代似乎是极和平的，甚至比起索勋与张承奉之更替，乃至张承奉清剿李氏势力都要和平得多。张十四娘和李氏诸子推翻索勋，尚用了“辜恩剿毙，重光嗣子”[1] 一语，索勋不仅被推翻，而且被诛杀。而张承奉从张氏子李弘愿等手中夺权，虽未有文字叙其经过，但从（文物编号）S.1177 张太夫人手抄《金光明最胜王经》尾题可知，至少到光化三年，即 900 年，亦即张承奉亲政后四年，李氏兄弟（使君、端公、衙推）已经全部去世。[2] 李弘愿四兄弟正值盛年，权力达到巅峰，李家大有取张氏而代之的倾向，但重要人物却突然相继死亡，这不能不让人疑心在 900 年之前发生了什么。张思贤在 S.2263v《葬录卷上并序》中曾对张承奉亲政之前的时代做过极端负面评价：

> 夫论阴阳之道，由（犹）如江海，非圣不裁。时遇乱世，根浅性微。俗化所易，王教风移。其君欲与贪狼为政，其臣欲与枵胸求尊。人心变改，邪魅得便。政法不从，非道为美。得事者不师轨，来求同类；擅作异谋，货路（赂）求名。破灭真宗，离害能德；能德既无，恣行非法。非法既盛，邪道日兴。但忠贤生居所陋，长在危时，学业微浅，不遇明师。年至从心，命如悬丝。忽遇我归义军节度使，蓝（览）观前事，意有慨焉……于时大唐乾宁三年（896）五月日下记。

---

[1] 李永宁：《敦煌莫高窟碑文录及有关问题》（一），《敦煌研究》1981 年试刊第 1 期。
[2] 黄征、吴伟编：《敦煌愿文集》，岳麓书社 1995 年版，第 916 页。

而序后又谀张氏云：

> 今遇我归义军节度使南阳张公讳承奉，有大威慧，真俗双行，道俗虔虔，出言无非，三边晏净，万姓仰覆。实邦家之宝，栋梁之材。[1]

该篇文章的作者张思贤是归义军节度押衙兼参谋，押衙是唐五代藩镇使府的重要军将，其“位列辕门，官分宪署，出入旄旌之侧”，为节度使的亲信，其位高权重，每每能舞弄权术、作奸犯科、劫杀使主、左右藩镇之政局。故其文对张承奉亲政之前，即李氏掌权时代的意见大约可代表归义军高层对李氏家族的政治评价，他们将其定义为“贪狼”与“邪魅”之人，将其时代定义为“非法”与“邪道”横行的乱世，而称扬张承奉亲政后敦煌“三边晏静，万姓仰覆”，一派太平盛世景象，李氏显然被树作负面典型，成为张承奉的对立面。故知李弘愿和张承奉之间必曾势若水火，张承奉或曾发动针对李氏家族势力的政治清洗。观前而知后，张曹两姓间之易代，也绝非和平过渡。综观唐朝诸镇藩帅更迭，正所谓“兵骄则逐帅，帅强则叛上”，争夺权力，毫不留情，甚至父子兄弟亦复如此：魏博田绪为节度使田悦之从弟而弑杀其兄[2]，幽州刘守光为节度使，燕王刘仁恭之子而囚父[3]，宣武刘玄佐被其义子刘士朝鸩死[4]，皆为其例。非自然更替的节度使一般有两种结局，一者当时被杀，二者被逐入朝。以魏博田氏家族之历代节度使为例：田承嗣，善终；田悦，为田绪所杀；田绪，暴卒；田季安，正常死亡；田怀谏，被田弘正逐入朝[5]；田弘正，被牙兵并后任成德节度使王庭凑杀害；田布，被牙兵及后任节度使史宪诚逼迫自杀[6]。七任节度中只有三位为正常亡故于军镇，一位被逐入朝，一位为兄弟所杀，两位为后任异姓节度使逼杀。足见在“河朔旧事”的背景下，节度使常常会遭遇有野心的牙兵甚或亲人篡位。

归义军为唐朝之偏远藩镇，素奉唐为正朔，然由于其一直处于“四面六蕃围”的环境之中，胡化程度并不逊于河朔三镇，故沾惹上河朔遗风亦可谓情理中事。归义军节度使张淮深、索勋与一度担任归义军节度副使的李弘愿皆遭遇杀戮，而张承奉虽不知所终，然其叛逆朝廷，

---

[1] 中国社会科学院历史研究所等编：《英藏敦煌文献（汉文佛经以外部分）》第4卷，四川人民出版社1991年版，第55页。录文见荣新江《晚唐归义军李氏家族执政史探微》，《文献》1989年第3期；郝春文等《英藏敦煌社会历史文献释录》第11卷，社会科学文献出版社2014年版，第398—399页，复据刘传启《敦煌丧葬文书辑注》补正第321页，巴蜀书社2017年版。

[2] 《新唐书》卷210《藩镇魏博传》，中华书局1975年版，第5926—5932页。

[3] 《新唐书》卷212《藩镇卢龙传》，中华书局1975年版，第5985—5987页。

[4] 《新唐书》卷214《藩镇宣武传》，中华书局1975年版，第5999—6001页。

[5] 《新唐书》卷210《藩镇魏博传》，中华书局1975年版，第5921—5935页。

[6] 《新唐书》卷148《田布传》，中华书局1975年版，第4781—4786页。

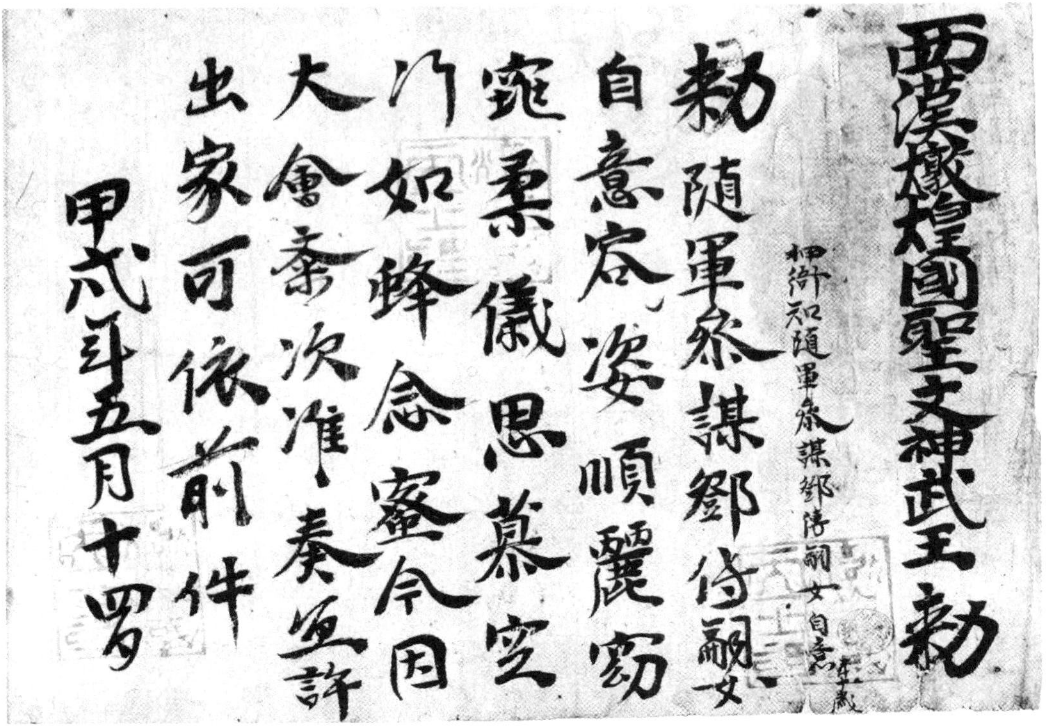

图 1 IDP 图版："大英图书馆藏斯坦因收集品" British Library：Or.8210/S2263V

自不会入朝避祸，则张氏或亦被杀害。事实上，张承奉被废这件大事并未被曹议金处理得毫无痕迹，从敦煌写卷的四首《望江南》中的含糊其词，似乎可寻其蛛丝马迹。

《望江南》属敦煌曲子词，在晚唐五代格外流行，凡见诸 P.2809、P.3128、P.3911、S.5556 四本写卷中，其中以 P.3128 最为完整清晰。四首《望江南》先后被王重民《敦煌曲子词集》[1]、任二北《敦煌曲校录》[2] 收录，乃为歌颂敦煌当地节度使而作。其前两首以称赞曹议金功德的方式记录了这一大事，今录如下：

> 曹公德，为国托西关。六戎尽来作百姓，压坛河陇定羌浑，雄名远近闻。尽忠孝，向主立殊勋。静（靖）难论兵扶社稷，恒将筹略定妖氛，愿万载作人君。
>
> 敦煌县，四面六蕃围，生灵苦屈青天见，数年路隔失朝仪，目断望龙墀。新恩降，草木总光辉。若不远仗天威力，河隍（湟）必恐陷戎夷，早晚圣人知。

---

[1] 王重民：《敦煌曲子词集》，商务印书馆 1950 年版，第 13—15 页。
[2] 任二北：《敦煌曲校录》，上海文艺联合出版社 1955 年版，第 56—58 页。

这几首词历来有学者以为是歌颂曹议金的[1]、有以为是歌颂曹元忠[2]的，因曹氏归义军只有曹议金和曹元忠有托西（西即西关，当指阳关）大王之称。亦有以为第一首《望江南》为歌颂曹议金，第二首为歌颂张淮深之作。按：第二首云“数年路隔失朝仪”，意谓几年没能入贡中原王朝，这当是张承奉称白衣帝，建立金山国至曹议金执政早期的事。张承奉遣张保山于908年入梁，随后建国，与中原断绝来往，直至曹议金重建归义军四年后的贞明四年（918）才迎来梁使（按证据见下文），获知梁朝年号，若减去其路上所花时间，则敦煌与中原中断联系也长达8年之久，这是整个归义军时期与中原王朝最长的失联时间，也是中原与归义军政权政局最不稳定的时期。第二首“生灵苦屈青天见，数年路隔失朝仪”“若不远仗天威力，河隍（湟）必恐陷戎夷”都表露了一种绝望的心境，应该与张承奉金山国时期立足不稳，又得不到中原王朝的支持有关，而曹元忠之前的元德、元深时期中原不时来人，凭借曹议金“父大王”的余威，数年间与甘州回鹘的战事亦胜负相当，并未有时刻陷为戎夷的危机，则此词当与曹元忠无关，应是作于曹议金时代早期。第一首所述事更是吻合曹议金而与曹元忠无涉。

笔者认为，第一首《望江南》词正是赞颂曹议金“奉天靖难”之义举的。考“靖难”一词出自《后汉书·孔融传》：“融负其高气，志在靖难，而才疏意旷，迄无成功。”[3]为平息叛乱，安定国势之意。此考语乃就其北海抗袁绍、黄巾，希望匡复汉室，为帝分忧而论。亦称“定难”：唐德宗于奉天遭朱泚、李怀光之乱，幸山南，于兴元元年册封了一批“元从奉天定难功臣”，乃“应赴奉天并进收京城将士”[4]也。此奉天，为京兆之奉天（今陕西乾县），亦为奉天承运之奉天也。当然，最著名的靖难就是朱棣对建文帝发动的“靖难之役”了。所以“靖难论兵扶社稷”一句当指曹议金对社稷（可以视为中原王朝之社稷，亦可视为归义军节度使管辖内之社稷）有扶其将倾之功。而这是怎样一件大功呢？苏莹辉以为是铲除金山国，除掉背叛唐朝的张承奉[5]；孙其芳认为是平定羌浑[6]；杜海以为是助张承奉平定李氏兄弟[7]。

此词上片应该记述了曹议金在张承奉时期所参与的对回鹘、吐浑等势力的征战与即位以后东征回鹘，弹压河陇之事，自无疑问。那么这种行为称得上是“奉天靖难”吗？事实上无

[1] 任二北：《敦煌曲初探》，上海文艺联合出版社1954年版，第257页。
[2] 汤君：《敦煌曲子词与河西本土文化》，《中国俗文化研究》2004年第2辑，第193页。
[3] 《后汉书》卷70《孔融传》，中华书局1965年版，第2264页。按：此语于三国两晋为常见之语。
[4] 《旧唐书》卷12《德宗纪》引德宗改元诏书，中华书局1975年版，第339—340页。
[5] 苏莹辉：《论敦煌本〈望江南〉杂曲四首之写作时代》，《新社学报》（新加坡）1973年第5期，第6页。（收入氏著：《敦煌论集续编》，中国台湾学生书局1983年版，第122页）。
[6] 季羡林主编：《敦煌学大辞典》，上海辞书出版社1998年版，第531页。
[7] 杜海：《敦煌曹氏归义军研究》，博士学位论文，兰州大学，2012年，第19—20页。

论在唐朝还是在后梁，回鹘都自认与其为舅甥之国，年年称臣纳贡。征讨回鹘，在中原王朝立场上无疑不是“奉天”之命，甚至可能被视为政治不正确以至是悖逆的举动。而若词人站在金山国或张承奉的立场，则回击回鹘侵略的确可以算是一种“奉天靖难”之举。但是此词歌颂的主角是曹议金，词尾并赞其“万载作人君”，故而断不可能从张承奉的角度赞颂曹氏“向主立殊勋”——赞誉现任节度使为前任节度使立下大功：一词二主，混乱不堪，不但起不到谄媚曹氏之功效，反而会致其反感。助张氏平定李氏兄弟观点错误同此。故而此“向主立殊勋”之主，无疑是指中原王朝统治者而言，即大梁帝王。曹议金能为梁朝皇帝立下什么功勋呢？考议金事迹，有金山国时期辅佐朝政之功，结束金山国（敦煌国）统治重建归义军之功，东征甘州回鹘之功，重新归奉中华之功。可以与“靖难”联系起来的当既结束金山国统治重建归义军，又归附大梁事。“曹公德”词下片应该主要讲了这样一件事。宋理学家邵雍著有《皇极经世书》，在记述后梁徙都，五代十国相继建立时，留下了对张承奉金山国政权的记载：“张奉以沙州乱。”[1]

这一记载颇耐人寻味，说明梁朝至迟在开平三年（909）已经知道张承奉称帝建国的消息，并定其性质为“乱”。是见，在中原王朝眼中，张承奉金山国的建立，是一种乱国叛逆之举。但史书和敦煌文献没有记载朱温是否对金山国政权采取什么相应措施。后梁和敦煌政权晚至贞明四年（918）方有正面来往。但是通过朔方节度或一些往来于丝路的商人，抑或甘州回鹘之口，金山国上下应当了知中原王朝对其所持的否定态度，这样就使得张承奉的地位变得很微妙。张承奉即位以后与甘州回鹘先后进行了三次以上的战争，并希望“打破甘州坐五凉”“万里横行河湟清”，似乎想通过武力收复被回鹘、嗢末占领多年的甘凉、陇右之地，得到梁廷的认可。但是张氏以区区两州万人之力，妄想收复失土无疑是徒劳的，结果反而被逼到了敦煌城下，缔结了屈辱的城下之盟，被迫与回鹘约为父子之国，并降封号为王。这是 911 年 7 月发生的事情，之后张承奉虽然继续当了 3 年的节度使、敦煌国天王，但存在感变得很低，这 3 年间盖有“天王”印章的写卷只发现了一份（Or.8210/S.1563）[2]。

曹议金成为斯时敦煌实际掌权者。观曹议金于 914 年刚取代张氏，即有了吏部尚书兼御史大夫这样高的检校官，则这 3 年内其地位或一直处于上升阶段。

苏莹辉先生以为，词人对张承奉时代是很不以为然的，词中的“妖氛”一语盖指金山国

[1]（宋）邵雍：《皇极经世书》卷六下，《文渊阁四库全书》子部术数类，第 803 卷，上海古籍出版社 2003 年版，第 738 页。

[2]《敦煌国天王印》，见 S.1563《甲戌年五月十四日西汉敦煌国圣文神武王敕准邓传嗣女自意出家》，见“国际敦煌项目（IDP）”图版，“大英图书馆藏斯坦因收集品”British Library：Or.8210/S.1563。

为“白衣天子”张承奉制造的祥瑞[1]，当是。张承奉的金山国对于中原王朝而言是一个叛逆的存在，它不用后梁的年号，不与之通贡，屡次攻打已臣服后梁的甘州回鹘，按：甘州至少于乾化元年（911）即已通贡中原，史书记云：“梁乾化元年十一月，遣都督周易言等入朝进贡，太祖御朝元殿引对，以易言为右监门卫大将军同正，以石寿儿、石论思并为右千牛卫将军同正，仍以左监门卫将军杨沼充押领回鹘还番使。通事舍人仇元通为判官，厚赐缯帛，放令归国，又赐其入朝僧凝卢、宜李思、宜延钱等紫衣。”[2] 已成为后梁的羁縻国，其筹划臣服入贡更当在其先。张承奉“另立中央”之举在朱温眼中无疑是严重的挑衅，加之金山国既不奉前唐

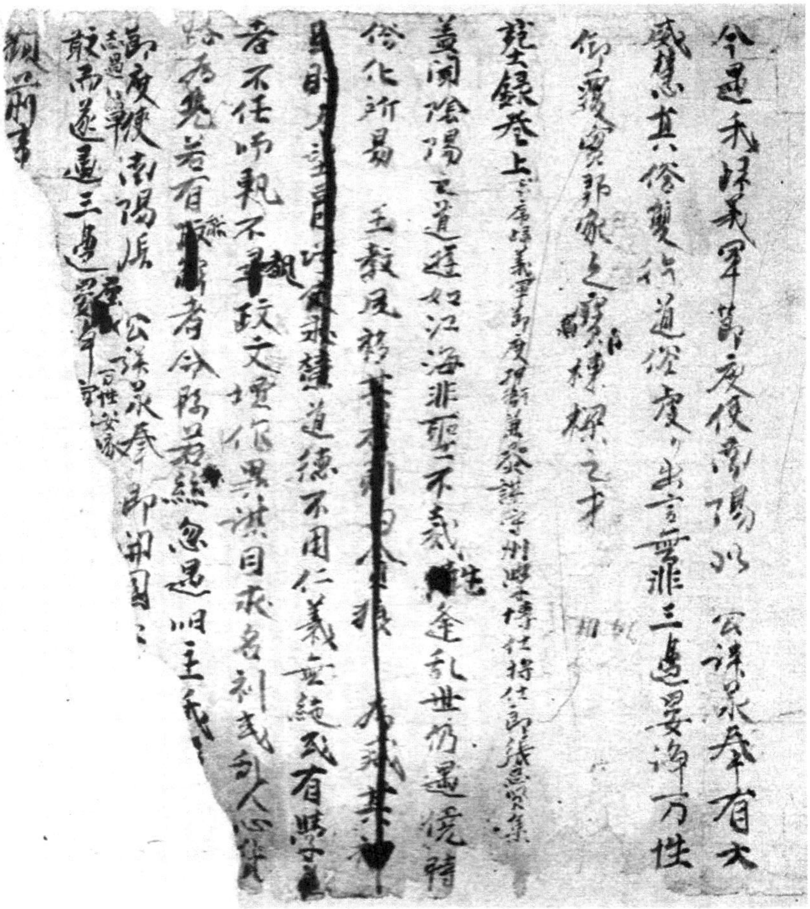

图 2　IDP 图版：“大英图书馆藏斯坦因收集品”　British Library：　Or.8210/S.1563

[1]　苏莹辉：《论敦煌本〈望江南〉杂曲四首之写作时代》，《新社学报》（新加坡）1973 年第 5 期（收入氏著《敦煌论集续编》，中国台湾学生书局 1983 年版，第 122 页）。

[2]　《旧五代史》卷 138《回鹘传》，中华书局 1976 年版，第 1482 页。

年号，亦与十国政权毫无通生气之举[1]，完全孤立存在于西北。如是倒行逆施的政权自然是失道寡助，其被取而代之也是自然而然的了。

唯不能确知曹议金发动所谓的政变具体是在哪一年，其经过又是如何。但其既然以“奉天靖难”为口号，恐是打着后梁，即《望江南》其三、其四中的“大朝”“大国”“圣上”的旗号。但是当时金山国孤悬西塞，恐不易与中原沟通，获得“清君侧”的诏书，故其为曹议金矫诏的可能性极大，甚至不排除有回鹘势力的参与，而这一行动当得到梁朝的默许——按：甘州回鹘于强迫金山国签订城下之盟之当年即获遣使入贡，或为赏其是功，而其入贡之成功则将张承奉政权彻底推到了中原王朝的对立面上。苏莹辉以为在911年战后，曹议金与金山国诸宰相、大德、耆宿一起赴甘州议和，曹氏正为顺应民情，排除金山国余孽的幕后主使者，此或即“向主立殊勋”。苏先生以为，张承奉向宿敌吐蕃借兵，是其不容于中原亦不容于民众。[2]第二首词中“四面六蕃围”的“六蕃”当与第一首之“六戎”同义，概指敦煌及周围诸民族。然“天子所勾南蕃”者乃指吐蕃。吐蕃乃回鹘死敌，故而成为甘州回鹘为张承奉定下的罪名之一。张承奉之穷兵黩武，加之欲引狼入室，是上下对其不满的主要原因。故而议和之后张氏地位愈发岌岌可危。然而苏先生并未推出“奉天靖难”具体是在哪一年，并将“向主立殊勋”与“奉天靖难”分开为相隔十年的两件事，认为敦煌民众仍忍受了十多年的“妖氛”，曹公方戡乱靖难，恢复了归义军的权威，使上下能够重沐大朝的皇恩。[3]这显然是不合于当时之情势的。

笔者以为戡乱靖难，当在911年。曹议金既然在两地议和活动中收获了一定的声望（未有史料证实其在议和中的作用，但以曹氏当时贵为长史的地位，理应参与其中，甚至一定程度上起了主导作用），而朝野对张承奉的怨愤亦是自然而然的。曹氏此时以“清君侧”为名入宫控制了张承奉，情理推断亦是极有可能的。

另据P.3405《金山国诸杂斋文范》，在金山国时期敦煌一度连发霜灾、蝗灾、兵灾、瘟疫等，白衣天子张承奉亲自主持祈福禳灾之法会，作为首厅宰相的张文彻[4]亦亲自出马撰写祈愿文，而这几起灾异事件或成为曹议金发动靖难的导火索：

---

[1] 《白雀歌》号称“蜀地求才赞圣明”，多半是虚话，《白雀歌》的作者“三楚渔人张永（进）”多半亦不过郡望江南而已（江南四大姓朱、张、顾、陆，江南亦本楚地）。

[2] 苏莹辉：《论敦煌本〈望江南〉杂曲四首之写作时代》，《新社学报》（新加坡）1973年第5期（收入氏著《敦煌论集续编》，中国台湾学生书局1983年版，第124页）。

[3] 苏莹辉：《论敦煌本〈望江南〉杂曲四首之写作时代》，《新社学报》（新加坡）1973年第5期（收入氏著《敦煌论集续编》，中国台湾学生书局1983年版，第123页）。按：苏氏受材料所限，仍以920年为曹议金取代张承奉之年，云是年乃清除金山国之妖氛。

[4] 李正宇以为从文字造型和书法结构看，《金山国诸杂斋文范》与张文彻其他作品较相一致，且文章语气与其身份皆合，故断为其作品。李正宇：《敦煌文学杂考二题》，《敦煌语言文学研究》，北京大学出版社1988年版，第98页。

国有灾疠合城转经

天有灾沴，则水旱相仍；疾疫流行，皆众生之共业。昨以城隍历疾，百姓不安，不逢流水之医，何以济兹雕瘵？是以我皇轸虑，大阐法门。绕宝刹而香气氛氲，列胜幡而宝幢辉曜。想龙天而骤会，柳塞虚空；天皇梵王，震威光而必至。二部大众，经声洞晓于阖城；五部真言，去邪魔之疫疠。使灾风永卷，不害于生民；瘴气漂除，息千门之氛浸。然后人安乐业，帝祚维祯。以二曜而齐辉，并三光而洁朗。

（禳）水旱霜蝗（之事）

德能禳灾，功用必遂；福可去邪，其应必至。所以霜蝗起陆，因人心而感之；知过必改，天有酬祚。今者我皇理国，子充黎元。既霜风早降，致伤西作之苗；螟蝗夏飞，必殄东成之实。哀投上帝，恳诉天曹，置坛场于野次，列金像于田畴。延僧开般若之真诠，慕法师声扬大教。钟声之音遍野，经声梵赞连天。四王必垂愍于生人，五帝宁伤于怯（法）界？我皇稽颡，诚谓至切于人民；手执金炉，愿息霜蝗之难。

瘟疫、旱灾、霜灾、蝗灾之后又是兵灾，无疑是与甘州回鹘的连年战争。

兵贼侵扰

大雄流教，正在周文；白马驮经，法兰亲至。安士之场于洛阳阙下，以道论功；契发神踪，六通无比。所以周兴八百，兵戈不违；盗贼不起于邻封，狂寇泯踪于塞北。今者苍生福浅，致有伤残；飞累岁之狼烟，频遭寇歉。我皇理化，意在安人；望乐业于畿中，静鸢鸱于碛表。万法之本，莫善于伽篮，去贼殄戈……龙沙无晏开之忧，西汉泯除于燿火。

文中仍称张承奉为“我皇”可见其尚未降格为“敦煌国天王”，当是国号为西汉金山国时期的文书，《（禳）水旱霜蝗（之事）》文书的背景从文意推断当为夏末秋初，时在910年或911年；《兵贼侵扰》一文从“累岁”推测，或在911年农历七月金山国战败纳款之前不久，金山与回鹘战争趋于白热化之际。

连遭三四灾，敦煌已是民不聊生，即便天子亲自禳灾、跪请，首厅大宰相亲自撰文为国祈愿，也难以挽回失落的人心。金山国统治集团特别是金山天子张承奉想必已到了人神共愤的地步，更何况还有不久后的称臣乞和。当此天怒人怨之际，曹议金的“靖难”之举无疑是为国为民的正义之举，必会得到全国上下一致拥护。

然而张氏似未立诛，仍称金山王或敦煌国天王，但大权渐归曹氏当无疑问：张氏三代节度使在敦煌六十余年，民望仍在，遽化张氏政权为曹氏，恐会落得索勋、李弘愿同样的下场，而刚刚结束战乱的敦煌也需要休养生息，在此前后，曹议金积累民望，广结大族，与之联姻，他先娶张议潮外孙女索氏为妻，继而复娶张议潮夫人宋氏同族女子为妻，然后于乾化四年（914）至贞明二年（916）间又娶甘州回鹘天公主为妻。[1] 虽然天公主排行第三，但在归义军政权中，其地位明显高于前两房夫人，在敦煌莫高窟第 22、55、61、98、100、108、401、408 窟和榆林窟第 16 窟都可见到此天公主的供养像。[2] 尤有进者，曹议金之姊妹、女儿分别嫁敦煌世家大族翟氏、阴氏、张氏、氾氏、阎氏等 23 个本地大姓与番族豪姓中的 10 个[3]，故至 3 年后，其取代张承奉已不存在任何阻碍。

从部分敦煌发现的邈真赞可以看出，很多金山国时期担任要员的人物在曹议金时代仍为股肱重臣，如金山国文武第一人罗通达在曹氏政变后仍旧担任节度使衙前都押衙这样的显职[4]，曾为金王出使后梁的张保山在“谯王秉节”后继续为曹议金效劳，屡立军功，并为曹氏“再收张掖”，亦因兹荣膺左马步都押衙之贵职。[5] 因而可推知曹氏对张承奉一党多半是诛其首恶，赦其从者，金王的铁杆骨干，金山国大宰相张文彻恐即在不赦之列：其在曹议金夺权 4 年之后悄然去世。[6] 其死因是否与曹氏有关？虽未必然，亦何必不然。此人卒于梁使西来授职议金的同年，能说仅仅是巧合吗？然金王任用的其他人，特别是军事将领，则大多仍能得到重用，如张保山等。是故苏莹辉先生以为曹氏乃以金山国余孽为仇寇[7]，显然是一个略为扩大化的结论。

金山王的下场如何？史无明文，或于幽囚中去世，或被暗害，被明正诛杀的可能性较低，否则无论正史抑或敦煌文书皆当载此，而张氏之子亦当同时去世。《宋史》云：“朱梁时，张氏之后绝，州人推长史曹义金为帅。”[8] 而张承奉曾立有太子，《金山国诸杂斋文范・二月八日》有“东宫太子，乘历运于玉阶”，卷末又有“太子、宰相，文中总有，不要烦多”一语[9]，《白

---

[1] 杨富学、路虹：《甘州回鹘天公主再考》，《石河子大学学报》2019 年第 1 期。

[2] 杨富学：《回鹘与敦煌》，甘肃教育出版社 2013 年版，第 204—205 页。

[3] 姜伯勤：《敦煌邈真赞与敦煌名族》，姜伯勤、项楚、荣新江：《敦煌邈真赞校录并研究》，（台湾）新文丰出版公司 1994 年版，第 1—55 页；冯培红：《敦煌的归义军时代》，甘肃教育出版社 2013 年版，第 261 页。

[4] 郑炳林：《敦煌碑铭赞辑释》，甘肃教育出版社 1992 年版，第 337 页。罗通达亡故于后唐。

[5] 郑炳林：《敦煌碑铭赞辑释》，甘肃教育出版社 1992 年版，第 506—507 页。

[6] 李正宇据 P.3718 所载大宰相张氏之子《张喜首和尚写真赞并序》（《敦煌碑铭赞辑释》437、438 页）题记“乙卯岁九月二日”得出其卒于 919 年，据其文中“一岁以丧二贤”而知其父张文彻当卒于前一年，即 918 年。见李正宇《敦煌文学杂考二题》，《敦煌语言文学研究》，北京大学出版社 1988 年版，第 98 页。

[7] 按《望江南》第三首云“只缘当路寇仇多”，此寇仇是否指涉金王，不能考知。

[8] 《宋史》卷 490《沙州传》，中华书局 1974 年版，第 14123 页。

[9] 上海古籍出版社、法国国家图书馆编：《法藏敦煌西域文献》第 24 册，第 121 页。参见颜廷亮《敦煌西汉金山国文学考述》，甘肃人民出版社 2009 年版，第 175—176 页。

雀歌》亦云："太子福延千万叶，王妃长降五香车。"足证张承奉建国时，曾立太子以承帝位。考唐五代河朔故事，节度使被弑，往往阖家遭灭，则金山国"太子"及张承奉的其他亲属或于幽囚中去世，或同时被曹议金杀害。总而言之，金山国叛逆集团之首恶在曹氏时期已然悉数退出历史舞台。

张承奉不自量力，自立为帝，妄与朱梁为敌，落得个可悲下场。曹议金上台吸取其教训，积极与后梁政权接触、通贡。冯培红先生以为曹氏在即位当年，即914年中秋前夕便撰写状文，希望借由朔方节度使的协助以沟通后梁，然因嗢末的劫掠，此次通贡未克成功。[1]及至梁末帝时，曹议金终于得见大朝天使，并得到官升一级之赏：P.3781《转经设斋文》云："梁朝圣帝……清光表瑞，照西夏，远戍阳关；龙节虎旌，崇高品，新恩降塞。"[2]P.3262《河西节度使尚书镌窟发愿文》[3]与P.3781《河西节度使修大窟功德记》亦分别对梁帝做出赞颂："大梁帝主，永治乾坤，愿照边陲，恩加无滞。"[4]"大梁帝主，永坐蓬莱，十道争驰，誓心献款。"[5]曹议金的检校官由尚书升为仆射，或即对其清除张承奉等悖逆后梁者的嘉奖。这在苏莹辉先生整理的第三四首《望江南》中亦有反映：

龙沙塞，路远隔烟波。每恨诸番生留滞，只缘当路寇仇多，抱屈争那何。

皇恩溥，圣泽遍天涯。大朝宣差中外使，今因绝塞暂经过，路次合通和。[6]

据李正宇先生考证，这是贞明四年的事情。[7]

由于关键史料缺失，这次晚唐五代归义军史上最重要的节度使更迭的详情我们仍然不甚了了；而对于或涉咏此事之《望江南》词的解读，在40年前苏莹辉先生研究的基础上，我们的推进仍不显著。但现在至少可以判定，张曹之间的易代绝非不流血的和平过渡，张承奉与曹议金，一个自立为帝，一个奉梁朝为正朔，其执政理念根本冲突，而从归义军创建以来敦煌上下奉中原王朝为正朔的传统或是导致"靖难"发生，张承奉下台的本质原因。

[1] 冯培红：《敦煌的归义军时代》，甘肃教育出版社2013年版，第278页。

[2] 上海古籍出版社、法国国家图书馆编：《法藏敦煌西域文献》第28册，上海古籍出版社2004年版，第40页。参见郑雨《莫高窟第九十八窟的历史背景与时代精神》，《九州学刊》1992年第4卷第4期。

[3] 《法藏敦煌西域文献》第22册，上海古籍出版社2002年版，第324页。录文见黄征、吴伟编《敦煌愿文集》，岳麓书社1995年版，第430页。

[4] 《法藏敦煌西域文献》第28册，上海古籍出版社2004年版，第38页。

[5] 马德：《曹氏三大窟营建的社会背景》，《敦煌研究》1991年第1期。

[6] 苏莹辉：《论敦煌本〈望江南〉杂曲四首之写作时代》，《新社学报》（新加坡）1973年第5期（收入氏著：《敦煌论集续编》，中国台湾学生书局1983年版，第118页）。

[7] 李正宇：《曹仁贵归奉后梁的一组新材料》，《魏晋南北朝史资料》1991年第11期。按李文之曹仁贵即曹议金。

由于曹议金出自异族（疑似粟特后裔[1]），故上台以来一直对张氏与亲张氏的敦煌大族采取笼络方针，故而当其巩固统治之后很可能要为张承奉平反昭雪——正如唐朝皇帝也曾洗雪王武俊、李怀光、李克用等图谋不轨的节度使一样。这大约是很多跨张曹两代的文臣、武将对出仕金山国的那一部分履历并不忌讳的原因。

[1] 荣新江：《敦煌归义军曹氏统治者为粟特后裔说》，《历史研究》2001 年第 1 期；冯培红：《敦煌曹氏族属与曹氏归义军政权》，《历史研究》2001 年第 1 期。

全面扩大广西与西南区域开放　打造我国经济文化新增长极

李心峰 / 中国艺术研究院

1919 年，孙中山先生在《建国方略》中曾提出在广西的钦州建设“南方第二大港”的宏伟设想，以与“南方第一大港”广州港形成互联互通互补互动之势。他指出：

> 钦州位于东京湾[1]之顶，中国海岸之最南端。此城在广州即南方大港之西四百英里。凡在钦州以西之地，将择此港以出于海，则比经广州可减四百英里。通常皆知海运比之铁路运价廉二十倍，然则节省四百英里者，在四川、贵州、云南及广西之一部言之，其经济上受益为不小矣。虽其北亦有南宁以为内河商埠，比之钦州更近腹地，然不能有海港之用。所以直接输出入贸易，仍以钦州为最省俭之积载地也。

富有远见卓识的孙中山先生，十分看重钦州港对于整个西南地区对外开放的战略地位和意义；但是，由于历史条件的制约，孙中山先生在 1919 年所提出的这一伟大设想，在相当长的时间内并未能付诸实施。

1949 年中华人民共和国的诞生，特别是 1978 年 12 月拉开历史大幕的伟大的改革开放，为实现孙中山先生这位伟人所提出的关于建设钦州港的伟大设想提供了必要的历史条件与现实的可能性。自改革开放以来，不只是钦州港，包括北海港和防城港在内的广西北部湾港建设，从 1992 年开始进入实施阶段，在近 30 年的时间内，获得了飞速发展，进入新世纪开始步入快车道。

实际上，现在的广西北部湾港，可以说已经是孙中山先生所提出的南方第二大港“钦州港”伟大设想的“升级版”“2.0 版”，无论是在规模上，还是在功能、效果上，都远远超出了孙中山先生当年的设想。作为中国沿海主要港口之一，地处广西北部湾，北面和西面有西南

[1]　东京湾为北部湾旧称。

其他三省贵州、云南、四川广阔的腹地为依托，东面与广东、香港、澳门等沿海发达地区相邻，南面与海南隔海相望，西南与东南亚相连，恰恰处于华南经济圈、西南经济圈与东盟经济圈的结合部，是我国内陆腹地进入中南半岛东盟国家最便捷的出海门户。这样的地理位置真可谓得天独厚，十分难得。

目前的广西，乃至整个西南地区，拜改革开放所赐的千载难逢的发展机遇，除了北部湾港所创造的令人惊叹的海运发展业绩之外，其空中交通运输及空港建设、陆地的高速公路，乃至高速铁路的建设也取得了令人瞩目的成就，彻底改变了过去因山高路险、道阻且长“十万大山”“崔嵬峥嵘”给交通带来的十分不便的局面。现在进入广西、贵州等地，其高速公路的等级及交通便利，不禁让人惊叹：在这样的地理、地质条件下，竟有如此高等级、高质量、四通八达的高速公路网，简直让人无法相信！由于交通条件的极大改观，为当地的社会、经济、文化的发展提供了极大便利，大大促进了经济的快速增长与社会的全面发展。整个西南地区社会、经济、文化的发展欣欣向荣，态势喜人。

可是，广西乃至整个西南地区今天的社会、经济、文化的发展状况是否能够令我们满意呢？不得不说还远远不能令我们满意。根据有关数据，广西在 2018 年的国民生产总值（GDP）为 20352.51 亿元。按常住人口计算，全年地区人均生产总值为 41489 元。而与它相邻的广东在 2018 年的国民生产总值（GDP）是多少呢？约为 9.73 万亿元，接近 10 万亿元。广东的地区国民生产总值已连续 30 年居全国首位。一个广东，一个广西，地域山水相连，且共同拥有同一个北部湾，两相比较，就人均 GDP 而言，广西不到广东的一半。而就 GDP 的总量而言，只比广东的五分之一略多一点。广西的人均 GDP 在全国的排名为第 28 位；贵州第 29 位，云南第 30 位紧随其后，四川省的排名也不乐观，排在第 20 位。

这样巨大的差距说明了什么呢？说明广西与广东在自然资源、生产力各个要素上的差距真的都那么大吗？以我对广西的了解，我认为，在有些方面可能的确存在着相当大的差距，但在许多方面，差距并没有那么大，甚至在某些方面，比如自然生态、自然资源、文化资源、民族资源等方面，广西乃至西南其他各省可能还存在着自己独特的优势。那么，广西与广东的差距主要在哪里呢？造成这种巨大落差的总根源何在？在我看来，广西与广东的差距主要还是存在于人们的思想、观念上，存在于政府和企业主体的工作体制、机制上，存在于人们的工作方式、行为模式上，等等。

不过，辩证地看，广西乃至其他西南各省与广东所存在的巨大差距，也从另外一个侧面说明，整个西南地区在社会、经济、文化的发展上，存在着极其巨大的成长空间与发展潜力。具体说到广西的北部湾港（实际上是由三大海港所构成的港口群）在未来的发展上，更是存在着相当大的成长空间，潜藏着极其巨大的发展潜力。

我本人对广西这片热土有一种特殊的亲切感。我于 1982 年初从吉林大学本科毕业，来到广西桂林，在广西师范大学（当时还叫广西师范学院）师从“左联”老作家、著名文艺理论家、广西文学界的领军人物林焕平教授（1910—2000），攻读文艺学专业硕士学位研究生。三年的学习与生活，桂林的山山水水，广西的人文资源，包括金秀瑶族自治县，以及费孝通先生早年在大瑶山留下的田野调查的足迹与故事……给我留下了十分深刻而美好的印象。1985 年毕业后，我被分配到中国艺术研究院，从事专职艺术理论、艺术科学研究工作。虽然我人离开了广西，但我对广西一直十分关注，视之为我的“第二故乡”，一有机会就愿意到广西走一走，看一看。尤其是近年来，我深度参与了一些国内非物质文化遗产保护与研究的工作与活动，到广西的机会更多了。广西目前有 14 个地级市，我去过 9 个，差不多有三分之二，远远超过了我在安徽故里所到过的地方的数量。我对广西乃至整个西南地区未来发展的空间与潜力非常看好，对它未来的美好发展前景充满期待。

我认为广西实际上存在着不少在未来，能够发挥意想不到的重要作用的后发优势条件：第一，广西拥有极其优越的生态环境、极好的宜居条件。像巴马长寿乡那样的生态环境，在广西不少地方都具备。这样一种生态优势，越是经济发达的时候越显得珍贵无比。第二，广西拥有得天独厚的自然资源，包括自然景观资源、物产资源。这是未来发展休闲、旅游、康养等产业的深厚基础，存在巨大潜能。第三，广西拥有极其丰富的民族资源。广西是以壮族为主体的少数民族自治区，也是全国少数民族人口最多的地方。其境内居住着壮、汉、瑶、苗、侗、仫佬、毛南、回、京、彝、水、仡佬等世居民族。其中，壮族作为广西的主体民族自不待言，广西还是全国瑶族人口最多的地区，约占全国瑶族总人口的 60%；也是全国仫佬族人口最多的地区，约占全国仫佬族人口的 90%。环江毛南族自治县是全国第一个毛南族自治县，也是我国毛南族最大的聚居区，有 7 万多人。广西还是我国京族的居住地。这种民族资源上的丰富性与多样性，从民族学、人类学视角来看，也是一种非常宝贵、重要的资源。第四，广西历来有各个民族互利互助、互尊互敬、和谐相处、共生共进的良好的民族关系、社会关系和优良传统。这样一种民族关系、社会关系所包含的观念、情感、习俗、行为、实践等的一整套传统，是广西极其宝贵的发展资源，也将成为广西未来发展的坚实基础与强大动能。第五，因为民族资源的丰富多样，使得广西在文化资源上，尤其是民族、民俗、民间文化的资源上具有丰富性、多样性、无法复制和无法模仿的独特性。这一优势，将为广西未来的发展提供源源不断的民族文化的元素、基因与动能。第六，广西所在的面向东南亚开放的前沿与门户的独特的地理与区位条件，也是优势条件……西南地区的贵州、云南等，在许多方面与广西有相似或相近之处，这里不再一一列举。

今天，党和政府提出了“一带一路”的宏伟构想，为全国也为广西，乃至整个西南地区，提供了更好的发展机遇。这就更加需要广西，以及其他西南省份的人民进一步解放思想、更新观念，进一步深化改革、扩大开放，在新时代应该有新的观念、新的战略、新的作为，从“一带一路”整体构想的高度，重新思考包括广西、贵州、云南、四川在内的西南地区，在国家经济、社会、文化发展格局中的地位和作用，充分发挥地域自然、社会、文化等资源与区位优势，进一步扩大对内开放与对外开放，打造新的经济文化增长极，为实现中华民族伟大复兴的中国梦做出更大贡献！

非物质文化遗产与遗产旅游探析

汪欣 / 中国艺术研究院

旅游业是非物质文化遗产发展的一条重要出路。各级政府为了发展本地经济和非物质文化遗产保护事业，积极推动非物质文化遗产与旅游业的结合。

文化与旅游业的结合，是文化与旅游业共同在现代社会找到的新出路。在以“文物”保护为主导的物质文化遗产保护领域，旅游业是与其关联最为密切的行业，二者的发展相辅相成。世界各国和各地区都将二者紧密结合，促进文化遗产保护与旅游业的共同发展。如被认定为“世界遗产”、国家各级文物保护单位，以及中国历史文化名城名镇名村的遗址、城市、村镇等，都是旅游业发展兴旺的地区。这些文化遗产不仅为旅游业的发展提供了资源，也得到旅游业带来的利益反哺，从而使保护工作得到更有效和持续的开展。

各地政府积极推动非物质文化遗产与旅游业的结合，希望通过旅游业带动非物质文化遗产的保护和发展，同时，借助非物质文化遗产为旅游业增添新的活力。

一、遗产旅游业的兴起与国际经验

根据世界旅游组织（UNWTO）的界定，遗产旅游是指“深度接触其他国家或地区自然景观、人类遗产、艺术、哲学，以及习俗等方面的旅游”[1]。遗产旅游活动最早兴起于18世纪末19世纪初。19世纪中叶以后，随着欧洲社会工业化、城市化进程的快速发展，遗产旅游业逐渐成为欧洲诸国振兴传统乡村和古城镇、历史街区的普遍途径。

（一）乡村文化遗产旅游业

乡村文化遗产旅游最早兴起于欧洲。19世纪中叶以后，欧洲传统农业文明在现代工业文明社会逐渐失去了发展空间，尤其是大量农村劳动力被城市工业吸收，导致村庄日益空巢化，传统农业衰落，乡村社会日渐萧条。同时，城市中忙碌、紧张而单调的生活，使居住在城市

[1] ［英］戴伦·J. 蒂莫西、斯蒂芬·W. 博伊德：《遗产旅游》，程尽能主译，旅游教育出版社2007年版，第1页。

的人们感到乏味、疲惫，进而开始怀念乡村优美的自然风光和宁静、充满趣味的生活。于是，欧洲人想利用乡村优美的自然和人文景观，开发乡村社会的风俗文化资源，唤起生活在城市人们的乡土情结，回乡度假、旅游，从而为乡村带来经济效益。

“乡村文化遗产旅游”作为传统农业的替代产业，是对乡村文化遗产资源的有效利用和社会再生产，有助于实现传统农业向现代旅游业的转型，以及农村的复兴。

乡村文化遗产旅游在欧洲的理论和实践中，不仅是对乡村文化遗产资源的利用和管理模式，也是乡村社区发展的有效途径。在工业化时代的乡村社会，农业不仅是一种生产活动，也是一种文化遗产。对于这种文化遗产，仅仅提供保护是不够的，关注遗产所在地的发展则更为重要。积极发展和给予管理是更为现实的保护途径。发展乡村文化遗产旅游，是将农业文化遗产转化为资源，进入市场成为旅游商品，从而为遗产所在地创造经济价值。这种从“农业遗产到旅游资源”的转化，也是工业化时代乡村社区发展的模式，为农村提供新的经济生存能力，尤其是增加了偏远村落的经济能力，提高了农村社区居民的生活水平，也提升了农村社区整体的生存条件。

（二）历史城镇振兴与遗产旅游业

19世纪末至20世纪上半叶，欧美国家的一些老牌工业城市开始出现衰退。经济萧条，导致大量工厂倒闭，工人失业，人口疏散，大量闲置的厂房荒废。城市原有的功能被破坏，大量建筑因税收不足得不到维护而被拆毁。20世纪60年代以后，欧美国家开始关注历史文化遗产的保护问题，一些历史城镇的古老街区和建筑在社会的争议中得以免于拆除。

这些被保护下来的历史城镇面临着维护和更新的难题。一方面，这些衰落的历史城镇，原有的城市功能被破坏或消失，传统资源稀缺，经济萧条，就业形势严峻，急需新的发展道路改变现状，实现城市的复兴。另一方面，虽然政府致力于保护这些历史城镇，但长期的维护给公共管理带来沉重的财政负担，难以确保政策和措施的持续性。

20世纪70年代以后，为了振兴那些日渐衰落的历史城镇和街区，许多城市开始探索和开辟新的功能，其中，发展遗产旅游业是一项重要的振兴策略。

马萨诸塞州的罗维尔是19世纪美国第一个大型制造业城市，从20世纪50年代末开始逐渐衰落。为了改变这种状况，该城提出了以旅游为先导的振兴概念，并于1970年提出了建立“国家历史公园”的发展计划。1978年，罗维尔国家历史公园（the Lowell National Historic Park）建成，开始以历史遗产为资源发展旅游业，以期带动本地经济的发展。[1]

---

[1] 【英】史蒂文·蒂耶斯德尔、蒂姆·希思、【土】塔内尔·厄奇著，张玫英、董卫译：《城市历史街区的复兴》，中国建筑工业出版社2006年版，第73—79页。

英国曼彻斯特城卡斯菲尔德具有悠久的历史，是18世纪兴起的一座以铁路和运河运输体系为主导产业的工业城市，20世纪六七十年代开始衰落，城市经济环境恶化。1982年，曼彻斯特《城市中心街区规划》开始重视旅游业对城市的发展潜力。1988年，作为政府城市开发计划一部分的“曼彻斯特中心区开发公司”成立，开始致力于推动卡斯菲尔德旅游业的发展，将其由废弃的工业区改造为一个传统旅游街区。如今，该街区已成为欧洲重要的旅游区。[1]

从欧美历史城镇发展遗产旅游业的经验来看，有值得注意的以下几点：

第一，历史街区和城镇是具有重要价值的文化资源，可以通过整合资源实现经济价值，带动城市经济、社会的振兴和发展。

第二，发展遗产旅游业，除了维护旅游观光点，还要完善支撑性的服务系统，如交通运输、住宅公寓、餐厅、商场、娱乐场所等基础设施。旅游经济带动其他配套经济活动的繁荣，为城市创造了更多的就业机会，提高了居民的生活水平，维系了稳定的消费市场，从而带动整个城市的发展。

第三，历史城镇遗产旅游业的发展，需要公共管理部门和企业的共同参与。公共管理部门要在旅游策略的建立和协调中起到积极作用。公共管理部门要有明确的政策和规划引导，为城市确定发展目标。

除了历史城镇和街区振兴对遗产旅游业的推进作用，国际社会对文化遗产的认定和保护，也促进了遗产旅游业的发展。联合国教科文组织从1972年开始实施《世界遗产》名录制度以来，入选名录的遗产都成为各地著名的旅游景点。这些遗产为当地旅游业的发展注入了新的元素，而遗产旅游业带来的经济效益，又促进遗产的修复和维护。

二、中国物质文化遗产旅游业发展概况

我国物质文化遗产保护工作一直与旅游业有着不可分割的关联，二者相辅相成，共同发展，在促进文物所在地的社会经济发展和文物保护方面起了重要作用。我国的物质文化遗产主要涉及单体文物与各级文物保护单位，历史文化名城、名镇、名村，以及近现代工业遗产等。

（一）单体文物及文物保护单位的旅游业发展

文物是由国家文物主管部门认定的具有重要历史价值的物质遗产，主要存放于各级博物

---

[1] 【英】史蒂文·蒂耶斯德尔、蒂姆·希思、【土】塔内尔·厄奇著，张玫英、董卫译：《城市历史街区的复兴》，中国建筑工业出版社2006年版，第80—88页。

馆及文物保护单位。文物保护单位是国家文物主管部门认定的具有重要历史价值的遗址、遗迹等物质遗产。在文物保护系统中，各级博物馆和文物保护单位是各地旅游业的主要内容。

我国的公立博物馆属于公益性公共文化机构，除了带有遗址性的以外，都向社会免费开放。尽管这些博物馆本身不能创造经济效益，但其所具有的文化吸引力，能增添所在地的文化魅力，吸引更多的游客，从而带动旅游业发展。

被指定为各级“文物保护单位”和“世界遗产”的遗迹、遗址，成为各地旅游业的主要项目和带动力。各地被指定为“文物保护单位”的名人故居、寺庙等，是当地发展旅游业的基础要素，不仅这些遗产观光点本身会因此得到更好的维护，其周边的基础设施也会得到改善，并且带动周边餐饮、住宿、购物、休闲等多种服务行业的兴起。

（二）中国历史文化名城名镇名村的旅游业发展

中国历史文化名城、名镇、名村保护制度是我国文物保护机构为了实现文化遗产的区域性整体保护而实施的。1982 年，我国确立了“中国历史文化名城”保护制度，指出历史文化名城是“我国古代政治、经济、文化的中心，或者是近代革命运动和发生重大历史事件的重要城市”[1]。2003 年，我国又确立了“中国历史文化名镇名村”保护制度。迄今为止，我国共有“中国历史文化名城”118 个、“中国历史文化名镇”38 个、“中国历史文化名村”169 个。

我国对城镇实施的“旧城改造”运动，严重破坏了城市的历史文化脉络和城市历史建筑，不仅没有形成新的发展局面，反而造成了城市格局和功能的紊乱与衰败。20 世纪 80 年代以后，我国城市建设与文物保护部门开始改变以往的策略，注重城市功能的修复与调整，促进城市的有机更新。80 年代末至 90 年代初，吴良镛教授提出历史性城市“有机更新”理论。“所谓‘有机更新’即采用适当规模、合适尺度、依据改造的内容与要求，妥善处理目前与将来的关系。”[2] 之后提出的“人居环境”理论、“可持续发展”理论，都强调处理好历史城市过去与未来的关系问题，也就是在不破坏城市的历史文化脉络和环境的基础上，实现城市的振兴和可持续发展。

21 世纪以来，在维护世界文化多样性和弘扬民族传统文化的时代背景下，世界各国兴起建设“文化城市”的思潮。我国也开始探索历史文化城市从“功能城市”[3] 向“文化城市”[4] 发展的路径。在“功能城市”中，人们关注城市的人口规模、用地规模、建设规模等建设问题；

---

[1] 阮仪三、王景慧：《历史文化名城保护理论与规划》，同济大学出版社 1999 年版，第 16 页。

[2] 吴良镛：《北京旧城与菊儿胡同》，中国建筑工业出版社 1994 年版，第 68 页。

[3] 1933 年国际现代建筑协会第四次会议通过的《雅典宪章》中，“功能城市”指依据功能分析，城市具有居住、工作、游憩和交通四大功能，每个功能在城市发展的每个阶段都要保持协调发展。

[4] 1985 年，在雅典召开的欧盟文化部长会议提出“文化城市”概念。

在“文化城市”中，人们“围绕着文化问题进行思考和行动。诸如使经济社会发展与生态环境之间建立起和谐关系，使市民需求得到全方位的满足，过上富于创造性和满足感的生活”[1]。

建设“文化城市”，既要弘扬和发展传统的民族文化和地域文化，又要实现城市经济社会的协调发展。简言之，就是要促进文化与城市经济社会发展的结合。其中，最有效的结合模式就是发展旅游产业和以文化为主导的产业。发展遗产旅游业在文化遗产丰富的历史文化名城、名镇、名村中，是实现文化与经济社会协调发展的最实际、有效的途径。

中国历史文化名城的建设一直注重旅游业的发展。这些城市本身具有的悠久历史文化，吸引了国内外的游客慕名而来。历史文化名城内聚集着大量的历史遗址、遗迹等物质文化遗产，这些遗产被纳入本地的旅游规划中，得到维护和利用，成为旅游观光点。例如，我国首批历史文化名城——西安市的“旅游发展总体规划（2013—2020）”，遗产旅游是旅游产业的重要组成部分，遵循“遗产支撑，融合发展”的思路，推进发展大遗址旅游、高效利用文物遗产资源、促进文化遗产申遗、创意策划文化遗产旅游项目、拓展延伸遗产旅游产业链、建设遗产旅游示范区等。在“发展城市文化，建设文化城市”的城市建设思维下，文化成为各地的形象标志。拥有悠久历史和蕴藏丰富文化遗产的历史文化名城，充分发挥自身的资源优势，融合旅游业，开展各具特色的遗产旅游。

中国历史文化名镇、名村，是比历史文化名城范围更小、文化特色更为鲜明、文化遗产更为集中的区域。一些地方在发展旅游业的过程中，意识到那些保存完好的、具有悠久历史的村镇的价值，将这些古老村镇开发为旅游景点，如安徽省黄山市从20世纪80年代开始发展村落旅游，将黄山脚下的古村落作为黄山风景区旅游线路的一部分，发展旅游经济。2003年，我国开始实施“中国历史文化名镇名村”保护以后，被列入名单的村镇逐渐受到当地重视，在当地政府的宣传和规划下，村镇旅游迅速发展，成为当地的主要产业。

从各地遗产旅游业的发展情况来看，遗产旅游成为中国历史文化名城名镇名村总体发展规划的组成部分，是当地文化发展战略之一。这种发展战略，使文化不再是单纯的“文化”，而是被转化为一种资源，在当前的经济社会中充分发挥了实际价值；旅游业与文化相结合，成为新型的文化旅游，使游客在“观景”的同时，体验当地的本土文化。参与旅游业发展的古城、古镇、古村，在现实社会的经济环境中获得了新的发展契机，为未来的发展提供了新的机遇，同时也迎来了新的挑战。

---

[1] 单霁翔：《文化遗产保护与城市文化建设》，中国建筑工业出版社2009年版，第319—320页。

（三）工业遗产的旅游业发展

我国工业遗产是近现代以来中国工业化发展历程的印记，也是近年来我国文化遗产保护开始关注的一种新型遗产。19 世纪末期，我国开始了近代工业化进程，由于战乱，进程缓慢。1949 年以后，随着中华人民共和国的建立，政权稳定，尤其是人民政府实施以重工业为主导的工业化政策，全国各地的工业化进程迅速发展，高大宏伟的工业建筑成为一些城市最突出的风景。

20 世纪 90 年代，市场经济的快速发展，我国计划经济体制下形成的企业管理制度和工业结构逐渐不适应时代的需要。随着国企改革的开展，一些企业破产倒闭，许多工业建筑被闲置甚至废弃。如何处置这些闲置或废弃的工业建筑，成为困扰企业和当地政府的难题。

目前，我国的工业遗产包括 19 世纪末至 1949 年中国近代工业遗产和 1949 年以后现代工业遗产。1949 年以前的工业遗产，多数被认定为“文物保护单位”纳入我国文物保护体系；1949 年以后的现代工业遗产，一部分也被纳入国家文物保护体系，如大庆第一口油井、青海第一个核武器研制基地旧址等先后被认定为“全国重点文物保护单位”。然而，对于多数现代工业遗产，我国还未形成完善、系统的保护制度。

对于这些濒临废弃甚至拆除的工业遗产，一些城市和企业借鉴国外工业遗产再利用的经验，寻求工业遗产再利用的途径。

798 艺术区是我国工业遗产再利用的典型案例。798 艺术区的前身是中华人民共和国“一五”期间建设的“北京华北无线电联合器材厂”，是苏联、东德援助建立的电子工业基地。工厂的主要建筑是 20 世纪 50 年代由东德专家设计并建造的，采用了当时世界最先进的工艺和包豪斯设计理念。这些工业建筑是我国具有划时代意义的工业遗产。20 世纪八九十年代，该厂逐渐废弃。1995 年，中央美术学院雕塑系租用该厂 706 仓库用于制作大型雕塑作品《卢沟桥抗日群像》，从而开启了艺术家入驻的风潮。工厂内高大宽敞的工业建筑，被艺术家和商户改造为画廊、展厅、工作室、咖啡屋等具有艺术气息的公共空间，引来许多国内外游客。2006 年，798 艺术区正式被政府定位为“文化艺术创意产业园区”，成为中国现代艺术的重要坐标，也成为北京市重要的旅游景点。

与此类似的还有广州的“红专厂”。“红专厂”前身为“广东罐头厂”（后改组为“广州鹰金钱企业集团公司”），是苏联与中国经济合作的重点项目之一，由轻工业部于 1956 年筹建，是当时亚洲最大的罐头厂。工厂为苏式建筑，也是中华人民共和国成立初期留下的工业遗产。2000 年左右，新厂搬迁，留下的旧址被闲置。2009 年以后，该厂被改造为“红专厂”创意产业园区，探寻广州这座城市从传统产业向创意产业跨越的途径。如今，“红专厂”正逐渐被建设为一座国际化的创意产业基地，成为广州市最吸引游客的景区之一。

目前，这种利用工业遗产，改造为艺术区、创意产业园区，正成为一种潮流，各地竞相效仿，如上海红坊创意园区、湖北汉阳造艺术区、四川洛带粮仓艺术区等。这些艺术区和创意园，不仅成为当地的艺术和创意产业发展基地，也是重要的旅游资源，得到各地政府的支持和关注。

除了将工业遗产改造为艺术区、创意产业园的方式，有的地方还将工业遗产改造为主题博物馆和公共景观。如上海江南造船公司，利用老厂区装焊车间建造了“江南造船博物馆”；广东中山将建于1953年的“广东中山粤中造船厂”旧厂和废旧机器，改造为供人们休闲的公共场所——岐江公园，成为当地著名的公共景观。

我国物质文化遗产保护与旅游业的结合，已经积累了丰富的实践经验。遗产旅游业为遗产的维护提供了资金来源，为遗产所在地带来了可观的经济效益；但旅游业带来的巨大游客流量，也为遗产维护带来了压力。旅游业带来的过度商业化对遗产周边环境的异化，当前也是引起社会普遍关注和探讨的话题。

三、中国非物质文化遗产旅游发展概况

（一）与物质文化遗产结合的非物质文化遗产旅游

我国在物质文化遗产保护实践中，也逐渐认识到单一保护物质遗产无法维护这些遗产的完整性。例如，在当前的中国历史文化名城名镇名村的保护中，单纯地保护其中的建筑遗产、历史遗迹等物质文化遗产，而忽视其中非物质形态的历史文化传统，是无法完整地维系这些城镇、村落的文化生态环境的，使其沦落为空洞的“古董街”。因此，在保护历史城镇、村落的物质遗存的同时，要注重保护和传承依附其中的非物质文化遗产。

在非物质文化遗产保护实践中，注重充分认识物质文化遗产与非物质文化遗产的关系，将非物质文化遗产同相关的物质文化遗产进行整体保护。我国第一个国家级文化生态保护区——闽南文化生态保护实验区的《规划纲要》即指明，要注重与非物质文化遗产相关的物质文化遗产的保护。没有物质文化遗产作为依托，非物质文化遗产就会是失去存在的载体。

各地在开展遗产旅游的实践中，将非物质文化遗产资源融入当地的物质文化遗产是普遍的做法。首先，利用当地的文物保护单位作为非物质文化遗产博物馆、展示馆、传习基地。这样既节约了非物质文化遗产保护成本，又提高了文物保护单位的实用性。其次，在历史城镇和村落中，挖掘、整理当地的非物质文化遗产，结合当地的物质文化遗产共同展示。

物质文化遗产旅游在我国已经有了良好的发展基础，各地的文物保护单位和历史城镇、村落已成为游客慕名而来的旅游景点。非物质文化遗产借助于已有的物质文化遗产进入游客

的视野，有助于非物质文化遗产的传播，也有助于增加物质文化遗产的趣味性。

（二）以非物质文化遗产为主导的遗产旅游

随着“非物质文化遗产”概念的传播，非物质文化遗产逐渐受到各地旅游业的青睐，以非物质文化遗产为主导的遗产旅游日益兴起。

地方政府借助本地的非物质文化遗产项目，打造地方文化品牌，塑造本地文化形象，借以发展本地遗产旅游业。

一些地方政府通过举行文化艺术庆典活动，塑造本地的文化形象。蔚县是我国著名的民间艺术之乡，其中，剪纸艺术是蔚县最具代表性的民间艺术。迄今，流传于蔚县的剪纸艺术品种有5800多种。2003年，蔚县被中国民间文艺家协会命名为“中国剪纸艺术之乡”。2009年，蔚县剪纸入选联合国教科文组织《人类非物质文化遗产代表作名录》。为了将“蔚县剪纸”艺术发扬光大，蔚县人民政府在2011年承办了“第二届中国剪纸艺术节暨首届蔚县国际剪纸艺术节”，以促进国际剪纸艺术交流，提升本地剪纸艺术形象，推动剪纸艺术产业发展。蔚县还建立了“中国剪纸博物馆”，成为当地文化旅游景观。蔚县人民政府将蔚县剪纸艺术，及其他民俗文化相结合，打出“到蔚县过大年”的旅游口号，吸引各地游客到蔚县体会年俗文化。

《江格尔》是蒙古族英雄史诗，2006年入选“首批国家级非物质文化遗产名录”，主要流传于我国新疆维吾尔自治区阿尔泰山一带的蒙古族聚居区。和布克赛尔县是新疆维吾尔自治区唯一的蒙古族自治县，该县自2006年开始举办“江格尔文化旅游节”，至2013年，共计举办了六届。江格尔文化旅游节期间，除了表演《江格尔》史诗说唱，还表演蒙古长调、马头琴、萨乌尔登等蒙古族传统艺术。后来，江格尔文化旅游还与当地蒙古族的“那达慕”相结合，共同展示蒙古族传统文化艺术，促进当地旅游业的发展。

民族传统节俗是各地发展旅游业的契机。雪顿节是西藏的传统节日，在藏历年六月底七月初举办，又称“酸奶节”“晒佛节”“藏戏节”，主要活动有晒佛、跳藏戏、过林卡（即野炊）。拉萨市人民政府每年都以“雪顿节”文化为契机，设置特定的主题，开展晒佛、跳藏戏等具有民族特色的文化活动，推动拉萨文化、旅游与经济的结合。与此类似的，还有内蒙古自治区的“那达慕”，云南、四川等地的“火把节”等少数民族传统节日。当地政府以这些传统节日为契机，糅合当地的传统文化艺术，举办盛大的民族节庆活动，吸引世界和全国各地的游客参与体验，极大地促进了当地旅游经济的发展。

随着国家对传统节日的弘扬，以及传统节日公共假期的增加，各地逐步挖掘、推广本地具有区域特征的节俗活动，借以发展特色民俗文化旅游。端午节是我国流传广泛的传统节日，随着国家设定“端午节”为公共假日，各地积极开展端午节民俗文化活动，如浙江嘉兴的

"端午民俗文化节"，湖北宜昌、秭归的"屈原故里端午文化节"。端午民俗文化成为这些地区的文化标志，为旅游业增添了文化魅力。

四、传统村落与乡村文化遗产旅游

近年来，我国文物保护机构和非物质文化遗产保护机构共同参与"传统村落"的保护实践。根据《关于加强传统村落保护发展工作的指导意见》(2012)的界定，传统村落是拥有物质形态和非物质形态文化遗产，具有较高的历史、文化、科学、艺术、社会、经济价值的村落。在"中国传统村落"保护实践开展之前，各地以多种形式实施我国民族地区的传统村落保护，如中国历史文化名村、生态博物馆、民族文化生态村等。其中，最广为运用和认知的名称是"古村落"。与古村落保护相关的，是村落旅游的发展。安徽省黄山市是古徽州古村落的聚集地，保存了众多有数百年历史的明清古村落。为了保护并合理利用这些古村落资源，安徽省和黄山市在20世纪80年代中期就确定了"以保护为主，以旅游带动保护和发展"的思路。从徽州古村落保存现状来看，旅游业发展较好的村落保存得较为完整，地处偏僻旅游业发展缓慢的村落则日渐衰败。

传统村落是我国传统乡村的社会基本组织单位。村落遗存是反映村历史与文化传统的物质、非物质文化遗产，其中，物质文化遗产包括村落地址、街巷脉络、水路系统、民居建筑等，非物质文化遗产包括习俗、信仰、传说、故事、歌谣、技艺、戏剧等。除了物质、非物质文化遗产，传统村落还包含农业文化遗产。农业文化遗产即育种、耕种、灌溉、排涝、病虫害防治、收割储藏等农业生产经验，如传统农业生产工具、农业生产制度，以及传统农耕信仰等。如果说，物质文化遗产反映的是村落的村貌景观和历史特征，非物质文化遗产反映的是村落的文化传统和精神面貌，农业文化遗产则直接关系着农民生计和农村生态。三种遗产都是传统村落生存、发展必不可少的资源。

我国当前关于农村发展的政策设计，一方面，要保护传统村落；另一方面，要建设社会主义新农村，改善农民生活和农村生活环境。两方面政策设计都是为了给中国当前的乡村找到合理的发展道路。如何既能保护中国传统乡土社会的古老形态，又能促进传统乡村向现代乡村社会转变？这一切要以尊重农民意愿、改善民生为前提。

20世纪90年代兴起的乡镇企业，在21世纪初期以来逐渐凋敝。一些地区兴办的对生态环境造成破坏的企业，也难以适应村落的长久发展。

结合传统村落所拥有的资源，发展乡村遗产旅游是一条科学的、可持续发展的道路。从已有的村落旅游发展经验来看，村落的物质遗存是发展旅游业的基本依托。一座保存完好拥有较多物质文化遗产的传统村落，是吸引人们选择观光的首要因素，因此，保护好村落的物质文化遗产，维护村落的历史风貌，是发展乡村遗产旅游的基础。

非物质文化遗产增添了传统村落的历史和文化内容，使得风貌相似的村落具有了独特魅力。譬如，徽州的众多古村落，多数保留了明清时期的建筑特色和历史面貌，因此，很多村落具有相似的风貌。尤其是经过多年的商业化改造，形成了“千村一面”的局面，村落之间很难突显独特性。在村落建立非物质文化遗产展馆、传习所、传承人工作室、戏台等设施，让传承人入驻村落，向游客活态展示非物质文化遗产，以及结合特定的民俗传统举办文化节庆活动，让每个村落具有独特的文化内涵和观光内容，从而促进了特色遗产旅游的发展。

在城镇化和工业化的进程中，农村劳动力向城市转移造成了农村的空巢化和传统农业的凋敝，农田抛荒现象严重，对农村和农业发展造成了危害。发展乡村遗产旅游，使人们广泛挖掘乡村社会的物质和非物质文化遗产资源，却忽视了农业本身。随着世界范围内对农业遗产的关注，我国也开始重视农业遗产的保护。对于农业遗产的保护和合理利用是较为有效的途径。当地首先要维护村落的农业生产环境，维持传统的农业生产、生活形态。在维护村落传统和优美的自然风光的基础上，提供必要的生活设施，发展乡村旅游，让游客从事农耕、收获、采摘、垂钓、饲养等农业活动，享受回归自然的乐趣。这种以农业观光和农村生活体验为主的乡村旅游，是当前我国农村较为普遍的发展模式，也是适合传统村落发展的模式。

综上所述，通过整合传统村落的物质、非物质文化遗产和农业遗产资源，发展乡村遗产旅游，是传统村落保护和利用的可行之路。乡村遗产旅游业的发展不仅能为村民带来直接的经济效益，还能带动当地相关经济的发展，如餐饮、住宿、交通等。传统村落所蕴含的经济价值，会提高人们主动维护村落遗产与环境的自觉性，也会促进当地政府加强对村落基础设施的建设与维护。

“一带一路”背景下中国产业规划文化梳理与反思

赵书波 / 香港大学

前言

何为规划文化?“规划文化”(culture of planning)在1993年由Keller等三位欧洲规划师在被称为“四个国家的规划文化之旅”(Journey into the planning cultures of four countries: Switzerland, Germany, Italy and France)的研究中提出，但是他们都没有对规划文化做出一个确切的概念定义。加拿大约翰·弗里德曼(John Friedmann)在《全球化与萌生中的规划文化》[1]一文中，提出规划文化主要是指在某个特定的国家或(及)城市人们认知、建立和实施(社区、城市和区域或者空间发展)规划的方法，包括正式的和非正式的方法。[2]认为尽管规划涉及了其他社会成员，但它依旧首先是国家的职责，因此，它深植于国家或(及)城市的政治文化和历史文脉之中。不同国家、民族、地区，因各自的地理、历史、语言、传统、宗教等因素不同，致使在风俗、信仰和行为上彼此有分歧，从而构成各自独特的产业制度体系和规划体系。不同的文化精神导致人们对许多问题的看法不同，影响其行为，最终将形成不同的规划模式。

产业规划是指综合运用各种理论分析工具，从实际情况出发，充分考虑国内外及区域经济发展趋势，对当地产业发展的定位、产业体系、产业结构、产业链、空间布局、经济社会环境影响、实施方案等做出一年以上的科学计划。[3]产业规划既具有一般规划的特点，又有其引导和规范产业发展的特性。产业规划理论起源于西方政府干预理论。[4]19世纪初德国历史学派李斯特(Friedrich List)在《政治经济学的国民体系》著作中提出了国家干预的思想，指出世界各国的经济规律各不相同，各国需要制定适合自己发展的经济政策。20世纪初剑桥

[1] John Friedmann, “Globalization and the emerging culture of planning”, Progress in Planning, 2005 (64): 183-234.
[2] 清华大学刘健翻译。
[3] 孙皆豹:《对产业规划问题的探讨》,《商业研究》2003年第14辑。
[4] 孙皆豹:《对产业规划问题的探讨》,《商业研究》2003年第14辑。

学派的庇古（Arthur Cecil Pigou）出版的《福利经济学》从社会福利最大化、提高市场效率的角度提出国家干预的问题研究。著名经济学家凯恩斯（John Maynard Keynes）的著作《就业、利息和货币通论》对传统的经济自由放任学说进行质疑，提出了用国家干预改变经济自由放任主义的理论革命。20 世纪 80 年代美国著名经济学家约瑟夫·斯蒂格利茨（Joseph Stiglitz）的两部著作《政府经济学》和《政府在市场经济中的角色》对政府干预理论做了更深入的研究。斯蒂格利茨是政府干预经济和“市场失灵”方法的主要倡导者之一。他的观点是：政府对于市场而言有不可替代的作用，问题的关键是政府该如何最大程度地发挥这种特殊的优势。他对传统市场失灵理论中政府干预范围有限的观点提出了挑战。他的理论的独特之处在于不仅从各种表面现象论证市场失灵，而且触及微观经济学的核心——福利经济学的基本原理，这就使得他的理论有比较扎实的基础。[1]

从第二次世界大战结束到 20 世纪 70 年代，是两种经济体制（社会主义和资本主义经济体制）的对峙时期，也是国家和产业规划发展的繁盛时期。一方面，西方国家的政府干预、经济发展规划在政府宏观调控体系中的作用较大，地位较高，法国、日本等国家推行了有效的经济发展规划；英国、德国等尝试着推动经济规划工作；美国在六七十年代掀起了经济规划的浪潮；一些发展中国家也运用经济规划来推动本国产业经济的发展。[2] 另一方面，社会主义国家建立了计划经济体制，以指令性的经济计划强力推动工业化产业发展，在计划经济发展陷入困境后，又先后进行了各种形势的经济体制改革，产生了一些新的经济规划形式。[3]

从 20 世纪 50 年代开始，中国学习和实施了苏联的计划经济制度（刘国光，2006）[4]。计划部门在拟订经济发展战略和发展规划，制定产业政策和价格政策，监测和调节国民经济运行，搞好经济总量平衡，优化重大经济结构，安排国家重大建设项目等方面做了大量工作；同时也担负和执行了大量行政审批职能和微观管理事务。计划经济发挥了集中全国力量办工业的作用；在极端困难的条件下，初步建立了国民经济的工业体系，在历史上曾发挥了巨大的作用。本文认为，中国的产业规划文化除了体现马克思主义和苏联的计划经济制度的影响外，更深层地反映了儒家文化的深刻影响，主要体现为垂直纵向的规划关系、举国一致的产业规划体制、政治价值具有首要意义、地方政府在规划执行中的主动性、运动式产业规划与

[1] 李斯特、庇古、凯恩斯、约瑟夫·斯蒂格利茨等理论总结见朱亚东《产业战略与企业战略关系研究》，2014 年河北工业大学博士学位论文。

[2] Zhang Tingwei，Planning Theory as an Institutional Innovation：Diverse Approaches and Nonlinear Trajectory of the Evolution of Planning Theory，City Planning Review，2006，30（8）：9-18.

[3] 朱亚东：《产业战略与企业战略关系研究》，博士学位论文，河北工业大学，2014 年。

[4] 刘思源：《中国十个“五年计划”经验教训的总结——访著名经济学家、中国社会科学院原副院长刘国光》，《上海党史与党建》2005 年第 2 辑。

理性的纠偏、产业规划中的“仁”等六大方面。

一、垂直纵向的规划关系

与英美等推行寻求改善多个部门的经营环境和能力的横向产业政策不同，中国多使用垂直聚焦于特定行业的政策，目的是实现特定行业的发展。如为防止中国经济加速下滑，实现2009年保“8”目标，国务院陆续出台重要产业调整振兴规划。自2009年1月14日至2月25日，国务院常务会议先后审议并原则通过汽车、钢铁、纺织、装备制造、船舶、电子信息、石化、轻工业、有色金属和物流业十个重要产业规划。

究其原因，可以在中国人深植的“家庭”意识中找到端倪。儒家文化圈的传统秩序有着和其他发展中国家不同的传统，在产业规划上，就体现为产业规划的垂直纵向性。政治精英的模范领导与市场“看不见的手”同样重要。虽然儒家在商业领域提倡不干预，但儒家主张对于整个社会的福利，政府应当承担全部责任。与责任对应的是政治精英全面参与经济、社会和文化建设的权力，这种责任和权力正如家庭成员中家长的责任和权力。马克斯·韦伯在《儒教与道教》[1]中提到的，在中国历史上，不存在宗教意义上的“先知”，充当国家发展引领者的是饱读诗书，并且知悉礼仪的官员，尤其是皇帝本人。皇帝、中央政府和各级地方政府的官员引导着中国几千年封建社会经济和社会的发展。这些行为逻辑，被儒家思想不断加以认可。在中华人民共和国成立后，各种计划或规划明显具有从上到下的纵向色彩。国家领袖的号召和计划（发展改革）部门的“定调”，成为延续至今的产业规划的传统。中国政治精英的历史使命感也由此产生，自身认为有义务带领大众实现国家经济和产业发展。

儒家，强调的是垂直的纵向关系，尤其是上下级之间的忠诚关系。受儒家思想影响的中国、日本、韩国，其规划也都是纵向关系的发展规划为多。但在当代中国，中国传统不再被视为一种内在的、神圣的、美好的东西所拥抱，而是基于工具的、实用的考虑，并作为一种文化资源而为人们所选择利用。但政府在市场经济中的领导地位不仅是必要的，而且是合乎愿望的。[2]产业规划的制定、发布和实施正好借助儒家传统文化形成的政府和企业、产业内部之间潜在的“上下尊卑”关系，使企事业单位融入一个规划下的“大家庭”，家庭成员之间具有相互的义务和责任。家庭一体化，“职业分立，伦理本位”[3]，促进了成员之间的长期团结，

[1] 韦伯著，洪天富译：《儒教与道教》，江苏人民出版社2003年版，第118页。

[2] 参见郭齐勇、郑文龙编《杜维明文集》（第四卷），武汉出版社2002年版，第594—595。

[3] 梁漱溟：《中国人：社会与人生》，中国文联出版社1996年版，第281页。

都在为整体的发展贡献自己的力量，企业凝聚在政府出台的相关产业规划之中。

在政府主导的产业规划下，由于企业、公众参与不充分，政府作用强于市场作用，使得政府在产业规划制定、发布和实施中，成为首要的配置主体和参与主体。一是政府在产业发展资源占有和配置的权威性。我国经历了长期的计划经济，使得政府在资源占有和资源配置方面享有绝对的权威，尽管经历了四十余年的改革和转型，政府在这一方面的权威地位并没有动摇。正是因为这一绝对权威的存在，使得政府规划主导产业发展在我国具有可行性。二是形成了以中央政府为核心的产业规划管理体系。由于各个细分主体有各自的隶属关系、利益诉求，以及行为方式，中央政府、地方政府、各部委，以及作为政府延伸的国有企业之间形成了错综复杂的关系，并"渗透"到产业活动的各个领域。

二、举国一致的产业规划体制

与垂直纵向的规划关系相关的另一个重要特征是中国的"举国"规划体制。集体原则置于经济原则之上，以维持体制和社会秩序的稳定性。在稳定的前提下，才能产生产业发展的持续性和可预期性。对于产业规划，正如韩国学者金日坤（Ilpyong J.Kim）在《儒教文化圈的伦理秩序与经济》中提出的："在政府的作用中，儒教文化圈的传统秩序具有和其他发展中国家所不同的重要意义。政府制订计划，确立目标，建立有关制度，形成个体经济的强大后盾。集中各个经济实体和个人能力，整体号召机制使整个国家的经济取得成功。"[1] 国家产业规划的编制是在全国产业基础、资源条件、要素条件等多重约束下，确定国家发展战略，进行目标最优化。地方政府制定的产业规划也是基于本区域的产业基础、资源条件、要素条件等，然后，根据政府要求，由发展改革部门和主管委办局来制定和实施。产业规划与城市规划紧密相连，一方面产业规划的实施会引起城市功能的变化，从而对城市整体运营管理提出新要求；另一方面，城市规划也影响和引导产业发展，使产业结构发生新变化。所以，产业规划的制定和实施必然要求"举国一致"或"区域一致"。

在产业规划的举国体制中，政府处于主导地位。政府对产业规划的影响主要表现为以下四种形式：一是作为重要的制度供给方，根据发展需要进行制度创新；二是通过制定经济战略和政策引导企业和市场行为；三是通过基础设施建设投资、基础资源和金融资源的国有经营等，实现对经济资源的调整和配置；四是通过控制国有企业影响市场环境和市场绩效，以

[1] 金日坤：《儒教文化圈的伦理秩序与经济》，中国人民大学出版社 1991 年版，第 141 页。

及其他特定的社会目标等。

此外，产业规划是一门“知识密集型”学问，要判断发展环境，要做出制度安排，要给出保障措施。一般民众显然不具有这方面的知识技能，交给政府或政府委托的专业规划编制机构，符合公众的预期。

在中国，人们相信谋求社会利益，使国家富强，终究会给个人带来利益，达到义利合一的发家富国的整体目标。

三、政治价值具有首要意义

中国的规划体系是一个多层次的规划体系。因为中央产业政策的发布和实施要经过省、县（市）、乡（镇）、村四级行政机构，所以，通过政治手段来保证产业政策的原汁原味非常重要。区县、乡镇、街道办事处或村负责管理辖区内的各种公共服务设施和其他政府机构一样，为了确保公共服务事业的资金来源需要直接组建公司，参与营利性质的经济活动，因此，在财政方面被认为具有“双重属性”。

对于如何监督产业规划的制定及实施，如何使产业规划按照民主的方式实现企业、公民效益最大化，是每个国家或区域产业规划体系都要面对的问题。在与政府处置意见发生冲突时，企业、公民虽然有权依照行政诉讼法到法院起诉地方政府，但这种方式一般花费巨大且时间长，他们担心法院会优先考虑地方政府的利益。

社会监督较弱，有好有坏，好在快速、高效，坏在很难监督。即使上级政府对下级政府的全面监督也存在问题。但要真正实施产业规划，就必须保证“不走样”，那么，通过自上而下的行政手段成为必选。在产业规划系统中，政治价值成为社会价值系统的核心，成为整合经济力量、文化力量的枢纽。通过产业规划来设定一个目标，再调整经济来适应这个目标，然后，塑造新的产业文化，新的产业文化又推动政治精英谋求新的产业规划目标。整个中国的社会就在政治、经济和文化的相互作用下，不断地推动产业的发展。

四、地方政府在规划执行中的主动性

中央政府与地方政府的关系一直是中国需要谨慎处理的一个基本社会关系。中央或上级对地方或下级，既要掌控，不使其脱离领导，又要激发其主动性，使各地相互竞争发展。长期以来，中国将 GDP 增长和税收、财政收入作为政绩考核的主要标准，是政府工作成果的重要表现形式。所以 GDP 增长和税收、财政收入成为竞争中心。

如何增加 GDP、税收、财政收入呢？绕不开的路径是：进行城市规划和产业规划，然后，实施城市规划，进行城市基础设施、房地产、商业地产、产业地产建设；实施产业规划，打造适合产业发展的环境，出台优惠政策，发展优势产业。那么，如何吸引投资来实施城市规划和产业规划呢？在周边区域营商环境差不多的条件下，税收优惠和土地优惠成为地方政府之间博弈的手段。

1994 年，中国开始实施分税制财政管理体制。理顺中央与地方的分配关系，调动中央、地方两个积极性，特别是地方政府发展地方产业增加税收的积极性。地方政府为了招商引资给予企业的各种税收优惠。地税部门主要征收个人所得税、企业所得税等中央和地方共享税，以及城镇土地使用税、房产税、契税等地方税种。地方政府出台的减税、免税、税收返还等优惠政策，以及执行不严的情况，往往也集中在地方税种上。2018 年，中国取消分税制，实行国地税合并，地方没有主体税种，地方的收入大幅度地减少，财力越来越集中于中央财政。另一项影响产业发展的是“土地出让金”[1] 制度。可以说，在中国，土地出让金已成为地方政府预算外收入的主要来源。因为地方政府有土地出让金的把控权，所以，土地出让金返还或奖励款[2] 就成了地方政府实施产业规划的一根重要杠杆。

以分税制和土地出让金返还为代表的政策设计，反映中央政府意图调动地方发展经济的积极性，并减少对微观领域具体经济活动的干预。为实现产业发展和国家宏观调控的目标，中国建立了层级分明并较为顺畅有效的产业管理体制，对产业进行规划、组织、协调、沟通和控制。

有了以上的规则，地方政府制定或执行产业政策才有了动力和活力。在直辖市（省）、区（县）、街道办事处（镇）、居（或村）民委员会等不同层次之间，相互协调又充满彼此之间的竞争。竞争的目标就是 GDP 增长和税收的增加。

五、运动式产业规划与理性的纠偏

在中央出台的产业政策和制订的产业规划引导下，如前文所讲，地方政府为完成行政任

[1] 土地出让金（land transaction fees）是指各级政府土地管理部门将土地使用权出让给土地使用者，按规定向受让人收取的土地出让的全部价款（指土地出让的交易总额），或土地使用期满，土地使用者需要续期而向土地管理部门缴纳的续期土地出让价款，或原通过行政划拨获得土地使用权的土地使用者，将土地使用权有偿转让、出租、抵押、作价入股和投资，按规定补交的土地出让价款。

[2] 土地出让金返还或奖励款就是在土地出让过程中，企业按照招拍挂的土地竞拍金额全额缴纳土地出让金并取得了土地出让票据以后，根据地方政府的规定，政府给予的土地出让金一定比例的返还或者奖励。

务，或者获得该项产业政策的各方面支持，或吸引投资和各方注意力，体现跟风式、运动式的编制规划或落实某项产业规划的特点。如，中国在2009年发布《文化产业振兴规划》后，文化产业逐渐升温。在文化产业热潮中，全国约2/3的省市提出建文化大省的口号，为此各省市纷纷制定激励区域文化产业发展的相关政策和优惠条件，一大批文化产业基地（园区）迅速覆盖全国。为促进文化产业发展和吸引注意力，各地政府纷纷搭建文博会、动漫节等各种平台，因平台泛滥和缺乏市场化运作很多成了娱乐“嘉年华”。“运动式乱象”表明有些地方发展文化产业喜欢追赶浪潮、一哄而上。[1]

产业规划是理性化进程的产物，理性化进程表现为技术理性的发展和各个生活领域的全面渗透。现代性的核心思想是从时代的科学经验，而不是美学经验出发，产业发展必须是理性的、可预计的，但因为中国地域经济发展水平、人口素质、产业基础等差异巨大，在“非理性”地实施产业规划的过程时，必然带来教训，不仅造成有限资源（资金、土地、人才等）的极大浪费，还会污染破坏环境和生态。

产业规划有些内容很可能出于某些领导的主观臆断，或出于行政需求，这就容易导致“拍脑袋”定规划，出现运动式发展某些产业的做法。但这些做法不会长久，因为本地政府的行为策略除了要合乎其行政治理利益之外，也必将以GDP增长和税收、财政收入状况来衡量自身行为绩效，并调整之。从政府领导角度来讲，执行中央或上级产业规划是政治需要，但若不能真正提升区域产业发展和经济发展，就会采用“冷处理”的办法来消极应对。也就是，地方政府根据本地的各产业在财政收入中所占的比重，衡量产业规划的编制和执行力度，不管此产业是否真的符合上级产业规划。对财政贡献较少的产业，政府对其的重视程度将不会过高，当然产业规划和优惠政策也不可能向其倾斜。而对于占本地财政收入重要份额的产业将会给予相当的重视和大量的倾斜政策。有的甚至可能出现地方保护主义性质的政府干预，如有些西部地区的煤炭产业。

从纵向关系来看，地方政府之所以这样做，也是基于其下层的企业。政府和企业之间的关系从长期看是一个动态的过程。在市场经济的条件下，企业对政府行为，以及其政策长期范围的反应是可以用“脚”投票，即从该政府管辖区内转移。就公共品而言，政府供给的公共品的价格、数量将直接影响本地集聚企业的生产经营活动。因此当政府供给的公共品成本较为低廉时，集聚企业将会稳定存在。但是当政府供给的公共品成本较高时，集聚企业利润最大化目标受到影响时，短期企业会运用某些方略和政府博弈，长期则会出现企业向外地转

[1] 朔风：《文化产业忌运动式发展》，人民网，http：//theory.people.com.cn/GB/11815629.html。

移投资。除了公共品的供给之外，政府对本地集聚企业进行的税收、污染等管制行为，也将对集聚企业的在本地的发展产生影响。

关于中国产业发展为什么会在出现产业规划走样之后的纠偏行为，我们可以在中国共产党一直坚持“事实求是”原则中找到解释，也可以在儒家强调的“诚”“信”中找到答案。

六、产业规划中的“仁”

中国的产业规划体系呈现三个特性：一是外生性，即存在政府这一外生变量影响规划制定和实施；二是目标性，即产业规划具有一定的目的性，希望实现特定的目标，这一目标既有可能是关系着社会群体利益，也有可能只是针对特殊群体需要；三是间接性，即政府引导需要借助市场机制发挥作用。中国产业规划中的“仁”[1]，体现在通过外在要素注入市场，帮助中小企业发展上。从各国产业规划经验来看，国家对富人的政策永远优越于穷人，必然导致贫富差距越来越大。为避免马太效应的扩大，中国在出台产业政策时有意识地注意中小企业培育和创业企业的孵化。

同计划经济时期的政府干预不同，在政府引导型发展方式中，政府因素是产业发展的外生变量，是政府为了实现一定的经济目标，通过制定产业规划、调配经济资源、控制国有企业等方式，引导和影响市场机制发挥作用。本质上，产业规划是以政府为中心的协作性规划，需要通过若干年主要利益集团之间多向交流才能实现。相互合作的起因，在于没有任何一方能够在缺乏其他各方（包括地方政府）自愿合作的前提下，实施它所希望的行为，实现它所希望的目的。中国产业规划明显体现对剥削、自我主义和粗野竞争的反对。产业规划的制订和实施，强调产业的后续发展，强调造福后代。

当团体或社会的行为目标与行为方向选择符合现代化的历史进程时，便能迅速形成“举国一致”的体制和“一心同体”的集团行为，减少社会成员之间的摩擦，维护社会的相对稳定，以较快的速度取得现代化的成果。

结语

“一带一路”是一个经济全球化的概念，延续了经济全球化和地缘政治的基本理论。国内

[1] “仁”在中国传统文化中代表天、地的爱，强调化掉人心，只怀天地心，以天性善良、地德忠厚为人处世，即有博爱心、包容心，自有仁爱心。

外各地的城市为了争夺自由流动的资金和贸易而进行着你死我活的竞争。每座城市都希望通过自己未来的产业规划获得资本的关注。产业规划通过提供一系列的政策拉拢国际资本，包括免费提供的土地和基础设施、免税期限、国家化住宅、高级购物中心等。但真正的城市发展并不能诱使资本持有者将资金投入“你的城市”，而要通过重视并且改善城市自身的基础条件，促使城市由内而外地发展。随着“一带一路”产业发展，今天的全球化时代城市发展政策更加重视在自身资源基础上进行产业规划，引导地方投资进行发展。中国作为“一带一路”倡议的发起国，应在产业规划文化上，对“一带一路”国家或地区的产业规划起到引领和示范作用。只有在产业规划上引领“一带一路”发展，才能在产业发展中起到引领作用；前提是只有在产业规划文化上引领产业规划潮流，才能在产业规划上起到引领作用。

一带一路框架下文化贸易投融资体系与经贸合作

周泓洋 / 中国艺术研究院

2013 年提出的一带一路倡议，是中国明确把握当前的世界形势，推动经济发展与区域合作之间的双赢举措，是中国在新的历史时期以一个全新的起点积极参与国际事务，实现自身的身份与定位转型的努力与尝试。该倡议从中国内在的发展机遇出发，不断对其实现内涵与理念的突破与延伸，将中国的发展机遇转化成世界机遇，以双方的良性互动加快彼此走近的步伐。

到目前为止，尽管一带一路倡议提出的时间相对较短，但是基于它与沿线国家在国家发展战略与理念等方面存在的高度契合，表现了强烈的感召力和吸引力。我国已经与沿线各国开展了深度的交流合作，取得了丰硕的发展成果。截至 2018 年底，我国已经与 122 个国家及 29 个国际组织签订了一带一路建设合作协议，尽管同时也伴随着不少的矛盾与挑战。

纵观一带一路所面临的国际环境，正是经济全球化面临发展的至关重要节点，全球化的弊端逐步突显，逆全球化的浪潮进一步涌现；全球治理的内容与模式面临着突破与改善，治理的层面更加广泛和多元化；非传统安全问题进一步出现，与传统安全问题相互交织，国家安全的内涵进一步延伸；大国之间新一轮的博弈逐步展开，经济、政治、文化等问题间的内部关联度和影响力进一步提升等，使一带一路倡议面临严重的威胁。放眼一带一路所途经的国家与地区，其正是世界大国战略与地缘政治博弈的中心地带，大国间彼此较量，中小国家内部宗教、种族分裂势力涌现，给一带一路倡议的顺利推进蒙上了阴云。

文化经贸合作是在一带一路框架下的重要内容。一带一路倡议是始于国内、途经周边、终于亚非欧的全方位发展理念，其具有深度的全球性发展内涵与目标，是双边与多边发展模式的融合，是以国家层面为主导的发展倡议，国家甚至国际关系在这一层面上具有极高的影响力，在政治的基础上进而对经济、文化等层面产生影响。

不必用引号，一带一路，已渐入人心，正在构建人类命运共同体共赢共享

引号（“”）有表示对象需要着重论述的意思，一带一路理念提出至今，已经越来越多地

赢得广泛的赞誉和认同。

回顾一下一带一路的提出。2013 年 9 月、10 月，习近平主席在出访中亚和东南亚的国家期间先后提出了共同建设“丝绸之路经济带”和“21 世纪海上丝绸之路”（简称一带一路）的重大倡议，引起了国际社会的高度关注。2015 年 3 月，国家发改委、外交部和商务部在国务院的授权下联合发布了《推动共建丝绸之路经济带和 21 世纪海上丝绸之路的愿景与行动》，明确提出以政策沟通、设施联通、贸易畅通、资金融通、民心相通为主要内容，推动一带一路建设。

2017 年 1 月 18 日，习近平主席在联合国日内瓦总部的演讲中指出：“中国方案是：构建人类命运共同体，实现共赢共享。”人类命运共同体是各国采取和平方式，在相互开放中共同发展、共同繁荣、共享成果的利益共同体。同时，面对世界发展的不确定性，人类命运共同体也是各国共同应对挑战、化解风险的责任共同体。中国发起一带一路倡议，是新时代构建人类命运共同体的重大举措。

一带一路倡议是对古丝绸之路的传承和延续。这个倡议植根于深厚的历史土壤，有着悠久的历史渊源。公元前 2 世纪至今，中国从未借助丝绸之路对外侵略扩张，而是在这条道路上积极与其他国家进行商贸往来、开展文明交流，推动中国及沿线国家的共同繁荣发展。

一带一路是新时代治国理政，中国应对美国“重返亚太”战略的重大举措。美国发展深受 2008 年国际金融危机的影响，而亚太地区作为充满活力的新兴经济体呈现蓬勃发展之势，拥有美国不能忽视的庞大消费市场和极具潜力的发展前景。改革开放以来中国迅速崛起，在亚太地区的影响力日益提升，美国出于维护全球霸主地位的考虑，力图牢牢掌握在亚太地区的主导权，曾极力推动跨太平洋伙伴关系协定即 TPP 的扩容与发展，邀请众多亚太国家加入其中，并排斥中国。在政治上，美国重返亚太后，积极巩固与日本、韩国等的盟友关系，逐步加强对东盟的控制并希望以此遏制中国发展。在此背景下，我国须从维护世界和平与发展的角度出发，构建新的发展思路和发展体系。一带一路的提出，是中国历史智慧与现实考量的产物。

平稳发展了 40 年的中国经济，面临着供给侧结构性改革的迫切需求。立足国内发展要提高供给质量，实现供求关系的动态均衡，适应和引领经济新常态。而一带一路倡议立足国内和国际发展，就国内发展来说，一方面，它助推供给侧结构性改革，将国内钢铁、水泥等过剩产能，用于其他国家基础设施建设；另一方面，它也有利于中西部地区的快速崛起，促进国内区域协调发展。就国际发展来说，它是中国构建人类命运共同体，逐渐迈向世界舞台中央的举措。同时，一带一路倡议实施后，带动国家政策向实体经济倾斜、资源要素向实体经济流动，可推动实体经济快速发展。一带一路倡议的实施与供给侧结构性改革相互补充，二者共同促进新时代现代化经济体系建设的落地生根。

中国政府致力于将一带一路构建成和平、繁荣、开放、创新、文明的五条大路。这五大道路植根现实状况，面向未来发展，是中国进入新时代、站在新起点，对于自身与周边国家关系及人类社会发展走势的深度思考，是新时代构建人类命运共同体的中国路径，为全球治理提供了可选择、可借鉴、可研究的中国方案。

习近平主席曾指出："中国人民怕的就是动荡，求的就是稳定，盼的就是天下太平。"中国不论发展到何种程度，都不会走霸权主义道路，因为中国没有实施这种行为的基因。中华民族历来爱好和平，中国在历史上长期处于世界领先水平、位居世界强国之列，但未曾留下对外殖民侵略的印记。在推进一带一路倡议实施的进程中，本着互相尊重、平等相助、和平对话的原则进行共商共建。崛起国和守成国之间只有坚持走对话而不对抗、结伴而不结盟的和平之路，在相互交流中增进了解，在了解中缓解矛盾、化解冲突、增强合作，在合作中实现共赢。这是一条和平之路。

一带一路建设聚焦发展，积极推进国家间的发展大联动、经济大融合、区域大繁荣。在政策沟通方面，中国已经同众多国家签署了合作协议并开展机制化产能合作，力图通过政策沟通实现"一加一大于二"的效果；在设施联通方面，中国瞄准关键城市、关键通道，力图打造陆上公路网、铁路网及海上港口网络，促进海陆空及互联网四位一体的联通，构建便捷的交通运输和信息网络；在贸易畅通方面，"2014 年至 2016 年，中国同一带一路沿线国家贸易总额超过 3 万亿美元……中国企业已经在 20 多个国家建设 56 个经贸合作区，为有关国家创造近 11 亿美元税收和 18 万个就业岗位"；在资金融通方面，中国不仅发起了亚洲基础设施投资银行，成立了丝路基金，而且与中东欧国家成立了"16+1"金融控股公司，建立了与世界现存金融机构互补的新型金融机制。这是一条繁荣之路。

一带一路建设以开放为导向，是构建外交新格局的必然选择。中国推进一带一路建设不是另起炉灶，也不是强制性方案，而是秉持开放包容态度，鼓励各国在坚持自身发展道路的前提下，积极参与到一带一路建设的朋友圈当中，共同发展开放型经济，共同打造开放型合作平台，共同编织互利共赢的合作关系网络，开创增长联动、利益融合的开放型经济格局。中国要通过一带一路建设开启中非友好合作、共同发展的新时代，将中非新型战略伙伴关系上升为全面战略合作伙伴关系。在中欧关系上，中国要通过一带一路建设着重处理好与俄罗斯的关系，中俄双方要把对方视为本国外交的优先方向，建立高度政治互信，相互支持对方强大，把对方发展视为本国发展的机遇，彼此扩大开放，互相给力借力，致力于共同发展，实现共同繁荣。这是一条开放之路。

中国于 2013 年与俄罗斯确立合作共赢、深化全面战略协作伙伴关系，2014 年与蒙古国建立和发展全面战略伙伴关系，并且蒙、俄关系素来保持着良好态势，这也为共同的经济合作奠定了基础。除此之外，俄罗斯与蒙古资源丰富，而中国的快速发展需要大量的能源供给，这使得三者的经济结构尤其是能源结构形成较强的互补性。2013年，习近平主席提出了筹建亚洲基础设施投资银行的倡议。事实证明，亚投行不仅加快了区域一体化进程，而且对于各成员国的发展也起到至关重要的作用。丝绸之路以设施联通为基础。要以交通基础设施建设为突破口实现亚非欧各国的互联互通，则需要以雄厚的资金作为基础。因此，如何推进金融创新、创新国际化融资模式、打造多层次融资平台，是一带一路建设中的难题之一。中国出于自身及区域发展的考量，即：中国作为世界第二大经济体，基础设施装备制造业已形成完备的产业链，在公路、隧道、桥梁等方面的工程建造能力显著上升，与国外开展基建合作的愿望日益强烈。而亚洲国家基础设施建设较为落后，各国难以利用高额的资本存量将其转化为基础设施建设投资。这为亚洲各经济体之间开展有效多边合作奠定了现实基础。一带一路建设中的亚投行开创了人类命运共同体的新平台。这是一条创新之路。

建设一带一路，不同文化交相辉映，不同种族和肤色的人们相互交流，不同宗教文明相互碰撞，不同社会制度相互借鉴。这条路以人文交流为纽带。实现民心交融要绵绵用力，久久为功。各国要积极建立人文交流合作机制，打造多层次交流平台，拓展相互合作渠道。习近平在阿拉伯国家联盟总部演讲时指出：中国要“做中东和平的建设者、中东发展的推动者、中东工业化的助推者、中东稳定的支持者、中东民心交融的合作伙伴”。中国一贯主张各国间平等对话，主张要以文明交流超越文明隔阂、文明互鉴超越文明冲突、文明共存超越文明优越，推动各国相互理解、相互尊重，为本地区的经济发展、人民生产和生活创造良好环境。这是一条文明之路。

一带一路，是习近平新时代构建人类命运共同体的中国方案和路径选择，作为一项正渐次展开的治国理政方式之一，一带一路正逐步深入人心，一带一路这个词不必再加引号（“”）。

借一带一路走出去的文化贸易，亟须完善文化企业的投融资体系

作为我国首倡、高层推动的一项系统性工程，一带一路倡议寄托了不同国家和民族间政策沟通、设施联通、贸易畅通、资金融通和民心相通的美好愿望，是我国“走出去”战略的具体实践。贸易畅通，作为“五通”的重要组成部分，除了需要破除各种显性或者隐性的体制壁垒外，还需要彼此了解、接纳、适应对方文化。其中一个最基本的方向性问题，就是文化差异究竟对贸易是有积极影响还是消极影响。而在一带一路倡议的大背景下，考察一带一

路沿线地区与全球在文化与出口问题上是否有及有何特殊性，更是有着迫切的现实意义。

考察文化距离对贸易的影响有促进、有障碍，文化距离对贸易先促进后阻碍，呈非线性的倒U形、U形或驼峰形关系。根据霍夫斯塔德（Hofstede）文化距离的多种维度，通过实证研究发现，两国间的贸易额与文化距离呈倒U形关系，而非线性关系。即两国间的贸易额先是随文化距离的增加而增加，当文化距离达到某一阈值后，贸易额随文化距离的增加而减少。其可能给出的解释是，当两国间的文化距离在一定范围内时，文化距离的增大，一方面，有利于两国发挥各自的比较优势，在贸易中共赢；另一方面，会促使企业选择贸易，而非对外直接投资。

《推动共建丝绸之路经济带和21世纪海上丝绸之路的愿景与行动》明确提出：以政策沟通、设施联通、贸易畅通、资金融通、民心相通为主要内容，推动一带一路建设“五通”。如何通过“五通”，深化中国与一带一路沿线国家的经贸关系，进而探索一条有助于促进共同发展、实现共同繁荣的互惠共赢之路，已成为摆在理论和现实面前的一项重要议题。

作为“五通”的重要构成部分，贸易畅通要求一带一路沿线国家消除贸易壁垒，降低贸易和投资成本，从而提升整体金融风险抵御能力和经济国际竞争力；除了贸易壁垒，国与国之间贸易是否通达还取决于两国间的文化异同。

文化是人类活动的方式和产物，是不同思维方式、语言、价值观念等诸多维度的集合。每一种文化的背后都隐含着相应的社会利益、价值取向，以及生活方式。在全球经济一体化进程加速的今天，如何理解和应对文化差异已经成为企业乃至国家所共同面临的突出问题。只有了解文化差异及其对国际贸易的影响，才能制定有效的文化障碍规避和文化需求满足策略，在国际竞争中处于优势地位。这意味着，要实现贸易畅通，宏观上，一国要加强与贸易对象国的文化往来；微观上，进出口企业还要采取匹配对象国文化需求的贸易策略。

现在文化建设提高到很高的层面，肩负更多的使命。在我国社会由粗放型经济发展模式向集约化、专业化发展转变的新时期，文化企业的发展模式也随之改变。要实现这一转变目标，离不开金融业的支持，只有完善文化产业的投融资体系，实现二者的有效对接，完成对文化产业的“输血”与“换血”，在有效的资金和资本的支持下，文化产业才有可能发展壮大。

目前我国文化产业资本不足，文化企业融资难仍是制约我国文化企业扩大发展的瓶颈。一带一路建设在促进中华优秀文化传播的同时，也为企业对外发展提供金融支持和保障。在一带一路建设的大背景下，我国文化企业可抓住发展机遇，以资本带动整合优势，推动我国文化企业“走出去”不断发展壮大。

但是我国文化企业“走出去”在投融资与并购中还存在着诸多问题。

文化企业对外投资存在过快过热。近年来，随着国内影视传媒、游戏动漫、旅游户外等行业板块发展活力涌现，相应文化资本到境外投资的步伐也渐渐加快。例如复星集团数次加价竞购地中海俱乐部，凤凰传媒8500万美元收购美国童书出版龙头。据商务部数据统计，2017年中国对外直接投资中文化/体育和娱乐业的投资额为17.5亿美元，同比增长236.6%，其投资增长量位列国民经济19个行业大类之首。

政策红利和文化产业的迅猛发展使得文化投资成为社会热点。但文化产业的投资过热使得资金扎堆于局部行业或领域，忽视了行业发展的特点和规律，在诸如电影、手游、互联网等领域均出现投资跟风现象，存在一定的投资泡沫。以电影行业为例，据中国艺术研究院文化发展战略研究中心的报告，2017年全国电影总票房559.11亿元，同比增长13.5%，其中国产电影票房301.04亿元，占票房总额的53.84%，《羞羞的铁拳》《功夫瑜伽》《西游伏妖篇》《芳华》《乘风破浪》等数部电影票房过亿元，《战狼2》更是取得了56.83亿元的国产电影票房纪录。

随着国内电影市场的迅猛发展，国内企业海外投资也开始逐渐兴起，甚至出现了投资过热的现象，有时候一个好莱坞项目会吸引多个国内电影企业的争抢。由于不同国家之间产销体系和运作模式存在差异，在合作过程中很容易出现差错，稍有不慎便会掉入“陷阱”。1905影业在2015年与派拉蒙合作的《终结者5》《碟中谍5》《海绵宝宝》三部影片的投资收益并没有达到预期。

文化产业的迅猛发展也带动了各地成立文化产业投资基金的热潮，但在初期由于资金来源单一，相关法规政策尚未健全，募集的资金没有得到有效利用，文化产业基金的作用并没有得到充分的发挥。

文化企业融资难度较大。在文化产业投资热持续高涨之时，文化企业融资难的问题也同样存在。文化产业的主要资金来源有政府投入资金、金融支持、社会融资、外资引进和企业内源资金五个方面。政府资金投入主要以专项资金的形式，在文化产业发展初期具有重要作用。近年来，随着我国文化企业规模不断扩大及数量的不断增多，社会效益与经济效益取得良好发展势头，政府对于文化企业的投入力度也在逐年增大，这类资金还不能满足我国文化企业发展所需的资金缺口。

文化企业在资产结构上表现为轻资产性，实物资产通常较少，无形资产占据核心地位。由于版权、人力资源、著作权等轻资产评估标准难以统一，因此文化企业在银行等金融机构进行抵押贷款时会遇到很多阻碍。加上文化产品大多属于非生存必需品，有较大的需求价格弹性和需求消费弹性，易受宏观经济形势和居民实际收入的影响，因而无法准确预计文化产品的市场消费和可能带来的收入现金流。这种无形资产估值的不确定性增加了投资风险，也导致文化企业融资难度较大。

社会融资方面，尽管我国社会剩余资本充裕，但融资渠道并不顺畅。根据国家统计局数据显示，近年来，国内生产总值呈不断上升趋势，2017年全年国内生产总值达827122亿元，比上年增长6.9%，GDP总量已达到亚洲第一，世界排名仅次于美国。民间资本虽然存量大，但缺乏进入中小微企业的接口与通道。而民间资本的“地下金融”活动不仅增加了中小企业的融资成本，也增加了民间投资和金融运行的风险。

外资的引进和使用方面，政策和地域限制条件较多。由于文化产业的特殊性，国家在引进外资时对一些行业做了一定限制。而且虽然国外文化企业进入中国市场会带来部分资金，但更多的是通过输入技术、市场经验和倾销产品等来实现以技术换市场和利润最大化的诉求。因此，文化企业对于外资的利用方式和途径仍需要进一步转变和革新。

因此，虽然海外投资已越来越成为文化企业对外发展的大趋势，但文化产业资金匮乏、文化企业融资难的问题若不解决，仍会束缚文化企业的进一步发展。

文化企业自身资本积累不足。我国文化企业自身规模小、固定资产少、盈利方式不确定等特点普遍存在。不少文化企业特别是国有文化企业，由于长期依赖国家财政投入，使得企业自身积累较少，在面对变幻莫测的市场风险时，应对能力较差，企业发展的后续动力不足，难以成为文化企业“走出去”的坚实后盾。

文化企业的自身资金积累是文化企业自身建设及扩大产业规模的主要经济来源，但我国文化企业发展较为突出的弊端是内源性资金积累严重不足。市场经济发达国家的文化企业由于市场化程度高，经营自主性较强，在长期发展过程中储备了大量的内源资金，有的甚至高达70%。而我国由于市场经济发展时间不长，且早期多数文化企业属于国有企业，为事业单位性质，依靠政府补贴，盈利性较差，发展较慢。而目前中小文化企业在我国文化产业组织中所占比重较大，规模相对较小，经济实力积累尚不足。

文化产业在我国属于朝阳产业，尚处于建设初期阶段，本身资本积累较少，还需要较长时间积累和培育。当前我国体育产业在文化市场上发展开始崭露头角，但国内多数体育产业的市场化程度不高，盈利预期和商业模式尚不明确，产业形态丰富但核心环节盈利能力差，还需要耐心培养和发展。

资金融通作为构建一带一路创新合作模式中必不可少的一环，为一带一路建设搭桥铺路起到重要作用。随着沿线各国对于一带一路倡议认同的加深和参与性的增强，各国财政部门之间的合作越来越紧密。我国已初步构建了服务一带一路建设的多层次金融服务体系，有效拓宽了境内外融资渠道，完善了跨境金融服务，为企业参与一带一路建设提供了多元化的金融支持和服务。

因此，要在一带一路建设中逐步完善文化企业投融资体系。

相比我国其他的投资领域，文化领域的对外投资份额相对较少，资本要素流动缓慢，不利于文化企业进一步发展。一带一路是我国文化企业摆脱困境，寻求新突破的重要节点，因此要充分利用一带一路建设的优势和条件，灵活运用多种投资方式实现文化企业的海外运营，吸引社会资本和国外资本投入，以解决文化企业融资难的问题，并不断完善文化企业的投资配套服务体系，为文化企业“走出去”保驾护航。

采取多种投资并购方式，实现文化企业的海外运营。随着经济全球化不断发展，各国之间文化相互渗透，彼此影响，国际文化市场逐渐成为各国文化竞争和交流的重要平台。随着文化产业“走出去”战略的深入发展，越来越多的文化企业尝试通过投资并购等方式进入国际文化市场，文化产品和服务的贸易逆差渐渐扭转。

我国文化企业近年来境外并购的主体发生了转变，民营文化企业逐渐代替国有文化企业成为海外并购的主力军。华谊兄弟、万达，以及以百度、阿里巴巴、腾讯为首的互联网巨头企业，凭借自身强大的经济实力通过海外并购拓展产业链，在行业领域内取得更大的话语权。一带一路倡议为我国实力雄厚的文化企业“走出去”提供了前所未有的机遇和平台，国家相关部门应出台更加具化的指导政策和保障措施，为文化企业对外投资提供政策疏通、风险防控指导和融资支持，使我国文化企业形成规模效应和区域协同效应，不断做大做强。与此同时，中小文化企业通过多方联合投资可以弥补单个投资体在资金规模上和增值业务上的不足，并可使各投资方的风险控制在可承受的范围之内，最大程度地减少损失，获取投资收益。

要吸引社会资本和国外资本进行投入与转化。政府在文化产业投融资方面发挥了积极的作用，公有资本的投资与扶持对于文化产业的发展具有重要影响。但公有资本占有较大比重的弊端也逐渐显现，不仅会给政府带来沉重的财税负担，且政府的过度投入还容易使文化企业的生产运营受到政府的管控，自主性较差，使得资金利用效率低下。为进一步培育大型的外向发展企业，使现有的文化企业快速成长，加快“走出去”的步伐，要丰富原有的资金渠道，吸引社会资本和国外资本等多种类型的资本进行投入。

现在，不少具有战略眼光的民营企业开始投身于文化产业的发展。在一带一路建设的大环境下，可适当放宽市场准入政策，鼓励有实力和具有相关经验的民营资本或个人以独资、合资、联营等方式进行投资，为文化产业在一带一路中做大做强募集更多的社会资本。国外资本也是文化产业投融资的主体之一。鉴于意识形态和国家文化安全等方面的考虑，相较于其他产业类型，文化产业利用外资水平较低，无论是外资的数量、规模和行业分布，还存在很大的提升空间。一带一路倡议参与国家数量众多，为文化企业进入国际市场提供了良好的契机。为推动各国文化产业合作与发展，在文化安全前提下，应进一步放宽文化产业投资领域，加大吸收外资的力度，扩大文化产业吸收外资的规模。

中国与上海合作组织文化经贸合作须重视的系统性问题

上合组织成员国都是一带一路沿线国家。随着一带一路建设与“欧亚经济联盟”区域合作倡议，以及俄罗斯国家发展战略、哈萨克斯坦“光明之路”新经济政策、乌兹别克斯坦“优先发展领域的行动战略（2017—2021）”、吉尔吉斯斯坦“2018—2040 年国家发展战略”等各国发展战略对接，上合组织国家间的关系呈现新的发展趋势，彼此之间的文化交流与合作更显重要。“各方同意在上合组织框架内积极加强丝绸之路沿线国家之间的文化交流与合作”已写入上海合作组织成员国文化部长第十五次会晤新闻声明。

在第 38 届世界遗产大会上，中国与吉尔吉斯斯坦、哈萨克斯坦联合提交的“丝绸之路：长安—天山廊道路网”项目成功入选《世界遗产名录》，成为首例跨国合作、成功申遗的项目。这一成就在会晤期间被各国嘉宾反复提起，与丝绸之路有关的遗产保护合作也成为会上会下的热门议题。2018 年 5 月 17 日举办的以“文化历史的传承与使用——上海合作组织框架内文化遗产的发掘、保护与修复”为主题的首届上海合作组织文化艺术专家研讨会，各国专家学者分享了各自在文化遗产发掘、保护、修复、再利用方面的经验，就交流与合作提出具有可行性的设想。

《上海合作组织成员国政府间文化合作协定 2018—2020 年执行计划》，是一项重要成果。成员国各方将支持举办文化艺术节、竞赛、夏令营、培训班、论坛、学术会议等多种形式的文化活动，推动艺术创作，文化和历史遗产保护，防止文物的盗窃、盗掘和非法进出境，以及戏剧、音乐、造型艺术、博物馆、图书馆事务，文化创意产业发展，文化人才培养等方面的交流与合作，可谓十分系统、全面。

诸如此类，一带一路倡议提出以来，中国与上合组织成员国间文化经贸成果很多，成就斐然；但是，中国与上海合作组织成员国间进行的系列文化经贸合作，有必须重视的系统性问题。

各成员国金融体系薄弱。在经历了 2008 年全球金融危机以后，上合组织各成员国开始逐渐认识到建立金融体系的重要性。目前，除了俄罗斯以外的中亚国家还没有建立起完备的金融体制。中亚各国的融资机构与平台规模小、资金少，由此给文化经贸合作的资金需求带来了潜在的系统性风险。当地的居民也对金融行业发展抱有疑虑，这更加大了金融机构资金募集的难度。

目前，中亚各国的金融服务体系在短时间内还无法胜任配置资金、调整社会产业结构的角色。日益增长的资金需求同落后的金融服务体系是上合组织文化经贸合作发展的主要矛盾。由于各个产业的金融化程度低，所以这些国家的风险控制和经营管理都缺乏实践经验。中亚各国虽然在 20 世纪 90 年代就尝试通过财政信贷改革来改善资金短缺，但这一问题并没有得到明显的改善。

中亚各国在转轨早期为了尽快确立市场经济的国际地位，分别对银行体系、价格体系、金融体系进行了改制。价格体系改革主要表现为开放了国内几乎所有商品市场的价格，由市场进行调节。建立了银行分级系统，进行分级式管理。并相继建立了商业银行、保险公司、证券等金融机构。另外，世界银行和亚洲开发银行及国际货币基金组织也为中亚各国提供资金贷款。但长久以来，中亚各国并没有有效的金融监管，这将导致资金在使用过程中很难受到有效监管。这也体现了中国加快与中亚各成员国的区域金融合作的必要性。各成员国如果通过金融改革与创新，满足经贸合作中的金融需求，但往往也存在潜在风险，这种区域性的金融风险对中亚各国来说很难做到有效的防范和化解。

金融，对一个国家和地区的经济发展有着极其重要的作用，因此各国政府也谋求更多的金融资源与金融合作。全球的热钱往往流入经济发达或更为富裕的国家，但是各国政府也希望争取到更多的资金以刺激本国经济的繁荣发展。政府的干涉一定会从某种程度上影响资金的自由流动，间接制约了区域金融合作的发展。

各成员国国情各不相同、民族宗教问题复杂、国民经济发展水平差距较大，造成经贸投资过分集中在俄罗斯与哈萨克斯坦两国。各个成员国的这些差异主要体现在意识形态、基础设施、产品加工水平上。

中国是社会主义国家，俄罗斯、吉尔吉斯斯坦、塔吉克斯坦、乌兹别克斯坦、哈萨克斯坦五国自苏联解体后，经历了经济转轨后变为资本主义国家。在宗教信仰上，哈萨克斯坦奉行信仰自由，伊斯兰教是哈萨克斯坦信众最多的宗教。截至 2009 年底，伊斯兰教信众占全国人口的 70%，约 1124 万，这一数量在中亚五国中位居第二，仅次于乌兹别克斯坦，主要属于逊尼派的哈乃斐教派；基督教信众占全国人口的 26%，约 419 万，主要是东正教徒；佛教信众不足全国人口的 0.1%，约 1.5 万。俄罗斯近一半的民众信奉宗教，这些教徒中 90%信奉东正教，其次信奉伊斯兰教。其余中亚国家大多信奉伊斯兰教。虽然这些国家都奉行政教分离原则，但是意识形态的差异还是会间接影响一个人的生活方式和政治观点。另外，上合组织成员国大多是多民族国家。俄罗斯有民族 194 个，其中俄罗斯族占 77.7%，主要少数民族有鞑靼、乌克兰、巴什基尔、楚瓦什、车臣、亚美尼亚、阿瓦尔、摩尔多瓦、哈萨克、阿塞拜疆、白俄罗斯等民族。哈萨克斯坦有 131 个民族，其中以哈萨克族、俄罗斯族为主。乌兹别克斯坦有 129 个民族，主体民族是乌兹别克族，其余民族有塔吉克族、俄罗斯族、哈萨克族。吉尔吉斯斯坦有 80 多个民族，塔吉克斯坦有 120 多个民族。这些国家“多民族、多信仰”的特征，虽然为中国与上合组织成员国开展经贸合作奠定了深厚的人文基础，但也使得各个国家地区间容易产生民族、宗教之间的冲突。

鉴于系统性问题，在一带一路倡议推进实施进程中，文化贸易“走出去”，就必须为文化对外传播构筑坚实的法治保障和一带一路背景下中华文化传播的法制环境。

中华文化是中国人在生产和生活实践过程中所创造、传承和发展的物质财富和精神财富的总和。当代中华文化内容涵盖了丰富多彩的传统文化，以及历代中国共产党人在革命和社会主义事业建设中所形成的革命文化和社会主义先进文化。汉代开辟的“丝绸之路”实现了中华文化的第一次大传播，对中国和沿线国家的社会和历史产生了巨大的影响。

基于丝绸之路的历史符号，新时期一带一路建设是以自由贸易和开放型的经济格局为核心的政治互信和文化包容的一体化建设。一带一路建设涉及文化产品及文化服务，其本身具有国际货物贸易和国际服务贸易的特点，同时又受到特定国家政治制度、意识形态，以及民众生活方式等因素的影响。

我国关于文化和文化传播并没有独立的法律部门来调节，主要是以宪法为核心，在行政法、民法、商法、社会法、刑法等法律规范中有相关调整文化关系的规定。宪法在公共文化服务的国家责任、文化多样性保护和公民基本的文化权利方面作出了原则性的规定。

在具体的部门法中，一是文化制度的规定，比如《中华人民共和国非物质文化遗产法》关于保护非物质文化遗产的制度规定。二是文化事务管理的法律规范，如文化服务经营许可、专利授予等。三是关于平等主体间的文化权利义务关系的法律规范。

不难发现，在我国现有文化立法中，主要是针对文化服务和文化事务管理的法律规范，对于文化对外贸易和传播方面的法律还很欠缺。

从国际法的视角来看，关于文化的保护和传播主要集中在两个方面 ：一是文化产业、服务贸易规则和由此而带来的有关知识产权保护。二是文化多元性和文化持久生命力的保护。前者以 WTO 法律体系为主，主要有《建立世界贸易组织的协议》《关税与贸易总协定》《服务贸易总协定》《与贸易有关的知识产权协定》为文化贸易和传播提供了知识产权的保护机制。其他国际公约如《保护工业产权巴黎公约》《伯尔尼保护文学和艺术作品公约》等对建立保护文化产业知识产权的法律法规体系也有着重要的推动作用。后者以联合国教科文组织为主导建立的保护文化多样性和维系文化生命力为主的法制体系，如《保护非物质文化遗产公约》。

这些贸易规则和公约在一带一路倡议背景下，为中华文化的对外传播提供了基本的法制环境，对一带一路新的法律保障体制的构建有着重要的借鉴意义，是推动中华文化对外传播的根本保障。

文化自信是文化对外传播的根本出发点。一带一路背景下，文化对外传播是一个集物态文化、心态文化、制度文化和行为文化，综合交织的多层次、多方位、纵深发展的动态过程，既有文化产品与文化服务的直接输出，也有以物质为载体的文化传播。这就决定了文化对外传播在法律保障上的多元化诉求。

具体而言，要加强公共文化服务的法律保障，着重构建基本公共文化服务标准制度、公共文化服务设施建设制度、公共文化服务公示制度等一系列制度体系，并寻求与一带一路背景下文化对外传播的契入点；完善文化管理法律体制，完善政府文化服务部门权责划分，改革行政管理体制；推进知识产权保护制度，完善专利权、著作权、商标权的实施细则，以此构建国际文化交融下的利益保护和利益平衡机制；加强文化行为法律规范，完善国际视野下的市场准入、关税，以及反不正当竞争方面的法律制度；完善互联网法律法规，加强网络转载版权的保护，为社会文化生产和消费提供公平的竞争环境。

文化贸易是国际服务贸易的一个重要组成部分，已经成为我国构建惠益共享、开放合作的全球化经济格局的重点内容。应当认识到，传统的贸易规则和知识产权保护制度大多是由西方发达国家主导创立的，对于一带一路的辐射范围和作用力有限，在一定程度上对发展中国家的利益保护有着欠缺性。同时，一带一路沿线国家具有不同的政策与法律体系和相应运行机制，对不同的贸易内容有着不同甚至相互冲突的规定，严重阻碍经济、政治和文化的交流。

因此，要保障一带一路在文化贸易方面的顺利进行，就要基于本国文化政策，通过双边、多边机制，寻求建立符合广大沿线区域根本利益，开放包容的文化贸易和传播机制；构建与文化贸易有关的知识产权保护、关税、国民待遇等具体的贸易规则；要逐渐构建和完善全球化视野下共同的文化标准、规则和理念。借助国家、国际组织和民间组织构建多元化的文化交流合作机制，构建公平、公正和切实可行的法律保障机制。推动建立公正、公平和便捷的司法协助机制，充分发挥谈判、调解、仲裁在纠纷解决中的优势，服务一带一路的建设。

“一带一路”背景下的人民币国际化

周星童 / 中国国家图书馆

引言

“一带一路”意在与亚太至东北非，以及欧洲诸多国家和地区相互连通，相互合作，实现共赢的新型区域合作形式，是连接亚太、欧洲经济带的纽带。人民币国际化，即人民币跨越国界，在世界范围内履行价值尺度、交易媒介和贮藏手段的货币职能的同时，被本国居民和非本国居民广泛持有和使用。“一带一路”建设和人民币国际化作为我国重点实施的经济发展战略，二者相互依托、相辅相成：“一带一路”倡议为人民币快速实现国际化提供了条件，人民币国际化也能促进“一带一路”倡议的顺利开展。基于上述背景，本文分析了“一带一路”沿线国家人民币国际化现状，结合 SWOT 分析法，对人民币国际化进行分析，为未来人民币国际化发展道路提出有效建议。

一、“一带一路”沿线国家人民币国际化程度分析

一国货币作为国际货币应当履行为居民或非居民提供计价单位、交易媒介和价值储藏功能的职责。同时，根据 Chinn 和 Frankel 在其著作的阐述，国际货币应当具备官方和私人两种用途。官方用途包括：钉住的锚货币、外汇干预载体货币和国际储备；私人用途包括贸易和金融交易计价、贸易和金融交易结算，以及货币替代和投资。

表 1 是基于 Chinn 和 Frankel 编制的国际货币应具备的功能清单，并结合实际总结的人民币在官方和私人用途上的使用情况。从表 1 可以看出：人民币在发挥国际价值储藏功能上还有很大欠缺，并且国际上也没有完全认可东亚地区“人民币本位”的说法，人民币还无法发挥“锚货币”作用。虽然人民币已经可以作为计价和结算货币进行贸易和金融交易，但覆盖范围还不够广泛。

表 1　人民币在官方和私人用途上的使用情况

人民币功能	官方用途	私人用途
记账单位	**锚货币** “人民币区”仅在东亚地区初见雏形	**计价货币** 债券发行计价货币
交易媒介	**载体货币** 清迈倡议下的双边互换 各国央行双边互换协议	**结算货币** 《跨境贸易人民币结算试点管理办法》项下规定的范围
价值储藏	**国际储备** 2016 年人民币加入 SDR IMF 认定人民币为国际储备货币（人民币在 SDR 中比重为 10.92%） 截至 2018 年第三季度末人民币在全球外汇储备中占比 1.80%	**货币替代和投资** 中国香港人民币储蓄 政策性银行和商业银行在中国香港发行债券 财政部在中国香港发行人民币国债 亚洲债券基金第二阶段发行人民币国债 QFII 方式下人民币股权投资

1. 官方对人民币的使用情况

根据余永定、高海红（2010）的分析，他们认为官方对人民币还局限于对其交易媒介职能的使用。在亚洲金融危机爆发之后，中国一直致力于加强区域金融合作并建立区域金融构架。2007 年中、日、韩及东盟 10 个成员国签署的《清迈倡议》，逐步构建了双边货币互换协议网络，为防范金融危机、推动区域货币合作奠定了坚实的基础。如今中国已经成为清迈倡议框架下最大的双边互换协议的资金供给者，在现有的区域合作机制下，人民币拥有作为双边互换协议的支付货币的权利。2017 年，中国人民银行先后同中国香港、瑞士、阿根廷、蒙古、新西兰、韩国等国家或地区的央行和货币当局续签了双边本币互换协议。截至 2018 年 3 月末，中国人民银行已和世界上 36 个国家及地区（其中“一带一路”沿线国家 21 个）的中央银行及货币当局签订了双边货币协议，协议总金额高达 3.3 万亿元人民币。央行通过签订双边协议换取外币支持本币，直接使用外币干预外汇市场，有效避免了本币汇率波动对金融市场的影响。

2. 私人对人民币的使用情况

在发挥人民币记账单位作用上，2005 年 6 月，亚洲债券基金第二阶段（ABF2）允许在中国市场发行以人民币计价的债券，人民币在中国基金发行和区域债券市场得到了相应的使用和流通。

在作为结算货币方面，随着中国对外贸易水平的不断提高，人民币在周边国家或地区的使用频率和范围也在逐步扩大，例如：人民币在蒙古国境内现金流通的占比为 60%；在韩国，民众在店铺和饭馆可以使用人民币进行消费；在越南，人民币被允许在非官方银行兑换；柬埔寨和尼泊尔也宣布欢迎人民币在其市场流通；在中国香港，人民币成为除港元外第二大兑换货币。2009 年，中国政府颁布的《人民币银行结算账户管理办法》使人民币正式加入贸易结算货币行列，中国开启了人民币跨境贸易结算进程，为各国贸易结算提供了新的币种选择。

为使人民币发挥价值贮藏作用，我国逐渐放开对国有商业银行和政策性银行在境外发行人民币债券的监管。2018 年 10 月中国财政部在中国香港地区顺利发行 50 亿元人民币国债。在香港进行人民币债券的发放和使用，有助于逐步完善中国内地的债券市场，建立更好的债券市场氛围，逐步健全内地债券市场的各种规范和交易准则，对资本市场的开放和资本项目的自由兑换有进一步的促进作用。

二、“一带一路”背景下人民币国际化 SWOT 分析

1. 优势（Strength）

（1）经济规模、对外开放程度不断扩大。改革开放 40 年来，我国经济增长迅速，稳固的经济实力和庞大的经济总量有助于我国在实现本国经济发展的同时，可以有效抵御外部经济冲击。2010 年我国 GDP 实现了对日本的超越，一跃成为世界第二大经济体。与此同时，随着开放水平的逐步提高，我国对外贸易发展迅速，进出口总额持续飙升。2012 年中国对外贸易额超过美国，夺走了美国维持了一百多年的世界第一贸易国的地位。我国预计在未来 5 年内成为世界第三大服务贸易进口国和第四大服务贸易出口国。对外贸易规模的不断扩大加速了人民币国际化进程，为人民币国际化奠定了基础。

（2）人民币平稳升值、币值稳定。投资者对国际货币的信心来源于国际货币对内对外的币值稳定。1997 年亚洲金融危机，中国顶住出口量降低的压力，将人民币汇率维持在稳定水平，为人民币在国际上赢得了良好的声誉。2005 年我国开始实行有管理的浮动汇率制，再加上近几年开放水平的不断提高、对外贸易活动的不断增加，使我国外汇储备量加速上涨；人民币也处于稳步升值阶段，提高了境外居民存储人民币的热情。人民币汇率稳定包括两个方面，一是国内物价水平平稳，二是对外人民币汇率保持稳定。近年来，虽然我国的通货膨胀率有所上升、人民币汇率稳步上涨，但相对我国总体经济水平来说，波动较为平稳。这也有利于人民币发挥国际结算功能和投资货币功能，对其国际化存在一定好处。

2. 劣势（Weakness）

（1）金融市场深度不足，经济体制有待完善。发达的金融市场是一国货币成为国际货币的重要因素，具有广度和深度的金融市场是人民币被广泛接受的重要条件。对于我国目前整体的经济形势来说，金融市场还不够成熟，投资品种和投资渠道相对匮乏。由此，有限的以人民币计价的金融产品和投资渠道，无法充分调动海外投资者持有人民币资产的热情。与此

同时，中国现有的经济体制也有待进一步完善，其中存在的诸多问题亟待解决，如利率市场化问题、人民币汇率机制完善问题和资本项目可自由兑换问题等。这些问题的存在使得人民币难以迅速实施国际化进程。

（2）资本市场尚未完全开放。货币的自由兑换是一国货币成为国际货币的重要因素。目前在中国人民币只能在经常项目下进行自由兑换，资本和金融账户下的人民币自由化还没有完全实现。在资本项目中，除了 FDI 可以自由流入外，其他例如资本短期流动、证券投资等仍受到控制。在没有实现资本项目完全可兑换的情况下，非居民将难以接受并持有人民币及人民币资产。

在资本管制方面，中国禁止非居民获取人民币资产。对放松资本管制有严格的政策规划：先开放长期资本流动后开放短期，先开放直接资本流动后开放间接。货币当局认为，由于我国金融市场发展仍不完善，该政策可以有效保护国内金融市场免受国际竞争带来的冲击。如今，我国的资本项目仍有半数受到管制。资本管制很大程度限制了居民和非居民使用人民币的渠道和规模，不利于人民币国际化的进一步发展。

3. 机遇（Opportunity）

（1）“一带一路”倡议有利于提升人民币的国际地位。人民币虽然在 2016 年加入了 SDR 货币篮子，但由于美国在世界政治、经济的举足轻重地位，美元仍是最具话语权的国际货币，并且是许多国家的锚定货币。比较来看，人民币在国际上的影响相对薄弱。“一带一路”的建设无形中扩大了我国对外贸易规模，为人民币国际化提供了更加广阔的发展空间。

（2）“一带一路”倡议有利于增强人民币作为国际结算、投资、贮藏货币的职能。随着“一带一路”建设的不断深入，我国与沿线国家的贸易往来也在持续扩大。2014 年 10 月，中国和其他 21 个国家共同决定成立亚洲基础设施投资银行（AIIB），同年 11 月，丝路基金（SRF）成立。“一带一路”的建设增加了人民币作为贸易结算货币的广度和深度，同时 AIIB 和 SRF 的设立，降低了外汇结算的交易成本，有利于区域内人民币的跨境结算。由于沿线国家经济条件相对较差，使得中国金融机构有机会为这些国家提供相应的人民币贷款，以此强化人民币的投资职能。并且随着沿线各国对人民币的依存度不断提高，更多国家愿意持有人民币作为投资储备货币，从而进一步促进人民币外汇储备的增加。

4. 威胁（Threat）

（1）“一带一路”沿线国家经济政治状况加剧我国金融的不稳定性。“一带一路”沿线国家大多为发展中国家，存在资本存量不足、技术落后、建设能力薄弱等问题。与这些国家合作在给我国的经济发展带来机遇的同时，也带来一些潜在的资金风险。此外，金融体系不健全、货币币值不稳定、市场风险大等问题，也会产生蝴蝶效应，进而引起我国金融市场的波动。

（2）人民币离岸市场发展滞后。离岸市场是设立在货币发行国领土之外，不受该国法律管辖的金融市场。正因如此，设立离岸市场也是促进货币国际化的重要方式之一。当前在人民币还未实现可自由兑换的情况下进行跨境贸易的人民币清算，将导致外流的人民币无法回流到本国市场。虽然我国已在 2009 年将香港设立为第一个人民币离岸中心，但其交易标准还无法达到离岸货币要求的水平。除此之外，我国的合格境外投资者与合格境内投资者试点机构也因发展时间较短而尚未成熟，人民币离岸市场的建设还有很长的路要走。

三、“一带一路”背景下人民币国际化的政策建议

（1）维持经济平稳运行。人民币国际化离不开我国强大的经济实力，2019 年我国 GDP 达到 990865 亿元，并保持了平均每年 6% 的增速，人均 GDP 首次突破万元大关。接下来我国要继续推进产业结构调整和产业结构升级，加强科学技术创新，结合“一带一路”倡议、建立自贸区、亚投行，以及丝路基金等措施，使我国经济无论从水平上还是从发展速度上都保持国际领先水平。

（2）逐步推进资本市场开放。人民币的可自由兑换是人民币国际化的基本前提，我国虽然已经实现了经常项目下的自由兑换，但资本项目依旧受到限制，阻碍了人民币国际化进程。鉴于我国当前的形势，资本自由化应与人民币国际化同步进行，实行稳步开放战略。具体来说，首先开放风险较小的长期资本流动项目，对于证券投资等风险较大的项目可以选择先对其投资额度进行限制，然后逐步放开；其次放松资本项目数额限制，提高对外开放水平；最后完全放开对资本的管制，完全实现资本项目的自由化。在资本市场开放进程中，要将防范金融风险的思路贯穿其中，降低由于国际金融市场冲击带来的风险。

（3）借助“一带一路”倡议，加强区域经济金融合作。丝绸之路经济带、海上丝绸之路的建设，逐渐打通了从太平洋到波罗的海的通道，加强了中亚、西亚、东亚之间的经济往来。亚投行、丝路基金的设立为我国向全亚洲输出资本提供了平台。鉴于“一带一路”倡议的推动作用，我国的人民币国际化也应该伴随“一带一路”的顶层设计及配套措施，不断加强与亚洲各国的金融合作，加强合作机制的创新。中国应着力巩固、拓展人民币业务，积极建立完善的人民币跨境支付体系，通过机制创新扩大人民币的使用范围和规模，进一步加深与“一带一路”沿线国家的经济贸易往来，为鼓励使用人民币为结算货币提供优先加入亚投行和丝路基金的权利，之后通过促进直接对外投资带动人民币走出去，在增加人民币结算、投资的基础上，促进沿线各国对人民币储备需求的增加。

参考文献：

1. 余永定：《人民币国际化的逻辑》，《中国投资》2014 年第 7 期。
2. 高海红、余永定：《人民币国际化的含义与条件》，《国际经济评论》2010 年第 1 期。
3. 余永定：《人民币国际化尚未面临真正考验》，《中国外汇》2014 年第 1 期。
4. 曾辉、赵亚琪：《人民币国际化的现状与未来展望》，《中国发展观察》2016 年第 12 期。
5. 伊光旭：《探究新的时代背景下国际经济与贸易的发展》，《经贸实践》2017 第 2 期。
6. 余永定：《再论人民币国际化》，《国际经济评论》2011 年第 5 期。
7. 刘明月：《“一带一路”与人民币国际化关系分析》，《汕头大学学报：人文社会科学版》2016 年第 1 期。
8. 李亚平：《一带一路背景下人民币国际化影响因素研究》，硕士学位论文，西安电子科技大学，2019 年。
9. 李海楠：《“一带一路”背景下人民币国际化分析》，《中国林业经济》2019 年第 6 期。
10. 王喆、张明：《“一带一路”中的人民币国际化：进展、问题与可行路径》，《中国流通经济》2018 年第 1 期。

合浦港与古代海上陶瓷之路

王永健 / 中国艺术研究院

海洋占据了地球表面约70.8%的面积，自古以来人类对航海的探索与依赖海洋进行的商贸活动就没有停止过。从人类发展的角度来说，突破海洋对陆地的分割，探索海洋另一端的未知世界，把生产和贸易延展至海外，是人类一直以来的追求。中国作为欧亚大陆上的大国，同时也是面向太平洋开放的大国，我们不仅拥有灿烂辉煌的农耕文明，也拥有发达的海洋文明。苏文菁在《海上丝绸之路与中国海洋强国战略丛书》总序中，将人类对海洋的探索归纳为四个不同的阶段："第一阶段是远古至公元8世纪，滨海族群主要在近海区域活动。第二阶段是8世纪至15世纪，滨海族群逐渐拓展自己的海洋活动空间。第三阶段是15世纪至19世纪中叶，东西方的海洋族群在太平洋上实现了汇合。第四阶段是19世纪下半叶至当代，欧洲的工业革命使得人类不再只能依靠自然的力量航海；人类依靠木质帆船和自然力航海的海洋活动也即将走到尽头；中国的海洋族群逐渐走向没落。鸦片战争之后，中国海关系统被英国等控制，世界上以东方物产为主要贸易物品的历史终结了，包括中国在内的广大东方区域沦为欧洲工业品的消费市场。"[1]这一归纳基本明晰了人类航海探索的发展历程，但我觉得在当代，随着科技和信息技术的发展，人类掌握了更加先进的航海技术，船舶装备也有了极大的更新，万吨级远洋货轮在贸易口岸几乎是每日可见，国与国之间通过海上丝绸之路发生的贸易越来越频繁，在一定意义上也可以说是通过海洋连接的人类命运共同体。

按照现在的行政区划，合浦是广西北海下辖的一个县，但是古代合浦称为合浦郡，早在西汉时就已存在，我多次到合浦地区的窑口进行考察，这些窑口是外销瓷的重要产地，在海上丝绸之路占有重要地位。从学界的研究状况来看，国内对外销瓷的关注并不多，现有研究多关注著名的窑口如景德镇窑、德化窑、龙泉窑、长沙窑、漳州窑等，对合浦地区窑口的外销瓷关注较少。本文试图通过对合浦港是广西地区海上陶瓷之路的始发港，广西地区的古陶瓷生产与合浦港的对外贸易，合浦港与海上陶瓷之路等问题的探讨，深入研究古代合浦港的

[1] 刘淼、胡舒扬：《沉船、瓷器与海上丝绸之路》，社会科学文献出版社2016年版，总序部分。

海外陶瓷贸易，这样的研究对于当下丝绸之路经济带和21世纪海上丝绸之路的建设具有重要的意义。

一、合浦港是广西地区海上陶瓷之路的始发港

在不同历史时期，因为政权的更迭、时代的变迁、经济重心转移等，海上丝绸之路的始发贸易口岸也在发生变化，秦汉时期，广州港、合浦港便是中国对外贸易的重要港口。唐代以来，明州（今宁波）成为世界级的商港。宋元时期，泉州成为最为重要的贸易始发港。这些不同时代、不同规模的贸易口岸起源于沿海城市，是商人易货、中外商品进出境的商埠。其从萌芽到发展成熟经历了很长的历史过程。马克·曼考尔在《清代朝贡制度新解》一文中，对中国贸易口岸的起源做了阐释："中国的贸易口岸，类似于古代地中海东岸、中美洲和西非沿海地区的市场。贸易口岸是自古代几乎一直到近代开始之前世界上若干地方管制贸易的主要机构。贸易口岸的长期存在反映出它在前近代技术和管理条件下各个社会进行的接触中发挥了重要作用。也许是源于人们喜欢在政治上中立的地方会面的传统习惯（它发端于原始的"沉默贸易"），贸易口岸一般是那些具有为外国商人提供会面地点之特殊功能的城镇或城市。"[1] 在贸易口岸发生的商贸活动称为"口岸市舶"，清代学者梁廷枏对此有相当确切的表述："在陆路者曰'互市'，在海道者即曰'市舶'。其设官也，肇于唐；其立制也，备于宋。然有明中叶，又时通时罢者，何哉？盖宋之市舶，主于助国用；明之市舶，主于总货宝。有所利而为之，势必有委屈以事弥缝、侵渔以快垄断者，求其万全，岂可得乎！"[2] 梁氏的概括颇具历史眼光，唐宋时期是市舶制度发展成熟的重要阶段，并对明以来的市舶行为做了总结。

合浦，史称合浦郡，汉元鼎六年（前111）设置，以后历代沿称，在设郡同时设立海关，名合浦关，其职责是管理接待过境的中外商客，以及船只货物的关税征收，当时合浦已成为汉朝的东南一大都会，城市发达，商贾云集，贸易繁盛。合浦港是远航东南亚、西亚、东非的海上丝绸之路距离最近的始发港。在合浦县城周围68平方公里范围内，还发现汉墓近万座，是我国沿海最大的汉墓群，从汉墓中出土了很多琥珀、玛瑙、水晶、琉璃等外来贸易商品，足见合浦当时与外邦交往的密切和繁盛程度。通过考古发现，合浦地区有30多个古窑址，可以说在古代合浦港周边地区窑场林立，数量如此多的窑场，说明是为了适应陶瓷外销

[1] 费正清编、杜继东译：《中国的世界秩序——传统中国的对外关系》，中国社会科学出版社2010年版，第72页；并参考柯丁著、鲍晨译《世界历史上的跨文化贸易》，山东画报出版社2009年版，第87—104页。

[2] 梁廷枏总纂，袁钟仁校注：《粤海关志》，广东人民出版社2002年版，第13页。

的需要而建立起来的。这些窑口为出口生产了大量的外销瓷，足见古代海外市场对陶瓷需求的旺盛。这些古窑址上起汉代，下至清代，时间跨度超过两千年，通过“海上丝绸之路”，合浦港向东南亚、非洲等地运销陶瓷，在中国陶瓷外销史上具有重要的历史地位。

合浦港是广西地区陶瓷对外贸易的始发港，得益于其发达的水系。据《广西外贸志》载：“秦汉以前，今广西合浦沿海一带，已有私营的海外贸易。”秦统一六国后，开凿灵渠沟通湘江、漓江，连接长江和珠江水系，开辟了从中原沿湘江入漓江，经桂江、北流河、南流江抵合浦的军民两用水道，成为从中原通往东南亚、西亚、非洲等地最便捷的出海通道。明代地理学家徐霞客在《徐霞客游记》（卷二）中也对广西境内的北流县的河流与南流江的关系，如何汇入南流江，最后进入大海的路线有过描述：“北流县当大容南面之中，其脉由大容南下，曰绿蓝山。水分东西流：东流者即北溪，循城东下，登龙桥而入绣江者也；西流者为南流江之源，西南合水月洞之水，经郁林南门而西合罗望、定川诸水，南下廉州入海。”文中交代北流县实乃南流江的源头，南流江最终南下至廉州流入大海，廉州即指合浦的廉州镇。从汉至唐的朝贡贸易，东南亚、西亚及罗马等国，大多也是沿着这条水道行走的。合浦港也是凭借这有利的地理位置和便利的交通，使对外贸易获得较快的发展。[1] 来自北方的物产可以通过内陆河流水系的汇通顺利进入合浦港，并由此出海前往海外。《人民画报》1985 年第 10 期刊出南宋海上丝绸之路示意图起点为合浦、广州、泉州三个城市。这是 1985 年 4 月人民画报社采访组沿着海上丝绸之路专门采访东南亚、西亚和非洲一些国家并征求专家意见后得出的结论。

既然是远航东南亚、西亚和非洲等地距离最近港口，这里我想提出一个问题，就是 9—10 世纪长沙窑瓷器的外销路线，学界普遍认为长沙窑瓷器多依靠长江水道到达扬州，然后再发往南北各地，还有一部分通过湘桂水陆到达广西再转运至广州。这些瓷器进入广西后，完全可以直接经漓江、桂江、北流河、南流江到达合浦港，由合浦港直接发往海外，距离上比经由广西到广州，再由广州港发往海外要近得多。在这条线路沿途，都发现了唐代长沙窑的瓷器。如 1989 年，在容县北门街县政府出土的长沙窑青瓷碗、盘。1994 年在北大街县教委出土的长沙窑青釉碗、罐等。1990 年在清景寺遗址出土的长沙窑青、褐、黑、绿、乳白釉的瓷器，碗、盘、壶、罐、玩具等。1900 年，桂林市四会路勤工俭学办出土的长沙窑青釉绿彩绘盘、罐等。1991 年，杉湖南岸人民医院宿舍出土的长沙窑青、绿、褐、黑、乳白釉及彩绘的瓷器，碗、盘、杯、壶、罐、钵、盒、灯、炉、枕、玩具、碾槽、擂钵及莲花纹瓦当和板

[1] 参见王戈《北海古窑址与“海上丝瓷之路”》，载北海市政协文史资料委员会编《北海文史》（第 18 辑），2004 年版，第 166—189 页。

瓦等。（该处为唐代开元寺遗址）[1]1972 年，在广西昭平县庙蚜出土有长沙窑釉下褐彩花鸟纹瓷壶，高 18.81 厘米。1973 年广西藤县三合村出土长沙窑褐点叶形图案瓷罐。1974 年广西平乐县二塘出土长沙窑黄釉褐斑贴花壶，高 21 厘米。[2] 如果在地图上将桂林、平乐、昭平、藤县、容县用线连接起来，就会发现自秦即已开凿的通海之路——灵渠，沿此航线继续南下，顺北流河进入南流江，距离合浦港近在咫尺。所以，我们是否可以认为到达合浦港的运输距离短，可以减少瓷器在途中的损耗，合浦港应该是长沙窑海上陶瓷外销较理想的出海港。

二、广西地区的古陶瓷生产与合浦港的对外贸易

广西地区古窑址数量众多，从汉代至清代的窑址都有发现，大多位于依山傍水的沿海沿江处，靠近大山可以方便获取丰富的瓷土、釉料和窑柴，靠近江海，方便瓷器运输和外销。据郑宏的《广西壮族自治区古窑址之考察》[3] 一文，广西地区制瓷历史悠久，窑址多分布在江河两岸的山岭，以北部湾沿岸、北流河沿岸、湘江上游、洛清江沿岸、柳江沿岸为主。广西主要有以北海地区唐代遗存为主的窑址；以北流河流域宋代为主的窑址，北流河及其支流分布着广西宋代青白瓷窑址群；桂林地区窑址群；柳州地区窑址群。产品以生活日用瓷为主。北海地区的窑址群，据统计至少有 30 多个古窑址。主要有上窑、下窑、东窑、西窑、大窑、英罗窑、草鞋村窑、红坎窑、豹狸窑、中窑、晚姑娘窑、岭底缸瓦窑、常乐缸瓦窑。北流河流域的窑址群，主要以宋代的青白瓷窑口为主，主要有北流岭垌窑、容县城关窑、藤县中和窑，主要的产品以生活日用瓷为主，有罐、瓶、灯、炉、盒、碗、盘、洗、杯、碟等。桂林地区窑址群，主要有窑田岭窑、黄岭窑、窑里村窑、严关窑、永岁窑、上窑村窑、蒋安岭窑、大湾渡口窑等，主要产品有罐、碗、盘、碟、壶、高足杯、瓶、盏等。柳州地区窑址群，主要有木桐窑、龙庆窑、洛崖窑、大埔窑、黎田窑、余家窑、对河窑、西门窑等，其中柳城的木桐窑和龙庆窑较为重要，主要产品有盘、碗、钵、碟等。

陶瓷器最终要通过贸易和商船运至海外市场，《明史》是这样记述广西滨海地区江河地理的："廉州合浦……东南滨海，城北有廉江，亦曰合浦江，自广西容县流入，迳州，江口分为三，西南注于海，钦州，西南滨海，中有乌雷地山，入安南之要道也。又有分茅岭。龙门江

---

[1] 参见李铧等著《广西出土的波斯陶及其相关问题探讨》，《文物》2003 年第 11 期。

[2] 参见吴传钧主编《海上丝绸之路研究：中国·北海合浦海上丝绸之路始发港理论研讨会论文集》，科学出版社 2006 年版。

[3] 郑宏：《广西壮族自治区古窑址之考察》，选自冯小琦主编《中国古代窑址标本 广西》，故宫出版社 2016 年版，第 468—474 页。

在城东，又东有钦江，俱入于海。”[1] 广西沿海江河纵横，入海江河构成水系。有外国学者的研究对合浦港的陶瓷贸易地位给予了支撑，英国学者罗斯玛丽·斯科特（Rosemary Scott）和罗斯·科尔（Rose Kerr）认为：“窑址发掘出的宋瓷的种类之多，质量之好，数量之大，都说明了这些陶瓷生产绝不仅是为提供当地民用。容县、北流、藤县和其他相关窑址交通便利，通过水陆可以将他们的产品运输到广东的繁华港口，从那里再运送到中国其他地方或是远销海外。另一种可能性是，经过一小段北流至玉林的陆路运输，再沿南流江运至北部湾港口——合浦，再运往东南亚各目的地。”[2] 海上的贸易航线由来已久，如三上次男所说：“连接东方与西方世界的海上贸易路线，早在 1 世纪前后就已较多被采用。西方世界在 1 世纪前后开始利用印度洋的季风，开辟从埃及通往印度的海路。同时，在东部海域，汉代开辟了由中国东南通往印度东海岸的海上贸易路线。于是，从东亚和中东地区两方面出发的海路，在印度衔接起来。”[3]

合浦港作为中国出发至东南亚、阿拉伯地区和非洲距离最近的始发港，在历史上是非常繁忙的，大量的来自内地的陶瓷器经这里出口。货物到达合浦港后，其海上路线又是如何航行的？我们从《汉书·地理志》卷二十八中可以看到详细的航行路线和能够到达的目的地：

> “自日南障塞、徐闻、合浦船行可五月，有都元国；又船行四月，有邑卢没国；又船行可二十余日，有谌离国；步行可十余日，有夫甘都卢国。自夫甘都卢国船行可二月余，有黄支国，民俗略与珠崖相类。其州广大，户口多，多异物，自武帝以来皆献见。有译长，属黄门，应募者俱入海市明珠璧、琉璃、奇石异物，赍黄金杂缯而往。所至国皆廪食为耦，蛮夷贾船，转送致之，亦利交易。剽杀人，又苦逢风波溺死，不者数年往还。自黄支船行可八月，到皮宗；船行可八月，到日南、象林界云。黄支之南，有已程不国，汉之译使自此还矣。”[4]

这段文字是目前所见关于海上丝绸之路始发港的最早记载，自汉武帝以来，从合浦出发的这条航线就是海上丝绸之路的始发航线。上述都元国、邑卢没国、谌离国、夫甘都卢国、

[1] 《明史》卷四五，志二一，地理志六，中华书局 1997 年版。

[2] 罗斯玛丽·斯科特、罗斯·科尔：《铜红瓷与绿瓷广西宋代的技术创新》，转引自吴小凤《宋明广西海上陶瓷之路研究》，广西人民出版社 2012 年版，第 83 页。

[3] ［日］三上次男著：《陶瓷之路》，李锡经、高喜美译，文物出版社 1984 年版，第 152—154 页。

[4] 《汉书·地理志》卷二十八。

黄支国、已程不国，分别是现今的越南、泰国、缅甸、印度、斯里兰卡等地。[1] 当时从合浦港出发的南海航线的大致走向是：从合浦启航后，往南首先到达越南，再沿印度支那半岛的海岸线航行，渡过暹罗湾后，再南下至缅甸东岸登陆，步行越过克拉地峡，到今缅甸西岸的港口再乘船，然后绕孟加拉湾海岸线航行，抵印度半岛东南隅，南下斯里兰卡返航。斯里兰卡是印度洋上的一个重要的中转站，很多中国商船到斯里兰卡卸下货物后返航。外国商船装上这些货物后，再驶往阿拉伯、欧洲和非洲地区。汉代海上丝绸之路已被列入朝廷常规管理，有固定的官员“使”，航线延展至印度洋。

据《汉书・地理志》载：“平帝元始中（3 年），王莽辅政，欲耀威德，后遗黄支王，令遣使献生犀牛，自黄支船行可八月，到皮宗，船行可八月，到日南，象林界。黄支之南，有已程不国，汉之译使自此还矣。”自三国孙吴政权将合浦划作交、广二州的分界地之后，于黄武五年（226 年）把广州作为统治岭南地区的政治、军事、经济、文化中心经营，使广州成为海上丝绸之路的新起点。孙权先后多次组织庞大的使团从广州出使南海诸国，汉代海上丝路的中心逐渐转移到广州。到了唐代，海上丝路航线全长伸延超过了一万四千多公里，沿线港口分布日增，始发港乾体港的中心港口被广州代替，形成了以广州港口为中心，以潮州义安港为粤东门户，以合浦乾体港为粤西门户的海上丝路航运新格局。合浦海上丝路始发港的地位和作用，受到严重挑战。[2]

宋元时期是以中国为主导的海上丝绸之路经济区，中国与东南亚诸国关系日益紧密。如庄国土所言：“中国海外华商经贸网络的肇基始于宋元时代，到 15 世纪初基本形成，在 17—18 世纪经历扩张和发展而达到顶峰，从而形成一个以中国市场为中心，遍及北起日本、中国大陆沿海地区，（中国）台湾、南括东南亚地区的东亚、东南亚商贸网络。”[3] 明代以后，朝贡制度逐渐确立。“洪武二十七年，夏四月庚辰，更定番国朝贡仪，是时，四夷朝贡，东有朝鲜、日本，南有暹罗、琉球、占城、真腊、安南、爪哇、西洋、琐里、三佛齐、渤泥，百花览邦、彭亨、淡巴，须文、达那，凡十七国……”[4] 可以说，以中国为中心的海上丝绸之路贸易圈得到了极大拓展。

航海技术和造船业的发达也为远洋航海贸易提供了可能。西汉时期，航海已成为一门专门的行业，一些与航海有关的天文类的书籍也相继出现，如《海中二十八星宿》二十八卷、

---

[1] 关于《汉书・地理志》所载汉使航程及各国地望问题，史学界意见分歧很大。本文所引，主要参考《中国大百科全书・中国历史・秦汉史》（中国大百科全书出版社 1986 年版）及陈佳荣等《古代南海地名汇释》（中华书局 1986 年版）。

[2] 合浦县人民政府、北海市地方志办公室编：《北海合浦海上丝绸之路史》，广西人民出版社 2008 年版，第 7 页。

[3] 庄国土：《论 17—19 世纪闽南海商主导海外华商网络的原因》，《东南学术》2001 年第 3 期。

[4] 《明实录广西史料摘录》，广西人民出版社 1990 年版。

《海中五星经杂事》二十二卷，等等。造船技术在汉代也已达到相当的水平，如1974年，在广州发现了一处秦朝时期即有的造船厂遗址，该船厂中心排列着三个平行的造船台，可建造长20—30米、宽6—8米的船只，可以反映当时造船业的发展水平。而且，汉代为了商贸运输和军事需要，造船厂在全国范围都有分布，合浦也有规模较大的船厂，为合浦港的远洋贸易提供了条件。

三、国外发现的广西地区外销瓷

自汉代开始，广西地区的陶瓷器就已远销海外。但是首先对海外考古、考察和资料收集存在较大的难度，即使发现实物，对断代、产地的判断也存在一定的难度。其次，历史上的外销瓷多专为外销定制生产，国内不一定存在实物样本。本部分主要通过相关研究文献获取的资料进行论述。

北宋地理学家朱彧在《萍州可谈》中说："船舶深阔各数十丈，商人分占贮货，人得数尺许，下以贮物，夜卧其上。货多陶器，大小相套，无少隙地。"[1] 这段文献可以看到船舶的大小，装货的方式，说明那个时期海外贸易的繁盛。在菲律宾、马来西亚、新加坡、文莱等国家的古遗址出土了许多广东、广西、福建、陕西、江西等窑址的产品，数量品种之多，不胜枚举。[2] 如周家干、陈祖伟在《合浦乾体古港作为"海上丝绸之路"始发港探源》[3] 一文中说："在苏门答腊、爪哇和婆罗洲的墓葬中，出土了大量的中国汉代陶器，所有这些出土的陶瓷的造型和花纹、彩釉，与合浦汉墓出土的陶瓷的造型、花纹、彩釉是一样的。"海外考古发现与国内考古发现陶瓷文物的一致，证实了自汉代开始合浦陶瓷器外销的史实。杨李在《简略广西北流岭垌窑出土的印模》[4] 中说道："在菲律宾、印度尼西亚、斯里兰卡、巴基斯坦、埃及等国家出土的青白釉中国瓷器中发现有北流岭垌窑产品。"证实了宋代北流岭垌陶瓷外销的史实。

另据1965年第6期《考古》刊登的安志敏《马来西亚柔佛州出土的古代陶片》一文，文中说到马来西亚柔佛州曾出土许多几何印纹陶片，纹饰有方格纹、曲尺纹、雷纹、编织纹、波浪纹等，陶片的制法、质地及某些纹饰，均与我国华南地区的印纹陶非常相似。越南的清化东山、印度尼西亚的苏拉威西，也发现过和柔佛州相类似的雷纹陶片。作者认为，这些陶

---

[1] （宋）朱彧：《萍州可谈》卷二，商务印书馆1985年版。

[2] 王健华：《从韩槐准先生的捐献品看中国古陶瓷在南洋的外销》，《故宫博物院院刊》1988年第3期。

[3] 周家干、陈祖伟：《合浦乾体古港作为"海上丝绸之路"始发港探源》，载北海市政协文史资料委员会编《北海文史》（第18辑），2004年版，第128—135页。

[4] 杨李：《简略广西北流岭垌窑出土的印模》，《文物世界》2014年第4期。

片可能是通过外贸手段而输入的。几何纹饰的陶片，在北海地区除了草鞋村汉窑群遗址有发现外，在地角岭炮台旁，以及在营盘镇西沙坡新石器时代遗址也有发现。在西沙坡遗址，既采集有打制石器、磨制石器，也采集有汉砖、汉陶壶、汉板瓦、汉筒瓦，还有方格纹、水波纹、米字纹的印纹陶片，以及有唐、宋、明各朝代的陶瓷残器。这些古代的陶器很可能来自广西。

自隋唐以来，青瓷一直受到外商的青睐，风靡世界，宋元时期达到高峰。海上丝路沿线国家菲律宾、泰国、越南、缅甸、新加坡、马来西亚、印度、斯里兰卡、阿富汗、巴基斯坦、伊朗、土耳其、埃及，以及非洲地区等，均发现了大量的遗存。北海的岭底缸瓦窑遗址发现的绘有梵文纹饰的青花碗，很大可能便是为外销生产的。明清时期，合浦港也输出了大量的瓷器。据《合浦县志・经济篇》记载："清代及民国年间，合浦生产的缸、盆、砵、沙煲等粗瓷及粗瓷碗，有部分出口。"清末的《北海杂录・商务》记载："每年九十月间，有大海波渡十余艘，载镬、瓦器往星加坡。"足见瓷器外销的繁盛场面。

之所以中国的陶瓷如此受欢迎，是因为陶瓷对提高人们的生活质量起了很大作用。《明史・外国传》文朗马神条记曰：初用蕉叶为食器，后与华人市，渐用磁器。尤好磁瓮，画龙其外，死则贮瓮中以葬。爪哇"最重中国花磁暨麝花绢绮罗"。锡兰："重中国麝香、绮、縠、绢、青磁器……"[1]中国陶瓷对东南亚各国生活质量产生十分积极影响，可以说提高了一个档次。占城国"市交易以金，间亦用银。极宝爱中国青磁暨段匹绫绢，见则以金易之"[2]。当然，囿于考古调查工作的艰难，很多瓷器的产地还不能断定，这也给学界提出了一个重要命题，就是从多个角度开展国外发现的陶瓷器与国内古窑址发现陶瓷器之间的比较研究。如这一研究将来有一天得以实现，我们便可以比较客观地获知它们的原产地，对我们研究陶瓷之路的路线也会更有助益。

四、合浦港与海上陶瓷之路

综上所述，对合浦港的产生，广西地区的古陶瓷生产和合浦港的对外贸易，以及海外发现的广西地区外销瓷的论述，提出几点不成熟的看法，求教于各位专家和学者。

第一，汉代的合浦港是当时国内对外贸易的重要港口，对发展中外交通和商品贸易发挥了重要的枢纽作用。从海路交通来说，从合浦出发沿海岸往西南出发可到越南，南行可到印

---

[1] 《明史》卷三二三，"外国传"四。
[2] 张升：《瀛涯胜览集・占城》，中华书局 1991 年版。

尼、马来西亚、新加坡，穿过马六甲海峡可以轻松到达泰国、缅甸、印度和印度洋上的中转站斯里兰卡。从陆地疆域来说，合浦在南海前沿，可以直接统摄广西和广东西部广大地区，通过内陆河流间接可连通湖南、湖北、贵州、云南等地，可谓四通八达。陶瓷作为海上丝绸之路重要的商品，占据了相当重要的位置和份额。从考古发现和对相关文献的研究表明，经合浦港外销的陶瓷器，始于汉代，繁盛于隋唐至明清，清后期逐渐没落。因为我们在广西地区发现数量众多的隋唐至明清时期的古窑址，其生产的青瓷、青花瓷、青釉、酱釉、钧釉系列产品，大部分是专门为外销生产的。合浦地区汉墓出土的陶瓷器与国外发现的陶瓷器的对照，也证实了陶瓷外销的史实。所以说合浦港是古代海上陶瓷之路重要的始发港，也是最早的始发港之一。

第二，合浦港出口的外销瓷主要有两大来源，一是广西地区的陶瓷产品，主要以日用瓷为主，尤以唐代以后的数量居多，为了迎合外销市场的需求，很多是仿国内名窑烧制，如仿景德镇窑、耀州窑、越窑、龙泉窑、长沙窑等。二是外地生产的陶瓷器，如在广西考古发现的长沙窑瓷器，国外的考古遗址也发现了为数不少的长沙窑瓷器[1]。但还是以广西地区生产的瓷器为主，主要是青瓷系列和单色釉系列产品。

第三，应加强广西地区陶瓷考古和海外陶瓷之路发现的广西陶瓷考古研究。从学界目前的研究现状来看，对广西地区的陶瓷考古并不是很多，很多古窑址需要进行细致深入地考古学层面的研究，以及从陶瓷科技方面对古陶瓷遗存运用科学的手段进行检测和断代鉴定，形成系统的研究报告。同时，走出国门，到海外陶瓷之路沿线国家发现中国外销瓷遗存的地方去，对这些外销瓷展开系统研究。笔者曾专门到斯里兰卡考察中国古代的外销瓷，我们用了半个月的时间考察了斯里兰卡的古代港口遗址、博物馆和寺院，发现了大量的来自中国的外销瓷，面临的是很多瓷器碎片存在着断代难、判断产地难的问题。我们与斯里兰卡国家考古队和以考古专业闻名的凯拉尼亚大学的考古学教授进行了座谈，从他们的口中得知，在斯里兰卡方圆 100 海里的范围内，发现了超过 200 艘古代沉船，其中有很多是来自中国的商船，这些商船上便有中国的外销瓷，但是斯里兰卡国内经济实力较弱，没有能力开展水下考古，靠美国、法国援助打捞过几艘沉船，但是大量的沉船还在海底沉睡，其中文物的神秘面纱有待将来揭开。所以，水下考古的工作非常重要，这也是我们对海上丝绸之路研究的重要部分。如将来国外的陆上外销瓷遗存和水下考古研究能够陆续出来，在此基础上，将国内研究与国外研究进行比较研究，便可以更加翔实地科学地研究确认合浦港出口的广西地区外销瓷，对当下丝绸之路经济带和 21 世纪海上丝绸之路的建设也会多有裨益。

---

[1] 国外一些遗址也陆续发现了很多我国唐代生产的瓷器，如印度的迈索尔邦博物馆藏有晚唐五代的长沙窑瓷器，在伊朗的内沙布尔、米纳布、赖伊等地出土的唐五代长沙窑彩绘盘。

构建人类命运共同体与“一带一路”民心相通

王晓泉 / 中国社会科学院

构建“人类命运共同体”是习近平主席在中国特色社会主义新时代，立足于中国与世界发展大势所提出的最为重要的国际倡议，为中国改造世界秩序和完善全球治理体系指明了方向。新时代中国外交的各个方面，无论是共建“一带一路”，还是推广“共同、综合、合作、可持续的新安全观”，无不围绕构建“人类命运共同体”的宏大主题而展开。构建“人类命运共同体”旨在实现和平稳定、共同发展，符合世界发展潮流和各国人民改造不公正、不合理的世界秩序的诉求，因此引起国内外广泛关注，被写入中国共产党党章和联合国大会决议，成为最受国际欢迎的中国倡议。“人类命运共同体”理念植根于博大精深的中华文化，而中华文化也必将在人类命运共同体构建过程中做出历史性贡献。

一、美国霸权兴衰决定了世界发展潮流从“文明的终结”变为反建制和民粹主义

苏联解体后，美国一超独霸。美国在世界范围内巩固霸权，强化军事同盟体系，抢占苏联战略空间。西方依靠从苏联解体和东欧剧变中巧取豪夺来的天量财富实现了20世纪90年代的经济增长，美国霸权也同时达到巅峰。正是在此背景下，美国学者福山提出“文明终结论”，认为西方文明已经一统世界，世界历史由此终结。但福山的老师亨廷顿教授更敏锐地洞察到西方文明所向披靡表象下所蕴藏的危机，于是针对福山的“文明终结论”提出了“文明冲突论”，认为西方文明尚未一统世界，还将遭遇其他文明的挑战。两位学者的结论固然相反，但都是西方文明优越论的代表，观察世界的出发点完全相同，即探讨西方文明是否，以及如何统治世界。

20世纪90年代，美国达到霸权顶峰，获取了世界经济垄断权，西方民主价值观在世界范围得到认可乃至追捧。伊拉克战争中所展现的美军实力令世界叹服。处于美国权力金字塔顶层的国际垄断资本集团在很大程度上失去了刚性约束：失去了社会制度竞争性约束，放弃了与苏联争霸时推行的社会改良政策；失去了本国政府的约束，不顾政府的稳定而加大对本

国人民的压榨；失去了地域性约束，其经济影响力随着苏联解体和经济全球化进程加快而渗透到世界各个角落；失去了国家主权的约束，能够对很多国家的经济乃至内政进行操控。在此情况下，国际垄断资本集团的贪婪本性暴露无遗，对外表现为制造经济危机，如国际资本大鳄索罗斯利用泰国等国的外汇管理漏洞制造亚洲金融危机，横扫多国财富；向国外转嫁危机，如2008年金融危机后美国利用美元霸权不断推行量化宽松政策，导致多国美元财富严重缩水；发动战争或策动“颜色革命”，如发动伊拉克战争和阿富汗等地的反恐战争，在格鲁吉亚、乌克兰等国策动“颜色革命”；国际垄断资本集团驱使本国民众充当战争炮灰并为战争埋单，却不让其公平享有垄断利益，甚至对其进一步压榨，造成贫富差距加大，中产阶级萎缩，失业率上升，社会矛盾激化并走向分裂。2008年金融危机爆发后，国际垄断资本集团转“危”为“机”，反而实现了财富增长，而西方中产阶级和底层民众则成了牺牲品，生活水平直线下降。

物极必反。美国国力为满足国际垄断资本集团的贪欲而被严重消耗，维系霸权所需的物质基础和道义基础遭到严重侵蚀。西方政治、经济模式在世界上日益丧失说服力，西方文明距离一统世界不是越来越近而是越来越远了。美国爆发的“占领华尔街”运动，英国脱欧、特朗普当选等所谓的黑天鹅事件不断涌现，反建制和民粹主义成为世界潮流。宗教极端化倾向亦为此潮流所驱，因为伊斯兰文明在西方文明一统天下的努力中被严重压制和贬损。伊斯兰世界不得不奋起应对，宗教极端化就是其中一种反弹方式。发展中国家需要在国际垄断资本压制下实现生存与发展，金砖国家合作机制、上海合作组织，以及中俄战略协作的强化同样得益于这股潮流。可以说，这股潮流席卷了世界各地，波及各种意识形态的国家，无论表现为何种政治主张，都具有一个共同性，就是很强的“人民性”。民粹主义其实是“人民性”的另类或极端化的表达方式。国家领导人只要真正为本国人民谋福祉，就能够找到与他国互利共赢和共同发展的合作模式。

二、中华文化的历史使命在于推动世界秩序实现由“统”到“分”和由“分”到“统”螺旋式上升

无论是西方反建制力量，还是中国、俄罗斯等发展中国家，实质上都在解构国际垄断资本集团主导的不公正、不合理的世界秩序，维系该秩序的美国霸权也将在这一解构过程中加速衰落。世界秩序展现由“统”到“分”的趋势，具体表现为世界格局在思潮碰撞和政治博弈中步入大分化和大调整时期，由单极世界向多极世界演进；世界经济由西方主导向多元主导演进，但这并非所谓的逆全球化，而是多元主导的新全球化；各国文化由被西方文化压制

和同化变为多样性共生与发展。

同时也要看到，“分”而不“统”，天下必乱。“分”的历史使命在于实现更高层次的“统”。世界秩序应当实现由“统”到“分”和由“分”到“统”的螺旋式上升。也就是说，“分”的目的不是再造一个霸权国家，因为世界各国都会为大国争霸付出惨重代价，并且胜出的国家也只是实现了世界秩序的改朝换代，而不能解决旧有世界秩序的结构性矛盾，即谋求世界垄断利益与世界发展之间的矛盾。

不“破”难“立”，而“破”易“立”难。世界需要“统”而不霸，时代呼唤全新价值体系。该价值体系肩负着结束西方价值体系坍塌所带来的种种乱象的历史使命，必须最具包容性和人民性。西方价值体系失败的原因在于具有排他性，总是试图消灭其他价值体系，实现所谓的“文明的终结”。究其原因，是因为西方是国际垄断资本集团操控下的民族国家聚合体，从未真正经历过“大一统”，不具备天下大治的经验；西方文明刻有海盗文明、游牧文明、商业文明和工业文明的深刻烙印，而农耕文明在西方始终未成气候。海盗文明和游牧文明视掠夺为自然法则，商业文明和工业文明将扩大和操控市场，以及利益最大化作为最高追求；西方是单神教的世界，视非基督教地区为应当予以征服的地区，这为其压榨乃至消灭非基督教世界找到了道义支撑。因此，西方文明的字典里没有和谐这一概念，其只能在实力主义和丛林法则下运行，跳不出逢强必霸的老路。

中国具有整体观，早在秦朝便实现了“大一统”，具备长期治理天下的经验，在历史长河中自我展现的并非民族国家，而是一种文明形态；中华文明由农耕文明发展而来，农耕文明讲求和平合作，以及与大自然和谐相处，而非利益最大化；中华文化的民本主义思想根深蒂固，经世济民是精英知识分子的追求；中华文化是儒释道的有机结合，儒家讲求秩序、佛家讲求因果、道家讲求规律，三者和谐共生、包容互补。并且，中国宗教具有多元性，长期占主导地位的佛教和道教是多神教，具有较强的包容性，能够与其他宗教包容共生。中国不会因为宗教信仰不同而发动宗教战争。因此，积淀深厚、源远流长的中华文化能够摆脱西方文化的二元对立模式或零和模式，肩负起建立和平相处、互利共赢、包容互鉴、和谐发展的世界秩序的历史使命。

构建“人类命运共同体”倡议显现巨大的包容性，强调世界多样性的统一。中国认为，世界历史由各种文明共同缔造，世界是全人类的共同家园。各国人民在共同利益面前能够达成共识和开展合作，各国应当走符合本国国情发展的道路。这些思想理念必然从根本上终结以西方中心论为基础的历史观、世界观、价值观、发展观和安全观。在中华价值体系影响下，中国提出了针对西方价值体系的世界秩序改造方案：安全上由绝对安全模式变为互保模式，集中体现为中国提出的“共同、综合、合作和可持续的新安全观”；经济上由垄断模式变为互利模式，集中体现为以“共商、共建、共享”为原则，并尊崇“合作和平、开放包容、互学互鉴、互利共赢的丝路精神”的“一带一路”国际倡议；文化上由冲突模式变为“尊重文明多样性”的互鉴（互容）模式。

中华价值体系为瓦解任何形式的世界垄断利益，解构不公正、不合理的世界秩序提供了强有力支撑。植根于中华价值体系的中国模式将不可避免地发挥日益重要的引领作用。中华价值体系符合包括西方国家人民在内的各国人民的根本利益，能够在世界范围建立谋求互利共赢和共同发展的人民统一战线。在这一统一战线面前，任何谋取霸权的势力都难有胜算。构建“人类命运共同体”的底气在于此，创造新世界的希望亦在于此。

三、兼容并蓄的中华文化肩负着构建人类命运共同体的历史使命

历史中国以中华封贡体系为天下，当代中国则以全世界为天下。过去的中国精英以“天下兴亡”为己任，而中国共产党则以世界兴亡为己任。当前，中国对天下的概念在地域上发生了重要改变，但对天下大治、“世界大同”的追求永恒不变。“中国传统文化强调和合理念，主张天下为公，推崇不同国家、不同文化‘美美与共、天下大同’，蕴含着丰厚的人类命运共同体基因。”[1] 中国共产党正基于此对世界的历史与现实进行整体性诠释，由此孕育出“人类命运共同体”理念。中国必将在构建“人类命运共同体”过程中由文明古国蜕变为现代化强国，中华民族必然在推动世界发展的同时实现伟大复兴。

中国对文化的自信不是建立在中华文明一统天下的幻想之中，而是对中华文化包容天下，亦必被天下包容的自信。孔子曰“吾日三省吾身”。为构建“人类命运共同体”，中国应更具批判精神，不断对文化进行自省：深入挖掘中华传统文化，取其精华、去其糟粕；努力提升开风气之先的社会主义文化，将其与中华传统文化有机结合，构建格局更大、更富时代精神的当代中华文化。同时，中华文化应更具学习精神，通过对其他文化的包容与借鉴而不断强大，并打造符合构建“人类命运共同体”需要的更具包容性和普适性的价值理念。中华文化事实上正是如此发展而来，其兼容并蓄、博大精深，将儒道等国学与域外传入的佛教、伊斯兰教等宗教文化，以及游牧文化、商业文化等进行了有机融合，形成了更具生命力和包容性的精神财富。因此，中华文化不能简单地全盘否定世界上包括西方文化在内的任何一种文化，而是承认任何文化都有存在合理性和可借鉴价值。中国追求的是改造而不是彻底颠覆西方文

[1] 杨洁篪：《推动构建人类命运共同体》，载于《党的十九大报告辅导读本》，人民出版社 2017 年版，第 89 页。

明主导的世界秩序。

四、强化“一带一路”民心相通对构建人类命运共同体的基础性作用

构建“人类命运共同体”的最大障碍是世界处于以冷战思维、强权政治、实力主义和丛林法则为代表的二元对立环境的时间过久，很多国家难以理解“互利共赢和共同发展的模式”。很多“一带一路”项目正是因为合作对象国对安全的疑虑而被搁置。这需要尽快将中华文化推向世界，让其他国家在接触中华文化过程中理解中华义利观。中华文化“走出去”不应是盲目的，而应是系统性的，需在“一带一路”建设中推动民心相通，传播中华文化，在企业文化、商业项目和商品文化中折射出中华文化与价值观，与世界各国分享“创新、协调、绿色、开放、共享”的发展理念，“建设持久和平、普遍安全、共同繁荣、开放包容、清洁美丽的世界”。

在“一带一路”民心相通过程中，应当深入挖掘凝聚着各国友好交往历史和文化包容互鉴的历史文化符号，比如广西的合浦文化。应当正面推送中国思想文化产品。事实证明，关于中国共产党执政经验和中国古代先贤思想的书籍在海外日益受到追捧。可因地制宜，优选富载着易被世界接受的中华文化种类。比如：引导别国人民欣赏中国画所表现的和谐、智慧、向善、平衡及韵律之美；领会中华武术所秉持的武德，中国兵法所推崇的“不战而屈人之兵”；中医所讲求的整体论和系统论、平衡论和辩证法。飞速发展的信息技术为中华文化传播提供了全新手段和强有力保障，应探索信息时代传播中华文化的新路径和新方法，占领文化传播领域的制高点，力求更广泛地影响别国的教科书、学术著作、影视作品、文艺作品等。应当重视文化传播的枢纽国家，要么是具有世界性或区域性影响力的文化大国，如美、英、法、德、俄等，要么是文化开放活跃的国家，如吉尔吉斯斯坦、格鲁吉亚、哈萨克斯坦、泰国等。中华文化在这些枢纽国家开花结果，必然能够更好地辐射到其周边国家。

国际大变局下的欧亚地区人文合作意义

许涛 / 中国现代国际关系研究院

2018年是习近平主席提出建设“丝绸之路经济带”和“21世纪海上丝绸之路”重大国际倡议5周年，而这个时间恰恰又与中国开始改革开放40周年相重合。如果以纵向关联的视角观察，这两个具有历史意义的重大事件之间存在着强大的内在联系：“一带一路”倡议与行动，恰恰是中国改革开放至今达到全新历史阶段和最高水平的重要标志，是经历了40年改革开放，中国开始走向负责任大国时提供给世界的公共产品，是面临百年未有之大变局的当今世界稳定国际关系体系和提振世界经济健康发展的中国方案。在这改变中国历史的40年中，中国社会不仅通过自身内部关系结构的调整，焕发了史无前例的潜在能量，发展成为世界产业大国和第二大经济体，而且紧紧扣住全球化的步伐，积极为世界经济持续做出重大贡献。“改革开放这场中国的第二次革命，不仅深刻改变了中国，也深刻影响了世界”![1]当今全球化进程普遍遭遇困境而曲折发展，单边主义、保护主义抬头，贸易冲突、文明对立、地缘博弈盛行。“一带一路”倡议作为一种新型发展思路与合作模式，正由于其秉持的共商共建共享原则和透明开放包容理念得到国际社会越来越广泛的认同。

一、“一带一路”建设在欧亚地区取得的主要成果

“一带一路”倡议提出已经5年多了，对于一个将给世界经济格局带来变革和对全球化进程施加重要影响的过程而言的确不算长久。但是，在这段不算长的时间里欧亚地区围绕着这一国际倡议已取得了一系列重要成果。

首先，在宏观发展政策上与国际社会及相关地区国家实现对接。“一带一路”倡议的提出，是针对当前全球化面临一系列困难的共同解决方案和应对种种因世界经济不均衡发展造成反弹的集体措施；这种改善全球治理的积极思路，只有转化成多数相关国家的共同行动

[1]《人民日报评论员：改革开放深刻改变中国深刻影响世界》，新华网2018年4月10日。http：//www.xinhuanet.com/world/2018-04/10/c_1122662390.htm。

才具有时代意义。2016 年 3 月，在联合国安理会通过包括推进“一带一路”倡议内容的第 S/2274 号决议[1]；同年 4 月，联合国亚太经社会、联合国开发计划署、联合国工业发展组织等机构先后以多种形式认可并促进“一带一路”的开展与实施[2]；当年 11 月第 71 届联合国大会第 A/71/9 号决议首次写入“一带一路”倡议[3]。此外，亚太经合组织、亚欧会议、大湄公河次区域合作组织等有关文件也相继纳入或体现了“一带一路”建设内容。目前，已有 100 多个国家和地区以协议、声明和备忘录等形式，宣布将本国、本地区的发展计划与“一带一路”相对接。[4] 其中，在欧亚地区有哈萨克斯坦的“光明之路”新经济政策、蒙古国的“草原之路”发展战略、俄罗斯主导的“欧亚经济联盟”、塔吉克斯坦的“2030 国家发展战略”，各国将参与建设“一带一路”视为发展机遇，分别以内外政策对接的方式积极投入这一国际倡议的落实与实施。

其次，具体项目落实形成基础设施互联互通网络。推动货物流、人员流、资金流通畅运行，既是“一带一路”致力于实现基础设施建设的目标，也是继续保持全球化发展动力的前提条件。5 年来，在沿线各国的共同努力下，中欧班列已常态化运行，到目前为止开通的班次已经突破 10000 列，返程班列次数也在平稳上升，2018 年已达运程的 69%，货物贸易超过 5 万亿美元。[5]5 年来，中俄两国跨境基础设施建设进展迅速，港口、铁路、公路等现代化改造建设进入快速发展期。同江跨境铁路大桥俄方一侧开始建设，连通黑河和布拉戈维申斯克的公路大桥也已施工。中俄跨境走廊其他一些项目也进入了两国磋商和前期论证阶段。为了实现“一带一路”建设与远东地区超前发展对接，中俄双方推动合作建设“滨海 1 号”“滨海 2 号”公路，以及远东其他一些交通基础设施的改扩建工程。[6]2017 年 8 月，俄最大的天然气加工项目——远东地区阿穆尔天然气加工厂开工。普京总统出席开工仪式时说，该项目是俄东部天然气计划的一部分，将为实施俄远东地区的天然气化，促进俄远东社会经济发展发挥

---

[1] 《联合国大会一致通过决议呼吁各国推进“一带一路”倡议》，中华人民共和国常驻联合国代表团网站 2016 年 11 月 17 日。https：//www.fmprc.gov.cn/ce/ceun/chn/lhghywj/fyywj/20160116/t1416496.htm。

[2] 《安理会一致通过决议力挺“一带一路”》，人民网 2017 年 3 月 20 日。http：//world.people.com.cn/n1/2017/0320/c1002-29154726.html。

[3] 《一带一路，历史与现实的壮丽乐章》，《人民日报》2017 年 10 月 16 日。http：//cpc.people.com.cn/n1/2017/1016/c414305-29588234.html。

[4] 《共建“一带一路”：理念、实践与中国的贡献》，推进“一带一路”建设工作领导小组办公室 2017 年 5 月，中华人民共和国国家发展和改革委员会网站 2017 年 5 月 11 日。http：//www.ndrc.gov.cn/gzdt/201705/t20170511_847228.html。

[5] 《中欧班列累计开行数量突破 10000 列，返程班列提升至去程班列 69%》，中国一带一路网 2018 年 7 月 28 日。https：//www.yidaiyilu.gov.cn/xwzx/gnxw/63806.htm。

[6] 《引领中俄关系继续保持高水平发展》，《人民日报》，2018 年 9 月 11 日。http：//paper.people.com.cn/rmrb/html/2018-09/11/nw.D110000renmrb_20180911_1-03.htm。

关键作用，并保证俄按计划向中国出口天然气。[1]2018 年 8 月，中国石油天然气集团公司中油国际中亚公司奇姆肯特炼油厂二期改造工程投料试车顺利完成，彻底改变了哈萨克斯坦作为产油国却要大量进口成品油的状况。[2] 中国与中亚土库曼斯坦、乌兹别克斯坦、哈萨克斯坦共同建设的中亚天然气管道从 2009 年 A 线完工起，至今已经形成 A、B、C 三线并行的输气格局，到 2017 年底已向中国市场输送了 2000 亿立方米天然气。[3] 每年从中亚国家输送到中国的天然气，约占全中国同期天然气消费总量的 15% 以上。[4] 中国电力建设集团参与了塔吉克斯坦格拉芙纳亚水电站的技改项目，特变电工在杜尚别新建了两座热电厂，有效缓解了塔季节性电荒的问题。[5] 非资源领域合作：2014 年 12 月，中国发改委与哈萨克斯坦国民经济部签署《关于共同推进丝绸之路经济带建设的谅解备忘录》，初步确定 16 个早期收获项目和 63 个前景项目清单，涉及水泥、钢铁、平板玻璃、矿业、化工、能源、电力等领域。[6]2015 年 3 月，哈萨克斯坦时任总理马西莫夫访华，又签署了中哈两国加强产能与投资合作备忘录，并签署钢铁、炼油、水电、汽车、有色金属、平板玻璃等总金额为 236 亿美元的产能合作协议。[7] 从 2015 年起，塔吉克斯坦开始向邻国出口水泥，出口量仅为 500 吨。到 2018 年，塔的水泥出口量已达 117 万吨。其中，中材莫伊尔水泥有限公司、华新亚湾水泥有限公司、华新索格特水泥有限公司等中塔合资企业的产量已占到塔全国水泥总产量的 90%。[8]

再次，金融活动融资平台和保障体系不断完善。亚洲基础设施建设投资银行是由中国倡议设立起来的多边融资银行，在完成筹建过程后运营顺利，经过扩容成员国增至 70 个，目前业务范围已超越亚洲，成为仅次于世界银行的全球第二大多边金融机构，在一些重大基础设施投资项目中与世行、亚行、欧洲复兴开发银行等其他多边开发银行和商业银行联合投资，为“一带一路”建设多边融资活动开创了新范式。首期注册资本为 100 亿美元的丝路基金，

[1] 《5 年共进：“一带一路”推进中俄远东地区合作》，《光明日报》2018 年 9 月 10 日。http：//news.gmw.cn/gmrb/html/2018-09/10/nw.D110000gmrb_20180910_1-12.htm。

[2] 《中哈油气合作再结硕果——奇姆肯特炼油厂二期改造工程开工成功》，中国经济网 2018 年 8 月 16 日。http：//sh.qihoo.com/pc/9daaf0c499654024f ? cota=1&refer_scene=so_1&sign=360_e39369d1。

[3] 《中亚天然气管道累计向国内输气 2000 亿方》，中国石油新闻中心 2017 年 12 月 1 日。http：//news.cnpc.com.cn/system/2017/12/01/001670577.shtml。

[4] 《上半年中亚天然气管道向中国输气量达 1635 万吨》，《中国能源报》2018 年 7 月 20 日。http：//www.cnenergy.org/yq/trq/201807/t20180720_664545.html。

[5] 《中塔两国电力合作前景广阔——专访塔吉克斯坦驻华大使拉夫拉特佐达》，《中国能源报》2018 年 11 月 12 日。http：//paper.people.com.cn/zgnyb/html/2018-11/19/content_1894007.htm。

[6] 《姚培生：“一带一路”建设不能离开中亚》，光明网 2016 年 11 月 2 日。http：//economy.gmw.cn/2016-11/02/content_22790765.htm。

[7] 《李克强同哈萨克斯坦总理马西莫夫举行会谈 决定全面开展产能合作并推动取得重要成果》，中国政府网 2015 年 3 月 27 日。http：//www.gov.cn/guowuyuan/2015-03/27/content_2839495.htm。

[8] 《塔吉克斯坦水泥出口猛增，中资企业做重要贡献！》，水泥网 2018 年 12 月 1 日。http：//www.ccement.com/news/content/43664759268027.html。

是专门为“一带一路”框架内经贸合作和互联互通基础设施建设，提供投融资支持的机构。截至 2017 年，丝路基金重点追踪项目已超过 100 个，实际投资额达 40 亿美元，带动项目投资 800 亿美元。[1] 目前，中国同“一带一路”相关国家的货物贸易额累计超过 5 万亿美元，对外直接投资超过 600 亿美元，为当地创造 20 多万个就业岗位。[2]

二、应对世界百年大变局的共同思路和集体行动

当今世界正在经历百年未遇之大变局，全球经济模式、国际关系规则、民族文化格局，面临着深刻的变化。在大发展、大变革、大调整的总趋势面前，经过 40 年改革开放已将自身富庶繁荣与人类社会共同发展联系在一起考量的中国政治家正做出认真思考。在 2018 年 7 月的南非约翰内斯堡金砖国家工商论坛上，习近平主席指出，未来 10 年，将是世界经济新旧动能转换的关键 10 年，将是国际格局和力量对比加速演变的 10 年，将是全球治理体系深刻重塑的 10 年。[3] 这些已经到来和即将到来的变革，不仅意味着世界经济可能还会以超出人们想象的速度和方式发展，同时也意味着全球财富和权力分配的继续失衡。中美贸易战的出现，不是简单的贸易和经济问题，根本性起因是作为第一大经济体和世界领导的美国自我定位的紊乱和美中关系的紊乱，尤其是面对中国这个不同于英国、日本、苏联的竞争对手，不知道从何处下手。中国的发展充分利用了现有的国际关系现状和游戏规则，特朗普认为中国从中投机取巧，要另起炉灶。新旧关系和新旧规则的转换对发展中国家和新兴经济体而言，既是空前的挑战，也是难得的机遇。

在全球经济动荡的总体环境下，欧亚地区同样面临着经济发展下行的影响和地缘政治格局失衡的风险。欧亚各国领导层做出的反应是积极的。这表现在：

一是主动参与和构建多边行动框架和机制，如将本国国内发展方案与“丝绸之路经济带”倡议对接，在 2017 年 5 月举行的“一带一路”国际合作高峰论坛上，普京总统表示：“希望中国能利用北极航道，把北极航道同‘一带一路’连接起来。”未来，北极航道和“冰上丝绸

[1] 《发挥丝路基金作用服务“一带一路”建设——访丝路基金董事长金琦》，中国金融新闻网 2017 年 4 月 28 日。http：//www.financialnews.com.cn/zgjrj/201704/t20170428_116703.html。

[2] 纪国平：《构建人类命运共同体的伟大实践——写在习近平主席提出“一带一路”倡议 5 周年》，《人民日报》2018 年 10 月 4 日。http：//paper.people.com.cn/rmrb/html/2018-10/04/nw.D110000renmrb_20181004_6-01.htm。

[3] 习近平：《顺应时代潮流，实现共同发展——在金砖国家工商论坛上的讲话》（2018 年 7 月 25 日，约翰内斯堡），《人民日报》2018 年 7 月 26 日。http：//paper.people.com.cn/rmrb/html/2018-07/26/nw.D110000renmrb_20180726_1-02.htm。

之路”合作将推动中俄，以及区域经济在更高水平融合。[1]

二是以友好协商方式解决地区内各国间长期存在的分歧。2018 年 3 月 15 日中亚峰会的召开，标志着中亚地区各国最高级别协商、合作平台的初步建立。8 月 24 日，哈萨克斯坦纳扎尔巴耶夫总统提出建立中亚国际水能联盟。9 月 11 日至 13 日，俄罗斯符拉迪沃斯托克举办东方经济论坛，总结 5 年来“一带一路”建设和远东开发成为天然的伙伴，在坚持“对话协商、共建共享、合作共赢、交流互鉴”原则的基础上，共同推动“一带一路”建设和远东开发互利共赢。

三是以多边合作的姿态与域外国家协商解决跨地区问题。5 月 6 日，俄罗斯、哈萨克斯坦、阿塞拜疆、土库曼斯坦、伊朗 5 国在哈萨克斯坦阿克套召开里海峰会，就里海法律地位问题达成协议，以既不同于国际海域也不同于界湖的特定原则，对 5 国划分里海油气、渔业、运输资源做出规定，并对非环里海国家军队和 5 国在里海军事力量发展做出明确规定。

欧亚地区各国对全球经济形势作出的反应是具有代表性的，也是各国独立后经历 26 年转型后进入的必然阶段。恰恰说明尽管经济全球化现阶段的发展给世界带来了困惑和徘徊，但同时也让多数国家和民族认识到国际社会成员相互之间从来没有像今天这样关系紧密互动，人类社会不同群体间的活动从来没有像今天这样彼此影响深刻。在这样的时刻，中国领导人提出构建人类命运共同体的理念，得到国际社会及多数国家高度认同是完全合乎时代精神和历史逻辑的。而欧亚各国以不同的方式和程度参与“丝绸之路经济带”建设，同样也是欧亚各民族精英选择了一条既合乎地区历史规律，又合乎全球化节奏的发展路径。通过这样的对接，欧亚地区的繁荣与中国领导人提出的共同构建人类命运共同体理念在实践中结合起来。

三、文化合作是绘制“一带一路工笔画”重点之一

8 月 27 日召开的“推进‘一带一路’建设工作 5 周年座谈会”上，习近平主席将过去的 5 年定位为“总体布局的‘大写意’”阶段，今后要“聚焦重点、精雕细琢，绘制好‘工笔画’”。[2] 如果说贸易流通、基础设施建设、金融保障是大写意的浓墨重彩，那么文化交流就是工笔画的精勾细描。而且由于文化的上层建筑社会特性，客观上也的确滞后于其他领域建设

[1] 刘少华、吕安琪、蔡珍梦：《向北，打造“冰上丝绸之路”》，《人民日报（海外版）》2018 年 2 月 14 日。http://paper.people.com.cn/rmrbhwb/html/2018-02/14/content_1836859.htm。

[2] 《习近平在推进“一带一路”建设工作 5 周年座谈会上强调，坚持对话协商共建共享合作共赢交流互鉴，推动共建“一带一路”走深走实造福人民》，《人民日报》2018 年 8 月 28 日。http://paper.people.com.cn/rmrb/html/2018-08/28/nw.D110000renmrb_20180828_2-01.htm。

的速度。目前，“丝绸之路经济带”建设在欧亚各国的社会环境并非完全是有利的和积极的。由于欧亚国家特殊的发展阶段和历史上形成的文化差异，尽管各国政府及精英层已分别达成对共建“丝绸之路经济带”的积极共识，但在社会层面仍然不同程度地存在疑虑、戒备，甚至抵制情绪。近年在欧亚媒体中时不时出现关于“丝绸之路经济带”是“为了推销中国的过剩产品”、是“为了转移中国落后产能”，是“用债务控制欧亚国家”，会“加剧欧亚国家的腐败”，等等，甚至上升为新版的“中国威胁论”。这种现象的存在恰恰说明中国与欧亚各国在人文领域的交流与社会文化层面合作不足。在 2014 年习主席就高度概括了“一带一路”框架内人文合作与文化交流的意义和目的：在“一带一路”沿途国家形成一种相互尊重、相互理解、相互欣赏的氛围。

人文交流与文化合作虽然自 2013 年“一带一路”倡议提出后就是既定的重要合作方向，但经过 5 年后应有阶段性的突破。

（一）教育合作

青年是“一带一路”的未来，是中国与欧亚各国友好合作的传承者。在以各国青年为基本受众的教育合作应突破孔子学院、语言教学、互派留学生的阶段，应向基础学科课程交流和联合办学方向努力。锁定“一带一路”建设人才市场，探索新学科、新形式、新教法。如深圳北理莫斯科大学、上海大学—乌兹别克斯坦世界经济与外交大学建立“上海商学院”等，都是目前在教育领域中的有益尝试。

（二）智库合作

智库学者的研究成果和学术思想的作用，不仅可辅佐政府全面、正确、及时，把握时机、选好方向、发现问题，而且对引领社会舆情和动员社会力量有着不可替代的作用。召开有高度、有品质、有规模的学术研讨会，互派学术交流团组、互派学者和研究生长期访学等方式正在积极展开，在此基础上还可以尝试互嵌式学术合作方式，即在对方合作伙伴院所建立研究中心、站、点（如在中国社会科学院建立俄、白、哈等研究中心，在俄、白、哈等国科学院建立中国研究中心），形成更加灵活、务实、高效的交流互动形式和机制。

（三）媒体合作

在各国政府指导部门协调下，由多国媒体组成“丝路采访团”，客观报道“丝绸之路经济带”及“21 世纪海上丝绸之路”5 年建设成就，引导各国社会舆论关注、了解、参与“一带一路”建设的发展，促进中国与欧亚各国人民间的相互了解向深层次发展。参照上合组织青岛峰会前举办的“上合组织媒体大会”，探索建立中国—欧亚媒体合作互动平台。

（四）旅游合作

欧亚各国旅游资源丰富，是极有潜力的待开发经济领域。中国多年保持世界旅游第一输出大国地位，2017 年中国游客出境旅游 1.29 亿人次，消费 2577 亿美元，接近全球总收入的五分之一。2017 年中国游客主要目的地为中国香港、中国澳门、泰国、日本、越南、韩国、美国、中国台湾、马来西亚、新加坡、印度尼西亚、俄罗斯和澳大利亚。[1] 综合来看，入境客源市场结构已显露优化趋势，“一带一路”沿线国家在入境旅游市场的活跃度正持续上升。在目前的条件和未来趋势面前，各国政府旅游部门合作十分必要。从高层、高端做起，协调主管、行业、研究、培训等部门间的互动。各国举行的旅游推介活动很活跃，亟须建立一个政府支持下的行业合作平台（如“中国—欧亚旅游联盟”或“丝路旅游联盟”）。这不仅是文化产业发展的倡议，也是人文交流的重要领域。

[1] 《UNWTO：2017 年国际游客总数达到 13.23 亿人次，同比增长 7%》，中国互联网数据咨询中心 2018 年 9 月 21 日。http://www.199it.com/archives/775137.html。

当代少数民族女性文学的中华民族共同体意识研究

——以获少数民族文学创作“骏马奖”的女作家作品为例

黄晓娟 / 广西民族大学

中华民族共同体意识是由中华各民族共建共享的文化意识凝聚而成的。源远流长、博大精深的中华文化是中华各民族共同创造的，是中华民族的灵魂和中华民族文明发展的内生动力。中华文化在长期的历史发展过程中，各民族独特的自然条件和文化氛围，对文化所具有的民族属性的形成有着多方面的影响。各民族文学与文化在中华文化的大格局中，形成互补互渗的内在机制。中华文化形成了独特的文字、语言，以及富有民族特色的文化构成，充分体现了中华民族的民族属性、民族精神。同时，各民族在相互交流与交融中，形成了你中有我、我中有你的文化整体，以及一些各民族共有的文化特征。多元一体是中华文化最突出的特点。中华民族共同体意识在尊重多元民族认同的基础上，建立起国家认同的文化纽带，促进中华各族儿女像石榴籽那样紧紧抱在一起。

“从上古三代到 19 世纪的中国文化是中国的传统文化。20 世纪可以说是中国文化的转变时代。中国文化的发展是既有变革性，又有承继性的”[1]。文学是文化的重要构成和重要载体，灿烂多姿的中华文化为中华各民族文学形成广阔的审美空间，提供重要的精神内涵。全国少数民族文学创作“骏马奖”由中国作家协会、国家民族事务委员会共同主办，设奖的宗旨在于繁荣少数民族文学创作，“维护祖国统一、民族团结”[2]，具有鲜明的“民族性”特征。获奖的作品基本呈现了当代少数民族文学创作的整体样态。从 1981 年 12 月第一次颁奖至今，这一奖项的名称经历了三次变化：第一至第五届称为“全国少数民族文学创作奖”；第六、第七届称为“全国少数民族文学‘骏马奖’”；第八至第十一届称为“全国少数民族文学创作‘骏马奖’”。2004 年在中宣部《对中国作协〈关于申报全国性文学评奖项目的报告〉的批复》中，“全国少数民族文学创作‘骏马奖’”被定为国家级文学奖。历届获奖的作品包括小说、

[1] 张岱年:《张岱年全集》(第七卷)，河北人民出版社 1996 年版，第 314 页。

[2]《全国少数民族文学创作“骏马奖”评奖条例》(2012 年 2 月 28 日修订)，见中国作家网，http://www.chinawriter.com.cn/zx/2007/2007-01-08/804.html，2012 年 3 月 1 日。

诗歌、散文、报告文学、儿童文学和翻译作品。其中翻译奖将少数民族创作译汉文的作品纳入评奖体系。1987 年，在第三届全国少数民族文学创作奖评奖活动中，曾对人口在 10 万人以下的少数民族作家的作品设立“特别奖”，第九届全国少数民族文学创作“骏马奖”正式设立了“人口较少民族特别奖”。

根据笔者统计，从 1981 年第一届到 2016 年第十一届，“骏马奖”获奖作品总数呈递减趋势。但是，在“骏马奖”获奖作品递减的情况下，女作家获奖的比例有所增加（见表 1）。从第一届到第十一届，获奖的女作家作品共有 89 篇。本论文以历届获奖的女作家作品为研究对象。

表 1　历届“骏马奖”获奖作品总数与获奖女作家作品数对比表

项目	第一届	第二届	第三届	第四届	第五届	第六届	第七届	第八届	第九届	第十届	第十一届
获奖作品总数	140	118	79	93	60	55	50	30	35	25	24
获奖女作家作品数	6	5	9	12	10	11	9	5	10	4	8
获奖女作家作品数占获奖作品总数比例	4%	4%	11%	13%	17%	20%	18%	17%	29%	16%	33%

当代少数民族女性文学是中华文化意识的载体与媒介，历届获全国少数民族文学创作“骏马奖”的女作家作品，展示了当代多民族文学不同的族群经验和多元的文学传统所构成的气象万千的中华文化，增加了中华民族共同体的多元文化元素，为促进民族文化向心力的形成、建设共享现代文化、构建中华民族共有的精神家园意识发挥着重要的作用。

一、文化认同与民族共同体意识

民族认同的核心是文化认同。文化认同包含对共同的历史记忆、精神文化和责任使命的体认。认同是“有意识”地遵照文化的逻辑保持同构的联系。《中华文化辞典》把文化认同解释为一种肯定的文化价值判断。即指：“文化群体或文化成员承认群内新文化或群外异文化因素的价值效用符合传统文化价值标准的认可态度与方式。经过认同后的新文化或异文化因素将被接受、传播。”[1] 由此可见，“文化认同”既是一种群体文化认同的感觉，又是一种个体被群体的文化影响的感觉，“是人们在一个民族共同体中长期共同生活所形成的对本民族最有意义的事物的肯定性体认，其核心是对一个民族的基本价值的认同；是凝聚这个民族共同体的精神纽带，是这个民族共同体生命延续的精神基础”[2]。

中华民族是一个“由共同的历史叙事、集体记忆和命运关联的历史命运共同体”[3]。中华文化是中华民族精神的思想本体，中华文化共同体的认同是中华民族共同体意识形成的根基。“对中华文化的认同既包括对各民族共同创造的优秀传统文化的认同，也包括对当代中国与时俱进创造的中国特色社会主义文化的认同”[4]。就文学的功能而言，通过作家的文学书写，中华民族共同体的民族自觉形成与发展得以被认知。同样，蕴含于民族文学中的文化认同，也是中华文化最深层的文化基石。通过历届“骏马奖”获奖的女作家作品，可以看到，不同民族文化孕育和生产的民族女性文学，既具有本民族文化传统、血缘特质，又与中华文化传统保持着内在的联系。

1981 年颁布的第一届全国少数民族文学创作奖，打破了沉寂，以全面贯彻党的民族政策为主旨，激发了少数民族作家前所未有的创作热情，他们在作品中充分展现了时代赋予的激情。在获奖的作品中，藏族女作家益希卓玛的短篇小说《美与丑》[5]、满族女作家邵长青的短篇小说《八月》[6]、壮族女作家李甜芬的短诗《写在弹坑上》[7]、回族女作家马瑞芳的散文《煎饼花儿》[8] 等，这些作品满怀热情地描写社会主义新生活，饱含深情地抒发对祖国的无比热爱。民族文化认同融化在中华文化之中，中华文化体现为一种文化向心力，凝结为中华各族儿女共同的追求和情感。这一时期的少数民族女作家肩负着深沉的使命感和强烈的责任感，她们的创作主旨集中而鲜明，正如玛拉沁夫所言：“一个少数民族作家，应当写以歌颂祖国统一和各民族团结为主题的作品。”[9] 由此可见，个人、民族、国家紧密相连，成为早期少数民族女性文学重要的叙事力量。

20 世纪 80 年代中后期的少数民族女作家的创作，从尽情释放对祖国的挚爱，逐渐转向对本民族文化之根的追求和审视民族心理的历史变化，以及探寻优秀的文化传统和弘扬民族

---

[1] 冯天瑜主编：《中华文化辞典》，武汉大学出版社 2001 年版，第 20 页。
[2] 王文杰：《文化走出去》，人民日报出版社 2013 年版，第 180 页。
[3] 朱碧波：《论中华民族共同体的多维建构》，《青海民族大学学报（社会科学版）》2016 年第 1 期。
[4] 徐德莉：《中华优秀传统文化与中华民族共同体意识》，《光明日报》2017 年 04 月 10 日。
[5] 益希卓玛的《美与丑》发表于《人民文学》1980 年第 6 期，获第一届全国少数民族文学创作奖。
[6] 邵长青的《八月》获第一届全国少数民族文学创作奖，获奖后选登于《民族文学》1982 年第 3 期。
[7] 李甜芬的《写在弹坑上》发表于《解放军文艺》1979 年 9 月号，获第一届全国少数民族文学创作奖。
[8] 马瑞芳的《煎饼花儿》发表于《散文》1980 年 10 月号，获第一届全国少数民族文学创作奖。
[9] 转引自托娅、彩娜《内蒙古当代文学概观》，内蒙古大学出版社 1997 年版，第 156 页。

精神，这一变化丰富了中华文化的审美内涵。东北满族女作家边玲玲，有不少描写蒙古族、鄂伦春族、达斡尔族等北方少数民族生活习俗的小说。《丹顶鹤的故事》[1] 生动地描绘了蒙古族姑娘乌梅婀娜妩媚的“丰收舞”：“轻快的舞步，柔软的手臂，富有弹性的肩膀，含而不露的那么一种自美感。”[2] 在这里，文化认同既包含本民族的文化资源，又交融其他民族的文化因素，在超越民族范围的审美中，体现人类共同的审美元素。中华民族共同体意识的构建在本质上也是文化的“寻根”。边玲玲流露在作品中的文化认同，渗透在观念行为、习俗信仰、思维方式之中，既拓展了文化寻根的内涵，也是中华多民族开放性的深情呈现。

中华传统文化是中华民族的文化基因和精神家园，是培育中华民族共同体意识的重要精神力量。当代少数民族女作家从未间断从中华传统文化中汲取思想能量和道德能量，这是她们对中华文化认同的具体表现。在这个意义上，少数民族女作家是本民族文化传统和中华文化的体现者和传承者，她们通过创作促进民族文化向心力的形成和中华文化认同感的实现。回族女作家霍达用创作持续对人生和民族展开思考，表现了民族文化精神的理性追求。她的长篇小说《穆斯林的葬礼》[3] 描述了“玉器梁”三代人的命运变迁，以及在巨大的灾难面前对中华民族前途的思考。她在作品中对回族历史和文化的追寻，对民族精神的尚义轻利和坚韧进取等美好品质的颂扬，对中华传统文化的人文关怀、仁义品格、和谐精神、包容气度等精神品质的关注，是对本民族和整个中华民族优秀传统文化价值观的认同。“若从中华民族文化史的角度来讲，回族既凭借着操汉语且‘大分散’的先天优势，始终置身于各民族文化之林，沉浮在汉文化的汪洋大海中，以开放、主动的姿态汲取着伊斯兰文化，以及其他文化的滋养。同时又因‘小聚居’而执着、持久地葆有伊斯兰文化于生活的方方面面”[4]。她的《补天裂》[5] 着重刻画了中华民族面对灾难时所表现的不屈不挠的精神，主人公易君恕的一腔爱国热血尤其令人荡气回肠。在作者的心目中，易君恕就是爱国英雄人物的化身。正是一代又一代中华儿女在灾难面前自强不息的努力奋斗，铸就了中华民族的自信力。民族自信力是中华民族前进的动力，是民族之魂；团结、自强是引领中华多元文化发展的重要精神纽带。

中华民族精神在民族文化中涵养而成，是中华文化认同的守护神。霍达等少数民族女作家的家族小说，在不同层面上反映了儒家文化的孝悌、仁义、忠恕等伦理价值对塑造中国人的世界观所产生的决定性影响。中华传统文化是一个多层次、多维度的结构系统，儒家、道

---

[1] 边玲玲的《丹顶鹤的故事》发表于《民族文学》1984 年第 1 期，获第二届全国少数民族文学创作奖。

[2] 边玲玲：《丹顶鹤的故事》，《民族文学》1984 年第 1 期。

[3] 霍达的《穆斯林的葬礼》发表于《十月·长篇小说》1987 年第 16 期，获第三届全国少数民族文学创作奖。

[4] 马丽蓉：《20 世纪中国文学与伊斯兰文化》，安徽教育出版社 2000 年版，第 3 页。

[5] 霍达的《补天裂》由北京出版社于 1997 年出版，获第六届全国少数民族文学“骏马奖”。

家、佛家文化是其重要的子系统。“虽然儒、佛、道文化对各民族文化都有或深或浅的影响，但它毕竟是汉族的主流文化；而很多少数民族于特定的自然和人文环境的生存与发展中也建立了各自特色的文化系统，它们应是中国传统文化总系统不可或缺的子系统，亦是深化传统文化与现代文学关系研究的颇为重要的维度。这不仅因为少数民族文化参与了现代中国文学的建设，即使儒、佛、道文化也渗入了少数民族文化的因素，而少数民族文化也汲取不少儒、佛、道文化的成分”[1]。

中华传统文化在兼容并蓄中形成了一个有机的整体，其中，儒家文化的作用是不可忽视的，在中华传统文化的历史发展过程中突显了巨大的影响力。儒家文化的伦理价值“在某些方面主动地塑造了中国文化的认同”[2]，对增强中华民族的凝聚力产生过巨大作用，是中华各民族共享的文化资源。在少数民族女作家的创作中，对于中华文化传统的认同潜移默化地隐含于文本的日常生活中，是一种生活形态。深受儒家文化和京剧艺术影响的满族作家叶广芩创作的《本是同根生》《梦也何曾到谢桥》《瘦尽灯花又一宵》等一篇篇古韵文化色彩浓郁的小说，在持续对劣根性的注视和反思中，在对清高脱俗、刚正不阿的人格精神的发掘中，传递着对民族、社会和人类命运的思考。中华文化的认同已化为她作品中“人”的存在，化为生活方式、行为模式、价值观念、思维方式、情感表达方式等。叶广芩坚持不懈地通过小说这样的叙事性文体，在人物的命运中展示民族性，在对汉文化资源的汲取和延伸中诠释民族精神。她的散文集《没有日记的罗敷河》[3]同样在对中华文化认同中彰显本民族的文化底蕴，挖掘本民族文化的人情美、人性美，以及以一种批评性的精神检讨传统文化，流淌着浓郁的中国式文人气息，突显了浓郁的民族性质感。

少数民族女作家通过深入历史与文化深处的探寻，用文学创作参与中华文化核心价值的建设。她们的作品既保留了精神上的独特性、差异性，又在文化中国的意义上汇通为完整的版图，差异与汇通是文化认同的表征。藏族女作家央珍的《无性别的神》[4]被誉为“一部西藏的《红楼梦》”。作品以央吉卓玛的人生命运为主线，展现了20世纪20—50年代西藏噶厦政府、贵族家庭，以及寺院的历史，反映了西藏在革命历史话语中所经历的时代巨变。其间贯穿着作者对藏族文化的自省和对真善美的追求，民族记忆和时代整体性的历史氛围与之形成的内在呼应，在对社会历史的解读中，联系中华文化的发展与变化，构成了作品的思想深

[1] 朱德发：《深化传统文化与现代文学关系研究的沉思》，见李钧主编《传统文化与现代中国文学名家》，山东大学出版社2014年版，第8页。
[2] 杜维明：《现代精神与儒家传统》，生活·读书·新知三联书店1997年版，第383页。
[3] 叶广芩：《没有日记的罗敷河》，吉林人民出版社1998年版。获第六届全国少数民族文学“骏马奖”。
[4] 央珍的《无性别的神》由中国青年出版社于1994年出版，获第五届全国少数民族文学创作奖。

度与艺术独异性。藏族女作家梅卓是一位具有明显中国古典文化气息的作家，她的长篇小说《太阳部落》[1]以独特的时间经验和空间经验书写藏族苦难历史，探寻人生命运，思考民族前途，展示藏族古老传统与民族心理、历史感与人生感的悲喜交织。小说通过对民族传统美德的歌颂和对野蛮落后积习的鞭挞，阐明“人性的力量是可以改变一个人的性格和行为，甚至影响一个部落、一个民族的命运和前途的”[2]。这一思考与20世纪中国文学“改造国民灵魂”的基本主题在精神层面上融会贯通，体现了本民族人文精神的精髓与现代意识的思想在作者的创作中水乳交融。

文化由无数个体的认知汇聚成群体的意识。在霍达、叶广芩、央珍、梅卓的作品中的民族忧患意识、民族精神与国家意识，是中华民族在反抗外来侵略的生死存亡的斗争中，各族同胞患难与共、团结御辱的体现，也是中华民族的内在凝聚力的体现。正是因为这一凝聚力历经不同历史阶段而不断强化，促使中华民族团结的纽带更加牢固。对传统文化精神的认同，展示了当代少数民族女作家独有的历史文化感与温润的情怀，以及渴望通过文学创作实现中华文化价值的提升：“以笔为灯，辉映出少数民族文学的真正意义——向善、向爱、向民族大义。”[3]这份由中华儿女在一个世纪以来共同命运关注凝聚而成的家国情怀，是中华文化本质特征的确认和文化归属，同样承担着中华文化认同塑造的潜在功能。

以儒、释、道为代表的中国古典文化，如以天人合一、人本主义等为特色的人文文化理念，为多民族文化共存提供了精神空间和文化空间。在当代少数民族女作家的诗歌中，古典文化和文学传统以不同的面貌延续，中华传统文化在文学的渲染中积淀了深厚的思想内涵和丰富色彩。水族女作家石尚竹的短诗《竹叶声声》[4]饱含深情地歌唱沐浴在民族政策光辉下，像凤凰羽毛一样美丽的水乡。诗人用清新的笔调描绘了竹叶、溪水、晨露、芦笙调，意境优美。甜蜜生活与泥土清香相融合的气息令人向往，人与自然和谐的诗画景致让人陶醉。蒙古族女作家萨仁图亚的诗集《当暮色渐蓝》[5]宁静、平和、安详，在浓郁的古典文化蕴涵中拓展了诗的语言空间与语意空间；彝族女作家禄琴的诗集《面向阳光》[6]意境淡雅优美，感情真挚自然，承续了日常经验与审美经验相对统一的古典文化传统，以鲜活的生活气息构建诗歌的立体审美效应，等等。在她们的作品中可以看到从《诗经》《楚辞》到唐诗宋词抒情写意的精

---

[1] 梅卓：《太阳部落》，中国文联出版公司1995年版。获第五届全国少数民族文学创作奖。

[2] 吴重阳：《中国少数民族现当代文学研究》，中央民族大学出版社2013年版，第230页。

[3] 肖勤：《沿着民族的、泥土的脉理写作》，《人民日报》2010年1月28日。

[4] 石尚竹的《竹叶声声》创作于1984年，载《夜郎文学》总第8期，获第二届全国少数民族文学创作奖。

[5] 萨仁图亚的《当暮色渐蓝》由春风文艺出版社于1986年出版，获第三届全国少数民族文学创作奖。

[6] 禄琴的《面向阳光》由贵州民族出版社于1996年出版，获第六届全国少数民族文学“骏马奖”。

神风骨，化为或浓或淡的艺术汁液。一条绵长的传统文化基因的线索，隐藏在诗意表述的观察视角和叙述的语言方式中。这份对于传统文化自然深远的呼应，突显了作者内在经验和文化认同的水乳交融。

文化认同包括价值规范认同、宗教信仰认同、风俗习惯认同、语言文字认同、艺术认同等。中华多民族文化之间的互补特征和多重的文化审美因素，对于作家形成宽阔的审美视野、开创多样的审美空间起着积极的作用。少数民族女作家的汉语写作，以汉字所蕴含的思维方式和表达特征传递着对中华文化的认同，形成中华文化内蕴的文化多元的对话。在艺术表现形式上，少数民族女作家的汉语写作是在语言文字认同的基础上对中华文化内涵的认同。

文化认同通过对文化的认可而产生归属感。“文化认同是民族团结之根、民族团结之魂”。中华传统文化积淀、中华民族的文化心理结构，形成了中华民族特有的文化气质。当代少数民族女作家的创作，在文化认同中不断地提升民族的向心力和凝聚力。

二、文化传承与现代的平衡

中华文化是开放的动态体系，源远流长的发展过程，是一个不断在时间上承继，在空间上传播的过程，在历史和地域的传承中形成了多元文化交融的中华多民族文化。当代少数民族女作家的创作，通过对共同历史记忆的书写、对传统文化的传承走进现代，通过对现代化建设的参与和共享，自觉构建中华民族共有的精神家园意识。

20 世纪 80 年代以来的少数民族女性文学，站在新的文化视野上，在新旧文化冲突中探索人的本性，在本民族古老习俗的纯真美中，从多重角度思考人类精神价值，在现代境遇中思索如何保存本民族文化的特性和面向未来的发展，以及如何更好地与其他文化展开对话与交流，等等，体现了自由、开阔的文化创新空间。

在现代化的进程中，少数民族女作家的创作不约而同地关注现代文明与古老传统不可避免地在民族地区所发生的强烈碰撞。她们以不同的方式书写传统文化，在嬗变过程中的疼痛和重构民族文化精神的思考。第二届获奖的白族女作家景宜的中篇小说《谁有美丽的红指甲》[1] 在传统与现实的冲突中，展示了当代白族女性的生存境遇和精神世界；与景宜同一年获奖的佤族女作家董秀英的短篇小说《最后的微笑》[2]，以现代的视角彰显佤族的传统文化精神。她们的创作为当代文学和文化增添了多向度的审美元素。董秀英的小说集《马桑部落的三代

[1] 景宜的《谁有美丽的红指甲》发表于《民族文学》1983 年第 10 期，获第二届全国少数民族文学创作奖。

[2] 董秀英的《最后的微笑》发表于《青春》1983 年 11 期，获第二届全国少数民族文学创作奖。

女人》[1] 以作者的祖母、母亲和自己为原型，真实地反映了佤族三代女性从愚昧、苦难走向文明的命运，从中概括了佤族的历史变迁，敏锐地触及民族传统文化的积弊，显露女性历史意识与社会意识的逐渐觉醒。

“与 80 年代女作家较多关注社会层面问题不同，90 年代的一部分女性创作的确更注重个人生活和个人体验，生命意识较强；但如果对‘女性写作’的理解不是过于狭隘的话就可以看到，这并不意味着她们从社会生活中逃遁……女性写作并没有统一的模式，也不限于描写女性自身，它是千姿百态的飞翔”[2]。同样，少数民族女作家的写作在继往开来的文学发展中充满着多层面探索的活力与生机。

面对传统的多重性，少数民族女性文学的文化传承进入 21 世纪以后发生了新的变化。叶梅是一位具有内在精神思想脉络的土家族女作家。她有着多元的文化背景和开阔的创作视野：“我个人的成长与三峡文化的滋养分不开。三峡文化包括与问天、问地、与神灵对话的巫文化，外来文化、移民文化即汉文化的融入。”[3] 不同文化的碰撞和融合在她的作品中有精彩的描述，形成了她对生活的独特感知和在创作中诗性、富于创造力的表现。她的小说集《五月飞蛾》[4] 用一系列充满了鄂西韵味的故事，彰显了土家文化的独特性、民族的生存状态和生命态度。这些富于地域色彩的“人情世故”在构筑中华文化丰富内涵的过程中发挥着积极作用。土家族不仅吸收了汉文化的精华，也在与汉民族的和谐相处中丰富了中华文化，多民族文化互动形成了中华文化生生不息的传承与创新。叶梅以一种历史性的眼光通过对土家人，在时代变迁中生活境遇的观照；对走进新时代、新生活的人物命运的描写；思考现代文明对传统文化的影响，历史意识与当代关怀的交织形成了作品丰厚的社会感和时代感。

与此同时，少数民族女作家的创作在对主流文化的认同中突显差异，书写个性；在现代文明背景下，关注传统文化变迁中人与人之间关系的变化，彰显独特的审美价值，展示了一个丰富的精神群体的追求。达斡尔族女作家萨娜的小说集《你脸上有把刀》[5] 是反思现代化的代表之作。作为族群文化的守望者，作品记录了少数民族在“现代化”进程中摆脱贫穷之后，面对民族文化传统流失刻骨铭心的伤痛。她深刻地认识到东北地区萨满文化是中国传统文化不可或缺的构成部分，萨满文化对东北作家作品独特文化内涵与艺术魅力的形成具有重要的影响。这一思考在她的小说《有关萨满的传说与纪实》中延续，关注从现实关怀指向终极

---

[1] 董秀英的《马桑部落的三代女人》由云南人民出版社于 1991 年出版，获第四届全国少数民族文学创作奖。

[2] 乔以钢：《中国女性与文学——乔以钢自选集》，南开大学出版社 2004 年版，第 222 页。

[3] 叶梅：《我的文学创作与三峡文化》，武汉出版社 2007 年版，第 84 页。

[4] 叶梅的《五月飞蛾》由中国文联出版社于 2004 年出版，获第八届全国少数民族文学创作“骏马奖”。

[5] 萨娜的《你脸上有把刀》由大众文艺出版社于 2003 年出版，获第八届全国少数民族文学创作“骏马奖”。

关怀。

达斡尔族女作家孟晖的长篇小说《孟兰变》[1] 既有对传统文化的自觉映射，也有意识地渗入现代理念，构成对历史和现实的双重体察：“淡化了对历史问题的思考和探讨，从琐碎的日常生活提炼哲性的思考，在日常叙事中蕴藏了传统文化的元素：儒家的伦理道德、佛家的超脱禅意、道家的玄虚神鬼。小说在想象，阐释，再创造中丰富和传承传统，古老的思索成为传统文化精神的脉传，努力寻求历史真实与历史感性、理性的统一。”[2] 在传统文化走向现代文化不可阻挡的进程中，更为年轻一代的少数民族女作家没有停止过思考和再发现传统的价值，文化传承和历史书写在与现代平衡中追求新的突破。朝鲜族女作家金仁顺的长篇小说《春香》[3] 的突破带有多元性和放射性。小说在融会传统与现代的语境中，塑造了兼具传统温婉与现代独立的朝鲜女性。作者采用现代方式来写历史小说，传统和现代的女性气质在作品中完美体现。作为“70 后”的女作家，金仁顺的小说在现实中寻找古典情怀，叙事善于从传统文化立场出发，通过创作具有时代内蕴的作品，以笔下的人物传承中华文化的气韵情趣，提供具体生活场景和精神风貌。淡化历史的真实性，更为关注传统文化的传承与现代意义，这是金仁顺追求的审美趣味和文化精神，展示了把握文学与历史建构关系的能力，体现了相当深厚的传统文化底蕴和传承创新的自觉。

“文化总是在传统与现代之间的张力中发展前行的。传统文化是在不断创造中形成的，又是在不断创造中被突破和创新而走向现代的”[4]。当传统进入现代，赋予了民族文学复杂的时代内涵。面对传统文化的日渐衰微，如何认识和处理中国现代化进程中传统与现代的对抗、城市与乡村发展的不平衡？鄂温克族女作家杜梅的短篇小说《木垛上的童话》[5] 在关于村庄故事的讲述中，关注的是那些曾经以打猎为荣誉和生存之本的村庄人。他们在没有猎场的村庄无以维持生计的生活状况，从而思考在现代文明中面临的一系列问题。德昂族的第一个女诗人艾傈木诺的诗集《以我命名》[6] 在个人的成长经历中展开对现代性的思考，在现代文明浸染下成长的女孩，因为“不会跳阿爸爱跳的锅庄，不会像阿妈在黑布衣裳上，描红绣朵”[7]，而流露出深切的困惑与伤感。仡佬族女作家肖勤的中短篇小说《丹砂》[8] 用独具特色的故事情节描写

---

[1] 孟晖的《孟兰变》由作家出版社于 2001 年出版，获第七届全国少数民族文学“骏马奖”。

[2] 黄晓娟：《用美构筑传统文化的圣殿——论孟晖的〈孟兰变〉》，《南方文坛 》2017 年第 1 期。

[3] 金仁顺的《春香》由中国妇女出版社于 2009 年出版，获第十届全国少数民族文学创作“骏马奖”。

[4] 邹广文：《当代文化哲学》，人民出版社 2007 年版，第 238 页。

[5] 杜梅的《木垛上的童话》发表于《民族文学》1986 年第 9 期，获第三届全国少数民族文学创作奖。

[6] 艾傈木诺的《以我命名》由云南民族出版社于 2007 年出版，获第九届全国少数民族文学创作“骏马奖”。

[7] 艾傈木诺：《以我命名》，云南民族出版社 2007 年版，第 3 页。

[8] 肖勤的《丹砂》由作家出版社于 2011 年出版，获第十届全国少数民族文学创作“骏马奖”。

了丹砂在仡佬族人心目中的重要意义，丹砂是仡佬族独有的文化符号。作者在时代的边缘探索仡佬族根脉延续的文化内核，探索传统文化有价值的现代传承。仡佬族的另一位女作家王华的长篇小说《雪豆》[1] 在描述落后乡村的苦难中，重点关注的是现代文明极具破坏性的一面，从而引发对现代文明的思考。达斡尔族女作家苏莉的散文集《旧屋》[2] 在充满矛盾的现代文明进程中感慨人与人之间纯真关系的流失，为现代人追寻永远的心灵家园。

面对文化内部存在的理想与现实的矛盾，当代少数民族女作家通过创作对民族文化再认识、再创造，在传统文化与现代文化之间的冲突中寻求传承的平衡，带来多元文化的思考。她们以文学的形式积极探索文化调整阶段多民族文化的和谐相处，寻求文化基因与当代文化相适应、与现代社会相协调。这一探索不自觉地内化为一种精神动力，表现了主体自信与文化创新精神，以及对本民族文化和整体的中华文化的保存、维护和创新意识。

文化与人们特定的生活方式密切相关，面对文化传承与现代发展，在复兴传统文化的同时，立足于新文化传统，创造了既有民族“自性”，又有全人类“共性”的新文化。“真正文化自觉的人，他的精神状态应当是‘古今同在’的；并且由古今同在的程度，来决定他的精神的深度和广度。所以复兴中国文化，在精神上，必然是复古的，同时必然是开新的；复古与开新，从精神上说乃是同时存在的”[3]，中华文化传统是少数民族女作家创作的精神资源与历史依傍。她们在创作中重塑民族文化、修复民族精神，不断赋予新的时代内涵和现代表达形式，文化传承与创新的种子以笔铭记。传承是创新的基础，创新是传承的提升，优秀的作家是文化传承创新的主要载体。在新的文化理念的熏陶下，当代少数民族女作家的创作以文学的思维方式和审美意识开启了崭新的话语空间，充分体现了在历史和现实、传统和现代、民族和人类之间积极探索的文化姿态，通过对民族文化形而上的精神追问，对美好生活和理想境界的探寻，用优秀的作品参与中国当代文学创作景观和中华民族共同体意识的建构。

三、女性视角与文化立场

在当代少数民族文学从社会意识形态向审美意识形态回归过程中，女作家以独特的叙事方式表达了女性的立场，关注时代变迁中女性的命运和女性个体在不同历史时期的境遇体验，以及女性在文化发展中的身份与位置。

---

[1] 王华的《雪豆》由中国电影出版社于 2007 年出版，获第九届全国少数民族文学创作“骏马奖”。

[2] 苏莉的《旧屋》由作家出版社于 2000 年出版，获第七届全国少数民族文学“骏马奖”。

[3] 李泽厚：《世纪新梦》，安徽文艺出版社 1998 年版，第 396 页。

对女性命运的关注，最初表现在描写少数民族女性成长历程的小说中。佤族女作家董秀英的小说《马桑部落的三代女人》以自传性题材的叙述方式，描写落后愚昧对女性的压制，表达了追求自由的强烈诉求。小说从女性解放的视角展示了祖母、母亲两代佤族女性漫长的苦难史和宿命般的命运，重压在老一辈女性身上的不仅有沉重的体力劳动，还有陈旧落后的观念束缚和更多无可奈何的忍辱负重。社会的解放使年轻一代的佤族姑娘妮拉获得了受教育的机会，成了部落第一个进城读书的女性。知识的获得给了妮拉打开新生活大门的力量，乐观坚强的妮拉成为转型期佤族女性形象的代表。在现代女性人物画廊中，接受新知识的女性是最早觉醒的。而对于妮拉的觉醒，作者更多是从社会层面关注女性的解放与展现时代风貌相结合，这也是民族、国家认同感的一种表现。

在白族古老的民俗中，如果在火把节不染红手指甲的女人，将被视为不贞洁……景宜《谁有美丽的红指甲》的渔家姑娘白姐，是当地最美的姑娘，也是火把节上从不染红指甲的与众不同的女人。她受新思潮的影响，对自由理想的爱情充满了渴望。但是在当时的双月岛，落后的道德观念依旧根深蒂固。当新时期女性意识的苏醒遭遇传统婚恋观，面对严酷的现实，反叛的白姐无可奈何地经历了爱情幻灭的痛苦。她的勇敢的抗争却因为阿黑的妥协而告终，最后白姐选择以“离开”的方式表达自己的不屈服。她嫁到藏人居住的梅里雪山，去重建自己的生活。与董秀英笔下的女性形象相比，景宜对于女性命运的思考更为复杂，她的笔触更多地深入女性的内心，探索作为女性的生命本体的情感起伏，在白姐的身上注入了景宜作为女性的个人体悟。白姐对爱情的坦荡率真的追求，是对羁束女性向往美好自由情感的旧观念的挑战。作者在对时代、社会文化、白族传统道德价值观的深刻反思中，更多地表达对女性自由人格的渴望，对女性生命本体的探索。从这一变化可以看出，少数民族女作家从对社会层面的关注，引入注重女性经验的内在化，增强了女性自身的主体意识。而为了摆脱旧道德的束缚，女作家笔下的女主人公不约而同地选择以“出走”的方式走向新的生活，这一选择呈现了与新时期女性主义文学的相似性体验。

女性的变迁伴随着历史的变迁，从女性的生命体验揭示潜藏于历史深层的脉动，少数民族女作家的笔触不约而同地指向了传统的陈规陋习，在文明与愚昧的冲突中反思女性的解放历程。达斡尔族女作家阿凤短篇小说《咳，女人》[1] 体现了明显的女性意识。作品塑造了一位渴望实现自我价值的达斡尔族女性——“妻子”。在她的身上难能可贵地具有现代女性大胆追求自信自立的特质，展示了达斡尔族女性在自我解放的道路上迈出了历史性的一步。阿凤通

[1] 阿凤的《咳，女人》发表于《民族作家》1987 年第 3 期，获第三届全国少数民族文学创作奖特别奖。

过对达斡尔族女性生存命运与灵魂的持续关注，用创作开启了女性自审的思想空间。

“亲上加亲”是彝族传统婚姻的陋习，带给女性最大的不幸是不自由的婚姻。彝族女作家阿蕾的小说集《嫂子》[1]用彝文写就。小说中的嫂子是一位勤劳朴实、俊俏智慧的彝家妇女。在男尊女卑的彝族传统中，嫂子和沙玛拉惹的“婚外情”遭遇了无处藏身的逼迫，最后不得不选择以古老的殉情方式，来为自由的爱情寻求归宿。这种带有浓郁悲剧色彩的选择，是对彝族传统包办婚姻和彝族女性不公平地位的勇敢的挑战。作者对嫂子不幸的命运寄予了深切的同情，对于彝族女性现实的生存处境和未来发展进行了思考。阿蕾对于彝族女性命运的思考，展示的不仅是具体的精神上的痛苦，也是一种抽象的、文化意义上的象征式的思想困惑。

在情爱纠葛中书写女性，通过女性特有的生存体验考察社会时代的变迁，少数民族女作家的小说既承接了“五四”个性解放的主题，也体现了20世纪80年代文化启蒙对少数民族女作家的影响。叶梅的《五月飞蛾》展示了一个女人与一个时代的关系。走进新时代的二妹，踏出了一条从认识城市、认识自我到寻找自我价值的足迹。二妹在寻求现代生活方式中所经历的种种感伤，是走出民族地区的乡村走向远方都市的女性命运的普遍写照，是白姐、妻子、嫂子在时代发展过程中的延续性展示。二妹的身上体现了作为女性的主体意识的增强，对爱情主动把握能力的增强；同时通过对身边其他人的帮助，展示了女性在寻求自强自立道路上所达到的新高度。

更为年轻一代的壮族女作家陶丽群、彝族女作家鲁娟、回族女作家马金莲，她们在新的历史维度中思考女性的命运，思考传统女性角色的分化和女性新文化角色的形成，为女性身份进行重新定位，她们的女性意识具有多重内蕴。“女性及土地”是壮族女作家陶丽群持续深入的创作主题。她的中短篇小说《母亲的岛》[2]描写了一位“出走”的母亲形象。一向恭顺的母亲在五十知天命的时候，本该享受天伦之乐，却意外地独自离家出走了，为的是要冲破“母亲天生就是为丈夫和孩子而存在”的母性神话和角色束缚。长久以来，作者看到的母亲是孤独、沉默、落寞的，走出家庭的母亲通过种菜养鸭子走进了社会，获得了自强自立。母亲用出走的方式反抗传统观念赋予女性无谓的自我牺牲精神，寻找生命个体的价值。在她的身上呈现了当代壮族女性朴实坚韧、勇敢独立的生命张力。

回族女作家马金莲的小说《长河》[3]以春夏秋冬四个季节为线索，连接了四个女性关于死亡的故事：“秋”是年轻夫妻的死亡，“春”是幼时伙伴的死亡，“夏”是瘫痪在床母亲的死

[1] 阿蕾的《嫂子》由四川人民出版社于1997年出版，获第六届全国少数民族文学“骏马奖”。
[2] 陶丽群的《母亲的岛》发表于《野草》2015年第1期，获第十一届全国少数民族文学创作“骏马奖”。
[3] 马金莲的《长河》发表于《民族文学》2013年第9期，荣获第十一届全国少数民族文学创作“骏马奖”。

亡，“冬”是村中长者的死亡。小说以朴实的文风、平静的笔调叙述着对于死亡的理解，传递着女性在历经风霜日积月累生命中的体验和韧性。“我们来到世上，最后不管以何种方式离开世界，其意义都是一样的，那就是死亡。村庄里的人，以一种宁静大美的心态迎送着死亡。死亡是洁净的，崇高的”[1]。作者从女性的立场直视死亡，发现女性心灵秘密的同时，感悟人类的生命体验，在文化层面深度思考死亡的终极意义，流露了一份坦然面对和绵延不绝的精神气韵，这是来自女性特有的生命感悟。

“80后”彝族女作家鲁娟的诗歌集《好时光》[2]，流淌着丰盈的彝族文化和大凉山美丽的自然风光：高高的山顶、蜜一样的母语，云朵倒映大地、草原上的绵羊和野花，如诗如画的彝族风光和充满阳光的女性生命和谐美好。“好时光”在女诗人多维度、多层面的穿透方式中，以女性独特的个体经验为基础延伸，表征了现代社会女性身份的变化，重新阐释了当代彝族女性的历史地位，展示了当代女性生命气象的千姿百态。

中华多民族文化，通过当代少数民族女作家笔下一个个丰富的女性生命而洋溢。当代少数民族女性文学对本民族女性命运的思考，与当代中华民族所有女性命运的历史相融合，显现鲜明的女性意识、富于张力的女性话语和多元的审美特征。当代少数民族女作家在对女性命运的思考中，自觉从时代发展的角度观照女性，在个体经验的基础上传达人类共同的普遍经验，体现了一种多维度、多层次的女性文化立场。蕴含在女性文化立场中的体悟与追求内化到文学中，成为当代文学与文化不可或缺的精神资源，为中华民族共同体意识的文化发展注入了鲜活的生命力。

结语

当代少数民族女作家对文学精神价值的追求，体现为对本民族丰富多彩的文化习俗的热爱，对中华文化普世意义价值观的认同，对女性命运的终极关怀。文化认同既是一种存在，又在变化中、连续中显现差异，在差异中体现持续的存在。中华优秀的传统文化是中华民族的根基，中华各民族的认同感和中华一统的观念在各族人民心中是根深蒂固的。体现在当代少数民族女性文学中的文化认同，一方面通过民间口耳相传的神话、传说、故事吸收本民族文化的营养，另一方面通过汉语写作建立自己的文学世界，自然而然地沿袭并发展悠久深沉

[1] 马金莲：《长河》，《民族文学》2013年第9期。

[2] 鲁娟的《好时光》由四川文艺出版社于2013年出版，获第十一届全国少数民族文学创作“骏马奖”。

的汉文化传统。[1] 与此同时，在对传统文化传承与创新的持续构建中生成新的文化活力，具有多元的相互性、传承性、创新性和时代性。

20 世纪 90 年代中期以后，费孝通先生不断提及“文化自觉”的理念，多元文化的存在是各个文化样态得以确立自身的外在前提。中华文化多元共生的文化样态，是各民族对“多元一体”的中华文化的高度认同和强烈归属。当代少数民族女性文学在国家共同体的构建中，通过对中华多民族共同的历史记忆、共同的精神文化和共同的责任使命的书写，既体现了文学与文化的自觉，又在积极传承中华多民族文化精髓和继承传统文化的基础上，创新民族文化、强化民族共同体意识和民族凝聚力。中华传统文化在文学的传承与创新中生生不息，带来多民族共同的自豪感和自信心，当代少数民族女性文学在民族共同体意识和人类意识的思考中自然凝练的团结和归属意识，为构建中华民族共有的精神家园意识发挥着重要的作用。

[1] 参见阿来《穿行于异质文化之间》，《作家通讯》2001 年第 2 期。文章表达了藏族文化和汉族文化对他创作产生的重要影响，这种影响同样体现在当代少数民族女作家的创作中。

“一带一路”背景下建设中国—东盟共享文化的思考与建议

吕余生 / 广西北部湾发展研究院

中国国家主席习近平说过：“文明因交流而多彩，文明因互鉴而丰富。文明交流互鉴，是推动人类文明进步和世界和平发展的重要动力”，“人类始终在不同民族、不同文化的相遇相知中向前发展”。文化包容，人文相通是“一带一路”建设的重要原则和内容。我们提出建设中国—东盟共享文化则应该是推动“一带一路”建设的文化的交流与合作，实现文化包容互通、经济合作共赢，携手分享发展机遇，应对共同挑战，建设美好的世界，构建人类命运共同体的重要手段和途径。

“一带一路”建设秉持和平合作、开放包容、互学互鉴、互利共赢的理念；坚持共商、共建、共享的原则；打造政治互信、经济融合、文化包容的，利益共同体、责任共同体和命运共同体。

一、建设中国—东盟共享文化在“一带一路”建设中具有重要意义

（一）经济全球化、区域经济一体化推动共享文化建设，“一带一路”、人类命运共同体建设呼唤共享文化建设

“一带一路”建设，秉持和平合作、开放包容、互学互鉴、互利共赢的理念；坚持共商、共建、共享的原则；打造政治互信、经济融合、文化包容的，利益共同体、责任共同体和命运共同体。那么，建设中国与“一带一路”沿线国家的共享文化，就是题中应有之意。我们应同国际社会一道，推动不同文明相互尊重、和谐共处，让文化的共享互鉴成为推动构建人类命运共同体、建设美好世界的积极力量。

（二）充分发挥文化在“一带一路”和建立中国—东盟命运共同体中的作用，建设中国—东盟共享文化势在必行

文化已经成为实现区域经济共同繁荣发展的内在动力，在“一带一路”背景下，进一步深化建设中国—东盟文化的交流与合作，推动中国与东盟的深度融合，最终建立中国—东盟

命运共同体，建设中国—东盟共享文化，势在必行。中国与东盟之间的合作交流已经走过十多年的黄金期，随着“一带一路”建设的深入推进，作为一种合作模式，以文化交流合作，作为推动经济贸易，以及实现文化贸易利益的主要渠道和手段，越来越成为中国与东盟国家对外经济联系内在的因素，双方之间的文化贸易、文化产业发展，已成为双边合作新的经济增长点。因此，建设中国—东盟共享文化，应该成为中国与东盟合作交流的重要主题。

（三）建设中国—东盟共享文化是深化建设中国—东盟文化交流与合作，推动“一带一路”建设的重要路径

文化在与政治、经济、科技的互动中发挥着内在的整合作用，推动了中国与东盟之间的融合。而要深化文化的交流与合作，加深中国与东盟的融合度，其重要手段与路径就是建设中国—东盟共享文化。我们要树立“和平发展、合作共赢”的文化理念，整合各国文化成为增进理解宽容、尊重多元，整合差异、凝聚共性、平等对话与互惠共生的共享文化，这样才能实现中国—东盟文化的深度合作，建设中国—东盟命运共同体。

二、中国与东盟具有建设共享文化的深厚基础

（一）中国与东盟许多国家都有多元文化并存的特征，具有建设共享文化的天然条件、历史底蕴与文化背景

中国与东盟国家之间有着悠久的文化交流史。中国南部与缅甸、老挝和越南接壤，与菲律宾、马来西亚、印度尼西亚、新加坡及文莱等国隔海相望。中国与东盟国家之间在族源、语言、文化习俗和经济生活等方面有着密切的关系。中国的儒家文化在东盟地区广为流传；中国与东盟部分国家共处佛教文化圈。早在两千多年前的西汉时期，南方的沿海地区就形成了海上丝绸之路，广西北海的合浦是最早的海上丝绸之路始发港；中国西南地区与周边各国各民族之间在长期交往中形成了陆上丝绸之路。丝绸之路一直推动着中国与东盟国家相互间的文化传播与交流合作；东盟国家的华人、华侨也推动了中华文化与东盟各成员国文化的交流，得到文化认同。中国的传统节日如春节、清明节、端午节、中秋节、重阳节等已经成为一些东南亚国家重要的传统节日。共同的文化背景为双方的文化合作与交流提供了坚实的基础。中国改革开放以来，奉行“与邻为善、以邻为伴”的周边外交方针，加强对外文化交流合作，是中国周边外交战略的重要内容。中国与东盟国家之间达成了“平等公正、互利共赢”的文化共识，增强了国家间的信任与合作。这些深厚的天然、历史底蕴与文化背景，为建设中国—东盟共享文化提供了先决条件。

（二）改革开放以来中国与东盟的全面合作，为建设共享文化奠定了深厚的现实基础

中国与东盟一些国家在某些方面虽然还存在一些矛盾和问题，但中国与东盟各国和而不同的文化整合超越了在地域、经济、文化、教育、职业、民族甚至是宗教信仰上的差别，成为维系区域发展与稳定的纽带。随着中国与东盟面向和平与繁荣战略伙伴关系的不断巩固，中国—东盟自贸区的建立和中国—东盟博览会的举办，双方合作关系进入新阶段，政治互信不断加深，经贸合作发展迅速，中国与东盟国家开展全方位、多元化的人文交流合作；通过多年的努力，在人才交流、教育合作、科技合作、文化交流、友好交往、卫生医疗、新闻出版、智库交流等方面取得了显著成效。在文化领域，中国与东盟建立了“东盟文化部长会议”等机制，编制并实施“中国—东盟文化交流合作发展规划”等一系列文化合作文件。在教育合作方面，中国—东盟文化合作的人才培养支持体系已经建成。中国分别与新加坡、马来西亚、越南、文莱、缅甸、老挝、柬埔寨、菲律宾等国签署了教育交流协议，与泰国签订了学历学位互认协议。中国常年在东盟各国举办中国文化年、文化周等大型文化宣传活动。中国在东南亚建立中国文化中心，在泰国、菲律宾、马来西亚、缅甸、新加坡、印度尼西亚等多个东盟国家开办了 30 多所孔子学院，成为师资培训基地、文化交流的重要窗口。双方的文学艺术交流最为频繁，通过举办庆祝活动、文化周、艺术节、团体互访、联合办展、商业性演出等活动加强文化艺术的交流与合作。文化交流与融合呈现你中有我、我中有你的喜人形势。

三、建设中国—东盟共享文化的路径和对策建议

（一）进一步深化和拓展“东盟文化部长会议”机制，把建设中国—东盟共享文化作为机制建设的重要内容

建立编制并实施中国—东盟文化交流合作发展规划和建设中国—东盟共享文化行动计划，把建设中国—东盟共享文化列入中国—东盟文化交流合作的重要议事日程。

（二）继续办好“中国—东盟友好交流年”等活动，把建设中国—东盟共享文化作为友好交流的重要内容和活动

中国常年在东盟各国举办中国文化年、文化周等大型文化宣传活动。李克强总理在 2013 年 9 月的第十届中国—东盟博览会和中国—东盟商务与投资峰会上提出，把 2014 年确定为“中国—东盟友好交流年”，要把此类活动不断延续下去，以搭建中国—东盟共享文化的桥梁和平台。

（三）进一步深化中国与东盟文化的务实合作，不断拓展文化合作的范围和领域，推动文化、教育、科技、卫生的全方位合作

建议出台一系列文化交流合作优惠政策，继续实行并扩大中国向东盟国家提供1.5万个政府奖学金名额的政策；向亚洲区域合作专项资金注资，用于深化人文合作；打造中国—东盟文化保税区、中国—东盟文化产业园区、中国—东盟文化中心，作为中国与东盟开展文化交流和产业合作的重要平台；加快推动中国—东盟联合大学建设，共同为中国—东盟千秋万代的合作培养接班人。

（四）加强民间交往、交流，推动人文相通

要以文化为纽带，加深中国与东盟各国人民的友好交往，以民间友好推动政治互信，首先在传统文化、传统节日、民俗文化等领域建立民间共享文化。

（五）以文化交流合作为平台，推动经济合作，普惠民生

当今经济全球化、世界多极化、区域经济一体化已成大势，和平、发展、合作仍然是世界的主旋律，但世界也不安宁，中国和东盟各国都面临着重要的机遇和严峻挑战，我们应以文化来搭建和平的桥梁，构建和平安定的世界环境，保障和推动各国经济的发展和人民的福祉。

（六）在广西建立中国—东盟共享文化试验区

广西与东盟国家海陆相连、地缘相邻、习俗相通、语言相似、文化相融，友好往来源远流长，是中国第三大侨乡，是中国与东盟人文交流合作的前沿地带。迄今广西与东盟国家缔结了37对友好城市，数量居全国首位；东盟10国中已有越南、老挝、缅甸、泰国、柬埔寨、马来西亚6个国家在南宁设立了总领事馆，东盟各国驻南宁总领事馆已成为中国—东盟经济文化交流合作的重要平台和纽带。

从2011年起，广西政府每年设立1500万元人民币奖学金，作为东盟国家留学生的奖学金。广西已经成为吸引东盟国家留学生最多的省区之一，东盟在华留学生有1/5在广西就读；“十二五”期间（2010—2015）东盟国家来广西学习的留学生有37346人。广西先后派出1000多名汉语教师志愿者赴东盟国家任教。2016年有10多名高校教师赴东盟国家攻读非通用语种硕士学位。教育系统还组织了36批202人赴东盟国家访问、讲学、科研合作、参加国际会议和短期培训。广西高校与东盟国家有70多个合作项目。广西在东盟国家办有7所孔子学院，有57000多名东盟国家学生注册孔子学院学习。

每年中国东盟文化产业论坛在广西举办。2010年11月，“中国—东盟文化交流培训中心”落户南宁，中国—东盟科技转移与合作中心、中国—东盟青年联合会、中国—东盟青少年培训基地、中国—东盟妇女培训中心也相继落户南宁。广西与东盟国家在卫生和文化教育、广播影视、新闻出版等方面的交流合作不断扩大。

广西文化艺术团体每年都到东盟国家演出交流。《刘三姐》《碧海丝路》等广西文化精品在东盟深受欢迎；广西与东盟的旅游合作机制的拓展与完善突出。早在2004年，广西旅游局就精心组织了广西旅游大篷车赴泰国、新加坡、马来西亚和印度尼西亚开展了为期15天的旅游宣传。在图书期刊出口方面，接力出版社的《小聪仔》畅销新加坡、马来西亚，拥有众多的小读者。广西与东盟的广播影视交流合作日益频繁，广西桂学研究会创办的中国—东盟书架工程，已进入多个东盟国家的大学和国家图书馆，成为传播中华文化的重要平台和载体。这些文化交流与民间交往逐渐上升到国家层面，进一步促进了广西与东盟国家的文化交流合作。

中国东盟自由贸易区成立以来，中国与东盟的人文交流合作得到进一步深化。广西与东盟国家在深化多区域的合作中，在保持传统文化交往方式的同时，强化文化在旅游、会展等方面的比重与分量，并向旅游产业、影视产业、演出娱乐业、音像出版业、文学艺术等文化领域扩展，双方之间的相互了解、互信合作的程度不断加深。广西与越南合作打造的下龙湾海上实景演出“越南越美”、与柬埔寨合作建设的吴哥窟实景演出“微笑的高棉”两个项目，已列入中国对外文化贸易重点项目，并取得重要进展。广西防城港市每年举办的“哈节”也得到了东盟国家特别是越南的踊跃参与和支持。国家、部省、地方、社会组织的，各种会议、论坛和展销会、交易会等，包括政府和民间的多层次、多渠道的文化交流合作体系初步完善，使文化交流合作经常化、常态化。

中央给广西在“一带一路”中的定位是建设面向东盟的国际大通道，西南、中南开放发展新的战略支点，“一带一路”有机衔接的重要门户。广西南宁是中国—东盟博览会的永久举办地，拥有独特的区位优势、丰富的资源优势、叠加的政策优势、良好的经济发展势头。广西作为中国面向东盟开放合作的前沿，一定能抓住重大机遇，发挥地缘认同、文化认同与族群认同的区域优势，深化人民之间的理解和友谊，增进睦邻友好关系，立足于探索和展示区域性国际文化合作的先行、先试特色，为建设中国—东盟共享文化和推进本地区及世界的和平发展做出贡献。

世纪“显学”与新时代的文化自信

孙伟科 / 中国艺术研究院

文化作为一种不可或缺的软实力，是全面实施党和国家文化发展战略的迫切需要。其中传统的经典文化更是坚定文化自信，推动社会发展、时代进步、民族复兴、永葆生机与活力的有力武器。集大成之作的《红楼梦》作为一部公认的文学经典，其中所传达和培育的独一无二的理念、智慧、气度、神韵，已经融入中华民族的灵魂，已被广泛应用于各个领域。《红楼梦》及所伴生的红楼文化，更是成为被广泛讨论和使用的文化元素，从国家外交到百姓生活，从学术研究到普及型阅读，从各组织的文化活动到个体的日常生活，几乎随处都能看到《红楼梦》的身影。可以说，《红楼梦》已俨然成为中华民族的文化符号与精神武库。

一、经典的力量：《红楼梦》与文化自信

文化自信是一个国家、一个民族发展的更基本、更深沉、更持久的力量。习近平总书记在“十九大”报告中指出，文化是一个国家、一个民族的灵魂。文化兴，国运兴，文化强，民族强。没有高度的文化自信，没有文化的繁荣兴盛，就没有中华民族的伟大复兴。这无疑是具有伟大战略眼光的科学论述。中华民族的文化自信，首先是建立在中华民族五千年文明传承基础之上的自信，博大精深的中华民族优秀传统文化，积淀着中华民族最深沉的精神追求。而在中华民族优秀传统文化中，不朽的文化经典无疑是传统文化的核心，是民族精神的凝聚，是民族精神的载体。可以说，坚定文化自信，推动社会主义文化繁荣兴盛，离不开中华文化经典的研究与传播。我们已进入伟大新时代，我们需要与伟大同行，需要与伟大经典相伴。探讨伟大文学经典《红楼梦》的思想和艺术，阐发《红楼梦》所包含的丰富而独特的精神价值，正是贯彻落实党的十九大精神的具体体现，也是与伟大时代并肩前行的积极实践。

2017 年年初，中共中央办公厅、国务院办公厅印发了《关于实施中华优秀传统文化传承发展工程的意见》，指出：随着我国经济社会深刻变革、对外开放日益扩大、互联网技术和新媒体快速发展，各种思想文化交流、交融、交锋更加频繁，迫切需要深化对中华优秀传统文化重要性的认识，进一步增强文化自觉和文化自信；迫切需要深入挖掘中华优秀传统文化价

值内涵，进一步激发中华优秀传统文化的生机与活力；迫切需要加强政策支持，着力构建中华优秀传统文化传承发展体系。实施中华优秀传统文化传承发展工程，是建设社会主义文化强国的重大战略任务，对于传承中华文脉、全面提升人民群众文化素养、维护国家文化安全、增强国家文化软实力、推进国家治理体系和治理能力现代化，具有重要意义。

追溯历史，20世纪三次文化改革的历史性关头都有《红楼梦》的身影，它因此成为世纪“显学”。20世纪早期，王国维的《红楼梦评论》首次借用西方学术方法肇端了中国现代学术中西结合的发展道路；为了配合辛亥革命的意识形态变革，蔡元培先生执意认定《红楼梦》的主旨是“反清复明”，使《红楼梦》成为一种泛政治意义的文学作品而站立历史潮头；胡适则代表20世纪“科学与民主”的时代精神，要在红学中扫除猜笨谜的“非科学性”阴霾，演示科学方法的威力而创立了余续绵延的“新红学派”！ 20世纪中期，1954年的“评俞（平伯）”变成“批胡（适）”，《红楼梦》研究成为中国知识分子思想改造的演练场，再到1973年“评红运动”，政治索隐登峰造极。20世纪后期，十一届三中全会之后的“思想解放运动”，红学又成为各种文学研究新方法、新思潮，开疆破土的场域、展现新姿的“T”台。千禧年之后，《红楼梦》又在电视讲座和影视改编中成为聚焦中心，配合着中西文化的摩荡交锋，人们向古典趣味的回归，唤起受众持续的热议。

习近平总书记说：“古往今来，文艺巨制无不是厚积薄发的结晶，文艺魅力无不是内在充实的显现。”[1] 朴素的辩证法告诉我们，从内因与外因相结合两方面认识对象才会臻于全面，而内因是决定性因素。《红楼梦》屡屡被历史选中，被读者选中，各种原因值得深思。假如《红楼梦》的文学质地可疑，假如《红楼梦》不是“又经洗来又经晒，又经拉来又经拽”，它还能享此殊荣吗？红学家告诉我们，《红楼梦》是百科全书，千门万户，所以话题可以联类无穷；或者如当代作家王蒙所说：“《红楼梦》是经验的结晶。人生经验、社会经验、感情经验、政治经验、艺术经验，无所不备。”《红楼梦》是中国古典小说的巅峰，包含着民族性的充分现代性，所以它开启了现代小说的先河。它的丰富母题，如父子矛盾模式、补天神话母题、家族题材、儿女情怀与爱情悲剧、末世喟叹等，或显性或隐性地给中国现代文学无穷的滋润，泽被广远。正因为《红楼梦》是厚重之作，是“思想精深、艺术精湛、制作精良”的作品，所以《红楼梦》才深刻地影响了中国现当代文学创作。《红楼梦》在现代文学中是一个不能避开的前提，继承与超越、模仿与误读构成了“你中有我、我中有你”的血肉联系。现代作家，包括鲁迅、茅盾、巴金等，都是红楼精神的继承者，他们立足于时代与现实，在此基础上与

[1] 《习近平总书记在文艺工作座谈会上的重要讲话学习读本》，学习出版社2015年版，第11页。

《红楼梦》对话，与曹雪芹对话，真诚地感受生活，深刻地悟解人生，以不朽的作品，创作了新的文学杰作，形成了星光灿烂的文化新景观。

人们在《红楼梦》与文学经验的关系上的焦虑，也许在于：要求或希望《红楼梦》的研究者，更进一步地为文学经典的再创造提供一条可以验证的规律。当代文学的焦虑，某种程度上可以说是精品与经典的焦虑，怎样才能再造辉煌、再塑经典成为人们普遍关心的问题。

《红楼梦》所达到的艺术高度和文学成就是如何赢得的？这个问题一直困扰着人们。或者说，再造经典、再创辉煌的焦虑，成为《红楼梦》的一个中心话题。借助于《红楼梦》的分析，我们能总结出来什么文学规律，能为后来者提供什么样的启示？

相比当下的作品，拿《红楼梦》这样一种经典对照，有高原却无高峰，面对《红楼梦》有时不免令人沮丧，似乎它是不可逾越的。一方面，《红楼梦》为人们提供了学习的榜样；另一方面，《红楼梦》又让人觉得高不可攀。

习近平总书记《在文艺工作座谈会上的讲话》提到并以《红楼梦》为例，回答了这个问题："我同几位艺术家交谈过，问当前文艺最突出的问题是什么，我们不约而同地说了两个字：浮躁。"

"曹雪芹写《红楼梦》'披阅十载，增删五次'。正是有了这种孜孜以求、精益求精的精神，好的文艺作品才能打造出来。"

"曹雪芹如果没有对当时的社会生活做过全景式的观察和显微镜式的剖析，就不可能完成《红楼梦》这种百科全书式巨著的写作。"[1]

可以说《红楼梦》是戒除"文艺时代病"——浮躁——的一剂良药。

《红楼梦》作为中国文学经典的意义，蕴含着创造的秘密，成功地示范了艺术创造的规律。"经典之所以能够成为经典，其中必然含有隽永的美、永恒的情、浩荡的气。经典通过主题内蕴、人物塑造、情感建构、意境营造、语言修辞等，容纳了深刻流动的心灵世界和鲜活的本真生命，包含了历史、文化、人性的内涵，具有思想的穿透力、审美的洞察力、形式的创造力，因此才能成为不会过时的作品"[2]。这就是《红楼梦》成为文学经典、具有无可置疑的文学资源意义的原因。"《红楼梦》对20世纪中国文学来说并不是可有可无的，它在个性解放、悲剧精神、女性形象塑造和叙事模式等方面都具有原型和示范的作用，这也是20世纪中国文学能够健康地成长起来并取得惊人成就的一个重要原因。"[3]《红楼梦》继承人的榜单可以

[1] 《习近平总书记在文艺工作座谈会上的重要讲话学习读本》，学习出版社2015年版，第10、11、21页。
[2] 习近平：《在中国文联十大、中国作协九大开幕式上的讲话》，《人民日报》2016年12月1日。
[3] 王兆胜：《〈红楼梦〉与20世纪中国文学》，《中国社会科学》2002年第3期。

从鲁迅、茅盾、巴金、俞平伯、林语堂，一直开列到白先勇、茹志鹃、贾平凹，等等。应该说，改革开放四十余年《红楼梦》的文学价值得到了空前的关注，得到多角度的阐发，通过《红楼梦》所昭示的文学规律为现当代作家提供了丰富的文学经验，在更宽广的视野之内，没有清规戒律的束缚，红学更多地在“文学本位”上展开了丰富的学科建构。

红学一诞生，就具有超越文学经验的学科性质。红学作为一个跨学科的门类，文学经验是基础，多学科研究不能离此宗。一门学科成为显学，往往是跨越了雅俗、超越了时代，成为新的知识与文化的生长点。红学有历史学、社会学、政治学、文化学、民族学、美学、艺术学、园林学等研究板块，有作者研究的板块、文本研究的板块、读者反应（审美接受）研究的板块，因此它的开放性是学科自身的要求和必然，也必须随着时代的发展而发展。自我封闭，只会使学科的汪洋恣肆变成在方法上自缚手脚；缺乏多学科的协同，也难以实现真正的学科发展和创新式发展。《红楼梦》既然有“百科全书”之誉，既然有“千门万户”之喻，那么排斥其他学科的研究，排斥其他方法的使用，不承认其他学科研究的成果，是不明智的。显然，多种方法的协同使用，才可以使《红楼梦》实现光辉四射的“面面观”。

二、《红楼梦》是传统文化走出去的一张国家名片

习近平总书记说：“提高国家文化软实力，要努力展示中华文化独特魅力。”[1]

文化软实力是一个国家的民族生命力、民族凝聚力和民族创造力的源泉，而中华优秀传统文化是中华民族的突出优势，是我们最深厚的文化软实力。习近平总书记提出“培育和弘扬社会主义核心价值观必须立足中华优秀传统文化”，强调“建设文化强国，必须立足于中国优秀传统文化的根基，汲取营养，获取力量，赋予时代精神”。《红楼梦》是中华文化的集大成之作，作为无可置疑的经典，已经融入了我们的民族血液，反映着我们的文化心理，代表了我们民族的心声。诚如有的论者所说：《红楼梦》是真正的“心理学”和现实的“价值学”，是中国民族精神或价值精神的艺术表达……是的，《红楼梦》更深地表达了中国文化的基本精神，更多地反映了中国人的情感状态和行为方式。从《红楼梦》中，我们不仅可以感受它无可匹敌的艺术成就，也可以感受它蕴含着浓烈而深刻的中华传统文化的家国情怀。所以，习近平总书记在多次出访中以《红楼梦》展示祖国文化的软实力。

《红楼梦》杰出的文学成就和红学的丰硕成果，业已成为代表国家文化形象的一张名片。

[1] 《习近平谈治国理政》，外文出版社 2014 年版，第 161 页。

习近平总书记2013年10月在印度尼西亚演讲便提到了《红楼梦》里的爪哇国。他说，几百年来，遥远浩瀚的大海没有成为两国人民交往的阻碍，反而成为连接两国人民的友好纽带。满载着两国商品和旅客的船队往来其间，互通有无，传递情谊。中国古典名著《红楼梦》对来自爪哇的奇珍异宝有着形象描述，而印度尼西亚国家博物馆则陈列了大量中国古代瓷器。2014年3月，到法国访问的习近平总书记，高度称扬旅法翻译家李治华是传播中华文化的卓越榜样。99岁的旅法华人李治华历时27年殚精竭虑翻译完成法文版《红楼梦》，成为介绍《红楼梦》到法国的第一人。习近平总书记表示，《红楼梦》是部鸿篇巨制，把它准确而贴切地翻译成法文难上加难，李老的执着精神和学术才华令人钦佩。2014年10月8日，在德国法兰克福开办书展的10大展区7000个展位的世界各地参展者，几乎都拿到了欧洲大学出版社出版的一张对开四版《红楼梦》法兰克福书展特刊。该特刊在头版整版刊发了"习近平与红楼梦、中国梦"的专题文章，同时配发了习近平总书记在20世纪80年代担任河北正定县委书记和30年后担任中共中央总书记首次发表中国梦讲话的大幅照片。中国台湾的参展人柳驷洋仔细阅读后评价道："习近平先生29岁谈红楼梦，59岁说中国梦。这样有梦想的政治家，难得！"法兰克福书展媒体中心在开展首日上午也把这条新闻在官方Twitter上播发。2015年9月，习近平总书记访美期间向塔科马市林肯中学赠送了《红楼梦》《白话史记》《唐诗》《宋词》等中国古典名著。借助《红楼梦》，同时《红楼梦》也当之无愧地传达和培育中华文化独一无二的理念、智慧、气度、神韵，增添了中国人民和中华民族内心深处的自信和自豪。

可见，习近平总书记的"红楼"外交，显示了《红楼梦》不仅是我国文化建设的一件重要武器，也是我国建设和谐世界战略思想的重要组成部分，更是实现中华民族伟大复兴的重要内容。以文学名著《红楼梦》为渠道的这种灵活的外交策略，从西方人喜闻乐见的角度开掘"中国梦"崭新的世界性人文深度，展现了新一届中国政府与人民的精神志气，提振了中华民族的文化自信，提升了中国在世界上的话语权。

三、《红楼梦》成为文化创意的重要资源

继往开来的21世纪，在新时代的条件下，《红楼梦》及红学已成为一种文化资源。经典离不开时代，离不开社会，也离不开民众。《红楼梦》作为一种文化资源的意义，在今天回归古典的时代趋势中，已经获得了广泛的认同。《关于实施中华优秀传统文化传承发展工程的意见》指出：融入生产生活。注重实践与养成、需求与供给、形式与内容相结合，把中华优秀传统文化内涵更好更多地融入生产生活各方面。深入挖掘城市历史文化价值，提炼精选

一批突显文化特色的经典性元素和标志性符号，纳入城镇化建设、城市规划设计，合理应用于城市雕塑、广场园林等公共空间，避免千篇一律、千城一面。挖掘整理传统建筑文化，鼓励建筑设计继承创新，推进城市修补、生态修复工作，延续城市文脉。加强“美丽乡村”文化建设，发掘和保护一批处处有历史、步步有文化的小镇和村庄。《红楼梦》作为文化创意之源，已经深刻地融入了生活的各个方面。以《红楼梦》为内容的文化创意活动和文化创意产业，成功的著名例子有河北正定的荣国府及宁荣街。20 世纪 80 年代，荣国府从一个影视拍摄基地出发，一路辉煌，以古典文化充实地域文化建设，丰富人民的精神文化生活，而今已经成为享誉海内外的著名文化旅游胜地，也成为普及名著《红楼梦》的文化基地。合理地利用《红楼梦》，及其相关的文化遗产，丰富当今的文化建设，《红楼梦》率先垂范，比如建造大观园，修建曹雪芹主题公园、故居或纪念馆，弘扬红楼美食，创造红楼绘画，等等。红楼文化和红楼热的根本原因，在于大家对《红楼梦》的无比热爱、无比崇敬。红学要引导人们对《红楼梦》形成正确的文化观，依据自己的优势和传统文化资源，各美其美，美美与共，通过文化的再创造，古为今用，发挥创意，使曹雪芹的创造精神和《红楼梦》的文化境界、精神价值与当代文化的建设相结合，共同繁荣并不断得到发扬光大。《红楼梦》作为文化创意资源，需要找到正确的结合点。这里必须拒绝牵强附会、曲解古人，必须反对造假制假。有许多与《红楼梦》相关的项目仍存在着缺乏学术支撑的问题：找不到正确的切入口和契合点，在错误的前提下和认识基础上展开地域文化建设，存在着沙上建塔、难以长久发展、难以突破地域限制、无法赢得学术支持的问题。以古典文学名著充实地域文化，发展地域文化，是一项富有眼光的文化发展战略选择，但如何结合，则需要学术支撑。没有学术支撑，则行之不远，或者走弯路、走岔路。目前，我国的文化小镇建设正在有声有色大规模地展开，文学经典《红楼梦》也成为创意之源。这可以保证特色小镇具有较高的文化品位，但也容易造成千篇一律、千人一面。这里要严防以《红楼梦》为文化内容的所谓特色文化小镇建设，缺乏真正的美学意蕴，出现庸俗化和泛滥化的倾向，防止一哄而上，互相重复。要探索传统文化滋养文化产业正确的路径和方式，反对简单对接、拼贴和生搬硬套。不言而喻，文化的生命力在创新和创造，唯有创造力才能激活传统资源，洋溢在《红楼梦》文学精神中的也正是创新和创造精神。如果我们对《红楼梦》的研究、借鉴、发展缺乏创造精神，缺乏创造力，那么《红楼梦》就难以与人民形成新的结合，难以成为满足人民精神需要的精神食粮，也就难以发挥满足人们对美好生活向往愿望要求的作用。创意为先的红楼文化的极致，与红学的宗旨是一致的，即最终归结到对文化创造力的认识、研究、继承上；归结到对新的文化经典的呼唤和创造上；归结到对民族文化复兴能力的呼唤上。假如我们连篇累牍地谈论、研究《红楼梦》之后，与提高我们的文化创造力无关，这将使我们最终误会了红学、误会了《红楼梦》、误会了曹雪芹。红学要继续以“显学”的品格“显”下去，离不开其作为资源意义的广泛发挥，但新的文化创造，真是基础、善是引导、美是目的，是真善美的统一，真善美相统一的无限追求是焕发创造力的根本力量。因此，“标新立异”应该体现在类似于曹雪芹创作《红楼梦》所表现的创造精神上；其文化上的震惊效果，应该体现在文学继承，以及在新的伟大经典作品的惊世创造上。

特定国家之间的文化资源共同使用方案

JAE-KY RYOO 柳在沂 / 韩中未来研究院

每个国家都有自身独特而又丰富的文化资源。这种富有特色的文化资源，会产生优秀的文化，也会诞生很多作品，偶尔也会有一个成为优秀的商品。尤其是这种文化内容通过快速发展的新媒体，实时地向需求者传输着信息，被认可了其价值。

一、文化资源的持续开发

有一专家学者指出就算中东的石油枯竭了，亚洲的文化资源也绝对不会枯竭。从中我们可以知道韩国、中国等亚洲国家的文化资源是无穷无尽的。虽然说我们正在开发并利用这些文化资源，但比起它富有的价值我们的努力还是远远不够的。

虽然各国在这一领域所注入的努力会有些不同，但很多国家正在为开发与本国的繁荣、国民的幸福生活相关的领域而凝聚着智慧。这证明文化产业的附加价值正在急速提高，并且全世界正在关注文化资源对经济所产生的影响与其经济价值。

如果说文化资源是人类所塑造的资产，那么只要我们很好地利用和开发就必将创造高附加值的优秀商品。在全球化的时代无论是世界哪个地方都是文化生产基地，也都是文化销售基地。

中国的主要文化内容（影视类）制作及生产情况 [1]

	2013 年	2014 年	2015 年	2016 年	2017 年
故事片（部）	638	618	686	772	798

[1] 中国文化文物统计年鉴（2014）p.240 ，（2015）p.222（2016）p.225（2017）p.2232Annual Report on Development of China's Radio, Film and Television（2018）p.164 3Annual Report on Development of China's Animation Industry（2017）p.95。

（续表）

		2013 年	2014 年	2015 年	2016 年	2017 年
电视剧	片数	441	429	394	334	314
	集数	15，770	15，983	16，540	14，912	13，470
动漫	电视动漫（篇） 时间（分）	358 204，732	278 138，496	275 134，011	261 125，053	— 83，599
	电影院 影片（部）	29	40	51	49	32
原创首演剧目数（出）		1，357	1，449	1，461	1，423	—
政府游戏批准（款）		—	—	750	3，800	9，800

上表所示，中国正在基于自身国家的丰富文化资源，开发并生产丰富的文化内容（影视类）。这不仅让更多的中国老百姓可以享受其文化，部分作品还给国外的需求者提供了同样机会。

二、改善使用方法

虽然世界各国正通过本国的文化资源创造独特的文化内容，但到目前为止其使用程度还远远不够。因为大部分的作品在线下空间目前还无法让老百姓普遍接触，还存在很多遗憾。

全世界各个国家目前通过急速发展的新媒体正在享受着很多实惠，仅通过最具代表性的例子——互联网发展程度就能明白。去年中国的互联网普及率为 55.8%，网民数已经多达 7.7198 亿。韩国人三岁以上的互联网利用率高达 90.3%。

甚至 2017 年在中国出现了“网红经济”，在经济社会快速变化的情况下还出现了新的消费文化。尤其在文化产业领域，出现了称为知识产权的，利用 IP（Intellectual Property）的多种收入模式。

在这种社会经济环境下，溢出了众多与互联网相结合的商品，其中最有代表性的例子是网络视频。通过网络视频人们可以普遍地享受演出、综艺节目、体育、游戏等直播，还可以收看为网络直播而专门制作的电视剧、电影和纪录片。近期甚至电视播放的电视剧广告收入，无法超过网络电视剧的广告收入。

目前通过线下方式发展文化内容已经受到局限，因此需要通过线上的方式同时探索随时随地都可以接受优秀作品的共享方式。这也基于目前地区与国家之间在网络空间上已不存在界限的状况。

结语

虽然有些国家起步较晚，但有关国家需要把自身的文化资源与其他国家相连接起来，让更多人可以不受时间和空间的限制进行共享。通过文化相连，可以创造超出我们想象的价值，并让这些内容可以发展成为世人共享的文化商品，成为富有竞争力的文化作品。

在构建这种体系的过程中，以民间专门机构之间的合作为开始，如国家提供支持的话必将可以事先排除互联网的副作用，提高其正面影响，开启文化资源的国际化时代，进而让有关国家的人民可以享受更加丰富的文化生活。

“一带一路”视域下敦煌画派地域性特征探析

洪方舟 / 中国艺术研究院

“一带一路”倡议的提出，旨在增强中国与世界各国各地间的政治、经济、文化等多个领域的交流与融通，而文化艺术是推进“一带一路”建设的精神纽带。所以，加强“一带一路”地域性文化的挖掘与整理保护，探索地域文化传统价值与现代内涵具有重要的时代意义。敦煌艺术作为中国绘画艺术史的重要一笔，河西走廊作为中国历史上人文、经济、政治的荟萃地，“敦煌画派”的提出不仅是时代所需，更有其深厚的理论依据与学术意义。2013 年甘肃省打造“敦煌画派”工作会议的召开，为“敦煌画派”做了定位，提出“敦煌画派”的主要研究对象是敦煌壁画艺术。这是对敦煌艺术资源的重视与激活。

一、“敦煌画派”

“敦煌画派”不是凭空出现的，它的提出有深厚的历史文化做支撑——悠久、神秘而美丽的敦煌石窟艺术文化及在这条文化历史长廊中不曾留下名字的艺术工作者。随着对敦煌艺术的挖掘整理与研究，相关专家发现敦煌艺术具备与其他画派不一样的气质、特征与存在条件，如“敦煌画派”是具有精神信仰的流派，作画者往往将绘画过程当作对自身有益的磨炼与历练，“敦煌画派”还具有系统完整的临摹体系，作画材料为天然矿物质颜料，表达形式为重彩画；还比如提到“敦煌画派”在题材内容方面以表现丝绸之路的政治、经济、历史、文化等各领域内容为主，较为独特，且具有历史研究意义。[1] 以上这些为“敦煌画派”的提出，提供了有力的依据。

[1] 连辑：《挖掘敦煌艺术传统的当代价值——连辑谈“敦煌画派”的文化指向》，《美术》2018 年第 5 期。

二、“敦煌画派”地域性特征探析

艺术是在共性基础上的个性作品，没有独特韵味与风格的艺术往往流于凡庸，无法成为成功画作。所以，弘扬敦煌艺术精神，就要深刻把握甘肃地域文化内涵，贴近现实生活，在表现敦煌历史、敦煌壁画内容之余，充分展现甘肃人文特色，宣传甘肃传统文化与现实地域特色。鉴于此，画派地域性的体现尤为重要。在展示这一地域特殊人文环境的同时，充分表现画派的风格，形成画派的代表作。“敦煌画派”要正确处理好传承与创新、个性与共性的关系，持久全面地挖掘独特的地域资源，打造甘肃特色文化，推动甘肃艺术事业的发展。“敦煌画派”在创建过程中应坚守西部文化、历史、自然环境及人民生活的地域特点，创作具有甘肃文化特别是敦煌文化特点的作品。

（一）“敦煌画派”应具有西北文化特色

敦煌莫高窟地处古丝绸之路的咽喉要道河西走廊，是河西走廊文化与西域文化的集大成者，是东西方文化交流的传输带，是东方艺术的璀璨明珠。由于历史原因，河西走廊文化与西域文化有着千丝万缕的联系。三千年文明看北京，五千年文明看西安，八千年文明看甘肃。历史的霞光洒满这片土地，八千年的文明孕育了具有鲜明特点的、多民族文化艺术交融的多元文化。季羡林先生认为这个世界自成文化体系的只有中国、希腊、印度和伊斯兰四种文化类型，而这四种文化类型汇流的地方即中国的敦煌和新疆地区。因此，在“敦煌画派”的建设过程中，一定要体现世界文化融合、汇流的色彩，要展示文化的开放性、包容性和多元性。敦煌艺术是在佛教传入华夏过程中以佛教艺术为主的集大成者，同时反映中华民族对待外来文化艺术海纳百川的大家气象，创造了独特的敦煌艺术。“敦煌画派”要吸取敦煌壁画艺术的精髓，就必须潜心研究敦煌艺术，只有加深对敦煌壁画艺术的认识，才能创作具有“敦煌画派”风格的代表作品。如 20 世纪 40 年代的油画作品《哈萨克牧羊女》，用北魏敦煌壁画刚健奔放的艺术风格表现强烈的生活气息；20 世纪 50 年代初期创作的油画《开国大典》所描绘的建筑、天空等内容也融入了敦煌壁画的因素。此外，《石窟艺术的创造者》《姑娘追》《猎归》等很多艺术作品都带有敦煌壁画风格或在创作手法上模仿敦煌壁画。

（二）“敦煌画派”应具有西北地域特色

人类文化活动与区域地理之间的关系是艺术研究的核心内容。甘肃有着十分丰富的地理资源：丝路、大漠、戈壁、草原、高山多姿多彩，特色鲜明。只有体现这些地理特色，才是打造独特画派的前提。敦煌画派地处中国西部，以甘肃为核心，应具有天然的西部地域特色。首先，底蕴厚重，内敛包容。西部是养育中华儿女的母亲河长江、黄河的发源地，基于此，西部就像母亲一样具有无私奉献的胸怀，其孕育的黄河、长江流域是华夏文明的发祥之地，也是中国政治、经济、文化的中心。其用无私宽广的胸怀成就了东部的发达，中部的崛起，默默地改变着西部的落后与贫穷。其次，它辉煌雄壮，辽阔苍茫。遥望巍峨连绵的祁连山和茫茫无垠的大漠戈壁，神秘荒凉，仔细品味其经历的厚重历史，在荒凉的意境中处处流露着大气辉煌。立于大漠戈壁之中，放眼远眺染了风霜的古长城，历史的印迹让古长城失了原有的风貌，可是如巨龙般盘亘在茫茫戈壁的长城宏伟雄壮，让人肃然起敬。在漫长的历史长河中这片土地经历的战乱、融合、自然灾害，不计其数，然而正是这一次次的考验和经历才让这方水土更加壮观，经久不衰。再次，坚韧不拔，历久弥新。“大漠孤烟直，长河落日圆”，这是对西部风景形象的描绘。繁衍在这片土地上的植物、动物都如这方水土一样坚韧不拔，历久弥新。大漠戈壁最独特的动物是骆驼，它有“沙漠之舟”的美誉。无论是冰天雪地，还是飞沙走石，骆驼总是昂首挺胸，阔步前进，给人留下了藐视一切困难、不畏艰险、坚韧不屈的印象。西部最常见的植物是胡杨树，是一种既古老又长寿的树。有人说“三千年胡杨”，当然是种夸张，但百岁胡杨在这里比比皆是。在大漠人的眼中，胡杨是抗风沙的英雄，具备傲视群雄的资本。西部的地貌成为“敦煌画派”创作的主要题材来源，将西北荒凉、辽阔、峻拔的自然景观，通过美术创作转换为一种美学的崇高、苍茫与磅礴大气。

（三）“敦煌画派”应具有西北乡土特色

“一方水土养一方人”，甘肃独特的地理位置与环境孕育了中国的早期文化，这注定了甘肃文化的深厚性；作为西北要塞、中西交流的咽喉之地，甘肃河西走廊历来是西北民族的争夺之地，所以战乱的文化交融也不可忽视。这些地理、历史因素造成甘肃文化的多元性、包容性与开放性，应该是甘肃文化发展的资源优势，而敦煌壁画充分展示了这一特色。分析敦煌壁画创作题材可以发现，敦煌壁画广泛表现着一些基本的生活素材，如狩猎、集市、耕作、战争、打斗、娱乐等内容。此外，敦煌壁画作为重要的历史佐证资料还描绘了很多历史事实，如《张议潮出行图》《张骞出使西域图》等。当然，敦煌壁画艺术之所以具有超强的生命力和吸引力，是因为其借助宗教艺术展示现实生活风貌。在长期的社会发展中，甘肃各民族形成了各自不同的风情和习俗。尤其是在婚姻、丧葬、节日、饮食、居住、服饰、礼节，以及文化活动等方面形成了自己的风格和特色。丝绸之路甘肃段的民居、饮食、香包、皮影、剪纸、纸织画、服饰、社火、鼓舞、戏剧、歌舞、器乐、节会风俗，草原游牧文化、大漠戈壁文化、藏传佛教文化、伊斯兰文化等民族民俗文化，是中国乃至世界的文化资源之一，称得上是中国传统文化和民族文化的博物馆。显而易见，敦煌艺术是以佛教艺术为主，广泛吸收西域、中原地区及各民族的文化艺术元素，结合敦煌本土文化艺术及现实生活而创造的具有世界影响力的敦煌壁画艺术。

三、如何继承传统，融入当代

如何构建“敦煌画派”的地域性，本文认为应该从国家发展导向、区域发展、绘画规律及人才培养等方面着手。

（一）积极研究国家“一带一路”倡议，探索建立“敦煌画派”融入机制

国家提出的“一带一路”倡议，主要突显的精神是和平、理解、交流、合作、包容与共赢，而这种精神的突显最需要的是沿线国家、地区的文化认同感，这为“敦煌画派”的发展创造了机会，因此要形成“敦煌画派”融入机制，使“敦煌画派”有规划地融入国家的“一带一路”倡议的实施中。要完成“敦煌画派”的融入，首要问题是提升敦煌艺术工作者的热情与积极性，加强艺术工作者的考察交流，激活艺术家的创作思维，促进精品力作的产生。要发挥各级财政的作用，利用“一带一路”做好“敦煌画派”发展立项工作，多方筹措资金，加大对打造“敦煌画派”美术创作工程的资金支持力度。此外，要充分发挥市场作用，通过艺术家与市场的合理、正确结合，激励精品之作价值的恰当定位，提高艺术创作积极性。在政府、市场发挥作用之外，博物馆、美术馆等展示平台也要被充分利用起来，形成展示、交流、传播、收藏、教育培训的功能，及时展示“敦煌画派”创作的成果。“敦煌画派”融入机制建设要借鉴中国国家画院的做法。中国国家画院实施了“一带一路国际美术工程”、举办了2015中国国家画院丝绸之路采风写生作品展、签订了中国国家画院与乌兹别克斯坦国家文化艺术机构合作协议，使中国国家画院的美术创作与国家的倡议、发展紧紧地结合起来。

（二）认真实施华夏文明传承创新区规划，努力形成“敦煌画派”创新优势

按照国家对甘肃发展战略的定位要求，华夏文明传承创新区是第一个国家级文化发展战略项目。这个项目平台要打破行政界限，统筹全省文化资源要素，很符合当前文化事业发展大背景，更有利于甘肃的转型发展。要挖掘甘肃多元文化的构成要素，建立“敦煌画派”的艺术理论研究体系，形成学术思想，拓宽“敦煌画派”艺术创作的语言，创建“敦煌画派”是华夏文明传承创新区在内容上的特色亮点。甘肃要以美术家协会成员为主体，跨区域地组织有敦煌元素作品的艺术家，以丝绸之路文化、敦煌艺术和民族文化的内涵为依托，进行风情人物、历史文化、西部风光为题材的艺术创作。

（三）加强多学科交流研究，遵循绘画规律促进“敦煌画派”发展

美术事业的发展有其自身规律。一个画派的形成需要五六十年甚至上百年的经验累积，最不可或缺的是核心领导大师、强大团队与风格相近的作品。打造“敦煌画派”是一项系统工程，关键是要具备以上所提到的核心领导大师、一批具有深厚敦煌文化艺术理论素养的文艺工作者，以及创作几篇具有敦煌文化艺术特色的代表作。若要做到让美术作品从内容到形

式都有敦煌文化特色，需要加强相关学科的学习与交流。要遵循美术学科规律，把临摹、写生与创作三步走扎实，忠实于敦煌壁画原作和整理临摹的敦煌壁画，继承和发展敦煌壁画技法、布局、材料特点和风土人情，创作具有敦煌艺术元素和敦煌艺术风韵的优秀美术作品。特别要重视临摹敦煌壁画，在领悟敦煌壁画精髓的基础上，创作新的敦煌艺术。从20世纪中叶开始，一批批画家来到西北采风，西部辽阔厚重的山川、多彩独特的民俗风情和敦煌艺术精灵点燃了他们的创作激情，他们在壁画临摹中练就了独到而高超的技法。他们的画笔下出现的慷慨激昂、气势豪壮、雄浑俏丽、奇幻多姿的精神意象，形成的中国强劲不息的西北风，从美术大概念上讲就是“敦煌画派”的优秀作品。

（四）重视人才培养，打造“敦煌画派”领军人物

事业成败关键在人，人才是第一资源。“敦煌画派”首要的是缺乏大师，虽然敦煌绘画艺术影响了几代甘肃人，但是要形成“敦煌画派”的广泛发展和认同，要有一批特别热心于这项事业的，有自觉意识的艺术家，还要有大师级的领军人物。首先，要增强美术家的社会担当意识，如常书鸿、段文杰、欧阳琳、史苇湘等艺术家，他们虔诚地怀着承袭古人开创艺术新气象的远大抱负，不知不觉地将自己的一生奉献给了敦煌艺术。要鼓励画家奔赴敦煌，严格临摹、借鉴敦煌壁画，以振兴中国文化事业为己任，踏踏实实地做些基础性的研究工作，积累一批优秀作品。其次，要发挥高等院校培养人才的作用，以甘肃省现有高等院校为依托培养“敦煌画派”后备队伍。近年来，美术及相关专业的大学生逐渐增多，各院校一方面通过开设美术及相关专业扩大美术类大学生生源，为美术事业的发展提供新生力量；另一方面将敦煌艺术教育内容列入省内高校美术学院的教学，并发动社会力量在敦煌建立专门的美术院校，广泛调动高校美术师生参与打造“敦煌画派”的积极性，为“敦煌画派”的发展吸引更多的优秀艺术工作者。再次，相关部门积极组织中小学生进行敦煌艺术夏令营活动，扩大敦煌艺术的影响。还要发挥甘肃各级政府主管画院和美术机构的主创作用，将有影响力的文化事业单位打造为“敦煌画派”的主要力量，主动担负起地方文化事业发展的使命，在“敦煌画派”美术创作工程中起到中流砥柱的作用。最后，“敦煌画派”的发展离不开各级政府强有力的组织领导。通过设立专项奖励资金，把“敦煌画派”人才建设列入全省领军人才建设和政府特殊津贴工作规划，做好艺术事业发展的基础保障工作和资金支撑工作。例如，加速敦煌美术馆的建设，启动省美术馆改造工程，为艺术工作者做好设施准备。甘肃拥有不少怀有抱负、潜力深厚的青年艺术人才，只要积极合理地引导、挖掘、支持与培养，引导他们深入甘肃底层生活学习，引导他们加强甘肃深厚文化传统的学习，引导他们倾听人民大众的声音，引导他们秉持“为人民立言”的决心，贴近时代呼声不断提高自身综合素质，甘肃就会涌现一批有作为并且能够为敦煌艺术的发展献出力量的优秀文艺工作者。

参考文献：

1. 荣新江：《敦煌学十八讲》，北京大学出版社 2001 年版。
2. 郝春文：《二十世纪的敦煌学》，上海古籍出版社 2006 年版。
3. 宁强：《敦煌石窟寺研究》，甘肃人民美术出版社 2010 年版。
4. 连辑：《连辑说打造敦煌画派》，《西部商报》2012 年 4 月 2 日。
5. 曹瀚：《略论敦煌画派的共性理念和风格特征》，《兰州大学学报（社会科学版）》2012 年第 4 期 。
6. 吴岩：《敦煌画派基础理论探析》，《陇东学院学报》2012 年第 6 期。

“胡”“旋”的遐思

江东 / 中国艺术研究院

不知源于何时，每每看到印度名舞“卡塔克”的表演，我便会情不自禁地联想到中国唐代健舞——胡旋舞。

一、印度舞缘

二十多年前，作为教育部派出的访问学者，我曾在印度待了整整一年，专门研习印度舞蹈史。一年后，我不仅对印度舞蹈文化和印度社会有了较为完整的认知，更是完成了一本名为《印度舞蹈通论》的著作（由上海音乐出版社 2004 年出版）。迄今，这本书仍是汉语系统中唯一的较为全面论述印度舞蹈文化的书籍。显然，那次印度之行对我的学术研究的影响是巨大的，不但让我有缘认识一个全新的舞蹈文化体，进而作用于我对中国舞蹈文化的对比性悟思。就是从那时起，印度舞蹈文化作为一个思维镜像开始固执地盘桓于我的思维意识之中，常常成为我思索的坐标并左右我思考的结果。伴着这一整体的思绪过程，印度卡塔克舞在走入我的视野之后，便让我不时地对照唐代曾经红极一时的“胡旋舞”。

二、对于胡旋舞的认知

对于胡旋舞，及其相关的历史信息，可以说，我们还是较为熟悉的。前辈舞史学者围绕胡旋舞的学术整理及争论，是我们认识胡旋舞的学理基础；特别是从他们精心整理的有关胡旋舞的唐代诗句，让我们更方便、更直观地获得了有关《胡旋舞》的认识途径。那么，唐代的胡旋舞大致是个什么样子？简单说，我们可以从《通典》中获得这样一个最直接的认识，“舞急转如风，俗谓之胡旋”（《通典》卷一四）。在这里，我们首先可以获得以“急转如风”四个字的初步印象，也让我们获得了唐代胡旋舞基本舞蹈风貌的最直接、最有效的信息。白居易有诗云：“左旋右转不知疲，千匝万周无已时。”传递给我们的是他眼中的“急转如风”，对胡旋舞的描写；而“万过其谁辨终始，四座安能分背面”，又成为元稹眼中胡旋舞的“急转如风”。或许，这些文学表述并不能让我们完全掌握和信服“胡旋舞”的真容，但是，旋转并且是“急转如风”这种动态的特质，成为我们判断胡旋舞舞态风格的根本和核心，对这一点应该不会产生任何异议。当然，学者们并不满足于从表象得来的浅表性认识和理解，更从此舞蹈的缘起、生成、呈现，甚至跳法等不同的角度对其进行了各种富有成效的深钻和言说，就连唐史研究学者荣新江在他的《粟特人在中国》（中华书局 2005 年版）一书中也提出了“胡旋舞”是粟特文的意译这样的看法，还提出胡腾舞则是粟特文的音译。可见这些已经成型的研究成果都在史料的基础上对这种舞蹈的身世流播，以及舞容舞态做出了自己的判断，而所有这些成果无疑也深化了我们对于胡旋舞的整体认知。

毫无疑问，旋转是胡旋舞的基本风格和动律之根本。于是，我们在今天若干对于胡旋舞的当代演绎中看到了各种意图的编创尝试。面对如此之多的望文生义的当代演绎结果，并不能让我们心悦诚服。毕竟，大多数尝试并不是出于或者基于学术目的。不过是借用“旋转”这个概念，并按照自己的理解和意图，进行的主观性很强、当代性很强的艺术尝试。这类当代演绎很难真正让我们建立起关于胡旋舞的学术认识。而这类大量随意生就的旋转方式让我想到了一个进一步的问题，胡旋舞必须要旋转，这是没有问题的，但是，它究竟是如何旋转的呢？也就是说，我们完全可以比照胡旋舞的字面意义而对这种舞蹈的性质望文而生义，但是“旋”不“旋”恐怕并不是问题所在，问题和真谛应在于究竟如何“旋”。

三、如何旋转

从舞蹈艺术的专业层面来审度，“旋转”在世界各地的舞蹈动作体系中，都不啻是一种常见的技术，我们可以毫不费力地看到各种方式的“旋转”舞动方法。比如，芭蕾舞的旋转方式是以脚掌或脚尖为轴而进行的，既可以在原地也可以在行进中完成，可以是单脚也可以是双脚进行。其形态可谓花式繁多，不仅技艺性强，同时往往是大华彩舞段的炫技性内容，甚至在芭蕾舞的训练体系中单为舞者能拥有良好的旋转技艺，而专门设有各种旋转技术的训练方法。因此，旋转技术是芭蕾舞艺术十分重要的组成因子。然而，这种方式并不是所有舞动旋转的唯一方法，我们不妨看一下流行在土耳其等地的“托钵僧”舞的基本动态，那也是一种以旋转为主要表现方式的舞蹈形式。这种舞蹈在旋转速度上并不讲究有多迅疾，却可以无终止地无限延续下去，是一种以量取胜的旋转性技术。我们可以在杨丽萍捧红的杨彩旗的旋转舞动中感受到这种旋转方式的魅力。记得在“春晚”上，小彩旗以表现时间上的始终与轮回，自始至终在不停地旋转。这种方式也被青年舞蹈家颜荷用在她的舞台作品之中，当她随着斯特拉文斯基的《春之祭》乐曲开始无休止地旋转时，这种别样的艺术顿时让舞台空间成了一个巨大的情感漩涡，掀起了层层情感的涟漪甚或是波涛。这种“托钵僧”舞由于本身的宗教内涵，得以让舞者（同时也许是宗教修炼者）在旋转中体味与“上天”沟通的交感，因此，其旋转动态本身便是这种交感的直接体验。这种无休止的旋转方法，在各种旋转舞动中，独树一帜。此外，我国很多少数民族的舞蹈艺术，亦存在大量与旋转相关的技艺，如在维吾尔族、朝鲜族、蒙古族等民族舞蹈中，我们会经常看到大幅度的旋转技艺，而且每逢这种场面往往是表演者在突现情感高潮的部分，也是最能赢得掌声的部分。比如阿依吐拉在《摘葡萄》中甩着大辫子的旋转，崔美善在《长鼓舞》中那种优雅而得体的旋转，莫德格玛在《盅碗舞》中平稳的旋转，就连刀美兰表现傣族少女情感的《水》也是一边旋转一边盘头，所有这些舞台上的旋转为舞蹈艺术增添了极浓的色彩。中国古典舞的技术体系也建立了自己的旋转方法，从传统舞动方式中提炼的各种旋转与翻身技巧，成为基本的表现手段，如在中国古典群舞作品《黄河》中，女舞者一个接一个不断地完成“串翻身”的动作，不但为作品表现的主题思想加分，更突显了中国古典舞技的高超。当然与芭蕾舞一致，为旋转技术设计的一系列练习步骤也成了古典舞训练舞者的一项基本的内容……这些例子不胜枚举。世界各地的舞蹈艺术所呈现的是彼此不同的旋转方法，都是“旋转”但各自的方法又有独特的一面，既有“急转如风”的方式，也有曼妙婀娜转体而舞的例子。在这众多的旋转技艺中，印度的卡塔克舞可谓独树一帜。

印度的卡塔克舞之所以能够技压群芳，在众多旋转技艺中脱颖而出的重要标志，是其他舞种难以企及的旋转速度。如果我们没有忘记刚才提到的那些唐诗的话，卡塔克舞正是以“急转如风”的旋转技艺，让人们直观地看到了“人间物类无可比，奔车轮缓旋风迟”所指的那种旋转状态。这种舞蹈让我们分明可以体悟那种连“旋风”都为之逊色的转速。再考虑中印之间悠久的文化交流史，这种卡塔克舞，会不会是影响胡旋舞形成的一个源头呢。

这种直觉而简单的判断，显然过于大胆和鲁莽，毕竟在以往的学术研究中，尚无人从这个角度来推演对胡旋舞舞容、舞态的认知。

四、中印文化交流及影响

印度历史悠久的舞蹈文化，是有可能对中国古代舞蹈产生影响的，隋唐之际的“天竺乐”，就是一个明证。

历史上的中印文化交流，显然是丝绸之路文化交流与沟通的重要组成部分。作为两大文明古国，中国和印度的交流由来已久。一个颇为耐人寻味的现象是：作为东亚文明源头的中国与南亚文明源头的印度，在地缘上呈现如此紧密的关联，却在文化形态上存在如此巨大的差异，而这鲜明的差异，正是两种文明彼此互补的前提。可以说，中印之间古已有之的互渗和互动，始终是相互间文化交流和作用的主旋律。而着眼两国间的表演艺术领域，我们可能因对我们文化体内的某些现象过于熟视无睹，从而忽略了其完全有可能是源于彼此交流与融会所致的这样一个过程，而丧失了哪怕是出于好奇而生就的基本判断。比如，吴承恩在《西游记》中刻画了形象生动的孙行者，这与印度史诗《罗摩衍那》中的哈奴曼猴很可能有某种联系。印度古代梵剧是否影响了中国戏曲艺术的进程，为何两者之间有如此多的相似之处？比如，中国戏曲艺术所讲究的表演虚拟性空间与印度卡塔卡利舞剧所呈现的方式如出一辙；卡塔卡利舞剧居然也采用“勾脸”作为化妆术，其方法竟与中国戏曲的花脸行当完全一致；还有，戏曲动作的程式讲究“亮相”，无独有偶，我们会很惊奇地发现印度卡塔克舞居然也是以“亮相”造型作为其基本的审美范式。中国的一些古老的地方戏，一个“目连戏”能连演十好几天，这不也是梵剧乃至其他印度古典戏剧的表演模式吗？凡此种种，让人不得不把中印之间在表演艺术上的某些异同拿来对比，从而获得意想不到的惊喜：原来双方的关联竟如此之多。你瞧，中国敦煌莫高窟，以及许多佛教石窟，开凿理念和方法与印度的阿旃陀和爱罗拉石窟难分你我；而我们至今都没有真正弄通，在中国唐代舞蹈系统中为什么会有“健舞”和“软舞”之分，这与印度古代舞蹈系统相似的分类有关吗？这些林林总总的现象，让我们仅从直观的角度便能感到中印文化之间的某种瓜葛。虽然是很大胆而鲁莽的假设，但回溯中华文明的涌动之波，向下流入日本和朝鲜半岛，我们迄今都可以在日本和韩国找到中国古代乐舞的遗存，如日本雅乐和韩国祭孔乐舞等，那么我们沿着这股流波向上回逆，随着佛教文化而来的印度各文化因素也有可能影响我们古代的乐舞形态吧。回头看印度，这样的回逆性思考和问号，以及由此产生的“大胆假设”，或许会让我们从中获得解释许多我们文化事项中的某些缘由也未可知。

五、印度舞蹈

印度是一个古典舞异常发达而资源富饶的国度，迄今已经有八九种古典舞被定名，这种现象在全球范围中可谓罕见，而卡塔克舞只是其中之一。已经绵延约两千年的卡塔克舞，在19世纪获得了全面的复兴和拓进，终于使其形成了在印度诸古典舞流派中十分醒目的超高辨识度。其唯一具有的伊斯兰风格，让这种古典舞在装束上独树一帜；而其在印度教上的极高黏着度，又的确让人信服这是一种印度所特有的舞蹈形式。纵观印度各古典舞流派，表现印度教的核心，以及由此形成的舞段结构成为共性，而在动态上的各自独有风格则构成了每种古典舞的个性。卡塔克舞，正是是以自己独立的艺术风格而获得了耀世的资本。

六、卡塔克舞

卡塔克舞的主要审美原则是通过特定的技艺表达印度教内涵。这些特定的技艺主要体现在两大层面上：一个是极端繁复的赤脚踢踏舞步；另一个是“急转如风”的旋转，以及突然静止而形成亮相造型。

对遍布全球的舞蹈模式考察，完全不难判断，卡塔克舞是一种极端“有内涵”的古典舞形态，主要体现在它繁复而变化多端的节奏类型上。给卡塔克舞伴奏的鼓，叫塔布拉鼓，是一种由雄雌两件套组成的徒手拍击的小型双鼓。这种鼓与卡塔克舞的“舞”结成一体，体现在彼此高度完美的相互呼应上，鼓的繁复节奏为舞提供了难得的呈现方式，因而让这种舞蹈体现富有“文明”高度的复杂性；而凭借这一复杂性，卡塔克舞的“纯舞”色彩便呈现一种光彩照人的艺术魔力。以这种繁复的节奏类型为依托，卡塔克舞的“踢踏舞”部分，拥有极为生动的体现，多变的形式使得“踢踏舞”部分成为卡塔克舞表现的生命线，同时让卡塔克舞成为世界踢踏舞大家庭中堪与美式踢踏舞、爱尔兰踢踏舞相媲美的重要成员。伴随着多元节奏而生成的旋转技艺，则更是卡塔克舞在艺术形式上出奇制胜的华彩部分。

七、独特的旋转方法

卡塔克舞的旋转是极有特点的，它完全不同于芭蕾舞以脚掌或脚尖为轴的旋转方式，而是反其道而行之——以脚跟为轴。习惯了芭蕾舞的旋转原理，初识这种以脚跟为轴的旋转方式，颇让人觉得有些大逆不道：你竟然敢跟芭蕾舞对着干！当熟悉了这一旋转的方法之后，反而会从人体力学的角度获得一种崭新的感受：这样一种旋转方式实际上让舞者更容易掌控重心，也更容易增加旋转的速度。正是采用了这样的以脚跟为轴的旋转方法，卡塔克舞在快速旋转起来时是完全无法“分背面”的。放眼全球，这种旋转方法恐怕是绝无仅有的，它不是在跟芭蕾舞争高下，而是完全独立形成自我艺术品格的一个楷模。

让我们把目光再转回到胡旋舞。现在没有人知道胡旋舞是如何旋转的，特别是无法确定它的旋转方法，究竟是以我们熟悉的芭蕾舞式的脚掌为轴，还是卡塔克舞式的以脚跟为轴。敦煌莫高窟 220 窟中的双人舞姿态，一直被舞史学家定义为“胡旋舞”。当然这也引来了学术界的相关争议，如果我们能先忽略争议来审看一下这种舞姿的话，也很难从中提取“卡塔克”的影响。因此，我们尚没有从卡塔克舞的舞姿中获得“胡旋舞”就是“卡塔克舞”的结论，至少是到目前为止仍不能成为定论。但显然，卡塔克舞的旋转方式，显然更易让我们联想起那些脍炙人口的唐代诗篇。

今天印度所有的以卡塔克舞为生的舞者都会练就旋转的绝招，这是一个基本功，而训练这种旋转绝技的过程是极为苛刻而严格的。本人在印度期间就常在卡塔克舞者的练功厅看到舞者们投入其中的全情心力，往往是一口气儿快速旋转，一次下来至少有200圈儿，而且，这在卡塔克舞者的训练中几乎是家常便饭。联想到白居易的诗，“天宝季年时欲变，臣妾人人学圜转，中有太真外禄山，二人最道能胡旋”，颇得唐玄宗垂爱的贵妃杨玉环和胡人安禄山都能把胡旋舞跳得极其精彩，以至于能乱了君心，那么，如果胡旋舞真如卡塔克舞般旋转如风，可以想见的是，太真和禄山的旋转舞技必非一般，一定是经年的练习而得。安禄山是胡人，《旧唐书》说他是个大胖子，“晚年益肥壮，腹垂过膝，重三百三十斤，每行以肩膊左右抬挽其身，方能移步。至玄宗前，作胡旋舞疾如风焉”（《旧唐书・安禄山传》），而白居易更有“禄山胡旋迷君眼”的诗句，身材如此硕壮的大块头儿仍可以“旋舞疾如风”，这让今天的我们很难想象。我在印度则经常可以看到大块头儿的卡塔克舞者，跳起卡塔克舞来，几乎都是“急转如风”的。在印度，舞蹈艺术并不是苗条人士的专利，许多可谓“胖壮”之人也会常旋起舞。倒是这种舞蹈面前“人人平等”的现象，让我很是眼热。它说明印度舞蹈文化的平民性和公平性，让任何热爱舞蹈的人士都可以享受到舞蹈艺术所能带来的快乐和益处，而不独为舞蹈艺术家所专有。这样的舞蹈情状，可谓理想。

结语

在盛唐流行了约半个世纪（白居易有“五十年来制不禁”之句）的胡旋舞，也给我们在动作本体的角度留下了谜团。以上对印度卡塔克舞望文生义般生发的“大胆假设”，仍需要从各个方面和多角度小心求证。虽然，我们尚不能断定“卡塔克舞”就是唐诗所表述和描绘的胡旋舞，或者前者在某种程度上影响了后者的生态，但从这样一个崭新的角度用以我们的思考，不啻拓宽了我们对胡旋舞再认知的思考维度。

让人唏嘘的是：胡旋舞已经不复存在了，但卡塔克舞依然似老树新花，以其古老而独特的魔力在今天这样的新条件下持续绽放符合艺术理想的巨大光芒。

参考文献：

1. 王克芬：《中国舞蹈发展史》，上海人民出版社2005年版。
2. 王克芬：《中华舞蹈图史》，中国台北文津出版书局2002年版。
3. 中国舞蹈艺术研究会舞蹈史研究组编：《全唐诗中的乐舞资料》，人民音乐出版社1958年版。

4. 江东:《印度舞蹈通论》，上海音乐出版社 2004 年版。
5. （唐）杜佑:《通典》，中华书局 1988 年版。
6. 荣新江、华澜、张志清:《粟特人在中国》，中华书局 2005 年版。

丝路戏路：海上丝绸之路上的马来西亚华语戏曲

康海玲 / 中国艺术研究院

从19世纪末德国地理学家李希霍芬和法国沙畹首次提出概念，到20世纪晚期联合国教科文组织的重大考察活动，“丝绸之路”和“海上丝绸之路”历经百年沧桑，终成显学。2013年，“一带一路”的提出，将这一学术课题提升到国家倡议和愿景的高度。很显然，海上丝绸之路这条贯通东西方文明的通道，既是沟通东西方经济贸易的大动脉，也是文化、艺术交流的大动脉，在很大程度上促进了各沿线国家和地区之间文化艺术的互通有无、互学互鉴。

中华戏曲主要经由海上丝绸之路走向世界，海上丝绸之路也可以看作海上戏曲之路。中华戏曲对外传播路径有陆路和海路，尤以海路为主。海上丝绸之路开辟之后，从经济贸易的角度而言，由于航贸上陶瓷、香料等占有重要位置，而且影响深远广泛，所以很多人又把这条商贸之路称为“陶瓷之路”“香料之路”。从文化交流、艺术传播的角度而言，海上丝绸之路无疑是中华戏曲流传海外的最重要的路径。中华戏曲随着华侨华人的迁徙，突破了本土的狭隘，借助这条贯通亚、非、欧的世界文化交流的大通道漂洋过海，在欧美澳、东南亚等地区建构了庞大的“艺术中华”的交流网络，四个多世纪以来，作为族群共同体文化认同的方式加以发扬光大，持续不断地将中国审美、中国经验、中国精神传播到世界各地。

自古以来，东南亚就是海上丝绸之路的重要枢纽和组成部分，是戏曲海外传播最繁盛的地区，堪称除中国本土之外，戏曲生存的一个次中心区域。[1]东南亚有11个国家：越南、老挝、柬埔寨、泰国、缅甸、马来西亚、新加坡、印度尼西亚、文莱、菲律宾、东帝汶，其中，戏曲在马来西亚最具代表性。一个多世纪以来，马来西亚华语戏曲（以下简称“马华戏曲”）不仅建构了完整的戏曲史，而且演出从未中断，一直活跃于华人生活中。

十多年来，笔者曾多次前往马来西亚的吉隆坡、槟城、马六甲、怡保等地做田野调查，收集了许多珍贵的第一手资料，深入考察了戏曲在马来西亚的历史及现实。笔者洞悉，戏曲在马来西亚的艰难传承，与华人的宗教信仰和民俗节日等息息相关，并发挥着复杂多元的社

---

[1] 康海玲：《海上丝绸之路上的戏曲传播》，文化艺术出版社2017年版，第31—32页。

会文化功能。

一、丝路奇观：马来西亚中元节的戏曲展演

丝路上的东南亚华语戏曲，是世界华人艺术的重要组成部分，可以看作一个相对独立的整体。通过田野调查，笔者发现，马来西亚中元节的戏曲展演、新加坡韭菜芭城隍庙的酬神戏，以及泰国九皇斋节的戏曲演出，是戏曲在海上丝绸之路的三道奇观。

在海上丝绸之路沿线各国华人社会的中元节庆典中，马来西亚中元节的戏曲展演最繁盛（当地华人称为“普度戏”），其中，尤以槟州最具代表性。槟州是马来西亚 13 个州中华人最集中的一个州，首府槟城（pulau Pinang），是东南亚著名的文化古城，从 19 世纪开始陆续汇聚了来自中国不同方言群的移民，他们带去的剧种有高甲戏、莆仙戏、歌仔戏、梨园戏、闽剧、闽西汉剧、潮剧、粤剧、琼剧等，还有特殊的戏剧样式——福建木偶戏和潮州铁枝木偶戏等，此地成了名闻遐迩的“戏窝子”，吸引了世界各地的学者及观光游客，是马华戏曲移植和发展的精彩呈现和历史见证。

马来西亚中元节的信仰及习俗主要源自中国闽粤两地，是早期下南洋的闽粤先民带去的。马来西亚华人普遍信仰的宗教，即陈志明先生所提出的“华人宗教”[1]，主要移植于中国本土，特征为儒、释、道杂糅混合，不仅礼佛拜神，还崇拜祖先及自然神祇、庶物精灵等。中元节也不例外，每年农历七月十五日，道教称为“中元节”，佛教称为“盂兰盆节”（简称盂兰节），民间俗称“鬼节”“七月半”等，马来西亚华人通常把这个全年最热闹的节日称为“盂兰胜会”“中元节”，或“庆赞中元”。该节日融合了儒、释、道的礼仪和精神，马来西亚华人学者王琛发在《中元普度的信仰传承》一文中指出：这是儒家的慎终追远与祭厉求安的传统、道教的中元科仪和忏悔改过的教导、汉传佛教的盂兰盆会的兼容并蓄。道教讲究“三元”，即正月十五上元节、七月十五中元节、十月十五下元节，分别为天、地、水三官考校功过的特殊时节，有所谓的天官赐福、地官赦罪、水官解厄之说。相传在农历七月初一这一天，地官普施幽魂，让阴间的幽魂重回阳间，人们举行设食祭祀、诵经作法等“普度”“施孤”的活动，祈福免灾，还包括提供各种娱乐。而在佛教界，农历七月十五日是众僧结夏圆满的日子，佛教徒举办盂兰盆法会，以百味饮食等供奉佛僧大德，济度六道苦难，这样做既可让已逝的父母先辈等离苦得乐，又可为在生父母消除苦恼、添福添寿，以报答父母的养育之恩。

---

[1] Tan Chee Beng, “Chinese Religion in Malaysia: A General View”, *Asian Folklore Studies*, Vol. 42, No.2, 1983, p.219.

据考察，每年马来西亚中元节的庆典都以祭拜“面燃大士”为核心。该节是马来西亚华人最大的祭祀节日。华人一般在祭祀亡灵前，必先祭拜“面燃大士”（也叫“大士爷”“普度公”“鬼王”）。马来西亚华人的信仰生活既包括神灵崇拜，也包括鬼灵崇拜，神灵与鬼灵作为中元节祭祀的对象共同在场。“面燃大士”在祭坛上是金刚鬼王的造型，通常以焦面大腹、瞠目獠牙、口吐火焰，手举“分衣施食”令牌的形象出现，头上还有一尊观音本相。佛教认为，轮回饿鬼道的众生因为过于贪婪而变得肚大喉细，吃食物时口吐火焰，食不下咽。“面燃大士”以其特殊形象出现，主要是承传了《法华经·普门品》里慈悲观音为了普度众生而化身千百亿的说法，度化众生，教化恶鬼，告诫世人。有一个极为突出的现象是，早期那些离乡背井客死马来西亚的华人先民，也是祭祀的主要对象，当地华人称其为“好兄弟”，演戏时，观众席第一排固定留给“好兄弟”。马来西亚中元节通过大规模的宗教祭祀，在酬神、娱神的同时，又要抑鬼、娱鬼等，以达到祈福禳灾的最终目的。

戏曲演出是马来西亚中元节必不可少的内容。这种戏俗，是华人先民带到新马一带发扬光大的。马来西亚华人认为“大士爷”最爱看戏，戏曲是敬献给“大士爷”的最好礼物之一。中元节演戏可以看作马来西亚华人的狂欢，通常以华人街区为单位举行。农历七月一整月时间，马来西亚 13 个州的华人街区，每天以戏曲演出为乐。槟州中元节的戏曲演出，场次、规模、剧种等是其他州望尘莫及的。笔者 2012 年 8 月 30 日到马来西亚槟州采访槟州中元联合会主席方锡希先生。他介绍，早在 1975 年，槟州的中元祭典就有了专门的组织，即“槟州庆赞中元理事会”，1979 年注册成为一个合法的团体。1980 年该委员会扩大了组织机构，更名为“槟州中元联合会”，负责统筹安排各个街区的中元节活动。

二、个案调查：槟州大山脚中元节祭祀仪式及戏曲演出过程

槟州是马来西亚华人集中且主导政权的地方[1]，该州著名的潮州村——大山脚的普度戏最热闹。1970 年之前，其演出盛况常持续一个月左右，每日不同街区多场戏同时上演，1980 年以后，由于受到法规的禁限，各街区轮流演戏最多不得超过五天，演戏的场次总数明显减少。

笔者分别于 2005 年、2006 年、2007 年、2012 年、2017 年的中元节期间，到大山脚做田野调查，走访了此处共 27 个华人街区，分别为：甘榜亚士顿、益美园、居林路、甘榜峇鲁、亚里码、春江园、柔府村、武吉丁雅、峇东峇祈、柏林镇、南美园、麦谷园、武吉美雅

[1] ［马］陈剑虹、黄贤强主编：《槟榔屿华人研究》，马来西亚韩江学院华人文化馆、新加坡国立大学中文系 2005 年版，第 357 页。

及忠英园，双溪南眉、美葛哈伦、十字路、南岛花园鱼池区、十三公司及百利镇，珍珠市及巴东拉浪，丽山花园、武必拉、佬叶园及新丽山，丹那列白菜园、甘榜哥菲、安宁园、蔗芭、山脚镇。所到之处，看到普度戏轮番上演，一幅人、神、鬼共娱同乐的民俗画卷跃然。

2017年9月2日（农历七月十二），笔者到达大山脚甘榜亚士顿街区，对普度戏做了深度的调查。从2000年起，该街区举行中元节活动，通常是在每年农历七月十三至七月十七之间。9月5日（农历七月十五）是膜拜“大士爷”的正日。祭祀广场设于华人古庙——玄天上帝庙的旁边，戏台正对着庙宇的正殿。神坛设于祭祀广场最显要的位置，分别供奉天公（即玉皇大帝）、主神“大士爷”及陪祀的神明。祭祀仪式围绕着神坛举行，戏曲演出则由来自泰国的知名剧团老赛宝丰潮剧团担纲。祭祀活动和戏曲演出是这样进行的：

9月4日（农历七月十四）23:00，设立神坛——天公坛，法师先在天公坛举行科仪，请求天界诸神，允许开坛设醮，并邀请“天公”参加中元庆典。

9月5日（农历七月十五）7:00—8:50，摆供品。在“大士爷”神坛前，摆上各种牺牲、香烛、鲜花、水果、甜点等。

9:00—10:30，诵经。众善信跟随法师诵经，叩拜“大士爷”。

10:40，迎请圣水。法师迎请圣水，洒向众善信。

11:00—11:40，午供。法师诵经，宣读该街区本届中元理事会成员名单，念文疏，献福物。礼毕，法师用潮州话对周围的善信说一些吉利话，善信们随声附和。最后众人齐声高呼“发了”“发了”。法师将花瓣、糖果、发糕等供品抛给众人，抢到为好兆头。

与此同时，剧团团长在戏台神龛前点香恭请戏神，祈求演出皆顺。随后，戏台上锣鼓喧天，开始热台。

12:00，大型扮仙戏《六国封相》演出正式开始。不时有善信给演员赠送红包。台下观众大多为华人，还有少数的印度人，没有马来人。

12:40，演出结束，法师带领一对扮演状元夫妇的演员及《六国封相》的全体演员，从戏台走向“大士爷”神坛顶礼膜拜。状元手捧着一顶状元帽和一对题写着“答谢神恩，连登科甲”字样的对联，与之并排走着的是怀抱着戏神“三太子”的状元夫人，其他演员跟随。状元帽、对联放在供桌上，戏神也面向戏台上香供奉着。演员依次跪拜后，重回舞台，锣鼓再次敲响。

13:05—13:25，演出小型扮仙戏《八仙贺寿》和《仙姬送子》。台上演员面向“大士爷”做各种祈福接祥科仪。

13:30，请福物回家。法师逐一推出供桌上特定的25份福物，众善信求得“大士爷”恩准后，恭迎福物回家。

14:00，招标宝物及确定下一届的新炉主。该街区事先准备了五份招标宝物，分别被冠以“满门生辉”“步步高升”“财源滚滚”“百事吉利”“健康长寿”之名的供品。法师主持招标仪式，确定中标者及新炉主等。标的现款交给该街区中元理事会，用于慈善事业。

14:10，日戏演出开始。戏台上潮剧《齐国双王子》精彩呈现，而台下观众寥寥无几。

16:15，恭送戏神。当日戏接近尾声时，由中元理事会的两名成员恭送戏神回戏台的神龛。那顶状元帽也被送回剧团。

16:30，日戏演出结束。众善信再到神坛前上香，祈求。

19:30，法师延请三界诸神，为该街区祈求庇佑。众善信上香祈福。

19:50，戏台上鼓乐齐鸣，观众相继落座。神坛前香火旺盛，善信虔诚拜忏。

20:00，夜戏（也叫大戏，正戏）演出开始。先是上演小型扮仙戏“五福连”，即《李世民净棚》《八仙贺寿》《跳加官》《仙姬送子》《京城会》。演罢，祭拜仪式开始，类似于当天伴随日戏进行的仪式。礼毕，演出潮剧《义薄云天》。观众以华人居多，印度人次之，没有马来人。

22:40，恭送戏神。戏神重回戏台的神龛。状元帽也被送回。

23:00，演出结束，鸣炮收场。法师诵经，奉送三界诸神。当天的宗教祭祀仪式及戏曲演出活动宣告结束。

三、相辅相成：祭中有戏，戏中有祭

由上观之，马来西亚中元节的戏曲演出与宗教祭祀息息相关，紧密相伴，表现祭中有戏，戏中有祭的特征。有中元节的祭祀活动，就会有普度戏。在普度戏的演出过程中，又时不时穿插进行祭祀仪式，两者相辅相成，彰显了华语戏曲的宗教功能。

祭祀的戏曲担当怎样的角色？马来西亚华人宗教民俗节日，往往由一系列的祭祀仪式、独特的艺术展演（戏曲、木偶戏、歌台等），以及珍馐佳肴供奉等构成一个完整的体系。

一方面，戏曲作为一种特殊的“礼物”存在。据槟州洪凌峰法师介绍，在马来西亚华人的观念中，要消灾祈福，实现生命的理想境界，离不开神灵的庇佑。这就要求除了献上香花、香烛、冥纸、食物等丰盛的供品之外，还得献上最高大上的“礼物”——戏曲，用这种具有形式感的视听融合的文化盛宴，表达华人不可动摇的虔诚之心，以求神灵最大程度的护持。

另一方面，戏曲作为一种艺术样式的展示，还带有特殊的宗教仪式意义，戏曲演出和祭祀仪式经常表现交互渗透的态势，最明显的例子是扮仙戏。这种带有一定宗教色彩的仪式剧，华人称其为吉庆戏或例戏。新加坡学者容世诚先生强调，新马一带的扮仙戏，主要有宗教上的祈福除煞和显示戏班实力、炫耀行头服饰等功能。[1] 扮仙戏在每天的日场和夜场演出之前，必率先上演，有大型扮仙戏和小型扮仙戏之分。大型扮仙戏盛演的剧目有《六国封相》《鲤鱼跳龙门》《蟠桃大会》等。其中，最受青睐的《六国封相》通过苏秦为丞相，衣锦还乡的故事，象征吉祥、成功等人生愿景，借以为华人街区除煞消灾、迎祥接福。引人注目的仪式剧的宗教性质，常通过戏曲表演环节实现。舞台和祭坛打成一片，演员和法师的角色，在某种程度上实现了双向互换。如潮剧《六国封相》，花旦在临近剧终“撒米”，这是祭祀仪式“播种谢土”的环节，更重要的是包含着“施食众鬼”的象征意义，这和“大士爷”手举令牌上所书“分衣施食”体现的救苦赈济思想互相吻合。“穿铁索”的表演环节，演员的传统舞台步法和法师在祭坛前走的步法相似，都是穿梭交叉走动，从而形成一个类似于铁索的图案，这在宗教语境里具有“驱邪除煞”的功能。小型扮仙戏《李世民净棚》，也是将祭坛延伸到戏台，利用戏台的空间进行消灾解难的“除煞”仪式。小型扮仙戏《跳加官》《八仙贺寿》《仙姬送子》《京城会》四个剧目，进行的则是接瑞迎祥的“祈福”仪式。上述仪式剧，演员一会儿在戏曲表演里，一会儿在祭祀仪式里，在不断跨界之间，既完成了艺术层面的戏曲展演，又完成了宗教层面的祭祀仪式。

由马来西亚最典型的中元节戏曲展演，可以一管窥全豹，马华戏曲之所以能够走过一个多世纪的风风雨雨，主要是因为其和华人宗教信仰民俗紧密联系在一起，获得了顽强的生命力和推广力。

首先，华语戏曲依托宗教信仰民俗而存在，宗教祭祀伴随着华语戏曲，华语戏曲反过来强化了宗教祭祀的意义。马来西亚华人社会，如果没有源远流长的宗教信仰民俗的滋养和需求，华语戏曲的生存发展就难以为继。随着老一辈戏曲观众故去，华语戏曲的薪传极有可能断层，甚至逐渐淡出新生代华人的视野，走向消亡。马来西亚华人的宗教民俗节日众多，如农历新年、天公诞、上元节、太上老君诞、清明节、端午节、观音诞、中元节、中秋节、九皇斋节、冬至。其中，与神鬼相关的节日最具感召力，主要围绕祭拜神鬼和娱乐展开活动。华语戏曲跻身于上述神诞或节日中，获得了宗教民俗信仰的支撑，通过种种方式增强了自身的生命力。宗教信仰民俗也借华语戏曲吸引信众，扩大影响力，宗教祭祀的意义得到强化。宗教信仰民俗对戏曲的客观需求，促进了戏曲的生产和消费。在一次次的文化展演中，华语戏曲加强了流播，得到了不断发展，树立了自己独特的形象。

其次，华语戏曲充当着阐释、弘扬华人宗教信仰民俗的特殊载体。马来西亚的华语戏曲

---

[1] ［新］容世诚：《戏曲人类学初探》，广西师范大学出版社 2003 年版，第 83 页。

是展现华人传统社会生活的“舞台书记官”，有关婚丧嫁娶的习俗、耕作制造等生产经验、拜神占卜等信仰习俗等，在戏曲里都有所呈现。华人通过看戏，便有机会认知属于本族群共同的历史和文明的印记，同时，华语戏曲给马来族、印族等友族提供了一种了解华人文化的独特视角。比起文字的表述，用华语戏曲这种集视觉、听觉为一体的综合性艺术，记录华人的民族情感及宗教民俗信仰，更直观生动。华语戏曲表述的对象，让观众更加自由地用自己的眼睛、自己的耳朵、自己的心灵去充分感知，捕捉丰富多彩的信息资源，建构一个“文化中华”的形象。

四、文化功能：酬神娱鬼与满足华人世俗生活之需

戏曲作为一门艺术，在中国，对全民的社会政治、文化生活的影响是有限的；而在海外，特别是东南亚，却是另一番情形。戏曲的移植和发展，必然受到所在国的种族政治、社会文化、国民教育等制约。周宁先生认为，戏曲在移民社会的生存，要面临本土和故土、同化和异化等问题，其社会文化功能更宽广更重要。[1] 由于生存的文化土壤有别于中国本土，海外华人常赋予戏曲演出更多层面的内涵。多元复合的文化功能是戏曲在东南亚乃至海上丝绸之路的特征，突出表现在：以酬神娱鬼的宗教功能为主，以世俗语境下的多功能整合（如审美娱乐、凝聚族群力量、薪传华人传统文化、彰显华人文化权等）为辅，呈现强劲、多元的穿透力。

纵观马来西亚中元节及华人其他传统节日的戏曲展演，宗教语境下的酬神娱鬼，是华语戏曲移植异域、安身立命的关键。马来西亚华人先民最初登上异域的热土，就有建庙宇、搭戏台的传统。集资建庙是他们安顿后的首要之事，以奉祀故国家园的神灵，满足信仰需求。如 17 世纪末由甲必丹、李为经带头筹建的最早华人庙宇——“青云亭”，以及建于 1800 年的槟州古老的华人庙宇——广福宫，此类庙宇都建有戏台。这些庙宇和剧场，组成了华人共同的宗教生活，培育了戏曲文化的域外市场。悠远深广的宗教背景，为戏曲的海外传承提供了沃土。费孝通先生曾经精辟论述：我们对鬼神的供奉，为的是风调雨顺和免灾逃祸。我们的祭祀很有点像请客、疏通贿赂。[2] 马来西亚华人的酬神娱鬼，功利性也很强，特别是演戏，可以视作人与神鬼打交道的最高级公关手段，目的是为了实现祈福禳灾的现实利益。

除了完成酬神娱鬼的功能外，戏曲演出的使命还在于作为华人个体或群体象征性表达的

[1] 周宁主编：《东南亚华语戏剧史》，厦门大学出版社 2007 年版，第 5 页。

[2] 费孝通：《美国与美国人》，生活·读书·新知三联书店 1985 年版，第 110 页。

载体，满足华人世俗生活之需。戏曲在海外国家的生存境况使其难免染上所在国的色彩，与在中国母体时迥然有别，所以，对该领域的研究必须另辟路径。另外，在东南亚国家，戏曲观众越来越少，甚至出现无人问津的惨淡局面。当戏曲的审美娱人功能逐渐淡化后，人们更关心如下的问题：马来西亚华人为何总是热衷于在宗教祭祀中奉献戏曲？演戏这种文化行为，和华人的社会生活实践，以及文化心理有怎样的关联？观演者如何看待？华人为何一改平常的节俭，耗费巨资在演戏上？

特殊的学术问题需要相应的研究方法，如果我们只是停留在像照相机似的纯粹地描述华语戏曲在马来西亚的演出场景，或者沿用传统的研究戏曲本体的方法，还是远远不够的，最终无法揭示演戏行为内在的本质。对此类问题的研究，不仅关系到艺术审美层面，还必须侧重于诸多关于社会的、文化的、心理领域的探寻，才能把研究置于科学的、整体的视野，并有望直奔问题的本质。在这方面，近年来最具影响力之一的美国人类学家克利福德·格尔兹解释人类学的研究方法，具有不可低估的指导意义和借鉴作用。

格尔兹善于抓住具体个案，从符号的象征意义入手，充分地阐释文化及功能，同样，我们也可以把马来西亚中元节戏曲展演作为典型个案进行深层的阐释。《深层的游戏：关于巴厘岛斗鸡的描述》是格尔兹的巴厘岛系列民族志的代表作，也是其研究人类文化的典范之作。他对斗鸡活动背后的文化意义进行探寻的方法策略，启发了笔者。格尔兹将巴厘人的赌博游戏——斗鸡，看作一种文化符号，把它与巴厘人的生活秩序、道德伦理、艺术表现，以及信仰禁忌等，联系成一个整体。表面上搏斗的是公鸡，实际上却是男人。[1] 公鸡和男人间存在着社会心理层面的象征意义。大多数巴厘岛的男人为什么会花费大把时间和金钱去饲养、训导、修饰和谈论公鸡，甚至以一种痴迷般的激情，不顾法律的惩戒和道德的谴责投身于斗鸡游戏中？格尔兹通过象征意义，让人们看到在激昂的男性创造力和放纵的兽性毁灭力之间，动物的野性、男人的自恋、激烈的抗衡、荣誉的象征、地位的争夺、鲜血的献祭，以及社会秩序等。戏曲在马来西亚中元节展演，与巴厘岛斗鸡一样，都是带有象征意义的文化行为。作为有趣的个案，戏曲展演和华人之间存在着某些需要表达和张扬的深刻复杂的关联。

在华人社会中，华语戏曲的演出活动是华人表达自我的一种方式。宗教祭祀的戏曲演出，大多属于个人还愿报效的性质。华人争着向神灵报效戏曲，不仅为了赢得神灵的欢心，还为了获得精神的满足。这样，在一向“爱面子”的华人圈中，就形成了强有力的竞争场域，演戏这种文化行为被象征性地用于表示“成功”“荣誉”“尊严”等。华人搬演戏曲，需要投入大

[1] ［美］克利福德·格尔兹：《文化的解释》，纳日碧力戈等译，上海人民出版社 1999 年版，第 478 页。

量的金钱，看重的不是利润，而是借此赢得社会的尊重、提升社会地位，这些在象征的意义上显得更为重要。戏班的来源、演员的阵容等都与金钱投入多少有关，特别是邀请国外知名剧团参与，耗资更不是小数目，与报效者的个人身份、社会地位、道德等级之间常产生微妙的关联。这个过程，是华人理想的自我表达过程，道德的满足、精神的愉悦等结伴而来，戏曲展演的意义因此变得更深刻。

华语戏曲的演出活动，也是华人群体象征性表达的载体。一方面，组织了华人的公共生活，凝聚了族群共同体的力量。另一方面，也是不同州府、帮群、街区、方言组织之间，展开竞争、表达自我的方式。在多元种族的国家里，对于人口比例逐渐不占优势，且平时缺乏群体公共生活的华人而言，通过演戏，可以让不同阶层的人，从四面八方聚拢来，使用共同的文化符号，感受同一戏曲活动，有利于加强族群的归属感，增进族群的向心力，也是向友族展示华人力量的有效途径。在剧场的虚拟变幻和祭典的感应互动之间，华人的凝聚力一再接受考验。演戏耗资巨大，需要雄厚的经济支撑，从华人每年频繁地捐献戏金的数目，显示族群在经济方面绝对的力量与优势。而华人在马来西亚所占据的显赫的经济地位，是促成族群政治诉求成功的最关键因素。另外，在华人内部，各州、各帮群、各街区的华人，在经济、文化等方面表现不均衡，他们之间的竞争也从未中断过，演戏付出的多寡，在一定程度上成了评价华人财富的尺度。而华人之间财富竞争的结果，是影响能否成为华人社会权威性人物的重要因素。这种竞争，在演戏酬神活动中表现较明显。

华语戏曲在马来西亚，以及海上丝绸之路其他沿线国家，不作为主流文化，都是属于边缘文化。华人的文化认同和自觉坚守，使得华语戏曲在异质文化土壤里获得了合法的文化身份，文脉得以延续至今。不可忽视的是 21 世纪以来，现代感强烈的歌台的兴起，动摇了华人宗教仪式中华语戏曲存在的稳定性，瓜分了演出市场，造成了戏曲生态的恶化，华语戏曲的生存危机有目共睹。随着社会的变迁，如何提高华语戏曲的艺术魅力？如何在彰显其最重要的酬神娱鬼功能的同时，在世俗语境下开掘新的功能，在海上丝绸之路沿线国家走出一条更坚实的本土化和世界化道路？这些都是时代赋予我们的新命题。

“一带一路”建设与非物质文化遗产交流合作

——以中越边境天琴艺术文化为例

赵明龙 / 广西社会科学院

中越两国跨国境而居的民族，按中国已确定的民族成分计算，有壮、傣、布依、苗、瑶、汉、彝、哈尼、拉祜、仡佬、京、回 12 个民族，另有克木人和莽人 2 个民族成分未定；如按越南已确定的民族成分认定有 26 个民族，即京（越）、岱、侬、泰、布依、热依、山斋、泐、赫蒙（苗）、瑶、巴天、拉基、布标、哈尼、拉祜、倮倮、普拉、华（汉）、艾、仡佬、莽、贡、西拉、克木、占、山由。中越两国跨境民族相差有 14 个民族，是因为中越两国划分民族的标准不同[1]。在中越跨境民族中，壮、岱、侬、泰等族群共同拥有天琴艺术文化，主要流布于中越边境地区。天琴艺术起源于古代越巫文化，并脱胎于巫文化，形成当今具有文化艺术价值、历史价值等当代价值的非物质文化遗产。在推进“一带一路”建设中，如何加强中越跨境族群天琴艺术文化交流合作，是中越两国在“一带一路”建设中面临的重要课题。本文拟以中越边境天琴艺术文化为例，试就“一带一路”建设与非物质文化遗产交流合作进行一些探讨。

一、天琴艺术文化的基本特征

天琴艺术是集乐器、乐曲、唱词、弹唱、舞蹈等于一体的传统音乐的杰出代表，主要在生育、婚礼和葬礼等礼仪活动，以及春节、侬峒节等节庆弹奏。天琴艺术既包括天琴的制作技艺，也包括曲目的编创和演奏艺术，具有祭天、祈福、表演等多种文化功能，具有突出的历史价值、文学价值、艺术价值、科学价值，是民族认同的重要纽带和中外文化交流的重要载体。天琴艺术是跨境非物质文化遗产，它一般是指我国古代骆越及其后裔桂滇地区傣、侬、壮族群和越南北方岱、侬、泰族群，历史流传集弹拨弦鸣乐器、乐曲、吟唱经诗、跳舞等为

---

[1] 范宏贵：《中越两国的跨境民族概述》，《民族研究》1999 年第 6 期。

一体的传统吟诗弹唱、乐舞结合的祭天娱神求丰收和驱邪祈福求平安的民间信仰与文化艺术相融合的活动。

天琴艺术文化特征主要有六：

（一）广泛性

壮族天琴艺术发源于中国的广西、云南等壮族地区，后流传至越南北部地区。天琴文化流布地域具有广泛性，主要在古代骆越地区，现今中越边境地区一带，即今我国广西左江流域一带、十万大山南麓和越南北部地区。在我国，壮族天琴艺术主要流布地以广西壮族自治区崇左市龙州县、凭祥市、宁明县、大新县、天等县和江州区，防城港市防城区、上思县，百色市所辖靖西市、德保县和那坡县等区域为第一聚集区；以广西钦州市钦南区、钦北区、灵山县，崇左市扶绥县，南宁市隆安县、良庆区，以及云南省文山壮族苗族自治州的富宁县、西畴县、麻栗坡县、马关县等辐射过渡区域等为第二聚集区。流布面积约 5.5 万平方公里，覆盖人口约 959 万人[1]。在越南，主要流布在广宁省、谅山省、高平省、宣光省、河江省等，以及太原省的岱依族、泰族、侬族村庄，西北地区莱州省、奠边省白泰族生活居住的地方，流布面积约 34686 平方公里，信仰人口约 440 万人（主要是岱依族、侬族和泰族）。

（二）悠久性

天琴艺术文化历史悠久，大约起源在骆越时代。天琴艺术源于古代，早期主要用于壮族民间仪式活动，后来在保留娱神功能的基础上兼备了娱人的文化功能。成长于民俗土壤的壮族天琴艺术历史内涵丰富，艺术表现形式多样，演奏形态分为“弹天”“唱天”“跳天”。弹天即天琴独奏；唱天即用天琴伴奏山歌或叙事歌的活动，弹唱结合；跳天即演奏者边弹琴边歌唱边带领众人跳舞的融“歌”“舞”“乐”为一体的综合艺术形式。从天琴艺术起源的“祈雨说”[2]这一民间传说来看，展示了骆越族群先民通过向天神求雨保佑五谷丰登，表明岭南骆越族群已经将人工栽培水稻普遍应用于骆越地区。稻作成为骆越主要生产方式，人们已经从狩猎向稻作转型过渡，这个年代距今有三四千年。从古籍记载分析，天琴艺术约在西周至春秋就已出现，时称越巫鸡卜。《史记·封禅书》载：越人俗鬼敬鬼，“乃令越巫立越祝祠，安台无坛，亦祠天神、上帝、百鬼，而以鸡卜。上信之，越祠鸡卜始用”[3]。说明早在先秦时期就存在了越巫，而越巫与天琴、“鬼婆”有一定的关系。嘉庆年间《龙州纪略》中载：“龙州遇有疾病者，即延鬼婆至家，永夜弹唱，亲族妇女以饮啖为散福。鬼婆大约青年者多，手弹二弦，

---

[1] 本文所称的“信仰人口”，是指对天琴文化的信奉和敬仰的人口，包括民间对天公、天婆（仙婆）举行的各种天琴传统仪式的信仰人口，也包括人民大众对各种现代天琴文化艺术活动的信奉和敬仰的人口。

[2] 李妍：《壮族天琴源流探微——壮族天琴文化研究之二》，《广西民族研究》2012 年第 2 期。

[3] 司马迁：《史记》卷二十八，中华书局 2000 年版，第 1191 页。

脚抖铁链，锒铛之声云以锁鬼。”[1] 这里的“鬼婆”就是巫婆。《龙州纪略》出版虽在嘉庆年间，但记载的史实却是久远而古老的，与《史记》的记载一脉相承。

（三）跨国性

天琴是跨国民族共同的艺术文化，主要由骆越族群后裔侗台语族群壮、傣、侬族群和越南北方岱、侬、泰族群创造发明世代相传的独有的文化艺术。随着历史上我国民族不断交融，天琴艺术文化也融入了汉族文化和中越边境瑶族、苗族等族群的一些文化元素，成为以壮、岱、侬、泰族群为主体，其他民族为补充的民族文化艺术融合体。

（四）艺术性

从天琴形制、琴师弹唱着装（服饰）、弹唱姿势、弹奏技法、乐曲、乐舞、唱词融合而成的天琴艺术性，既表现在民间祭天娱神、驱邪祈福的文化空间，也表现在脱胎于民间文化而登上当今舞台的天琴歌舞。天琴文化的艺术性外在表现主要是天琴形制独特、音域宽广、音色圆润、节奏明快，天籁之音般的艺术魅力、浓郁的民族特色和神秘的功能。艺术性还有一个显著的特征，那就是仪式性，天琴表演有很强的仪式感。如唱天、跳天等活动仪式感很强，又有很强的观赏性和娱乐性。

（五）信仰性

天琴是民间信仰的一种文化艺术活动。它最初可能是民间越巫文化，是最底层的民间信仰文化。后来注入了来自中外各路宗教信仰文化，形成具有岭南特色的民间信仰文化，并世代传承至今。这种信仰文化既体现在大型祭天“求务”（求丰收）活动，也体现在天师深入民间开展的民生祈福消灾信仰活动。

（六）职业性

职业性是指天琴艺术从业人员具有的职业多元与神秘，天师多亦师、亦医、亦农。天师一般有法号，是天琴艺术的神职，需要培训受戒后才能成师。天师职业性最突出的特点就是巫医融合，天师的“巫”既是传统的民间精神医生，也是骆越民间传统医药治病的土医生，将精神治疗与民族医药综合治疗结合，为平民百姓医治各种杂症和医治各种灾难。所以，天师是亦师、亦医的职业。同时，天师也是农民，平时无活动或农忙时也要从事农活。

[1] （清）黄誉：《龙州纪略》卷下，暨南书院藏版，第 57 页。

二、天琴艺术文化的主要价值

天琴艺术文化具有重要的价值，主要体现在以下几个方面。

（一）历史价值

天琴文化是中越边境地区的古老文化，蕴含着丰富的历史文化价值。天琴作为一种古老的形制乐器，是当地先民传承音乐历史的活态证据；天琴的乐舞融合了越巫音乐和舞蹈，是我国岭南骆越乐舞文化史的重要组成部分；天琴的手抄唱本虽然为明清时期的，但其内容多为古代甚至是先秦时期的内容，是研究我国古代历史的重要古籍，也是研究壮族方块字、壮族宗教史的重要资料；而天琴的各种仪式，也折射出我国南部骆越文化的仪式文化历史。总之，天琴具有重要民族学、宗教学、文学、音乐、舞蹈等多学科的历史内容，具有很高的历史价值。

（二）信仰价值

天琴文化除了娱人内容的陇峒节等活动以外，“做天”的“弹天”“唱天”“跳天”等仪式和内容涉及民间信仰，究竟“天琴”是文化传统信仰民俗，还是封建迷信、鬼神文化？长期以来，从官方到民间都有争议。如何看待这一文化现象？笔者认为，天琴文化是产生于原始社会和奴隶社会的民间宗教信仰，不是封建社会的产物，因而天琴文化不是封建文化。天琴文化“做天”的系列仪式，涉及的娱天求神、弹唱、喃经、乐舞等均是骆越民族民间宗教盛行的传统习俗，带有神秘感，不属于“迷信”；虽然在活动中扮鬼神通天对话，但这是人类初级阶段思维方式和客观唯心主义的表现，符合当时骆越人的思想发展水平。在天琴文化活动中，占卜、算命等貌似迷信的法术，但操持者强调信不信由己，不强求迷信，不强制收费，而是尊重求神者的意愿，给多给少由人，求神者一般只给一筒米或一只鸡作为对操持者的象征性报酬，负担不重，也不危害社会。鉴于此，笔者认为，天琴艺术文化不是什么封建迷信，也不是鬼神欺诈，而是骆越先民遗留的古老传统民族民间宗教习俗，具有重要的信仰文化价值。我国民族宗教大师牟钟鉴认为，壮族宗教是在信仰原生型民族民间宗教的基础上，同时信仰几种混合型宗教，诸教并立共存，难分主次，兼容并蓄，形成了壮族“宗教模式”，“壮族宗教是中国宗教多元通和模式在民族地区的典型表现之一，‘壮族经验’是‘中国经验’的重要组成部分”[1]。从现状来看，当今的天琴宗教文化具有兼容性，既保留了天琴文化，也兼容了中原一些宗教文化基因，成为混合型民族民间宗教信仰。

---

[1] 牟钟鉴：《〈壮族社会多元宗教信仰研究〉序》，《广西民族研究》2009 年第 3 期。

（三）社会价值

天琴具有社会心理抚慰功能。民俗文化具有三大功能，一是为群体调适，增强集体荣誉感，使人际关系更加和谐；二是自我调适，即通过在民俗文化活动中，实现心理慰藉；三是增加民族认同与团结。研究发现，在防城峒中，一些民众家庭或因个人生活或因身体健康才请天婆“做天”，目的是祈求家庭平安、人财两旺，其最终目标是实现心理抚慰。而一些家庭为了老人、小孩的平安，也请天婆来做添粮仪式等，祈求老人、小孩平安健康。从一个族群或社区村落来说，天琴艺术文化的社会价值在于它为人们祈求平安幸福安康。天琴“做天”，有来自四面八方的各族群众参与，尤其是陇峒节活动，不分男女老少，不分东西南北中，来的都是客，举办方会热情接待。通过节庆活动，增强各民族团结，也增强了民族认同，尤其是中越边境的布傣族群与壮族的偏人等跨境民族，在节庆中，不分国籍，大家一起过节，共同做天、唱天、跳天，营造了中越跨境民族团结的氛围。

（四）文化价值

天琴文化的“做天”“唱天”是壮族布傣人、偏人等族群在长期的劳动生活中创造的，这种活动通常是集乐器、乐曲、唱词、弹唱、表演于一体的壮族传统特色传统曲艺，具有珍贵的民族文化艺术价值，积淀着丰富而深厚的骆越及其后裔历史文化内涵，深沉地影响着壮族人民的信仰意识、价值观念、民族心理和民族性格，是壮族传统优秀文化代表，也是中华民族传统优秀文化重要组成部分。“唱天”与“天琴”密不可分，二者互为因果，没有天琴的伴奏就不能称为唱天。从文化意义上看，天琴首先是被看作法器，具有通天功能，承担着神与人的沟通桥梁作用，能够祈福消灾与酬神；弹唱天琴的人须具有“巫”的身份，受人尊敬。法器、唱本与神职人员乐舞等共同构成了天琴文化，是天琴文化的核心。作为一种古老的文化，天琴不论是过去还是现在都具有文化价值，尤其是当代文化价值。

三、中越天琴艺术文化交流现状及问题

（一）交流形式

中越天琴艺术文化交流历史悠久。早在10世纪，越南独立后，部分岱族先民俚僚人被划入安南，从而产生中越跨境民族。独立后的越南岱族先民俚僚人还经常与中国壮族先民俚僚人保持密切联系，相互传承发展天琴艺术文化。中华人民共和国成立以后，特别是1991年中越恢复正常关系以来，中越两国一直保持天琴艺术文化的民间和官方的交流。

1. 民间交流

中越天琴艺术文化民间交流具有以下几个特点：

联办陇峒节。陇峒节是中越边境壮、岱、侬、泰族群天琴艺术文化的标志性仪式和内容，也是双方交流的重要载体。以龙州金龙为例，每年各村依次举办或联办陇峒节：正月初八，由金龙镇双蒙村板霜屯和武联村弘朝屯、百里屯联合举办；正月初九日，由民建村布毫屯举办；正月初十，由板梯村、花都村等7个屯联合举办；正月十一，分别在双蒙村板池“美女村”和民建村板送屯举办；正月十二，由立丑村逐立屯举办；正月十三，由双蒙村等4个屯联合举办；正月十四，由横罗村等7个屯和越南的3个屯联合举办；正月十五，则在越南的下琅县城举行。至此，历时8天跨越中越两国的陇峒节交流活动正式结束。陇峒节期间，中越边民相互参与，对歌饮酒，热闹非凡。这是中越天琴艺术文化活动最具特色、最隆重的民俗文化交流，并世代相传至今。

图1　龙州县金龙镇横罗村天琴文化陇峒节求务仪式（赵文庆摄）

防城港市防城区峒中镇板典村组织的“阿宝节”（类似于陇峒节，也是天琴艺术的活动之一）活动，每年都举行盛大的对歌、热舞、赛大陀螺等传统节目，不仅壮族群众兴高采烈地参加，还有来自两国、三省、四县（即中国、越南；中国广东、广西，越南广宁；广西防城、上思、宁明，以及越南广宁平察）的数千人之众也纷纷前来分享这难忘的节庆活动[1]。

受戒聚会。受戒，壮族称“扣宋”，“扣”即前来之意，“宋”即聚会。每年都有一些徒弟

[1] 李妍：《壮族天琴文化传承与保护现状调查——广西壮族天琴文化研究之三》，《广西民族研究》2012年第3期。

受戒。每逢受戒，要举行规模不一的受戒聚会仪式，邀请中越双方师徒前来聚会，多达百人，少则几十人。受戒聚会既是受戒封法号仪式，也是天琴艺术文化交流的平台，双方师徒可借助这一机会交流天琴艺术文化，相互学习、传经送宝。受戒仪式通常要做两天两夜，场面庄重，仪式规范。

图 2　天琴巫师的传统受戒仪式（严造新摄）

师徒传授。师徒传授也是中越天琴艺术文化交流的一种形式，天琴师向越南徒弟传授天琴艺术文化技艺、赠送经书、传唱领唱经书等。以龙州金龙为例，这种师徒传授天琴艺术技艺活动，每年举行多次。天琴世家李金正保存着一幅布制的天琴宗教活动者传承图，图上记载了 130 多名李氏家族天琴宗教活动者的姓名，也有越南的徒弟。当今，天琴艺术传承人李绍伟、陇峒民俗文化传承人沈光玉两位天琴大师，除了在国内培养徒弟外，还分别培养着 6 名和 8 名越南徒弟，每年多次赴越南向徒弟传授天琴艺术。当地类似李绍伟、沈光玉两位大师热情向越南天琴艺术爱好传授技艺的比比皆是。

出国做法事。多年来，广西不少壮族天琴师积极为越南民众做法事仪式，这是传统的天琴艺术文化交流常态的活动之一。法事仪式主要有求花、陪花、安龙、补粮、消灾解难等。如广西龙州金龙天琴大师沈光玉，每年有两三个月的时间赴越南做法事活动，最远到胡志明市，就近在中越边境岱族、侬族、泰族村落，热情为越南群众做法事。赴越南做法事，本身是一种民间交流，在做法事活动中，把中国天琴艺术文化向越南民众传播的同时，也向越南的徒弟传授技艺和方法。

2. 官方交流

中越天琴艺术文化官方交流，主要有两种形式：

跨国访问演出。自 2005 年以来，应越南社会主义共和国邀请，“龙州天琴女子弹唱组合”多次到高平省、谅山省和太原省进行艺术交流，深受越南观众的青睐。为营造龙州县与越南高平省复和县友好、团结、活跃的交流氛围，2018 年 11 月 20 日，在龙州县与复和县建立国际友好县关系 5 周年纪念和第五次中越边界国防友好交流活动之际，龙州县组织代表团到越南复和县开展友好交流活动（见图 3）。2006 年 9 月，龙州天琴女子弹唱组合还远赴欧洲，随中央电视台参加奥地利萨尔茨堡艺术节及德国慕尼黑的艺术交流活动，深受好评。2017 年 1 月应邀赴法国参加首届海外电视春晚表演，产生了广泛影响。

图 3　2018 年 11 月 20 日，龙州县文艺队在越南复和县为越南民众表演天琴弹唱（农基椿摄）

邀请外国友人联欢。每年节庆，龙州、凭祥、防城都邀请邻国越南艺术团体、官员、商界代表来中国联欢，节庆中有中越同台表演天琴艺术，也有官员参观访问。2017 年 5 月 8 日（农历四月十三），龙州举行首届中国龙州—越南复和、长定传统情人节（壮语称“歌坡节”，歌坡就是在山岭原野上举行的歌圩，实为男女青年以歌传情的陇峒节），邀请了越南复和县、长定县官方代表、艺术家和越南在桂留学生等参加。中越两国艺术表演团队除了各自展示本国特色歌舞节目天琴歌舞等外，还通过互唱对方国家歌曲的方式互动传情，吸引了数千民众前往观赏。中越情人节还上演了抛绣球相亲、对山歌、背媳妇比赛、踩高跷、滚铁环、打陀螺等系列活动，中越两国青年以“情人的名义”，在游园活动中同台竞技，互唱中越歌曲，共跳中越舞蹈，促进传统友谊（见图 4）。

图 4　越南艺术团队

2014 年以来，每年防城港市防城区举行中越边关节庆活动。如 2014 年中越边境“三月三”民间文化旅游节和 2015 年“放歌三月三，情系北仑河”活动期间，防城港市多地均开展了丰富多彩的民俗活动，重点推出天琴艺术舞蹈，与来自越南海河县、平辽县、芒街市等地的客人欢聚一堂，通过山歌比赛、打陀螺比赛、文艺表演、壮瑶美食和土特产品展示、篝火晚会等活动，共庆壮族“三月三”，加深了中越两国人民的友谊。防城东兴市连续 16 届举行“一年一度中越青年界河对歌联欢”活动，而天琴艺术是对歌、乐舞的重头戏，这一活动成为中越两国边民以歌会友、以歌传情、共叙友谊的文化交流平台（见图 5）。

（二）面临问题

当前，中越天琴艺术文化交流合作面临的主要困难和问题有：一是民间交流多为“草根”，还处于原始性，层次还较低，尚未提升到艺术性和科学性高度。二是官方交流形式单一。自 2003 年以来，龙州、凭祥、防城天琴艺术文化与国外的官方交流形式还比较单一，一般停留在以官方举办的节庆相互邀请天琴艺术表演团队参与演出，展示中国天琴艺术为主。

图 5 中越青年在界河以歌会友，在龙州—复和、长定情人节表演歌舞的情景

三是各区域发展不平衡。天琴艺术文化广布于中越诸多地区，各地发展亦不平衡。在中国，龙州县开展天琴艺术活动较多，层次相对较高；防城区次之，其他地区基本上没有太多的活动。四是缺乏高层次专业人才。天琴艺术最缺乏的不是一般的年轻演员，而是高层次的音乐、舞蹈编创和壮语傣音天琴诗经翻译等专业技术人员。由于缺乏高层次的专业技术人员，影响了天琴艺术文化的挖掘整理和创新工作。五是缺乏常态化、制度化投入。非遗专项经费严重不足，天琴文化设施落后，道具紧缺，课题研究、学术研讨、宣传普及和培训经费奇缺，影响天琴艺术文化对外交流与合作。

四、加强中越天琴艺术文化交流合作

（一）自觉主动参与“一带一路”文化交流

天琴艺术文化是中国壮族重要的非物质文化遗产之一，也是中越共同拥有的跨境非物质文化遗产之一。广西应依托区位优势和文化资源优势，积极主动参与“一带一路”建设，特别是积极推进中越两国天琴艺术文化交流与合作。首先，提高认识。高度重视文化交流，要把文化交流当作提升我国文化软实力来抓。加强领导，像重视经济建设一样重视文化工作及交流合作。其次，制定文化交流合作规划，积极投身“一带一路”文化交流。文化交流需要有规划推进，避免因地方政府领导班子更迭而造成的制度上的缺陷，牢牢把文化建设与交流合作持续推进。

（二）科学对待天琴艺术传统文化遗产

时下，中越两国对天琴艺术文化遗产有些不同的声音，有一些官员和学者认为，天琴艺术文化是“巫术”，巫术就是“封建迷信”文化。因而，在非遗项目立项、经费投入、人才培养等方面不能够理直气壮地支持、保护和发展天琴艺术文化，影响了天琴艺术文化的国际交流与合作。对此，我们要科学对待这一文化遗产。2010 年 9 月，中国著名民俗学家、国家非物质文化遗产保护工作专家委员会副主任乌丙安，在重庆举行的首届中国华夏巫文化论坛上表示：“谁也不能否认，巫文化是‘母亲’的文化，是父辈们传下来的璀璨文化遗产之一”，“巫文化是中国文化发源的根基之一，如果忘记巫文化，就是数典忘祖”。他建议：巫文化应申报国家乃至世界非物质文化遗产。中国社会科学院文学研究所教授、中国神话协会会长、中国人类学会会长叶舒宪在巫文化论坛上也说：中华的传统中，最重要的、根最深的就是巫文化，应该把巫文化定为华夏的正宗遗产，申报非物质遗产项目非常及时[1]。重庆工商大学文学院院长熊笃认为，“巫师是巫文化的主体，是原始社会最高知识的代表和精神领袖”。把原始社会的巫文化与现当代的迷信活动混为一谈，通通以迷信一概否定，这本身就是一种愚昧的表现。现代人在研究巫文化时，既要肯定其历史价值，也要对其非科学的成分进行分析批判，严防其对现代社会产生消极影响，要取其精华、弃其糟粕[2]。可见，我国学界高度关注巫文化研究，并主张尽快将巫文化申报国家和世界非物质文化遗产。正如上述的专家所说的那样，天琴艺术文化活动，天师做法事涉及的“巫术”，已经不是原始的巫术，而是脱胎于原始巫术的艺术文化，因此天琴艺术文化不是封建迷信文化。当然，它也存在一些糟粕，可以通过“脱巫”（把非科学性的糟粕弃之）取其精华，提升天琴艺术文化。只有这样认识，才能使各级领导大胆支持推进天琴艺术文化国际交流合作。

（三）加强天琴艺术文化申遗前期工作

当前，应加快我国天琴艺术文化世界申遗前期工作：首先，尽快组织开展天琴文化普查和研究工作。建议由国家文化和旅游部牵头，组织相关的高校和科研机构，联合对广西边境地区进行天琴艺术文化普查和研究工作，力争早日取得一批研究成果。在此基础上，举办天琴艺术国际学术研讨会，提升我国天琴艺术在国际学界的影响。其次，建议国家社科基金设立一批课题。以国家社科基金特别委托项目的方式，支持广西壮族天琴艺术各支系开展一批课题研究，争取两三年内出版一批天琴文化系列专著，为我国天琴艺术文化申遗、保护传承

---

[1] 《专家：巫文化是“母亲”的文化　应该“申遗”》，人民政协网 2010 年 9 月 27 日。
[2] 《专家：巫文化研究非迷信　应取其精华弃其糟粕》，中国新闻网 2010 年 9 月 17 日。

提供理论支撑。最后，组织力量帮助广西申报国家级和世界级非遗项目。希望国家文化和旅游部组织相关机构和专家，组成研究团队，帮助广西开展申遗前期工作，指导撰写申遗材料，推动广西天琴文化尽快成功申报国家级非遗项目，继而申报世界非遗项目。

（四）加强对天琴文化保护传承的投入

希望国家文化和旅游部每年增加对广西非遗项目传承保护专项经费，以加强对天琴文化的专项保护传承；加强对广西天琴文化基地设施建设投入，建设一批天琴传习室、排练室、展览室、中小型舞台等，完善和提升基础设施功能，不断满足群众学习传承天琴文化技艺需求；加强学校开展天琴文化传承活动，在教材和天琴乐器、铜铃、传统服饰等道具方面给予资助；加强对天琴文化民间节庆活动的补助，支持民间开展群众性社会公益传承活动，激发更多的年轻人参与天琴文化传承；加大对影视制作投入力度，推出一批高质量的反映天琴文化艺术影视、动漫作品；增加广西边境地区天琴文化保护传承工作经费，解决聘用新老人员薪酬。

（五）加强对外文化交流人才队伍建设

适应“一带一路”文化交流的需要，加强对外文化交流的人才队伍建设。首先，重视在现有体制内的人才培养提升。将各边境市文化和旅游局下属的文化馆等人才队伍进行分类，按照对外交流需要，缺什么补什么，将现有人才送往各高校、各文化科研单位，通过培训进修、跟班学习，争取两三年内有一个质的飞跃。其次，按照文化交流需要，适当增加编制，直接从高校毕业生或相关学校、科研机构调进一批高层次的专业技术人才，如音乐舞蹈创编专业人员、壮语傣音天琴诗经翻译人员等，充实各相关文化部门。再次，按照兼职聘用的方式，从全国各地招聘一批兼职人员，不求所有，只求所用。聘用一批兼职的东盟小语种翻译人员，如越语、泰语、柬埔寨语、缅甸语、印尼语、马来西亚语等，以解决当前我国天琴艺术文化对中南半岛国家及其他国家的文化交流应急使用。另外，加大天琴文化艺术进校园、进教室力度。鼓励中学开设天琴文化艺术课，并将此课作为地方文化教育课程，列入学校和教师年度绩效考评，引导中小学生自觉学习和传承天琴文化艺术；对一些对音乐舞蹈有兴趣的中小学生，可开设专门的兴趣班，加大学习培训力度，引导其向艺术专业发展，为中考、高考培养艺术生源。最后，广西壮族自治区教育厅、文化和旅游厅应协调区内各高校艺术学院，在边境县区（龙州县、凭祥市、宁明县、防城区、靖西市，以下简称“五县”）试行定向招生，招录一批天琴文化艺术学生，培养天琴文化艺术人才。

（六）积极推进“一带一路”沿线国家开展合作

旅游开发与民俗节日表演相结合，中外节庆联办，是今后推进天琴文化保护与利用的方向。为此，建议广西崇左、防城港、百色三市，以及龙州、凭祥、宁明、防城、靖西、大新将天琴艺术涉及的节庆活动（如陇峒节、阿宝节、末伦节等）纳入自治区“壮族三月三”年度节庆开展活动，每年举行常态化的活动。同时，积极主动与相关越南高平省、谅山省、河江省联办或轮办国际性的中越天琴文化艺术节、陇峒节等，共同打造天琴艺术文化国际品牌，为天琴艺术文化国际化创造条件。节庆活动是传承保护天琴文化的重要平台和推手，也是推进民族文化与旅游业融合发展的最好途径，各地应该认真策划，选好主题，精心创作，加强宣传，努力打造好这一文化品牌，共同推动“一带一路”非物质文化遗产传承发展与保护工程的实施。

参考文献：

1. 孙航：《原始祭仪中的天籁之音——壮族（布偏）“天乐”研究》，中国文联出版社 2002 年版。
2. 潘其旭、许晓明：《壮族歌圩》，北京科学技术出版社 2014 年版。
3. 秦昆、王方红编：《古壮天琴文化考——壮族天琴文化艺术研究论文集》，四川民族出版社 2014 年版。
4. 秦红增、毛淑章、宋秀波等：《“侬峒”天琴：金龙布傣壮族群的信仰与生活》，知识产权出版社 2015 年版。
5. 农军、谭江文：《金龙峒布傣文化》，香港青年出版社 2015 年版。
6. 吕挺中编著：《天琴演奏教程》，西南师范大学出版社 2017 年版。

“一带一路”也是国际视野的认知勾连：新时代中国电影发展

周星 / 北京师范大学

感谢“一带一路”的倡议让我们超越单一的文化思考。我们都共同相信：人类要相互沟通相互理解，在文化和精神情感上相互沟通支持。“一带一路”是历史上世界智慧的勾连事实，我们的先辈通过特殊的纽带，从经济文化等多方面相连互通在一起，所以“一带一路”曾经是先人智慧开拓出来的动人的纽带，是古人善念所造就的沟通渠道，自然也是人类智慧结晶的一种标志。回到当下，“一带一路”是我们现实社会急切需要的新的勾连交流和人心相识纽带的结合。当今世界并不安宁，原本需要依赖各国政府和人民共同在气候、环境、经济发展、文化合作上努力的机制，时常被各种杂音所干扰。我们迫切希望而且需要更好地扭结在一起，因为我们只能是人类命运的共同体，无论对个体而言希望和他人沟通，还是对一个群体、国家而言希望相互尊重、共同勾连、互通有无，乃至对整个地球而言，谁也离不开彼此之间的理解互助。所以“一带一路”是人心所向，是不同的国家和人民在可能而且必要的连接渠道上，再一次连接起从古至今呼应的一种勾连关系。也许我们特别要说，中国是热爱和平讲求共同发展的历史文明古国接续的国度，期望借助“一带一路”真正和世界各国与人民，超越不同的地域扭结在一起，呼应人类命运共同体的本质。因为只有勾连才能路路通，只有心连才能情感通，只有彼此相通世界才能安宁，合而利同，参照利通，彼此呼应人类才能发展。无论是什么样的智能世界，还是什么样的复杂国体区域，彼此之间的认知交流最为重要。我们既要有“一带”也要有“一路”，其实就是我们既要有相互理解，也需要有相互的晤谈、相互的沟通，世界才能安宁，人类命运的共同体才能榫接在一起。诚如习近平总书记在庆祝改革开放四十周年大会上所谈及的：中华文明是人类历史上唯一一个绵延 5000 多年至今未曾中断的灿烂文明。在中国这样一个有着 5000 多年文明史、13 亿多人口的大国推进改革发展，没有可以奉为金科玉律的教科书，也没有可以对中国人民颐指气使的教师爷。他向世界宣告，我们要坚定不移地勾连在一起，我们不需要强权来阻挠这种互相独立而坚持发展的决心。我们要人心换人心，在文化、情感和精神上更多地尊重和认同。在此基础上，扩展视野来看中国电影发展的思路将更为开阔。

一、本土记忆的基础

近年在认知新时代中国电影发展时，“中国电影学派”成为重要的热点话题[1]；而中国电影学派呼唤的一个任务，是要为世界电影确认中国优秀电影的符号和命名。于是中国电影理应到了放在国际视野中来认知的阶段。谈论国际视野首先要有本土意识，这是一体两面的认识。影像记忆可能牵连着历史！2018年上海国际电影节曾经做了一组老电影来放映，由于2018年是谢晋逝世十周年，在向大师致敬单元举办谢晋影展，一共展映七部影片，包括修复的《芙蓉镇》和《大李小李和老李》在内的六部影片。而“《大李小李和老李》经过沪语重新录制、2K画面修复、音乐重新录制，以焕然一新的面貌亮相，吸引了众多观众。线上开票后不久，排映的三场票就全部售罄。电影节组委会征得片方同意，追加了两场，又很快告罄”[2]。到底是怀旧的情态，还是因为好电影的召唤？无论是因为人们对于过去电影的怀念，还是对于当下电影缺乏某些东西的不满，有一点确定无疑，即出色的好电影和历史记忆在经过时间的淬炼之后依然闪现出它的光芒。电影对于整个国家和民族的文化的记忆，起着重要的作用。有了这样的电影，即便在某种形态上可能有缺陷，从更大的角度却闪现出它的光芒。这就是谈论中国电影认知和反思，必然依存于本体的很重要的东西。这种重要性在高校的教学中已经越来越呈现出来。北京大学李道新教授曾经在不同场合谈及：他没有想到在北京大学的授课之中，久远的《五朵金花》《刘三姐》这一类独特的中华人民共和国成立十七年期间的电影的影像，居然引起“80后”“90后”以至“00后”极大的兴趣，你绝对不能说这仅仅是好奇，现在学生们没经历过的，那个时代的人天真、热情、真诚的东西，透过影像的确表现出来了。“事实上，半个世纪以前的那些‘老电影’，已成值得后人珍视的宝贵的文化遗产。不会因为时间的淘洗而逊色，更不会因为全球化浪潮的到来而被遗忘。”[3]所以时间是锤炼好东西的一把重要的尺子。而重要的是影像表现某一个时代的生活风貌、某一个时代人们的聚焦情感，表现某个时代的电影的影像的独特性，一定是有超越时代的感召力的。反过来说，喧嚣娱乐的东西只有一时一地的消费快感。按西方电影说是一种“流行性的电影”，未必有流行之后的长远的价值。这就是我们开题强调的，对于中国电影认知和反思之中首先的立足点，一定是好电影具备时代性，电影反映的时代特色，才具备某一个时期人们的思想情绪的感知。

---

[1] 参见周星《建构中国电影学派：传播视域的概念探究与其适应性》，《现代传播》2017年第11期；周星《中国电影学派：多样性建设呈现的思考》，《电影艺术》2018年第2期；贾磊磊《中国电影学派：一种基于国家电影品牌建构的战略设想》，《当代电影》2018年第5期；贾磊磊《中国电影学派建构的反向命题》，《电影艺术》2018年第2期；王海洲《“中国电影学派”的历史脉络与文化内核》，《电影艺术》2018年第2期等。

[2] 《沪语新配音，老片成爆款——走进沪语版〈大李小李和老李〉幕后》，搜狐网2018年8月31日。

[3] 李道新：《永不消逝的老电影》，《北京晚报》2006年3月13日。

这些憨直的电影也许在今天看起来不那么随着科技步步高升，但是充满着一种在影像和声音之后浑融的情感、语言形象和精神魅力。

电影首先需要确认本土传统和本体价值，没有则无法确立自身的意义，但随之也需要更为宽广的国际视野来认识自己、定位特色。国际视野也许比简单地强制走出去更为重要，因为自身的国际化基础在于视野和观念。

二、国际视野的辨析

国际视野既包括从国际的角度来看中国电影，也包括中国电影认知自己在国际视野中的价值和意义。

坦率地说，看待一个国家、一个民族的电影未必一定用国际视野。但是很显然当你具有自己扎实的一种民族风情和文化表现的时候，似乎就具备了一种国际视野。从根本上说，国际视野是具有全球性的独特性，足以让人们感到清新稀罕和觉得可以激发自己的另外的情感的一种电影创造。电影就是要创造超越与刺激所熟知的感知的一种更大的空间，一种更好的生命力和精神体现的对象。这也是为什么 20 世纪 80 年代的时候，世人看到中国 20 世纪三四十年代的一些创作，从《神女》到《马路天使》，再到《小城之春》《一江春水向东流》时候而感到惊讶。应该说那些电影更多的是依存于民族文化的历史而产生的现实性的创作，但是从国际视野角度来说，根本性的人心相通和理解，以及异常认知之中的一种感悟，那就是国际视野。所以伊朗电影曾经不仅让好莱坞、让欧洲，也让中国人感到惊艳，你说那有多少的国际视野的主观性？很难说，但是它本身的确是独特的扎实的按照民族风情、人心感觉和文化氛围所取，真实创造的电影，于是得到了国际不同种族、国家的人们的欢迎。这就具有了国际视野。因为它成为其他国家电影的一个关注对象。如同中国人对于伊朗电影《小鞋子》爱不转瞬，因为能令人感觉到一种丢失已久的纯真的孩子气和美好的感情的真实朴拙性。当然，我们这里说现代的国际视野，包括从国际的角度看中国电影，也包括中国电影在比较国际之中看自己的特色的坚守和个性的霸气如何。从国际的角度来看中国电影，我们首先要明白中国电影是世界电影不可或缺的重要存在。过去是以张艺谋、陈凯歌等，用电影的革新呼应的国际，表现的却是独特的中国民族化的一种话语体系和情怀感知。尽管那个时候，我们自己站在相对狭隘的角度对这些电影给予很多的贬斥，强化了它们似乎投合西方电影的趣味的一种狭隘性。事实上这种认知本身也许就有狭隘性。我们不否认有些电影为了向国际靠拢，所以似乎有多多少少地用一些西方的眼光来看待中国的电影的神奇和奇异，也难免会有所谓的投合，但是暗中表现的是中国的独特性。批评者自然有站在中国民族性的角度，但事实上这里也包含着一种狭隘的电影观，以为只有以往的一些电影传统，只有不合西方眼光的电影才是中国电影的狭隘理解。在这一点上，从国际的角度来看，我们要认可中国的题材从好莱坞角度来看是独特的。中国的市场从国外角度来说有巨大的包容性，因此它先天具有自己的优势。中国电影相当大程度上对西方电影展开双臂和心胸，能够更宽容地看待各式各样的技术、各式各样的题材和各式各样的样式类型，扩大了自己和西方的联系。

而我们现在越来越务实，看到了关于亚洲周边的一些电影和中国电影之间形成了一种共鸣，可以相互学习的特色。由此，我们的国际视野当然要从国际的角度来看电影，这个国际的角度要强化我们的认识，需要更多的能够关涉国际的一些电影对于现实深刻性的表现。对于自己的民族风情表现的独特性，无论是改革开放之前或之后，还是市场化的前前后后，我们看到的各式各样的观感和议论可以证明一点：好的电影有它独特的故事吸引不同地域的人，有它手法高明和普泛性能够被人们理解。从国际的角度来看电影，炫技和故意地张扬所谓末流的一些技巧，肯定不是国际所期待的。表现独特的思想情感和精神需求，所构筑起来的电影形态，会得到人们更多的认可。在今年 9 月份张艺谋的电影《影》，在威尼斯电影节放映的时候，我们看到记者现场采访非常有意思，有些西方的观众发表观后感：非常好，尽管我没怎么看懂，但是我知道这是非常好的电影。这种反应是异常也是电影的一种独特的反应，说明电影的品质达到了一定程度的认识复杂性。好的电影应该是在整体的质量与水平线之上，人们看了未必会直截了当地说懂与不懂，但是他知道这是好电影，它有历史的承传和对于将来的呼应性。

紧接着的问题就是中国电影认知自己在国际视野中的价值和意义。毫无疑问本身要对自己的创作发自于内心的民族文化的创作有自信心。如果没有或者过多地屈就别人，或者是你自己知晓不能完全地很好地用电影艺术的语言表现自己的生活、自己的感知，这是一个判断的基础。我们越来越欣喜地看到新的一代的电影人，特别是“80 后”，在 2018 年让人们看到了出色的电影，他们对自己的创作的一种自信心，在很大程度上取代了过去的一些电影人给予政治需要或者市场辅助某种题材的受众需要，却总是别别扭扭地创作一些应时的电影而缺少开拓和创造性。所以在国际电影中的价值和意义，至少有一点是明确的，即电影人大胆地按照自己的情感和生活阅历，来表现中国生活、中国在世界上的独特性。有了这一切，无论是和国外的电影的合作，还是创造自己的电影和国际合拍电影，都能自成一体。哪怕只是在国内市场和外来电影同场竞技都能显示自己的特色。近年来中国电影和好莱坞电影的比拼，很大程度上一些年轻人创作的电影大大超越了好莱坞出色的电影在中国市场上的票房。我们从各种数据都可以看出，比如：“2018 年第一季度，中国电影市场拿出一份漂亮的成绩单。202.18 亿元的总票房超越同期的北美市场，先后刷新全球单一电影市场单日、单周、单月和单季度票房纪录。其中，国产电影票房 150 亿元，较去年同期增长 93%，国产电影票房占全国总票房的 74.2%，牢牢占据中国电影市场的主流。”[1] 这就证明一点：在国际视野中首先需要自己电影的独特性。就像《战狼 2》能够在国际的排行榜中突显：“最终票房 56.8 亿元人民币，位列全球票房榜第 55 名，这也是首部跻身全球票房 top100 的中国电影。累计 1.59 亿的观影人次，也让《战狼 2》成了全球影史单一市场观影人次的冠军。”[2] 自然也就有了在世界电影上的位置。我们反对简单地用能不能在国外放多少场的电影作为电影好坏的标志，首先是要在国际的竞争背景下，在内地市场能占据好的位置，拔得头筹。所以以我为准的同场竞技是基础。至于想拔高自己去打入已经很稳固的西方电影市场，来判定电影的好坏的时候，就如同创作一样，缺少了主心骨就无法成为中国电影的翘楚。而知晓国际电影的一些规则，来创造中国文化和中国现实的创作者，包括从贾樟柯一直到新的一批电影人，反而在国际电影竞赛中能得到更多的拥戴，证明什么叫国际视野中的坚守和国际视野中的被看重，以及在国际电影中你独特的价值和意味才是我们发展的需要。

综合而论，国际视野下的中国电影最需要的是认清中国电影在整个世界电影中的特色、位置、价值观和表现能力的得失。

三、如何做到国际视野下的创作

（一）中国电影已经成为国际视野下不可缺少的组成部分

中国电影已经成为国际视野下不可缺少的组成部分，但是中国电影显然还缺乏和国际视野相联系的电影创作重要的一些元素。

这就是站在世界电影的视野下来看待我们中国电影的得失，那么它的不足部分显然阻碍了中国电影成为世界电影视野中最重要的成员。电影就是表达人类对于要超越自己生活，去追逐梦想的一种精神性的影像表现。因此，在中国电影之中要更多地表现不拘一格的一种浪漫情怀，对于精神生活一种开阔性的认知。不能拘泥于现实生活中的某种情趣本身，而是要去探讨各式各样的人们共同性的，对于超越现存的精神理想所需求的生活拓展。好莱坞是向星球之外更大的世界拓展，因此，始终站在人类提升，或者促发需要向更长远的生活探讨的那种潜力。大胆地幻想拓展对中国电影来说是一个非常重要的任务。因为我们整个的国家是欣欣向荣，是向着前方跃进，而我们电影的拓展还远远没有具备一种打开思路去开拓新境界

---

[1] 《2018 中国电影市场拿出一份漂亮的成绩单》，电影界 2018 年 5 月 31 日。

[2] 《你知道〈战狼 2〉最终排全球票房记录第几吗？》，凤凰网资讯 2017 年 10 月 27 日。

的能力。比如，对我们来说相当缺乏一种科幻电影的创造性。我们已经知道科幻小说，直到科幻电影，实际上为人类的现实生活拓展了无限的可能。许多的科幻小说所表现的幻想性的东西，后来成为人们的创造，从生活景观到武器装备，再到探索月球，都似从那里出发。显然电影的巨大价值在此会体现得特别明显。

还有，我们的电影在拓展超越现实的一些幻想性上远远不足，中国几乎没有真正的科幻电影，去学着好莱坞的一种魔幻、玄幻，以及满足于仅仅是一种青春气息所表示的穿越架空等形态。更大角度超越国家地域、超越地球星际的一种人类更深命运的探索，还远远没有达到。因此对于更大地拓展所谓的折叠空间，人的精神理想在天国和地狱之中的一种可行的夸张性的表现，确实是中国电影的不足。因为这些不足，电影所具有的一种潜力和技能受到了抑制。

中国电影对于现实的认知，又受到种种的限制，两相叠加在一起显然电影表现的范畴和拓展的余力，也就受到了很大的限制。紧接着站在国际视野下，中国电影还有许多方面的不足。包括对于蓬勃的国家主义的精神和个人主义的精神的表现还不足；对于现实生活中的细枝末节的困境和人们期望解决问题的表现还不足；对于社会历史的认知和众生性挖掘的表现还不足。而实际上近年电影在这些方面开拓的少量的影片，就一下打开了中国电影的境界，只可惜很少。我们以三部有开拓性的有影响力的电影——《战狼 2》《我不是药神》《芳华》作为例子来说明三个层面的认识深化。

《战狼 2》是迄今为止中国电影最高票房影片，原因显然是最大规模地触动了中国电影人所表现的中国欣欣向荣发展的国家意识形态和个人精神情感，形成了两相融合的典范的作品。依托着个人的报仇雪恨，依托着自己对于现实拆迁的恶霸行为的出击等构成其现实力量。扩展到国外的发展，去非洲寻找自己受难的女友为之报仇，中国强大的趋势使得越来越多人走出去，却遭遇到暴乱危难，冷锋以勇武的英雄气节，依托祖国给他培育出来的特战队员的勇气，以一种精神昂扬的气质出手去拯救危难中的人民。他代表国家的威武之气，呈现中国人的勇武气节。这部电影相当精彩地把国家强大之后成长的气度，为人民为拯救人性而具有的气质，与个人无惧强悍、不惜牺牲个人、教训邪恶、惩戒暴力结合在一起。中国人长期被压抑的个体的束缚及伸展开的中国人在世界上不能受人屈辱的意义，都得到了表现发挥，一下子激起人们对于民族自豪感和个体精神世界的肯定，这两者叠加威力巨大。而《我不是药神》则是少有的直接针对现实最底层普通人民，在生活中所遭遇的困厄的表现。由于现行的医药制度和商业经营中过度地维护投机者而导致的危难，慢粒白血病患者处在生死挣扎的边沿，却因为所谓的专利的保护得不到被拯救的机遇。终于有了机会可以买便宜的救命药却触动了现存制度的限制。程勇作为小业主因为特殊的迫不得已的原因而成为拯救患者的救世主。在影片中现存的危难得到了不加遮掩的表现，现存制度中人心的搏击也得到了全面性的展示。

要克服的困难是拯救人命这一件国家理应做的事情，却要通过躲躲藏藏来加以表现。最终还要按照既有制度的原因，导致拯救者遭受责罚服刑。然而影片难得的直露呈现现实社会的现象，患者无法在这些现成的法则之下摆脱病痛，而最终这种个体英雄的行为无论在情感上还是人物的表现上，都得到了最大程度的影像尊重。影片表现开放却又呈现一种适度的节制分寸，没有拔高也没有掩饰现实矛盾，也没有遮掩人们所处的困境，还极大地表现与现实人心相吻合的影像，最大程度的一种现实直观表现，自然获得了观众极大的认可。影片得到 34 亿元的票房证明：中国人对于电影的期望如同 1981 年的电影《邻居》所揭示的住房困境一样，只要对现实生活有真实的反映，并不会违反现实生活的秩序和法则，就能够激发人们对于影像的尊重和对于影像表现的感恩戴德。同样，在对于历史生活的表现上，冯小刚的《芳华》触及了一些表现的禁区，同时很稳妥地表现"文革"和对越自卫反击战等历史，而对于文工团当时生活的表现真切而充满情感，理所当然地让观众记忆中所勾连的那些生活闪现得栩栩如生。没有避讳历史的现实，更没有避讳历史现实延续下人在历史生活中的表现和情感碰撞。影像应该无所顾忌地表现，却也用情感的真实和必要的分寸来勾起人们对历史的回忆，乃至从"文革"后期和改革开放前期的生活的线索脉络，都没有断绝，真实地表现人在历史境况之中遭遇的真实的命运图景。

上述三部影片所揭示的是对于国家历史和现实之间的关系把控，不遮蔽历史，敢于触及现实，同时对国家命运和个人命运之间的相处的关系的一种贴切表现。使得这些影片即刻得到市场良好反应，得到了大众对于电影的尊崇。而人性的表现，现实的揭示，对于国家命运的关切等，也是世界电影共同拥有的因素。

（二）中国电影试图脱离自己的传统和成绩，一味迎合国际而不是创造自己的国际特色

中国电影有自身的传统，从它诞生开始，戏曲的一些传统、影戏观赏的一些传统、现实表现的一些传统等形成了中国电影的特色。而关于西部的影片、关于少数民族影片、歌舞性的影片等，都有它自身的优秀传统，乃至于散文诗化的一些电影的创作，也都形成自身的特点。在改革开放以后的一段时期中，中国电影自身的创造和对艺术手法的探索，都曾经在某种程度上引起世界电影的关注。比如第五代电影对于电影语言的探索，引起了很大的轰动。对民族文化表现的一些哪怕有些被称为"出格"的民俗的表现，也对形成中国电影自身的优势起了作用。中国电影散文诗化的一些传统，在那段时间中涌现了许多至今还被人们津津乐道的影片，但是市场化之后，对于自身已有的成绩和传统的丢弃，导致中国电影在整体上失去了自身的一些独特的东西。

比如在市场化之后，很成功地试图以大片的方式来夺取市场。应该说从《英雄》开始到《十面埋伏》接续，各种大片的风行的确对于中国电影拓展市场，和好莱坞的大片慢慢形成交锋的状态也是值得欣喜的。但是基于市场的这种大片，在无形中对于中国传统的人文化的影片、现实表现的影片形成了一种疏离。大片一度兴旺，但同时又慢慢地遭到人们的诟病，因为它要用巨大的投资、高片酬和大场面等来表现，无形中也淡化了中国电影有的一种抒情性的，一种对现实生活、小民生活关切度的表现。在这一过程之中，反思大片简单化也促使人们期望多样化的创作，不同类型、不同层面的创作依然是中国电影在世界电影格局中必须注意的问题。中国电影以往的传统是在人文影片的拓展上形成自己的特点。无论是《小城之春》，还是以后的一些人性化的影片，并不以巨大的规模来呈现景观。而诗意的深入和细致的艺术表现，成就了中国电影至今看起来出色的一些创作。《那山，那人，那狗》《钢的琴》等这一类的影片，以一个简单主题的创作将现实表现良好的传统和当下时代相结合就是证明。大片固然不可少，人文情态的创作也必须要有，不能只为了市场，只为了一种宏大的投入而忽略了对于整个中国电影表现的多样性。

在人文价值上更重要的一些表现的影片的存在，同样因为逐渐增长的市场为主的认知占了上风而受到冷落，无意中缩小了艺术创作和人文情感的创作的影片在市场上的生存余地。于是从世界范围来说，从理论界的倡导到电影的拍摄，追随所谓的西方的类型，成为中国电影顶礼膜拜的对象。固然类型有它自身的成绩，但是急于商业化的表现，必须要靠批量化的生产维持市场，类型就起了这个作用。但是一味地类型创作，尤其是以产自西方电影的各种类型来左右和支配中国电影的创作，显然会有很大的局限、很大的缺陷。这种局限就是从电影的题材表现和情感表现来说，西方电影的类型自有它的优势，但并不是全部适合中国的电影。而对于人文情感的影片表现来说，它并不能用一种固定的规则、桥段来规范。陈陈相因的创作是为了商业电影获取大众，却缺少造就更细腻、更多样、更创造性的电影的可能。所以类型电影在中国引起过多次不同的潮流，比如青春题材的创作等，也一度走入死胡同。有类型的参照而打破类型的创作，尤其是对于异域的类型未必完全适合本土的警惕，才能使得中国电影的创作有更好的路径可走。

高科技的创作更是近几年创作的一种趋向。跟着好莱坞的高科技而走的时候，它的优势在于紧紧跟踪大众市场的需要而创作。于是我们也出现了一些与此类似的包括警匪片的创作。注重高科技的各种创作，仅仅关注于高技能的表现，忽略了人家有自身的国家的价值观和人文情感的东西作为支撑。只注重高科技的炫耀，电影的苍白和对于内容的锻造功力不足，就会成为明显的两背离的情况。因此如何结合人们情态的表现，像当初《捉妖记》那样的确让人耳目一新，利用高科技促进表现人和人之间，人世中的生活的多样和复杂性才是高科技的表现可以给予影像感知的要务。

（三）国际视野下的中国电影，首先要确立自己的独立地位核心价值观和固有特色

丢掉了自己传统文化特色，包括国度的自信心，一味地屈就“走出去”和所谓适应国际视野，反而没有了国际视野下的优势。

我们又回到国际视野上的中国电影的核心，是在孤寂中的独特性、独立性、独有性。作为有悠久文明的古国，中国文化的独特性在影像表现之中需要坚守并且发扬。真正的好的电影都是依存于它的环境。蕴含整个国家民族的文化的气质。为什么我们会对几十年前的《小城之春》、几十年之后的《那山，那人，那狗》津津乐道?因为它是独特的民族的文化中的沉入内心咀嚼感知的体现。《小城之春》发乎情、止乎礼的一种独特的人际关系，显然并非西方电影，也不是现代人的情感必须遵循的东西。但是，无论是西方人还是现代东方人都会被它独特的文化韵味打动。《那山，那人，那狗》表现的是中国农村青绿山水环境中的故事，是感知生活的独特性的表现。那种青山绿水，那种抒情和体察人心的故事，独特而具有文化的特性。所谓独立性是说国家的国体和政体的特点，中华人民共和国成立以后的电影形成了自己的特色。你可以说那个时候电影有它的缺陷，过于注重时代政治，但它的确体现一种最初的朴质和热情笼罩的社会生活。改革开放带来了复杂性，但是对这个国家、对这个民族的命运的关心和表现依然。对当下而言，面对整个国际环境，中国人心中的国家和中国的电影坚守自己的核心价值观这一点，一定会成为电影和现实人心达到共振的所在。中国电影永远不可能按照西方的类型和模式去拓展。它要表现这块土地上的人们的生活，问题只是如何在坚守这一价值观的角度去进行多样的艺术探索，所以我们说《湄公河行动》让人眼睛一亮，因为它表现的是整个国家民族对于受到侵扰之后的一种必然反应。“犯我中华者虽远必诛”是时代的声音。同样到了《战狼2》和《红海行动》，国家的核心价值观的弘扬，必须成为我们电影之中巧妙表现的但又是聚焦的对象。

我们要尊重我们表现的生活，我们有表现生活的独有的手段，靠我们电影的独特的创作者，对他们的尊重是第一位的。比如说对于中国的武侠电影类型、中国电影的喜剧片的一些表现，自然这是我们独有的东西。不能按照西方的一些观点，或者是西方的电影市场的保护下的中国电影的能不能进入和获得更大的收益作为判断电影好坏的标准。所以许多人指责中国某部电影在美国的放映如何如何，在什么地方放映又如何如何作为判断标准值得怀疑。我们固然可以说一些影片未必多好，但是首先在国内获得很好的呼应的时候，我们就应该为之鼓掌而尊重。中国电影不同时期有出色的代表性的创作者，给予他们极大的尊重而不是依从众语喧哗地进行各种挑剔和指责。无论是对于张艺谋所谓的国师的创作的必要的尊重，还是对于冯小刚超出了喜剧类的电影返归对民族的苦难和社会历史的表现，即便都有这样那样的不足，但是他们依然是中国电影这一代人之中的佼佼者，有突显出色的创作。以此类推，在市场化的背景下对于似乎得不到市场更大的份额，但是表现的是艺术和情感俱佳的创作，就

应该给予更好的鼓励。

总体而言，对于中国电影自身传统、自身价值观的保持，而不是一味地追随西方、追随市场的创作，才是中国电影继承人希望的文化传统之中的中国化创作。作为我们电影发展的趋向，当然是希望能“走出去”，但是过于急切地以“走出去”作为标准，而忘了踏踏实实地对国内市场的拓展和拓深是不可取的。对于“走出去”需要的，世界电影人能认可的电影的价值观和共同性的把握，需要辩证看待。为了单一地走向世界而采取各种电影节来评价中国电影的一种并不恰当的方式，无助于真正的中国电影走出去，也无助于真正的中国电影坚守价值观、坚守文化传统、坚守过去已经做到的很好的模式形成中国电影的样式，在此基础上的借鉴发展才是正确道路。

（四）基于国际视野下比照中国电影，正视我们的缺憾是发展跃进的前提

无疑中国电影需要坚守自己的特色，但也应当关注我们的不足。除了我们的确时不时地缺少像好莱坞电影一样坚守自己的爱国主义的情怀，很重要的是中国电影缺少和国际电影相匹配的，对于深刻性现实生活的内涵和现实生活哪怕不如意却折射出坚定的认知，这就是我们的现实，而需用电影加以改造生活的坚定信心。

而除中国电影一直缺乏的现实主义和对生活现实的挖掘不足之外，对于中国人也是世界人类共同的人性表现的偏颇，使得中国电影缺乏适合很好对话勾连的基础。中国电影不缺模仿吸纳世界电影的能力，但更需要深化对于人情世故的真实性的表现，对于常人生活深度的挖掘，对于人类共同需要的人性复杂性的揭示，这些是迫在眉睫的需要。只有如此才能和大众心曲相通而获得认同。

中国电影缺少将自身宏大的价值观落实到微小的普通老百姓血肉生活之中去的能力。基于大众生活来表现主流价值观而不是用故事去敷衍政策变化，是中国电影格外需要关注的难题。还有最为重要的是电影不是按照观念去表现，而是因为对于生活的感知和内在的精神血肉的体现来印证自己的价值观，这一正一反之间的差别是中国电影极其缺乏的要素。

中国电影不时地舍本求末，为了技巧、为了技术、为了高科技、为了市场而舍弃了电影之本是要表现人和人际关系及其社会生活的真实度。因此，我们时常比不过日本电影的细致性，比不过印度电影强烈地对人性情感和现实生活的表现，比不过泰国电影对人的行为方式挖掘，当然也比不过一些好莱坞电影对于自己民族自信心的强悍一贯表现。其实，强化内涵，注重内容表现才是电影艺术的根本之道。

总而言之，中国电影在世界电影视野下的表现需要一个从根本的理念、具体的创作方法到价值观如何呈现，以及对现实表现的细腻、真实度修正和把人真正放在电影表现的中心，而不是将技术技巧当作追求的方向的综合性变化，才能实现！

书法，中国对外交流的文化名片

周延 / 中国艺术研究院

书法就是汉字书写的审美与研究。每一种文字的书写都会讲究审美，但其着眼点的差别很大。非汉字文字以装饰为手段，以形式漂亮为审美。汉字以自然书写为手段，以精神内涵为审美。汉字在书写的进程中发展出书法。书法是中国文化的核心，在书法貌似简单的背后，隐藏着复杂的精神世界。

汉字发展为书法的原因很多，主要有如下三点：

首先，汉字是一个生成体系，它源远流长具有原创性，它还有着丰富的演变过程，并且它的演变过程一直是由自然书写引领的。[1] 五六千年前，中国已经出现一些原始符号。黄帝时期出现原始文字，即典籍中所谓的仓颉造字。现出土的殷墟甲骨文是商代的遗存，至此汉字已经是一个比较成熟的文字体系。为了表达的需要，文字不断地繁衍。将原来的独体字加上偏旁产生新的文字。在这个过程中大部分文字复杂化了，但也有一些文字尤其是独体字简单化了，这是因为在书写的过程中自然而然地省繁变简的结果。书写者的个性化与地域化使得异体字急剧增长，文字的规范化要求迫在眉睫，周代中期《史籀篇》就是当时政府颁布的规范文字。战国时期，诸侯国各自为政，文字的形体极其紊乱。秦始皇令李斯等人对文字进行整理、规范，那套文字史称小篆。应该从两个角度去看小篆：小篆作为一种书体，它是一种书法审美，要求字形、笔画，书写对称、匀称、方正、宽博。在当时，这种书写往往应用于比较庄严的场合，如泰山刻石。小篆作为一种字体，它有文字学意义上的正字功能，规定某个字的正确写法，对于字形审美没有要求，它对应着当时的日常手写体，现在出土的里耶秦简等就是小篆的手写体。专家将里耶秦简称为秦隶，这并不矛盾，古代所谓的隶书其实多指手写体，如晋唐多以隶书或今隶指称楷书。汉代人在小篆的手写体中发展了波磔之美，由此引发了字形的大幅改造，汉人名之为八分。汉代，八分汉隶取得正体的地位，小篆退位而成为古体字。书写还在继续，字体仍在演变。随着书写工具的更替，汉隶又由扁形回归到方形，

[1] 周延：《试论书写材料对书法的影响》，《书法赏评》2008 年第 6 期。

楷书成为正体。在日常书写中手写体还演变出草书与行书等千姿百态的书体。

其次是特殊的书写工具。汉字的书写工具是笔、墨、纸，其中，笔与纸对汉字的演变、书写起着决定性的作用。“惟笔软则奇怪生焉”[1]，毛笔应该算是中国第五大发明，毛笔的最大特点是尖锋、柔软。毛笔的尖锋使笔画内部的产生复杂运动，“一画之间，变起伏于锋杪，一点之内，殊衄挫于毫芒”[2]，使笔画呈现质感。毛笔的柔软性使得笔画的外轮廓变化丰富，细腻。同时，毛笔的柔软性使得书写能够体现快慢、时间性。对汉字产生巨大影响的还有“纸”，比如现在书法界公认生宣、羊毫为清代的碑学运动提供了必要的物质基础，这只是一个小点。其实，中国的“纸”，不仅仅是纸，还有简牍。简牍是两种材料，竹简与木牍。它们的使用时间与地域是有差别的。在西周前主要用竹简。之后，南方用竹简，北方的秦国由于不生产竹子故而用木牍。汉代幅员辽阔，简牍并用。东汉末年，纸开始普及逐步替代了简牍。简、牍、纸是三种差异很大的材料。简牍与纸的主要差异在于纸基本上是平滑的，木牍的表面却是有着几条疏朗地鼓在那儿的纹路。在写横画时，这些疏朗的纹路会有节奏地阻碍笔尖的运动，这种特别的节奏极易让敏感的书写者体验到线条内部的韵律。体验到行笔韵律并能将之反映在书写中是书法的标志，蔡邕说：“书有二法，一曰疾，二曰涩，得疾、涩二法，书妙尽矣。”[3] 对竹简来说，有两种，一是竹黄，致密而平，其纹路基本可以忽略；二是竹青，光滑且带有弧度。我们推断蝌蚪文的那种头粗尾细的笔画是适应竹青光滑而有弧度的产物，隶书的扁形结体与燕尾是由于顺应木牍纹路的阻力而自然形成的，到了纸的时代，自然就回归到方形的楷书了。在谈到书写工具时还应该提及石头，拓本对碑学书法的影响是巨大的，虽说碑刻也是先书丹再刻的，但是刀刻是再次加工，加上由于长时间的自然风化，拓本呈现的笔画审美很大程度上有别于墨迹，人们称之为金石气。金石气的发现及其在宣纸上重现是碑学书法发端的标志。

最后是中国传统文化思想的滋养。中国历史上称书法为书，书籍、文书、书信也称为书。这种微妙的错位联系为书法提供了很大的理论延伸。比如书为心画的论述。扬雄的原话是：“故言，心声也；书，心画也。”[4] 这里的书指的是文字的意义表达，后人自然地将它置换到书法领域，以说明书法是内心世界的反映。这样，一系列与精神相关的如神、情、志、怀抱、意、趣、韵等术语也进入了书法领域。这些术语既用来批评、阐释书法，又对书法起着引领的作用。这就使得书法进入了精神领域，从而进入了中国文化核心。儒释道三家对中华民族

---

[1] 蔡邕：《九势》，载《历代书法论文选》，上海书画出版社 1979 年版，第 6 页。

[2] 孙过庭：《书谱》，载《历代书法论文选》，上海书画出版社 1979 年版，第 128 页。

[3] 《历代书法论文选》，上海书画出版社 1979 年版，第 424 页。

[4] 转引自李泽厚、刘纲纪《中国美学史》，安徽文艺出版社 1999 年版，第 568 页。

的心理构建与人文价值观念形成等方面打下了深深的烙印，它们各居其所，相辅相成。老庄与禅宗引领着书法走向精神上的自由与逍遥；儒家则是以中庸之道固守，使那些自由翱翔的书法精灵在倦飞的时候能够回来找到栖息地。儒家重人伦、重教化，即使对书法也要求它起到“助人伦，成教化”的作用。儒家文化对书法的影响是超乎想象的，很大程度上能够主宰书家与法书的命运。王羲之、颜真卿之所以有如此崇高的地位，除了他们本身高妙的书法成就以外，与后人对其书法的精神追加是分不开的。

书法是中国文化的核心。书法起着谥法的作用，如同“孔子作春秋，而乱臣贼子惧”，书法以书品即人品，以蔡京、秦桧、赵孟頫、王铎、张瑞图的实际遭遇提醒着每一位书写者。作为日常文字书写的书法，每一个文人随时可以亲近书法，而且书法又是一种能够表达自己内心情感的心灵艺术，满足了高级文人的要求。可以像张旭那样，心有所动就可以“一寓于书”，可以如王铎“无他望，所期后日史上，好书数行”[1]。可以说书法是文人的精神寄托，是中国知识分子心灵的精神图式，是千百年来中国知识群体建构起来的内涵丰富的精神世界。所以，书法也是时代的镜子，它折射出那个时代的精神面貌。通过优秀的作品往往能够感受到从其他任何地方感受不到的社会、历史或思想细节。

从形而下来说，书法是一种形式构成，历代书法风格层出不穷。唐代之前，书法偏向实用，追求实用性审美、形式构成的美观，着重于楷书法度的完善。这是因为东汉末年纸的普及导致汉隶向楷书的转变需要相当长的时间，而且其间桌椅等生活用品也有着一些改变，所以楷书还处于完善阶段。桌椅的变化促使执笔法由三指执笔转向五指执笔，虽没有引发字体的巨变，对运笔方式却有些微调。另外，唐代末年印刷术的发明对书法的影响是巨大的。在印刷术发明之前，书籍只能通过手写来复制，楷书是最重要的书体，研习楷书是文人的必修课程，而且楷书也只能口传心授，小范围内相互学习，这就是唐代楷书如此灿烂的原因。所以我们也就不必惊讶唐代时王羲之“草书真字一百五字乃敌一行行书，三行行书敌一行真正”[2]了。印刷普及后，通过印刷，既可以轻易获得楷书范本，又大大降低了楷书的使用率。所以唐代以后，楷书很大程度上靠向实用，成为印刷体走向装饰性，以后来的台阁体、馆阁体为代表。印刷体为楷书树立了一个自然书写无法企及的标准，也削弱了文人精研楷书的兴趣，因此大大减弱了楷书风格出现的概率。楷书淡出书法，对书法的影响是巨大的。苏东坡“真如立，行如行，草如走”[3]的提出当是对楷书意义的思考。他的意思是楷书是行草书的基础与规

[1] 转引自《中国书法家全集·王铎》，河北教育出版社 2002 年版，第 133 页。
[2] 张怀瓘：《书估》，载《书学集成》，河北美术出版社 2002 年版，第 189 页。
[3] 崔尔平选编：《历代书法论文选续编》，上海书画出版社 1993 年版，第 54 页。

范，失去楷书的规范，行草书字法不复端正。当然，在法度与自然之间苏东坡还是选择自然，他说，“貌妍容有颦，璧美何妨椭……吾闻古书法，守骏莫如跛”[1]。宋尚意，从宋代开始行草书有很大的发展，更加注重内在的精神审美，不在乎外表的丑媚巧拙。更有甚者，以外表的奇丑野趣来标榜自己，取悦于人。另外，书法表现意识的膨胀促使条幅的产生。条幅的展示效应，改变了之前手卷的赏玩方式。章法突出了，字形变大了。书写时需要不停地蘸墨、拉纸，很大程度上破坏了书写感情的连贯与宣泄。字形变大需要用笔方式做出相应的调整，这种调整不是轻易能实现的，直到晚明才有所突破。清代篆隶复兴是这个调整过程的一个结晶，虽然它看似字体上已经改变，由行草书转向篆隶，其实内在原因还是写大字的笔法要求的引领结果造成的。晚清以来，行草书又出现新境界，代表人物如何绍基、沈曾植、林散之等。

中华人民共和国成立后，百废待兴，改革开放以来，国家富强，书法得以蓬勃发展。中国书法家协会的成立极大地推动了书法的社会化。使书法走向大众，参与大众文化建设，同时自身获得了更广泛的群众基础。书法高等教育的设置、书法院的成立，则使书法在大众化的同时走向专业化。这些高层次的书法人才分别从书法史钩沉、书法理论阐释、书法创作研究等方面全方位地进行研究，获得了很大成就。对于我们书法工作者来说可做的事情是很多的。展示类书法还有很大的空间可以挖掘，需要我们去努力完成。现代，印刷术的飞速发展，我们可以精准地复制历代所有法帖，高质量的印刷品让书法学习者更深刻地体会古人书写时的细微用笔动作、书写状态，进而能提高对书法传统的理解。当代二王书风的重新兴盛与此有莫大的关系。二王书风是书法的完美体现，讲究在自然书写过程中自然的精神流露，与明清以来的展示类书法有着很大的区别。所以，当代二王书风的重振是书法史上的重大变化，也是我们当代书法工作者的一个伟大契机。五四运动以来，现代白话文取代了文言文，我们的书面语发生了巨大的变化，所有书法的一切需要现代书面语来重新书写，这不是简单地将文言文中有关的书法部分译成白话文，而是需要我们的研究者根据自己的体验重新来阐释。这是一个伟大而艰巨的使命，尤其是现代很多的术语来自西方文化体系，对之进行准确的甄别与抉择考验着书法研究者的智慧。另外，现代社会，毛笔退出日常书写，我们的阅读由原来的从上到下变为从左到右，这对书法会产生很大的影响，这个影响需要我们去总结，去实践，创作出具有全新的审美理念的作品。

当今世界，当代艺术充斥着颓废、迷茫、暴力与破坏性，书法作为中国文化的代表以其和谐、宽容、庄严、隽永、生生不息的精神内涵而为当代艺术注入一丝清凉。这是中外文化交流书法的独特价值，也是书法对世界艺术的一种意义。

---

[1] 苏轼：《和子由论书》，载《苏东坡全集》，中国书店 1986 年版，第 42 页。

倡导书法教育，修复书写传统

——书法临创工作坊综述

陈毓萱 / 中国艺术研究院

一、工作坊缘起

以“倡导书法教育，修复书写传统”为题目的书法临创工作坊，由中国艺术研究院文化发展战略研究中心副主任、博士生导师郑长铃主持。他认为：书法是中国文化的核心展现，也是中国对外交流的文化名片，是我们文化自信的重要载体。书法源远流长，有着深厚的文化积淀，也有着辉煌的现代发展。如何从传统中汲取营养，传承与丰富书法的文化内涵，使得书法发展更加生机勃勃是当下书法工作者的重要使命。

中国艺术研究院文化发展战略研究中心文化艺术高端智库以“倡导书法教育，修复书写传统”为线索，策划开展“2018‘一带一路’文化交流与合作国际学术研讨会书法工作坊暨行歌——中国经典法书临创展研讨会”与中国艺术研究院中国书法院共同召集有深度思考与实践的艺术家、理论家，一起畅谈书法的危机、发展趋势与解决方法，力主挖掘、发现、深入系统地研究我们的传统文化，以加强与“一带一路”沿线国家的交流合作。

原中华人民共和国文化部“十三五”规划中有一句话：“把中国艺术研究院建成文化艺术高端智库”，中国艺术研究院党政联席会议确定由文化发展战略研究中心执行落实智库建设的具体工作。基于建设这样一个智库的需求，文化发展战略研究中心梳理当下文化发展当中的相关问题，并结合中国艺术研究院的学术年度报告，拟对各艺术门类年度报告所梳理出来的问题或文化发展领域的新思潮等，进行深入再研究、再总结，并作出相应预判、提出相关建议，以资国政。

书写传统现在存在被边缘化倾向，教育系统尤其是义务教育阶段，书法教育几乎是一种形式的存在，堪称一个突出的问题。专家们集思广益，畅所欲言，把在教学、研究、创作、实践中碰到的、思考的问题，分列为几个主要部分。

二、书法的含义与特点

中国在世界上能够以中华民族文化自信且永远立于不败之地的，应首推汉字。张索认为，书法是以汉字为载体的，利用中国特有的书写工具发展起来的一门具有非常鲜明民族特色的传统艺术。中国的整个文字体系非常完备，在近代简化字带来便利的同时，也给中国文字体系造成了一定的损害，有必要对文字进行重新规范，使一些必要的繁体字回归。今天和古人对书法的认识差异在哪里？西方的艺术美学观引进中国以后，大家把书法的认识一直定位在艺术上。这样一来，中国书法原有的“书以载道”，“文以载道”的这个“文”和“道”就不见了。现在普遍存在着书法专业的学生或书家，对其笔下的文辞内容及所承载的思想内涵一知半解或是一脸茫然。

今天的书法领域，存在几个突出现象。吕品田（时任中国艺术研究院常务副院长兼研究生院院长、博士生导师）直指如绘画化、艺术化、形式化的问题。书法从原来的一种实用状态和作为生活方式的一种文化现象、文化形式脱离出来，变成纯艺术的追求，这显然受到了欧洲西方艺术形态学的影响。书法不是点线面，它必须有所承载；在中国古代，传统文字不只是视觉问题，而是一种认知，甚至还有一种中国人的体味、把玩、体贴，用心灵和全方位的信息去感知的问题。现在文字输入方式的更新使我们有了更多记录、呈现的形式，毛笔书写逐渐远离我们的日常生活。

为何传统书法会远离今天人们的生活？肖文飞（中国艺术研究院书法院理论部主任）坦言，这与人有关系，过去传统书法以文人士大夫参与为主。在传统社会，书法的精英属性特别强，具有实用性、生活性、文学性，以及书法的人格化特点，四种性质完美匹配。其中实用性与生活性让书法有了庞大的参与基础，正是因为有大量的参与者，最终形成了书法史上一座座的高峰。但是到了当代，书法就面临很多问题：首先，硬笔和计算机的发明让当代人远离了毛笔的汉字书写，书法在我们的日常生活中已变得不再不可或缺；其次，作为传统书法最主要的参与者——文人士大夫阶层已经不复存在，大多数的社会精英已经不再介入书法领域而分流到其他领域，书法已从传统社会的精英艺术转变为现代社会的大众艺术；再次，我们千篇一律地抄写唐诗宋词，看似是一个内容问题，实际上涉及书法最核心的问题，即如何让书法重新介入当代生活与当代文化；最后，书法在当代成为独立艺术学科，人跟书法的关系，不再像传统社会那么紧密。书法在当代碰到了很多问题，与我们在20世纪80年代，诗歌、小说、哲学碰到的问题一样。传统书法为什么如此有魅力？它附加了书法本体以外的东西，如人格的、道德伦理的、文学的，等等。时代环境的变化，使我们难以附加；即使附加了，也达不到传统的高度。

所以，当代很多人提到书法本体的回归。书法的解读和审美，其实与传统已经不太一样。宏观上，考察书法的角度由单一的纵向线索变为纵、横两条线索：纵向线索——书体及书风按时间脉络演变，横向线索——与绘画、建筑、设计、雕塑等当代艺术门类并置；微观上，对书法思考的角度也有一些变化。这句话是邱振中说的，“书法欣赏的最小单元，由传统书法的‘字’推进到单元空间（被分割的最小空间）的感受上”。

当代为什么会出现这么多的书法现象？这样的书法现象为什么没有出现在明清？都是基于前述当代书法所碰到的问题。肖文飞将其分为两个部分：一是外部突围，把书法中的一些元素作为材料运用到创作中，但其所表达的核心已经不是书法，如“现代书法”“学院派书法”“书法主义”等；二是内部突围，当我们看到这样一些作品时，既熟悉又陌生。熟悉是与传统经典的关联性，作品在形式上没太大变化；陌生感在于作品不自觉地借鉴其他领域与书法相关的元素。但是传统书法审美的评判方式并没有失效，比如用笔、结构、章法，等等，仍然根植于传统，从书法的内部生长，只是把传统书法当中旧有的，没有突出来的这一部分元素，提炼到一个更重要的位置，使书法更能契合当代的审美，如“流行书风”和“艺术书法”的核心仍旧是书法，但强调的首先是基于视觉艺术角度下的书法。这个时代本身就是一个读图时代，更强调视觉的东西。人们也在探索书法怎么样跟当代更加密切，书法审美如何能够符合这个时代。书法在当代呈现比以往任何历史时期都要复杂的局面，每个个体都根据自身的性格、人生经历，以及学术背景来阐释书法。

三、书法教育的本质与核心

书法艺术首先必须坚持“文字”，其次是“文”“书”“人”，最重要的还是我们真正的价值取向，或者说未来存在形态的问题，这就不得不涉及书法教育。吕品田认为，未来的书法教育，一方面要探讨如何把现代的发展思维，沉淀下来做好总结和现代人的人格主体性方面的问题相关联；另一方面还要看得更远，给未来青年人指明方向，同时要影响社会。以后书法不在于写得好坏，可能会变成人的一种基本生活方式，会回到最朴素的层面上来，真正成为生命的一部分。

“书法教育不是指狭义的书法教育，教写字，它在讲书法之余，涉及世道人心，对于人的心灵成长有独特价值”，王登科（荣宝斋书法院院长、中国书协楷书专业委员会委员）指出了书法教育的本质。在古代，一个人拿起笔来写字的时候，他对世界的体验，他的生命观，还有认识世界的方法，都从文字开始。我们的方块文字塑造了中国人的灵魂，塑造了整个民族的气质。书写是一种人生态度，一个人不同时期所写的字，会在字里行间流露人生的变化，包括生理和气质的变化。今天提到书法，不是竞技，就是培训，这是一种严重的脱节，书法教育的重要性也在于解决这个问题。

近30年来，中国书法教育从函授到专科、本科，从硕士到博士，仅仅停留在古代书学，把纯粹的书学作为一种知识体系来研究。苏东坡言“分科而医，医之衰也”，书法亦然。分科的时候，书学从人文历史被单拎出来，所谓“头痛医头，脚痛医脚”。而且，我们的书法教育过多关注书法的技术，包括理论研究也是，仅仅为了写论文而写论文，包括写硕士学位论文、博士学位论文。唐代人早就说过“巧涉丹青，工亏翰墨”，单纯把书法视为一种视觉艺术工亏书法。

我们知道，书法专业学科建设的目的在于培养优秀的书法人才。张索表示书法是讲传承的，从前是私塾教育，当下是学院教育。目前高校开设书法专业的已有本科、硕士和博士，教育的好坏关键在于教师。从技法层面来说，当代书法家并不逊色于古人，但“重技轻文”的现象也随之而来。对于书法专业的同学，临帖或创作较多，日常书写的状态很少，这与古人的写字状态相去甚远。如何将专业打通，培养优秀传统文化的继承者，践行“道技并重”？陈海良（中国艺术研究院书法院创作部主任，博士生导师）则指出书法人才培养的另一个问题。在古代，书法与我们的语言、说话方式、诗歌、典籍，以及其他文化作品，还有公共艺术空间紧密相连，书法家通常能够把四书五经倒背如流，诗书画印信手拈来。而今天，我们注重培养合格的书法家的同时，是否曾注意到许多学院派学生受过西式教育，他们拥有西化的教育背景、说话方式和语言结构。从这一层面而言，古今书法家又该如何比衡？以上，都值得思考和反省。

李明（中国国家画院研究员、中国书法家协会楷书委员会委员）将现在的书法教育大致分为专业化学校教育，普及性学校教育，还有类似古人师徒教学的工作式方式。任何一种教育方式，老师的作用是领进门。因此，老师的水平十分关键，老师对书法的认识，对学生产生的影响极大。不管是社会办学，还是中小学的书法教学都存在教育者本身的水平问题。不管哪一种教育方式，只有深入传统经典的教育，能够与中国传统文化相契合，能够适合时代的发展，才能真正让学书者领会书法的核心，才能领会传统书写的意义。

的确，书法教育对中国人而言不只是一种技法练习，更是一种文化的修炼、意志的培养、品格的塑造、精神的陶冶。李明提到，最初的书法教育，体现在手口相传的家学或者私学的继承，没有普世的教育含义。传统的书法教育在发展历程中有许多波折，尤其是自20世纪以来，常规的书法模式似乎离我们所理想的模式渐行渐远。到了现在，书法教育进入高校，书法专业逐渐成为独立学科，这都是书法教育的转变。

今天的书法教育不仅是高校的问题，也不仅是个人的问题，而是一个社会性的大问题。

只有从政府、社会力量，到各个层次的学校联动，把书法教育作为社会美育的重要组成部分，进行系统规划和展开，充分融入社会教育体系中，它的作用才能真正发挥出来。沈浩（中国美术学院中国画与书法艺术学院书记兼副院长、博士生导师）站在政府智库的角度，同样认为书法教育在今天的时代背景下，更多的是要认识它作为传统文化和艺术，在当下对社会的意义，以及美育价值。中国传统书法的文化内涵、修身养性、立品树人、明德成化是非常重要的内容。今天的书法教育在中华文化伟大复兴的历史阶段理应承担双重职责，一是对中华文化从物质到精神的传承和弘扬，二是在努力创造时代精品的同时，对社会发展所需要的创造力的培养和开发。当前书法教育的不同层面应该具有不同的侧重。高等书法教育理应重视对传统的深入研究，并与古为新，加强前沿探索；社会书法教育要重视提高民众的审美力。对于中国人而言，中国书法就是提高民族审美力的重要载体，中国书法的美是多样性、多层次，辩证、博大而精深的。

四、倡导书法教育的措施

当代书法教育已经逐步走向现代化，书法体道的本质却容易被忽略。高步明（武警甘肃总队政委、少将，国家一级美术师）认为，中国艺术研究院书法院应当扛起书法教育的大任，力求走在前面、引领潮流、做足工作。首先是生态的修复。书法发展表面上轰轰烈烈，但其中裹挟着一股浮躁之气。书法艺术的发展有其自身规律，当代人趋向就技法论技法，就展览设展览，尚未从本源上持养书法家园。这不仅是一个从娃娃抓起的问题，首先是从书法土壤的深耕和净化着手的大关切；其次是系统工程的建设。无论政府行政部门，还是文化主管部门，都要做出总体设计和正确引导，不能让其自然疯长。特别需要注重扎牢根基，打好基础。时代不一样，文化环境的确发生了很大变化，关键是当代人要肩负责任。比如，建立书法教育的学科体系、规范业余书法教育的教材体系、设计书法艺术工作者的修养体系。这样久久为功，点滴积累，书法教育的参天大树才会枝繁叶茂；同时，文化精粹的阐述、认知，在书法传统教育里也十分重要。书法教育本身要注重技能人才的发掘，各个时代都有领军人物，领军人物就出现在传统教育里，要发现、重视这些未来能够担当领军人物的人才，进而重点培养。

书法专业的学科建设若无法实现科学化，将会导致混乱，非长久之计。无论是谁挂起一块牌子，学过几天就能招收小学生，开始追逐经济效益。不少所谓书法学校的校长，书院的院长，对常识性的书法知识一无所知，写的字更是一塌糊涂，就是在误人子弟。王继安（南京师范大学书法教授、博士生导师）呼吁，作为书法院，作为书法系的教授们，要让书法成为一门专业学科，让世界人民像重视物理学和化学一样重视书法学。学科建设必须科学，符合教育学和心理学各门各科的教学规律，在学科配置上必须有特色，且不能被其他专业轻易取代。

其实，全国的书法院数不胜数，各种书法培训、书法补习就更多了，这是一股庞大的产业力量，并且发展迅速，对于书法的发展能够起到极大的推动作用。管峻（中国艺术研究院书法院院长、国家一级美术师、中国书法家协会理事兼楷书委员会副主任）却直言，书法不是一门普及的学科，大运动式地普及未必是好事。中国书法源远流长，博大精深，各种风格、各种流派，如何把类似书法“临创展”这样的展览范围扩大，更加开放，让大家来到真正全方位、多风格、高水准的“临创展”，才是真正提高书法认知、书法学习的有效办法。

总体上，如杨涛（中国艺术研究院书法院副院长、博士生导师）所言，政府的引导是关键。比如教师队伍的建设、专业教师就业的引导、安置待遇的完善，以及书法能否与升学前景、就业岗位诸方面有机结合。再看现有高等书法教育体系的学科之间、理论实践的配置比例、课程设置的前后关系，如何因材施教，如何让传统的师徒相授形式转而更为全面、科学与学术化，都是亟待解决的问题。

五、关于书写传统

“倡导书法教育，修复传统书写”这个题目不仅有书法教育的问题，同时还涉及传统书写在当代如何发展的问题。

周延（中国艺术研究院书法院展览部主任）将中国历代的书写状态分为四个层次：天然书写，书法异化前的本然书写，书法异化后的刻意书写，书法异化后的本然书写。一些文人士大夫笔耕不辍，一辈子处于书法异化前的本然书写阶段，书写之时又是精骛八极，心游万仞。故能思入柔翰，笼天地于形内，挫万物于笔端。他们所书写的墨迹虽不能算是经典法书，但是又极有味道与内涵，甚至流露了他们的性情、人格与修养。这是中国书法的魅力所在。从书法史来说，也是在书法异化前的本然书写阶段一步一步引领着书法的演化与发展。所以说本然书写是书法的本质与源泉。在书法的审美意识确立后，书法又有独立于书写的倾向。而且，书法对书写进一步限制与规范，甚至变成了对书写的异化。另外，书法又进一步发展，向直抒胸臆的草书漫兴发展，到现当代有脱离汉字的趋向。由此可知，我们需要推广书写，推广日常书写。尤其是中小学，让孩子拿着毛笔写字，不需要用很高的书法技法去评判，而是引领孩子的书法兴趣，引领孩子的书法审美，尤其是让孩子能够亲近书法，喜欢拿毛笔书写。因为毛笔与硬笔不同，毛笔柔软，能够轻便地驾驭毛笔，可以使小孩子的注意力高度集中。这是最基本的收获。如果他进一步喜欢上了书法，自己去了解书法，了解中国传统文化，这些都是水到渠成，是必然能够实现的前景。

李明对当代语境下的传统书写进行分类，一种是展览模式下的书写，另一种是所要提倡的效仿古人的自我修炼式、养心式的日常状态书写。这种书写有两个方面的不同——炫技而有约束的书写和自然而无约束的书写，因为参展书写必须顺应展览的要求。杨涛也特别提到，书写传统与日常书写有关，但是日常书写有两层含义，一是古人的日常书写，是传情达意的文字手段，和书法无关；二是一种修养，是技能达到高度统一的书写状态，是无意于佳乃佳的书法创作方式。中国文化精神最重要的是秩序感，这是一种能力，而书法就体现着这种轻重缓急、左右避让、上中下之间的关联。在其中让学生感受中国文化的一种共识，再从共识中获得自信。获得对中国文化强烈的自信心，是倡导书法教育，修复书写传统的意义所在。

总之，书法是中国文化精神的物化形态，中国文化很多抽象的道理，都能具体地在书法中呈现出来。如中国文化非常强调秩序，而这种秩序的理论表达往往是抽象的、意会的，而书法能让这种抽象变得具体，在这当中我们能够直观地感到中国人文化的核心所在。通过书法能够修身养性，立品树人，明德成化。书法并不仅仅是写好字的问题，对中华民族而言，书法这一通人、通性灵的特有的艺术形式能够让人们，以书写的方式理解中国人的传统审美方式、传统价值观，进而感悟中华文化生生不息的发展动力。

自从新文化运动以后，我们的文化形态发生了剧烈的变化，当代书法的解读和审美也跟传统有点不大一样。特别是中华人民共和国建立以来，全民文化教育得到长足的发展，书法教育也规模化了。我们应当清楚，展览是当代书法的一种主要呈现方式，展览更讲究的是视觉效果。而在这些展览里，缺乏一些自我修炼式的日常书写的书法作品，我们更想感受其字行之间的气势、状态，然而只有进入自然书写才能体会书法最核心的最内在的精神。本次“倡导书法教育，修复书写传统”主题研讨会就是在讨论这样一个议题，同时针对当代书法的境遇和问题也提出了相应的对策。

首先，书法教育的理念要明确：高等书法教育在提倡艺术性创作的同时，要将中华文化和艺术的内在规律及其精神进行深入挖掘；社会书法教育则要重视提高民众的审美力。其次，书法院校的课程设置需要调整，除了现在已有的技法层面的课程之外，需要补充一些关于文辞、经典、古汉语、文字学等相关课程。再次，注重策划具有示范性作用的展览。最后，提倡自然书写，记录自我，尤其是对小学生。

“2018‘一带一路’文化交流与合作国际学术研讨会书法工作坊暨行歌——中国经典书法临创展研讨会”在各专家学者的畅所欲言与建言献策中落下帷幕，为当代的中国书法发展增添了意义不凡的一笔。

（本综述根据工作坊现场录音记录稿整理而成，未经发言者本人审阅，特此说明）

2018 第三届“一带一路”文化艺术交流合作国际学术研讨会专题工作坊三：塑造中国舞蹈的民族精神

主持人：

江东 / 中国艺术研究院

发言人：

Katherine MEZUR 梅祖儿 / 美国加州大学伯克利分校

Noriaki MITA 三田德明 / 日本瑞穗雅乐会

Haree CHOI 崔亥利 / 韩国舞蹈资源中心

茅慧 / 中国艺术研究院

金娟 / 中国艺术研究院

廖燕飞 / 中国艺术研究院

曾婕 / 中国艺术研究院

江东：欢迎大家来参加今天下午的国际舞蹈讨论工作坊。今天在座的有来自中、日、韩、美四个国家的学者，下面我们还是先请各位自我介绍一下，首先有请远道而来的客人，梅祖儿（Katherine MEZUR）教授。

梅祖儿：我来自加利福尼亚大学，学习的是比较文学专业，一开始我是把研究重点放在日本，后来逐渐地把目光投向了不同地域的交流，以及这些艺术家在不同地域之间穿梭的时候，由于地理上的冲突和历史文化上的差异所造成的一些很有意思的影响，这是我的研究重点。我的研究对象包括日本、韩国、中国等，还有中国台湾、香港的艺术家。此外，我还有一个研究兴趣点就是性别研究，主要是女性主义的研究，因为我发现女性艺术家在很多国家往往是被忽略的，所以我想把这个作为一个很有意思的研究重点。

崔亥利：大家好。我是韩国舞蹈资源中心的主席，实际上我既是一个艺术家，也是一个艺术史的研究学者，并且我创办了一本网上杂志，叫《韩国舞蹈快讯》，我是该刊物的负责人之一。

三田德明：我从 9 岁开始学习日本雅乐。我的老师没有儿子，只有女儿，所以就向我教授了雅乐，而现在我在负责教老师的外孙雅乐。

江东：日本雅乐传男不传女。我们知道雅乐在中国已经消失很久了。2004 年的时候，王克芬教授在首尔看了三田德明教授的研究之后非常感动，说雅乐能够得以在日本流传，真的是非常了不起，以后我们一定要多交流。正是通过这一契机，我结识了三田先生。这些年来，我们之间一直保持着非常频繁的接触，我经常会请他到中国来。三田先生一直致力于“雅乐回家”计划，我们大概是从 2007 年、2008 年就开始执行这一计划，至今大概 10 年时间了。中国对于日本雅乐的认识越来越深入了，在此我们特别感谢三田先生的这份努力。雅乐在日本现在有两大派，一派提出要随着时间的改变而改变，还有一派认为不能变。他是后者。我们也特别为他对于雅乐传统的坚守精神表示敬意。

下面我们请中方的代表做一下简短的自我介绍。

茅慧：大家好！我来自中国艺术研究院舞蹈研究所，我的教育背景是中文和舞蹈学，最近几年的研究方向是中国“丝绸之路”上的乐舞交流和当代舞蹈创作。

廖燕飞：大家好。我工作于中国艺术研究院舞蹈研究所。我从小学习舞蹈，研究生毕业之后，进入中国非物质文化遗产保护中心工作，现就职于舞蹈研究所，同时正在攻读博士学位。由于我的工作经历，近期我一直在从事关于传统舞蹈的非物质文化遗产保护研究。我今天的发言也将围绕这一话题展开。

金娟：大家好。我叫金娟，也来自中国艺术研究院舞蹈研究所，我的主要研究方向是中国少数民族舞蹈文化，现在正在攻读博士学位。

曾婕：大家好，非常高兴有这样一个跟各位老师学习、交流和汇报的机会。我叫曾婕。我个人的学术趣味应该是比较倾向于传统文化这一块，我的硕士学位论文所要研究的就是在明末清初这样一个中国社会发生巨大转变的历史时期，作为严肃艺术的舞蹈是如何在中国社会确立下来的。所以从我的这一研究方向也可以看出，我既关心传统舞蹈艺术形态，同时也一直关注传统舞蹈的当代转化，而今天我们所要谈论的“重塑中国舞蹈精神”这一命题，应该说也是我一直以来所关注和思考的问题。除了中国艺术研究院的在读博士研究生，我还是《舞蹈》杂志的编辑、记者，从事舞蹈评论相关工作，所以我也会比较关注当下舞蹈发展的现状。

江东：现在我们正式开始研讨，首先有请三田德明。

三田德明：感谢大家的邀请。今天我要演讲的题目是“从日本雅乐中看丝绸之路”。雅乐在不同的国家有不同的念法，内容上应该说都是差不多的，只有一些细微的差别。雅乐作为日本的礼仪性宫廷表演艺术，应该也是全世界历史悠久且最为博学的艺术之一。在日本的雅乐当中，有一些舞乐实际上是受到了中国隋唐时期乐舞，以及来自许多其他国家（主要是亚洲国家）舞乐的影响。大约一千一百年前，来自中国、韩国、越南、印度、古波斯国等国家的独特舞乐形式通过丝绸之路，以及其他的古代贸易路线传入日本（这些舞乐都是通过中国和韩国进入日本的）。不幸的是，雅乐在这些曾经拥有雅乐的亚洲国家几乎失传了。我们现在仍可以通过日本雅乐，了解中国隋唐时期的舞乐是什么样的。虽然雅乐有着这样悠久的历史，并且受到其他国家的影响，但是在日本大部分的日本人还是觉得雅乐是仅属于日本的一种舞乐，并且认为雅乐就是源自日本的。究其原因，我觉得可能是由于雅乐的表演地点和流传范围局限于宫廷、庙宇和神社。

日本雅乐舞蹈可以分为三组（类）：第一组（类）是日本本土舞蹈，跳的时候往往伴随着歌曲吟唱，我们把它叫作土风歌舞；第二组（类）是唐乐，或者也可以称作左舞或左乐，是从古代中国传过来的，实际上还包括一些来自越南、印度，以及波斯国的舞蹈元素；最后一组（类）是高丽乐，或者说右舞或右乐，是从古代朝鲜半岛传过来的。

雅乐所使用的管乐器包括筚篥、龙笛、笙，作为雅乐的表演者，至少要学习这三种管乐器当中的一种。除此之外还要学会所有的打击乐器和两类弦乐器中的一类，并且还要会歌唱。所以说雅乐的表演者可谓能歌善舞，而这也是古亚洲国家乐舞艺术的普遍特征。这一古代传统在日本得以保留。

日本的雅乐兼具礼仪性和游戏性的特征，同时具备娱乐性。早在日本平安时期（8—12世纪），日本贵族就已经把雅乐当作一种娱乐活动。日本雅乐的礼仪性和娱乐性兼备的这一特征是非常独特的，在我看来，这和雅乐作为日本本土“神道教”仪式的一个环节有一定的关系：神道教的神明在理论上被视为和人非常相似，他们很喜欢欣赏美丽的舞乐，如果舞乐非常独特且有味道的话，神明看了就会非常欢喜。

有些人可能会觉得很奇怪，为什么雅乐的传统仅仅在日本得到了保留呢？我觉得有两个原因：一是日本以天皇为中心的政治体系，可以说比其他国家都要更加稳固。每年日本的宫廷，还有庙宇、神社都会定期频繁举办很多的礼仪和节庆活动，正是在这样的情况下，雅乐表演每年都会固定（在特定演出场域）重复进行，并且表演形式相对比较固定，从而非常有利于表演者将传统代代相传。二是源于表演者对于传统艺术保护、留存（的态度和坚守）。我听说中国教师在进行传统舞蹈教学时会更为强调每一个舞者的独特性，在韩国可能没有那么明显；而在日本则是完全相反，我们在教授传统舞蹈的时候，强调的是要不折不扣地跟着师傅完成所有的动作，一丝一毫都不能改变。日本雅乐的表演者一生都在不断地努力训练和学习，无数次地重复这些动作，希望能够很好地去还原雅乐。

当然也有人认为这一态度在一定程度上阻挠了日本舞蹈和音乐的变革及转型。然而另一方面，这恰恰使得当年从中国、韩国等亚洲国家传入日本的乐舞因素得以保存至今，甚至可以说，在日本雅乐中保留了亚洲的雅乐文化，对此我们深感荣幸；并且我们非常有幸能够有机会回到雅乐起源的各个亚洲国家，教授雅乐的舞蹈和音乐。可以说，雅乐不仅仅属于日本，还属于全亚洲，而我一直将雅乐视作打开亚洲各国文化合作之门的钥匙。作为艺术家，我们有责任推动雅乐文化的传承并以此促进亚洲各国的交流与合作。

江东：非常感谢三田先生的分享，通过他的介绍，我们对日本雅乐重视和珍视传统的态度有了更加深入的了解。当下我们提倡以“五通”（政策沟通、设施联通、贸易畅通、资金融通、民心相通）路径构建人类命运共同体，我想第一步可能是彼此的互相理解和沟通，所以让我们先从亚洲做起，增进彼此之间的相互了解。下面有请茅慧。

茅慧：我发言的题目是“丝绸之路乐舞交流的历史影响”。先说古代的丝绸之路，实际上在中国古代的表述中并没有“丝绸之路”的（概念）。这一概念首先起源于德国史学家李希霍芬，李希霍芬认为在欧亚大陆之间有一条以丝绸为特点的贸易之路，成为从汉到唐非常重要的贸易通道。

根据中国的历史记载，最早的官方丝绸之路的开拓是在西汉，而关于丝绸之路上个体和官方行为的历史表述，则成为我们建立国、族认识的一个很重要的方面。关于这一段历史，简单来说，张骞作为通西域的官方第一人，第一次出使西域诸国。当时在中亚比较大的政权是汉和匈奴，汉朝与很多小国家除了在政治、经济和军事上的联盟之外，还有血缘关系上的联姻，先后大概有两个汉朝的公主嫁给了那些国家的君王，乐舞的交融在这一联姻过程中悄然发生：那些嫁到西域小国的公主，为游牧民族带去了中原的文化和制度，其中自然包括乐舞；一般几年之后，这些公主会带着和亲后所生育的儿女回到中原王朝（省亲），同样也会带来西域的文化（包括乐舞），（中原与西域的乐舞艺术正是）在这一过程之中交流互通，有很多具体的史料可以证明这一观点。

可以说，（中西文化的）这一交流是双向的，而在表演艺术上，则更多体现中原受到西域文化的影响。比如（幻灯片上的）这幅图是墓穴壁画，画中（所描绘）的扔球、走钢索代表的都是西域文化，这些深深地影响了中国的文化格局，并且这一影响从公元前一二世纪始，在之后一两百年间愈演愈烈，一直延续经隋唐，乃至到今天。当今中国作为杂技大国，很多的杂技都有西域文化的遗风。在很多出土的隋唐时期文物，如敦煌壁画，表现了很多西域风格鲜明的乐舞形式，包括胡人形象。粟特人与胡人的人种相关，是古代丝绸之路上的一个中转民族，其族源属于东伊朗的一个支系，主要从事中转贸易。从很多在中国发掘的墓穴（文物，如壁画，我们可以看出），当时有些粟特人已经融入中国人的生活，他们在南北朝或者唐朝的政权里面担任职务，管理着他们的族群和贸易生活。在他们的墓穴中出土的很多（文物）图像（显示），他们有自己的舞蹈，比如胡腾舞、胡旋舞、柘枝舞。这一石椁外层的石雕（见幻灯片）所再现的双臂高举的吸腿动作即是胡腾舞最典型的舞姿，很多诸如此类的史料证明，这些舞蹈在隋唐时期的中国社会曾令世人瞩目且一度风行，即便是在正史的记载中，也有着突出的地位。自中唐以后至宋代，这些来自西域的舞蹈逐渐融入中国社会，而它们的表演者也由地道的西域人慢慢变成了中国人。发展至宋以后，大约在公元一千年前后，它们在宫廷里面被改造成了另一种表演形式，比如由西域人表演的独舞到双人舞或者队舞，由成年舞者表演到小孩表演，等等，在形式上发生改变，同时也逐渐中国化。除舞蹈之外，在音乐方面，诸如筚篥、龙笛、曲颈琵琶（横着弹的琵琶）之类，都是从西域传来的乐器，这些乐器我们在三田先生刚才介绍的日本雅乐里面也能看到。

在我看来，研究丝绸之路乐舞交流的历史影响，重要的是为我们提供了一个更为宽广的看待历史和现实的视角。也就是说，我们不会局限于从某一特定国家和地区的角度来看问题，而要跨越时空，站在整个人类的角度来看问题，比如正是由于日本百世一系的天皇制度等因素的影响，使得日本在保存古代文化方面做出了贡献，而中国作为有容乃大的中转国，在文化上的开放胸襟使得其文化得以在自己的国土上继续发展、更新，这些文化传播使每个国族都能在世界范围内找到自身的认同和价值。正如今天上午梅祖儿教授在“移民社区：亚洲内外的陌生人社区”发言所提及的拥有不同文化、教育背景和身体记忆的人在一起为大家共同关注的问题，比如生态文化、身份认同、环境保护、人生的焦虑等问题寻找解决方案，贡献个人的智慧，（这正是对于具有开放性和传播能力，站在整个人类的视角来关注人类共同命运问题的丝路精神）的延续与当代的实践、探索。

江东：谢谢茅慧老师。茅慧是研究舞蹈史的，她用史料给我们描绘了一幅丝绸之路上的舞蹈交流景象，这给我们今天进行“一带一路”的舞蹈文化交流带来特别多的启发。下面有请来自韩国的崔亥利女士发言。

崔亥利：我今天的演讲是回应习近平总书记所提出的“一带一路”倡议，主题是关于第四次工业革命亚洲舞蹈文化的展望：在数据之路上构建新的舞蹈文化。提起丝绸之路，不得不提的一个人是崔致远，他是新罗时期的一个非常伟大的学者，而我作为崔致远的后人，今天这次演讲对我来说真的是意义非凡。当年，我的祖先崔致远在 12 岁的时候就来到了唐朝留学，一直在大唐待到 29 岁才离开。18 岁的时候，崔致远便金榜题名，之后成为一位官员。公元 881 年，遇“黄巢之乱”时（唐朝历史上规模最大的农民起义），崔致远因挥笔写下《檄黄巢书》而一举成名。自此之后，崔致远坚持写作，包括回到新罗之后。事实上崔致远所创作的作品非常多，包括文章、碑文、古诗在内约有一万部，但最后流传下来的只有 120 篇。其中，非常值得一提的是他的诗歌，他所创作的诗歌题材范围极广，包括自然风光、友情、民俗，以及他自己心理活动的抒发等。中华人民共和国国家主席习近平曾在 2013 年中韩友谊交流活动中引用崔致远的诗句，并且引用了三次之多。在这里我想与大家分享其中一首与大海相关的诗歌，名叫《泛海》：“挂席浮沧海，长风万里通。乘槎思汉使，采药忆秦童。日月无何外，乾坤太极中。蓬莱看咫尺，吾且访仙翁。”习主席正是以此诗将中韩之间的友谊追溯至一千年前，可见两国友谊之绵长久远。

崔致远尝试在他的诗作中描述大千世界。事实上，崔致远很有可能在中国做官的时候去过丝绸之路沿线的一些地区和国家，之所以这样说，是因为当时西域的舞蹈在崔致远的诗歌中常有所提及，比如在他的诗句中出现过“杂咏”“金丸”“大面”“狻猊”之类的字眼。另外，在古丝绸之路时期，人员的流动非常自由，不受约束，也正因为如此，崔致远得以来中国求学并且有机会体验各地的不同文化；而他和他的文章、诗歌及其所包孕的深刻哲思，又给新罗文化带来深远的影响。

所以说丝绸之路可谓古代亚洲文化交流的重要通道。中韩之外，通过丝绸之路，印度的佛教、史诗、音乐、舞蹈传入很多其他的亚洲国家，并与当地文化融合、发展，成为新的风景。那么今天的情况又是如何呢？昨天我花了 12 个小时的时间，中途转了一次飞机才从韩国首尔飞到中国北海。在整个路途当中，空乘人员包括机场保安问我问题，先是用中文，发现我听不懂后，再跟我说英文。除此之外，我从韩国来到中国，还要做签证、资金、手机漫游等各种各样的准备工作。也就是说，今天倘若我想到中国更好地实现交流，首先要跨越时间、国界、语言、金钱四大障碍，所以事实上相比丝绸之路的古代，今天亚洲各国之间的文化交流更加困难，也就导致了彼此之间文化了解的相对疏离。正因为如此，我们需要寻找一种新的方式和道路，突破时间、语言、国界的障碍，也就是我所提议的“文化数据之路”。

今天，由通信技术的高速发展所直接引发的第四次工业革命已经到来，而通信技术的三大关键词是“数字”“智能”“互联”。也就是说，第四次工业革命实际上会为我们打造一个超级互联的社会，在这个社会当中，通过建立在对于大量数据的收集、存储、分析基础上的人工智能技术，万事万物都得以通过数据而相互连接，人、设备、内容、服务都在一个网络里面紧密相连，从而为我们的生活带来翻天覆地的改变，而平台和数据则成为第四次工业革命的核心。正是在这一背景下，在“一带一路”的倡议下，倘若我们要延续古丝绸之路的辉煌，就有必要记录、收集、储存，以及很好地使用这些亚洲的文化资产，并以信息数据的形式进行收集和储存；而建立这样一个平台，需要亚洲各国，包括政府、艺术家、相关技术人员在内各方的彼此合作与共同携手。大约在十年前，我开发了韩国首个舞蹈数据库，并且建立了一个数字化的舞蹈档案馆，目前正力图将其开发为一个用于国际交流的舞蹈平台，同时促进数据的创新使用。如果中方对此有任何需求，需要了解或者协助，我会毫不犹豫地向你们提供我所知道的一切。这正是促进当代文化发展所必须具备的无私分享与合作精神。

江东：通过数据的分享与互联，以此在“一带一路”进程中跨越国界，促进彼此的交流，这确实为未来的国际合作提供了一个特别好的思路和选择。

金娟：今天我要谈的是民族舞蹈创作，尤其是少数民族舞蹈创作的民族特色和民族精神问题。关于“民族精神”，已有明确的定义与共识，民族精神是指一个民族在长期的共同生活和社会实践基础上形成和发展起来的，能够为本民族绝大多数的人所认同；同时由于民族精神是积极正面的，能够为民族的生存和发展增添动力，因此能够激励大众，成为本民族社会发展的强大动力。虽然经济全球化的迅速发展使得我们的物质生活发生了翻天覆地的变化，但民族精神仍然是一个民族和国家牢不可破的纽带和取之不尽、用之不竭的动力源泉。

舞蹈作为文化历史的一个组成部分，（民族舞蹈的创作）必然要传承、发展民族文化，不断反映大众的思想情感和生活；与此同时，还要在全球化的潮流中，以“中国民族舞蹈”的身份出现，满足观众的文化期待与身份认同——而这，主要是依靠作品所反映的民族文化和民族精神。表面上看，当下的民族舞蹈创作，尤其是少数民族舞蹈创作形势一片大好，各种舞台创作非常热闹喧嚣，作品越来越多，但真正能够在社会上产生广泛影响，能够让人感动、激动，产生引领效应的好作品越来越少。为什么今天的民族舞蹈创作有数量而缺质量？这是很多从事舞蹈专业的人所共同面对和思考的问题。对此，我想以当下民族舞蹈作品创作，尤其是少数民族舞蹈创作，存在的两种现象为切入点，谈谈自己的看法。

一是将舞蹈的民族元素等同于民族精神。在很多民族舞蹈作品中，创作者往往注重对民族舞蹈动作、造型、节奏、韵律等形式的学习、模仿和探索，却很少深入民族精神层面去探索和研究，似乎舞蹈动作只要有民族形式就必然会具有民族精神。然而事实上，民族舞蹈创作不同于传统，传统舞蹈在大众间自然传承和发展，历经千百年，与大众的生活密切联系，从而使其本身就蕴含了丰富的民族文化和民族精神。而舞台化的作品则是艺术家的创作，民族风格和民族精神源自艺术家的自发追求，需要艺术家的苦心经营才能实现。如果在创作中把民族形式置于民族精神之上，过分强调民族特色而不能理解和表达民族精神，就会流于表面，由于缺乏深度而无法展现内在精神层面的民族情感。创作之外，将民族元素和民族特色等同于民族精神的现象，在民族舞蹈教学中也非常普遍，很多高校的老师在教授民间舞的时候，往往重视对于动作、动律的教学，而忽略了对于动作背后文化（语义）的解读，从而使学生对于民族舞蹈的学习流于表面。总而言之，民族舞蹈要实现对于民族文化、民族精神的传承和发展，不能仅仅拘泥于对于民族元素和特色的展示，与采纳民族元素和形式相比，更重要的是对民族的热爱程度、对于民族情感信念的深切理解，以及对民族精神的尝试表达。

二是民族舞蹈创作往往容易忽视民族精神所具有的时代性特点。中华人民共和国成立以来，中国的舞蹈创作取得了令人瞩目的成就，出现了一批著名的舞蹈编导、演员，以及诸如

《鄂尔多斯》之类将民族独特的生活和情感相交融而创作的一批民族特色鲜明的优秀作品。然而时至今日，中国的民族舞蹈创作正在遭遇瓶颈，大家依旧热衷于表现民族的昔日风光、历史故事和民族特色，比如我们在创作蒙古舞蹈时，往往注重对蒙古包、蒙古袍，草原上的游牧、骑马、放马等典型传统元素的运用和表现，从而导致了创作的同质化。事实上，现代工业文明的迅速发展，早已使得少数民族地区的生活发生了翻天覆地的变化，民众住上了砖瓦房，拥有了便利的交通，使用了现代化的通信方式；少数民族地区的人们与我们一样，共同面对环境污染、耕地退化、留守儿童等诸多现实问题，共同经历着现代化过程所带来的困惑、迷茫、矛盾，然而我们大多数的民族舞蹈作品（对这些问题视而不见），依然还在一厢情愿地勾画着那种田园牧歌式的民族生活场景和民间风情，与现实生活有些脱节，这一与时代发展相悖的创作（趋向），显然有悖于作为艺术家的时代使命和责任担纲。

综上所述，民族舞蹈创作不仅仅是一种形式表达，而应该表现风情背后的民族精神，关注民族精神的当代变化。民族舞蹈创作要立足于民族特色之上，更要关注现实与当下，融入当代文化语境，只有着眼于当下，找到传统与当代的契合点，以艺术家独特的视角来传达文化的民族性和时代感，才能推动民族舞蹈艺术的发展。

廖燕飞：大家好。我今天的发言题目是"'一带一路'上的非物质文化遗产保护"。这里的"非遗"包含舞蹈，但不局限于舞蹈。首先我想从联合国教科文组织人类非物质文化遗产代表作申报的一个误解谈起：我们常常会认为"非遗"（的申报）犹如（注册）商标一样，先抢先得，比如2008年崔亥利教授所在的韩国所申报的江陵端午祭被联合国教科文组织确认为人类非物质文化遗产代表作，这一消息在中国产生了不小的震动，因为中国也有端午节，那么韩国的申报是否会将这一项目据为己有呢？事实上，韩国成功申报端午祭完全不影响中国第二年再次成功申报该项目。不在"一带一路"的沿线国家，由于（历史上长期以来的）文化交流和融合，我们往往持有相同或相似的非遗项目，比如今年7月舞蹈研究所在新疆地区考察时看到的木卡姆艺术，在中亚的多个国家有广泛流传。这些非物质文化遗产的文化共性建立了沿线民众共同拥有的精神家园，也是推动民心相通最深沉持久的力量。所以当我们从"一带一路"整体的文化视角来看沿线国家"非遗"的保护与发展，彼此之间更多的不是对立，而是合作；不是竞争，而是互利共赢；不是故步自封，而是互学互鉴；最终形成文化包容的利益共同体。

当下丝路沿线的绝大多数国家是《保护非物质文化遗产公约》的缔约国，这意味着我们与沿线国家在同一个国际法的框架下进行非遗保护工作，并以此展开更为密切的国际合作，比如中国与丝路沿线国家进行"非遗"项目的多国联合申报，不仅可以提高申报的成功率，更重要的是可以使国家之间开展合作，从而促进文化的交流对话；这一国际合作的形式将改变我们当前聚焦于一国境内单个项目进行保护的方式，而以丝路为纽带，将丝路沿线的“非遗”项目作为文化复合体进行整体保护。这也更加符合“非遗”活态流变的这一基本特点。

中国作为首批加入“非遗”公约的缔约国，正在当前“非遗”的国际合作中，以中国经验的不断汇入贡献着中国智慧与中国力量，越来越发挥更为积极的作用。比如2012年，中国艺术研究院成立了“亚太非遗国际培训中心”，致力于为亚太地区的48个联合国教科文会员国提供建设服务。到目前为止，中心已经成功举办了32期国际培训，受益国32个。今年，“中心”优先选择为丝路沿线的国家提供人力、智力和资金支持，分别在中亚的吉尔吉斯斯坦、哈萨克斯坦，以及东南亚的泰国举办培训，以此来增强这些国家履行公约的能力。文化和旅游部也在2016年发布了“一带一路”文化发展行动计划，明确把推动丝路沿线国家和地区建立“非遗”交流和合作机制作为该项目的重点任务之一。相信这些都将促进中国与丝路沿线国家一起，共同实现在“非遗”保护和传承方面的互利、共享、共赢。

最后，当前我们都在谈论“文化的人类命运共同体”的问题，在我看来，费孝通先生所提出的“各美其美，美人之美，美美与共，天下大同”，已经对这一问题做出了回答：发现自身的美，尊重本民族的文化，然后欣赏他人的美，尊重他人的民族文化，再到相互欣赏和赞美，最后达到与之融合。我想这就是对用文化多样性来构建人类命运共同体的诠释。

曾婕：各位老师好。我今天的发言题目是“经典重塑与精神重拾——从《丝路花雨》和《又见敦煌》说起”。因为要涉及对于“民族精神”这一形而上问题的讨论，在我的发言中，会不可避免地运用一些与中国古典美学相关范畴的论述，由于牵涉翻译问题，我会尝试用尽量通俗易懂的语言以方便大家理解。

首先我要提及的第一部作品叫《丝路花雨》，这是一部被列入“中华民族20世纪舞蹈经典作品奖”名录的舞剧作品。该作曾在改革开放初期作为中国舞蹈的形象代言，在世界范围内产生了轰动性的影响，所以前段时间我到敦煌看这部作品的时候，实际上是带着敬仰之心，但是看完了之后的失望同样非常明显。很显然，整部舞剧叙事结构的松散、拖沓、断章都已经不契合当下的审美期待心理节奏；而就演员的表演来看，也并不尽如人意，尤其是女主角英娘形象的塑造，太过于歌舞伎式的表演，实在离王克芬先生所谓“妖而不媚，艳而不俗”的敦煌式审美相去甚远。

当然我们对于任何一部舞蹈作品，都要将其放置于历史时空的坐标轴之上，就像我们现在看当年的《红绸舞》，包括《红色娘子军》的影像，都会觉得演员打鸡血式的表情过于夸张，但既然这两部作品均在影像保存尚未普及和作为较珍贵记录手段之时，得以通过录影的方式保存，至少说明在当时的境况之下，这样的一种表情方式应该是恰到好处的。同样，我们对于《丝路花雨》的观看也应当将其放置于具体的历史境况之中。正是因为在漫长十年动乱后的改革开放初期出现了这样一部取材于敦煌，历史文化价值与形式审美兼备，让人耳目一新的舞剧作品，从而身体力行地批判和颠覆极左思潮的错误认识而成为时代先声，并且成就了《丝路花雨》的历史地位。然而另一方面，一部艺术作品之所以可以被定义为“经典”的很重要的衡量标尺，在于其是否经受住“异时异地”的考验，就像《红色娘子军》，即便是今天我们对其进行观看，它依旧可以凭借其在纯艺术创作方面的可取之处而常演常新。显然至少就目前看来，《丝路花雨》并没有经受住时间的考验。原因何在？这是我当时的一个疑问。

看完《丝路花雨》的第二天，我看了另一部敦煌题材的作品——《又见敦煌》。不可否认的是，这是一部商业意味很浓的作品，但我仍然从中发现了可资舞蹈创作反思和借鉴的可取之处。主要体现为围绕“又见”所展开的古今对话，而通过这一艺术手段所要带入的更深层面的思考，则是如何站在当下去理解和观看历史，即我们今天所探讨的这一命题——塑造中国舞蹈的民族精神。在我看来，所谓的历史是可以在当今人们心中复活的故事，而历史之所以动人，正是因为历史的人们和我们一样，脚上有泥土，心中有伤痕，这成为《又见敦煌》之如何“又见”很重要的思考和出发点。关于这点，我可以给大家举两个例子，一是《又见敦煌》对于小人物王元禄形象的塑造，由于对藏经洞中发现的文物价值缺少认识，王元禄以极低的价格将藏经洞中的文物卖给了斯坦因、希伯和等国外汉学家，从而无意间造成了这些无价之宝远失海外。《又见敦煌》对于这一人物形象的塑造既有对于国耻家恨的反思，又有对于小人物的悲悯、同情。另一个例子是作品对于从敦煌走出的一位公主出嫁前一天晚上的场景还原，其中有一句台词的大意是：“明天我就要远嫁外地，我身上嫁衣的一针一线，都缝进了家乡对我的思念……”而后画外音响起：从敦煌一共走出了多少位公主，你是哪一个？所以《又见敦煌》正是通过对于一个个敦煌历史场景、画面的还原，但又不完全是场景再现，而是带有反思性质的古今对话、经典重塑与精神重拾，在当代人心中复活了历史上的敦煌故事，可谓对敦煌精神、民族精神的再现与弘扬。

最后，通过对于这两部敦煌题材作品观看的比较，我想要说明的是，当我们提到“塑造中国舞蹈的民族精神”的时候，所谓的题材、素材、方法都不过是路径和手段而绝非最终完成。敦煌舞作为当下中国古典舞的流派之一，从敦煌舞对于敦煌壁画、舞姿的搜集和整理，到各地民间舞教材建设的如火如荼，甚至很大数量的民间舞蹈相关舞蹈学位论文的写作，事实上我们所热衷的都是素材层面的知识拓疆，却很少真正由工具理性层面上升到价值理性层面，去思考如何进行精神建构的问题。而作为创作形态的民间舞，真正重要的恰恰不是对于素材、题材的知识呈现，也非手段抑或是风格，而是作为形式的审美和内在精神，是要由形式和风格向更深层面的美学和哲学表述的天梯进阶。

江东：主旨发言结束，下面我们可以展开讨论。

梅祖儿：我们需要反思一下如何进行舞蹈批评，也就是说当我们谈到对于文化遗产的保护，变化的发生是有原因的。比如说现在人们都不太喜欢看19世纪的芭蕾舞，会觉得节奏太慢，穿的衣服也太多，所以说变化不一定就不好。有的时候一些小的变化，可能让这个事物更好、更有活力，所以我们是不是应该找到一种新的角度去批判当下的这些舞蹈作品，或者改变、挑战我们现有的看待事物的思维方式？（本段内容根据翻译概述整理）

金娟：我想问一下崔亥利，是如何看日本对待雅乐的两种不同态度的？（一派希望有所创新，一派要固守传统）既然变是必然的，那么从大的文化历史来看，那种不变是否具有价值？

崔亥利：我觉得没有什么是一成不变的。我曾经学习过三年的歌舞伎，歌舞伎的表演实际是要不折不扣地模仿所有的动作，但后来我的老师也跟我说，你还是要有所“撕裂”（江东：就是“守破离”，是日本美学的专有名词），然而这种改变只是有所不同，而非革命性的颠覆。比如身体某个部位的动作，有一点点小的不一样，它所传达的（质感、情绪）就会发生变化（江东：形同义不同）。我的老师告诉我说，确实是要模仿动作，但是这并不意味着你就不是你自己了，而是要和动作融为一体。其实我并不太喜欢英文的“protect”一词，也就是“保护”或者说“保留”“保存”，就好像说这个东西是一成不变的，不折不扣地被保留下来。刚才梅祖儿教授在发言中提到当我们谈到“变化”的时候，实际上是一个不同的概念，由于非物质文化遗产本身就是活生生的存在，所以我们在做研究的时候，应该考虑到其特殊的动态变化和活力所在，同样以一种动态的视角来看待这些“非遗”传承。（本段内容根据翻译概述整理）

廖燕飞：实际上《保护非物质文化遗产公约》并没有提及“非遗”不能变。但你说的“变”与“不变”的意思是？其实这也是当下中国文化的热点问题，总说不清楚。

江东：他刚才主要说了歌舞伎的问题。歌舞伎最早是由穷苦的女人为了生计的表演，其实是一种脱衣舞的方式，所以政府勒令禁止，之后不再让女的表演了，只允许男性表演，但要保持之前的传统。现在又出现一种新的歌舞伎方式，叫超级歌舞伎，有点像中国的舞剧，是一个全新的产物。关于歌舞伎，很重要的一点在于它是给普通百姓看的，然而雅乐主要是给神和佛表演的，是存在于仪式中的表演，因为跟宗教有关，所以不能变。

三田德明：雅乐主要用于宗教性或者官方的仪式，不是用于老百姓的娱乐，所以雅乐很重要的一点就是不断地重复和保持那个仪式，每次仪式都要跟古代传下来的神词（类似于经书）相统一，所以雅乐是不能变的。其次，虽然雅乐是从东方各国传入日本，但是日本人认为雅乐是他们自己的传统，我的这一派坚信雅乐必须要保留传统的本来。一个特别有意思的事情是，当年王克芬老师看我跳《兰陵王》后，告诉我“这个动作就是兰陵王上马，跋山涉水，然后下马”，但其实我们自己都不知道这些动作具体是什么意思。我在学习雅乐的时候，曾试图去理解和解释内容，但我的老师告诉我不需要理解、解释，以及任何的想象力，因为一旦加入想象力，动作就会发生变化，所以我们的学习跟内容没关系，就是学形，把形严格、准确地保留下来。

越南政府曾邀请我们前去做过一个调研，对比日本雅乐和越南唐乐。一千年以前，越南音乐传入日本，而后因地理的相隔而各自分别发展。对比而言，越南实际上是有一些创新的，但日本基本上保留了很多（原始的因子）。9 世纪的时候，由于当时日本宫廷的资金匮乏而大幅缩减人员，导致乐师人数的减少，日本重建了雅乐体系。此外，朝鲜半岛国家的原创舞乐也进入了日本，这些都可以视作雅乐的变化。相对来说，对于舞蹈的动作保留比较完好，音乐上的变化则会更多一些、幅度大一些。（本段内容根据翻译概述整理）

崔亥利：有一个问题就是别的国家的人不了解你的历史和文化，从这个意义上来讲，为什么还是要提民族身份、民族精神的认同。其实在韩国也有这样的做法，就是学生要跟随老师不能改变，但在这里提出一个问题，就是说到底什么才是传统？这个传统是谁制定和定义的？哪一个视频是标准的？其实在韩国也有很多这方面的争论。（本段内容根据翻译概述整理）

江东：她说这个需要特别考虑一下原型，我们现在一直在说保护、继承遗产，或者说到传统的源头，这个“源头”是怎么来的？是一张图、一个动作，还是其他？……这是她的问题。

崔亥利：就像关于日本和美国的现代舞，实际上有一本书是写这方面的问题，就是相对于传统而言，总有新的东西发生，总有新的变化，然而这本身也会带来一些问题：觉得之前的东西总是不好的，总是要去改变它。虽然说的是现代舞的问题，但对于现代舞和传统舞蹈，我们不应该完全地分开看待，它们都处在同一个世界中。（本段内容根据翻译概述整理）

（英文交流……）

曾婕：关于“民族认同”的问题，我认为应当放置于不同的境况当中区分对待。对于民族内部而言，尤其是对于像中国这样一个亦古亦新的国家而言，我们当然需要在任何时候强化这一民族认同感，同时对历史和未来做出回答。这同时是历史和时代所赋予我们的使命、责任。

金娟：除非民族和国家不存在了，这种认同才不存在，只要民族和国家存在，这种认同都是有的。

曾婕：当然我们在进行国际交流与合作的时候，可以暂时搁置民族认同的问题，而更多考虑人类所共同应对的问题和母题，这是另一个层面的问题。在西方更加重视国家观念，他们的民族认同感不是很强。

江东：对，西方不太强，最奇怪的是韩国现在也这样。

廖燕飞：淡化民族认同，认为世界是公平的。

（英文交流……）

梅祖儿：不是说弱化或是淡化这种民族认同，或者更准确地说是要“改变”。

廖燕飞：其实这也是当代史学研究的转向：脱离特定族群或者部落的视角、立场，站在更宏观的角度看待自己的身份。

茅慧：历史本身分为几个层级，一个是最基础的历史事实，再一个就是解读。如果一定要从民族认同的角度去想这些问题，往往容易因情感和内心的需要，由于过分专注于自我的东西而超拔于历史的真相。这种对于自我的过分专注同样体现于当下中国舞蹈的创作之中，就是说你可以表现你自己的小心情，但是我很难跟你共鸣。同样，当你表现了一个民族的情感而与“他者”有共鸣，这是否是更大范围的认同？也就是说，我们需要建立在一个共有的东西上，寻找共鸣的连接与震动。

（英文交流……）

江东：刚才他主要是说，他们在讨论的时候把民族精神当成了民族主义。

金娟：民族精神跟民族主义是两个概念，民族主义是带有非常强烈的国家利益至上的倾向的。

江东：正如刚才提到费孝通先生的话：“美美与共，天下大同。”今天，中日韩美四个国家学者坐在一起讨论，正是因为我们之间的不同而迸发思维的火花与思想的交锋，我们也特别希望在未来“一带一路”的实践中，加强与国际同行的交流，让国际社会更多了解中国的政策和发展，“各美其美，美人之美，美美与共，天下大同”。

（注：美、日、韩三国学者发言根据翻译整理，整理人为曾婕）

南音的“社会生命”历程

——印尼东方音乐基金会“南音人”口述史研究

陈敏红 / 泉州师范学院

南音历史源远流长。其发源于泉州，主要流行于闽南、台湾及南洋群岛华侨居住地区，被誉为汉族传统音乐文化的“活化石”，2009 年入选世界级非物质文化遗产代表名录。南音融合了中原的宴乐、周边方国的音乐，受到西域文化的影响并汲取了闽南地方性音乐文化。音乐特性“和”决定了南音活动的集体性，并以“馆阁”的形式延续着。近年来，相关学者已经对非物质文化与物质文化在边界、概念、定义上做了研究与相关论述。本文的研究重点把南音作为一种“物”，试图将物质文化研究的范式引入对南音的专门研究。“物质文化”，从一开始就与物的言说者“人”产生了密切联系。20 世纪初的社会理论家马塞尔·莫斯（Marcel Mauss）确立了“礼物”之中蕴含的超越性意义从而奠定了物的社会学内涵。[1]20 世纪 60 年代，结构马克思主义者复兴了经典马克思政治经济学的见解，启发人类学家以物的生产过程来理解商品的内涵，重构对资本主义的反思。著有《消费社会》的让·鲍德里亚就是其代表。他旗帜鲜明地宣称：“我们总是靠主体的光辉和客体的贫穷生活”，却“没有人声称客体的命运”。[2] 物质文化的研究在 20 世纪获得了前所未有的重要，后来相继有学者如阿尔君·阿帕杜莱（Arjun Appadurai）和丹尼尔·米勒（Daniel Miller），试图在 60 年代理论反思的基础上复兴“物”的“社会生命史”研究。

研究者五次深度采访印尼东方音乐基金会 [3]，间断性地对社团成员进行口述记录，在基金

---

[1] ［法］马塞尔·莫斯：《礼物：古式社会中交换的形式与理由》，汲喆译，上海人民出版社 2005 年版。

[2] 比尔·布朗：《物论》，载于孟悦、罗钢主编《物质文化读本》，北京大学出版社 2008 年版，第 81 页。

[3] 五次深度调研分别是：2012 年 11 月 7—10 日，中国·印尼国际学术研讨会；2013 年 10 月 29 日—11 月 1 日，第二届世界联谊大会唱暨东方音乐基金会成立 30 周年庆典；2014 年 7 月 7 日—8 月 3 日，前往印尼东方音乐基金会进行田野调查；2015 年 11 月 2—4 日，第十一届中国泉州国际南音大会唱暨永春南音大楼（陈秀峰纪念堂）落成 20 周年庆典，后期还去晋江、石狮、厦门等地进行社团交流；2016 年 2 月 12—16 日，前往印尼东方音乐基金会进行田野调查。对基金会主席、资助人、社团创办人、新一代南音人等，代表性人物陈锡石、陈淑宝、蔡金娘、张武勇、李长旗、吴丽凤、吴文焕、洪清河、蔡宴莹等人进行长时段跟踪采访，参与了印尼东方基金会 30 周年庆典、第 11 届中国泉州国际南音大会唱暨永春南音大楼落成 20 周年庆典、印尼福建社团联谊总会春节联欢晚会，两次到中国参与大会唱与拜馆、“关帝官”的“念经”仪式、常规南音奏唱活动、印尼晋江同乡会春节联欢晚会、农历正月初九“天公生”活动、丧葬仪式、“曲韵雅集——台港澳地区及东南亚曲艺专场”展演等。

会历史源流、发展概况、20世纪六七十年代印尼南音的局部传播现状、印尼南音教师基本情况、基金会的日常活动，以及被采访者人生经历等方面获得了宝贵的口述资料。在海外南音传播的实地考察中，深刻感受南音作为“非物质文化遗产”与“人”“物”的诸多联结，其在“人的书写”和“音声为记忆”的构建中，呈现“物的社会生命”。如彭兆荣、葛荣玲在《南音与文化空间》一文中认为，南音及其文化空间密不可分的事实，阐述了“南音在非物质文化遗产方面表现非单一性类型的表述形态，是一个不可多得的‘文化空间’案例。”[1]然而，南音作为“物”的内涵不仅能够通过空间理论加以阐明，更重要的是，把南音视为研究主体的研究，能够还原其独立自在的“社会生命”，从而使其具有深刻的社会学内涵。那么，如何透过“口述史”的方法论呈现“南音在海外传播的历史表述”，以此追溯南音人的生命历程，关注南音海外传播的路径、流变、精神，及其背后的社会文化动因？同时，在海外具体个案的社会情境中去看待南音作为“物”的社会生命历程，思考是什么因素决定了其生命流动，通过南音的交流和展示体现了什么样的社会价值？作为“物”的南音如何凝聚了社会和历史的变迁则是本文的关怀。

一、印尼东方音乐基金会“南音人”口述史

（一）漂泊的“南琶”情怀

“东方音乐基金会”会长陈锡石[2]，1935年出生于福建永春，15岁时随母亲远赴南洋与父亲团聚。其父陈秀峰，1917年生人，19岁侨居雅加达，一生爱好甚广：擅歌舞，兴乐器，养信鸽，藏名画，下象棋……共获得过430多只奖杯，120多块奖牌。陈秀峰上小学的时候在家乡学过南音，移民后经常在自家天台上玩南音。他擅于演奏南音琵琶，在雅加达，他的琵琶演奏是一流的，尤以“捻指”为佳[3]，虽也会吹洞箫、拉二弦，可惜由于肺部劳损，后来便不再吹箫。据锡石主席回忆，他的父亲来南洋的时候虽没带手抄曲谱，但凭借良好的记忆力，远赴南洋十数载，《春今卜返》《梅花操》《四时景》等曲目无须曲谱就可演奏。那时由于没有带“家私”，南洋的南琶质量较差，陈秀峰嘱咐陈锡石捎来，遗憾的是路途的颠簸造成这把南琶和漂泊的乡民一样命途多舛，先是在骑脚踏车的时候被碰断了琶头，刚在厦门接好，又在赴印尼的途中碰断了“凤头”。这一事件成为陈锡石一生少有的憾事，也是陈先生开始执着南

[1] 彭兆荣、葛荣玲：《南音与文化空间》，《民族艺术》2007年第4期。
[2] 陈锡石，男。采访时间：2016年2月15日；采访地点：陈锡石在印尼雅加达的家。
[3] 捻指练习方法与泉州南音弦友一致。

音的一个重要节点。

1949年，陈锡石在印尼当地就学，家底殷实的他，后来兴办了染料、房地产和旅馆等产业。他曾在永春听过南音，但是没有机会学。20世纪50年代到南洋后他参加了“同益社”（社里主要有南音、梨园、高甲、京戏、古装戏等），并学习笛子，演过《陈三五娘》《陈若霖斩皇子》《莲花庵》《十五贯》《红灯记》等，例如《陈三五娘》故事中的林大，《陈若霖斩皇子》中的皇子或者员外之类的反面角色。1965年，囿于时局，“同益社”解散。直到1983年参加印尼东方基金音乐会他才开始学洞箫，会吹奏《出庭前》《鱼沉》《梅花操》《五湖游》《三台令》《走马》等，也会唱几首南音，但据陈锡石说他不擅于高八度南音唱，所以不太敢唱。1985年中风后，他没有继续吹奏和演唱，但他对南音的热爱没有断过，陈锡石笑称这大概是父亲从故里带来的原因。

东方音乐基金会从成立至今，请了十几位南音老师，第一任是台湾的卓圣翔，然后是马香缎；紧接着是黄清标、吴淑珍，后来龚锦绢和江培玲一起，教了大约1年；厦门乐团成员王小珠，因泉州、厦门乐法不同所以只教大约1年；苏诗咏教得最久，有6年多；然后是惠安杨秋兰、南安李真棉（在马来西亚教了两年）；其后是丁信坤（早前在菲律宾任教），他会的很多，指44套，谱全部，曲子100多首。东方音乐基金会的成立得益于早期南音在印尼比较活跃，仅巴城就有15个南音会馆；万隆市、苏佳巫牟、楠榜、泗水、井尼文、三宝垄、玛琅、安班南、望佳锡等地都有。现存的泗水半馆，因为不经常练习的缘故与玛琅联合。

（二）政策骤变的南音日常活动

“东方音乐基金会”副主席陈淑宝女士[1]，1930年出生于晋江安海，17岁时与颜呈茂结婚，次年丈夫便独自先行印尼。颜呈茂长淑宝3岁，在中国时就喜欢南音，其三伯是“西垵”的倚管先生，当时尚在读书的他，虽未习南音，但在田间劳作时耳闻伙伴念唱《听门楼》之类的南音，久而久之，也能哼唱一点，并开启了“玩”南琶和三弦的大门。1955年和妻子侨居印尼后，愈发喜爱南音，只要有“家私脚”就拉来家里玩，人越拉越多。他在工作、生活上支持、帮助他们，家里越来越热闹，他也因此积累了很多曲目。1966年，按规定禁止两个以上中国人聚集。颜家隔壁的永定会馆虽被印尼海军陆战队占领，但陆战队员们和他们关系极佳，因此弦友照例日日聚集玩唱南音。若有人阻止南音活动，海军便出面维护。在东方音乐基金会会馆成立之前，诸多弦友都在颜家玩南音；遇上大日子，来众颇多，淑宝还会和番仔婆煮“半暝粥”（夜宵）招待，能坐满满两桌。有时玩南音的“家私脚”太多，一直没有

[1] 陈淑宝，女。采访时间：2016年2月14日，采访地点：陈淑宝在雅加达的旧家。

机会玩的人还会吵架，这时颜呈茂就会劝他们和好，每人再拉首曲子，大家又开心了。由于“唱脚”极其缺乏，所以大部分女人只学唱，没学乐器。当年痴迷于南音的廖大安、潘贵、林志良、王鱼颠如今皆已过世。

陈淑宝受先生的熏陶，35岁时开始学习南音。她的第一个南管先生是祖籍永春的廖大安，学的第一首曲子是《阿娘听嫻》。她年轻时学得勤奋，直至今日仍能背唱，即使是多年不唱的曲子，还是能记住。现还会唱的曲目有《听见杜鹃》《泥金书》《见只书》《梧桐叶落》《听爹说》《书今写》《赏春天》《莲步轻移》《不良心意》《年久月深》《随君出来》《我为乜》《孤栖闷》《一身》《直入花园》《风打梨》《于我哥》《但得强企》《当天下纸》《春光明媚》《我为你》《三更人》《三更时》《君去》《夫为功名》《一路安然》《冬天寒》《因送哥嫂》等。廖大安最初在同益社弹南琶，作为倚管先生，到家中教学，从不收费，除了教南音，他还有另外的工作。第二个老师是祖籍南安的洪草茹，也有其他的工作。他们两个过世后，就没有先生了，所以会馆一直想从“唐山”找先生。

1983年印尼东方音乐基金会成立，手头比较有钱的成员提议购买一间会所，王仁忠、林志良、颜呈茂三人带头，在雅佳兰街道购买了一小块地并盖起房子作为会所，会员们延续传统供奉关帝爷。2008年新会所建成时，大家一致同意将关帝爷请到新址，林志良作为发起人被选为会馆的第一任主席。他非常爱南音，也非常热心，且号召力强，去中国的手续都由他负责张罗，为许多经济困难的弦友解决了飞机票的难题。会所成立前夕，去中国参加南音活动，20余人在香港入不了关，林志良跑去深圳使活动顺利举办。陈淑宝回忆，1981年、1984年、1988年中国泉州国际南音大会唱，因其他人都是“家私脚”，唱曲的较少，所以每次她和深林婶及金娘都参加。在1988年的照片里，还能清楚看到泗水、东爪哇等社团的锦旗，如泗水的寄傲圣道社，但现在这些馆都已消失了。

（三）贯穿生命礼仪的南音缘

“东方音乐基金会”财务总监蔡金娘[1]，1953年出生于印尼茂物，祖籍晋江紫帽。她祖父在年轻的时候下南洋谋生，先后娶了两位夫人（第一任夫人留在中国，第二任夫人是其祖父下南洋后娶的）。父亲在中国出生，十几岁时被爷爷带至印尼，回到中国后与祖籍为晋江池店的母亲结婚。金娘本名志亭，因命里缺金，小时候又经常生病，所以祖母将其改名为蔡金娘。她的丈夫祖籍汕头潮州，在印尼的加里曼丹岛出生，18岁开始在雅加达生活。

南音，可以说和蔡金娘的一生结下了不解之缘，成为她人生中不可或缺的一部分。她的

[1] 蔡金娘，女。采访时间：2016年2月15日，采访地点：蔡金娘在印尼雅加达的家。

父亲虽不会南音，但喜欢听；9 岁时她与母亲一同学习南音，第一位南音老师是蔡长庚。蔡老师会弹南琶，还会自己抄曲谱，每周至少来两次，会馆现在还保存着他抄的曲本复印件。蔡金娘和丈夫是在淑宝家玩南音由茂叔介绍认识的。他们的订婚仪式、结婚仪式、三个孩子的满月宴席，弦友们都到家里玩南音。蔡金娘擅长演唱，一个晚上可以唱好几首，而“家私脚”就要轮着来，或者用同一种乐器一起演奏。

蔡金娘现在的工作除了会馆的事务，主要是当会计及唱南音。早前她并不插手会馆的事务，只是专门唱曲，现在会演唱的曲目[1]还有很多。后来由于母亲身体的原因，所以从旧馆搬迁到新馆时，她就开始帮忙处理事务。阿娘说：“不帮忙的话妈妈的心血就没了，25 周年庆要建新公会时，从买地、建房都是我在执行。”会馆的收入主要来自成员的月捐和农历五月十三的选炉主。月捐主要用于平时的开销，包括人工费、请老师费用、餐费、水电费、敬神、学生来学习的费用[2]。炉主通过“博杯”选出，一般会有十几个。选出的炉主名单会写在红色的纸上，贴在关公旁边的墙壁上，2016 年选的是陈锡石和魏耀坤。除此之外，应酬和“选炉主”、福建会馆活动、出国等较为大型的活动的费用，主要用会馆原有基金存款利息，以及炉主的捐赠支付。

在提起陈主席时，金娘笑着表示，锡石先生热衷举办各式活动，已经在印尼和永春举行了三次南音大会唱。他对南音非常执着，每年都会交代列一份名单，给南音老前辈（吴世安、陈育才、苏诗咏等人）汇钱，以示对他们支持南音的谢意。同时，为了南音弦友能够经常相聚，他经常个人出资或集资举办大型南音活动，由蔡金娘和李长旗负责活动的具体事务。比如在陈锡石的家乡永春举行的第十一届泉州国际南音大会唱暨陈秀峰纪念堂[3]落成 20 周年庆典，为助力此次活动，陈锡石个人出资约合人民币 200 万元。

（四）四代人的南音邂逅

“东方音乐基金会”总务李长旗[4]，生于 1966 年，经营和化工产品有关的公司。其父李增泉，1938 年出生于峇眼，祖籍同安，现居井尼文，做食品生意。早期峇眼南音都是老人在唱，基本上唱大曲如《山险峻》《不良心意》《为伊刈吊》，还有很多曲目晦涩难懂。由于李长旗的祖父是看曲馆的，李增泉受南音影响颇深。起初主要听录音带，如《陈三五娘》《绣成孤鸾》

---

[1] 目前还能演唱的曲目：《非是阮》《元宵十五》《拜告将军》《怜君此去》《看你行宜》《因送哥嫂》《为伊刈吊》《岭路崎岖》《告大人》《特来报》《遥望情君》《鱼沉雁杳》《春光明媚》《望明月》《出画堂》《把鼓乐》《三更鼓》《共君断约》《直入花园》《轻轻行》《听见雁声悲》《满空飞》《孤栖闷》《一身》《风打梨》《远看长亭》《见只书》《木兰词》《空思断肠》《汝因势》《花园外边》《鱼沉》《出庭前》《南海赞》等。

[2] 每月每次签到发 50 元人民币。

[3] 陈秀峰纪念堂是陈锡石为纪念其父而私人出资建的。

[4] 李长旗，男。采访时间：2014 年 7 月 20 日，采访地点：印尼东方音乐基金会会馆新址。

《年久月深》《三哥暂宽》《早起日上》《共君断约》等曲子。1970 年以来，他于当地曲馆学南音演唱《不良心意》《山险峻》《因送哥嫂》《出汉关》《元宵十五》《梧桐叶落》《班头爷》《早起日上》《阿娘听嫻》《共君断约》《三千两金》等曲目信手拈来，即便井尼文没有社团可以玩南音，坐 3 小时火车到会馆仍坚持唱南音。2014 年吴重洋夫人逝世的时候，李长旗与父亲去殡仪馆奏唱南音，父亲唱了好几首，还演奏了指尾《出庭前》，谱《梅花操》等。

李长旗从 2010 年开始学习南音，本来并不喜欢，但是要送父亲到会馆玩南音，每次送他到会所后便离开。有次因为下雨不得不留下来听，觉得南音也不难听，所以开始学。李长旗先跟随苏诗咏老师学，会背十几首，如：《阿娘听嫻》《共君断约》《直入花园》《风打梨》《一间草厝》《望明月》《嫻随官人》《元宵十五》《心头伤悲》《偷身出去》《劝爹爹》《鱼沉雁杳》《师兄听说》《看你行宜》《出庭前》等。妻子吴丽凤 1973 年出生于峇眼，祖籍厦门同安。其不识汉字，小时候也没听过南音，2009 年与三个儿子[1]一同学习，慢慢地也喜欢上了南音。先后跟随苏诗咏、蔡维镖、杨秋兰老师学习唱《劝爹爹》《直入花园》《偷身》《年久月深》《心头伤悲》《班头爷》《恨冤家》《正更深》等。

李长旗的妻子平时还负责会馆里的“佛”事务，最初是蔡金娘的妈妈在负责，后来腿开始不好，就交由她办。每逢初一、十五，二月十九、六月十九、九月十九“观音生”，阿凤会去买水果和鲜花，祀神之后把这些水果装袋分发给主席团和员工，以企平安。每年正月初九，福建人“敬天公”，会馆摆桌大敬；五月十二会唱南海观音赞，五月十三是“关公生”，会馆会买水果、鲜花、蒸发糕、买甜品作为贡品，在一个月前，公会先选拔“炉主”，到了“关公生”当日，会请和尚来念经，“做敬”，结束之后同样会让工人把水果、发糕等送去“炉主”家里；二月十二、八月十二“郎君生”，也会“敬”；此外如十二月二十三“送神”、正月初四“接神”等传统农历节日活动，会馆也都保留得比较完整。另外，会馆每个礼拜天有学校的老师带领二三十个学生来会所一楼学习“念经”，他们有一尊自己专用的释迦牟尼佛像，存放在会馆一楼。念完之后，李长旗夫妇会留他们吃午饭，顺便去楼上听南音，看看有没有兴趣学，李长旗告诉他们要来“和”南音，才不会“唐人讲番话”。

二、南音作为“物”的社会生命历程

每当问起印尼东方音乐基金会老一辈南音人为何学习南音、为何成立会馆，他们总是

[1] 李长旗有三个儿子，李恒龙、李恒吉和李恒文，均学习南音。大儿子会《直入花园》《三千两金》《迎宾曲》，二儿子阿吉会《直入花园》《三千两金》《看命先生》，三儿子阿文会《直入花园》《风打梨》《三千两金》《迎宾曲》。

回答："因为那是父辈从家乡、故土带来的记忆。"这种表达，深刻地反映了闽南人视南音为"家族的音乐""家乡的音乐""家的音乐"，是联结家乡之"魂"。南音作为"物的流动"，在交流、馈赠、互动中冲破音乐符号的界限，以闽南人特有的方式在印尼社会的土壤中，固执地坚守和传承。

（一）会馆空间构建的多重功能

会馆一楼的"关帝宫"，里面供奉有关公、菩萨、土地公等。平日里，"关帝宫"稀稀拉拉会有几位香客来烧香拜拜、许愿、还愿，会所里的佛务组逢每月初一、十五，正月初九、二月十二、二月十九、五月十三、六月十九、八月十二、九月十九等"天公生""观音生""关公生"，以及"郎君祭"等重要日子，均会置办鲜花、水果，举行或隆重或简单的祭拜仪式。2016年农历正月初九，与"故乡"习俗一样，基金会举行了"敬天公"仪式，首先对佛堂进行"布置"，在最大的香炉两旁绑上两根"有头有尾"的甘蔗，在神龛前摆上多张供桌，以供会所及香客放置贡品。会所的煮饭阿姨蒸二十几个漂亮的"发糕"，准备"三牲""红蛋"。佛务祖的吴丽凤夫妇购买水果，并将水果叠成锥状固定，做成一座座水果塔。同时，还会购买一些包装及做工特别精致的闽南特色甜粿、碗糕等作为贡品。佛堂右侧的柜子的抽屉放有签诗，来拜拜的香客许愿抽签，可照签的号码找到签诗自行解签。

"关帝宫"对于印尼东方基金会几位创办者来说，是南音在印尼特殊时期承续的"幌子"。1966年，许多印尼南音社团遭到重创，由显性形态逐渐转向隐性形态。1983年，会馆以祭祀地方神的宗教组织和音乐会社的名义，向印尼的文化和宗教部门正式申请到"东方音乐社"和"关公宫"两个批文，后改为"印尼东方基金会"。他们总是说"第一次请关帝爷，很多人来问，关帝爷非常准（准不准）"。从两次直接的田野观察得知，该"宫庙"的信徒并不多，甚至十几天也未见"抽签"人。而采访中多位创办人均对"关帝宫"的"灵"性进行表达——认为"关帝宫"是南音的"靠山"，是海外华侨"乡音"承续的关键。南音"靠山"指的是南音馆阁背后的经济支持者，最热闹的时候是基金会举办两次南音大会唱"请佛"踩街活动和"选炉主"仪式，而在发源地泉州及流播地区，南音馆阁均无此活动。"迎神""选炉主"是地方民间信仰的仪式，保留了闽南地方民间信仰的基本符号。在印尼特定的地方社会形成特殊的传播形态，为印尼东方音乐基金会筹集基金、开展南音活动，以及慈善活动奠定坚实的基础。南音以关帝信仰、民间宗教仪式为依托得以生存和发展，体现了作为物的南音所具有的社会生命。它内化在民间宗教的周期性仪式活动中，寄托南音人丰富而饱满的情感，在音乐中传递着通天的"灵"性的持久表达。

印尼独立教育体系一个很特别的校外教育方式，是寺庙承担教育的功能。每周日上午，一批来自学校的学生，在教师的带领下到会馆"念经"，每次有十几个学生参与，一般持续两个小时。摆上会馆为活动准备的贡品和鲜花，以及释迦牟尼造像，席地而坐就开始了。教师在这样的空间进行人生教育和知识的传授，根据学生签到的次数给予分数或学分。社区或学校定期举办“念经”比赛，学生积极参与，从奖杯及印尼人对活动的描述中，我们清晰地看到以地方语读音“nianjing”（念经）的活动后，会馆还为学生提供午餐，接着二楼南音空间的南音常规活动开始，吸引几个孩子参与，为南音新一代的传承提供了平台。

通过“关帝宫”的慈善活动能明显感觉当地华人与印尼社会裂痕被弥合，由此赢得更多印尼当地人对华人、华侨的接受。通过音乐仪式、音乐文化，不仅能与其他华人社团紧密联系，而且能作为沟通印尼社会内与外的桥梁。总之，不管是特殊时期的“幌子”，还是“寺庙”功能，或者是印尼社会“传统”的教育空间，抑或会馆“选炉主”场域，南音在带有庙宇符号的空间与闽南人、印尼人、华人相互勾连，佛缘、音缘、亲缘、地缘在“关帝宫”多重功能中折射出南音作为音乐、文化、作祖先“灵”的多面性，使其在移居地和祖籍地之间摇摆前进。

（二）印尼南音的“生命”流动

“走回去”和“引回来”是印尼南音传播的特质和两条路径。“走回去”，回去哪里？祖籍地。在口述中，第一次通过林志良的安排，从雅加达到香港再转到华人口中的“唐山”，千辛万苦，久久的描述，那种不言而喻的兴奋洋溢在他们的脸上，带着在“异乡”学习的乡音，回到家乡。就如陈锡石主席所言：“在我心中，南音是一种很好的音乐。海外游子若能记得它，就会总想回家乡。”自 2012 年关注以来，印尼地方音乐基金会每一年都回到泉州，或参加大会唱，或参加表演、或与民间社团进行交流，走访他们与之联谊的社团安海雅颂、鲤城区南音社、石狮南音研究社、同安银安堂南乐研究会、南音永春社、德化南音社等进行交流，社团均摆宴设席、互赠礼物，进行南音交流，在交流中形成良好的兄弟情谊，也在交流中完成“礼物”的馈赠。南音超越了“交流”意义的文化符号，成为文化通道，使海外与故土的情感得以联结。南音也在这一文化通道的频繁“流动”之中塑造了自身。1995 年，会长陈锡石和其叔陈秀明回到永春，以父亲陈秀峰的名义建了一座纪念堂，成为永春南音社活动场所，举办了世界永春南音大会唱。2015 年 11 月 2—5 日，由陈锡石出资举办了“第十一届中国泉州国际南音大会唱暨永春南音大楼（陈秀峰纪念堂）落成 20 周年庆典”，5 个国家 43 个团体参加，打破了以往祖籍地南音大会唱由政府出资的惯例。在他们的传承意识中，依然保持着与发源地家乡的音乐内容、形态的一致性，使南音在异乡的传播，即使阻隔几十年，回到祖籍地依然无须排练，拿起各自“家私”就能合奏、吟唱。

2015年11月，印尼东方音乐基金会参加第十一届中国泉州国际南音大会唱彩街活动（陈振梅摄）

第二条路径是“引回来”。从哪里引回来？从祖籍地引回移居地。为什么说“回来”？在田野过程中，我们已经深深感到印尼华人、华侨已将印度尼西亚作为他们“家”的认同，无论从服装、生活、交流、语言、行为，都体现移居地和祖籍地的两面，并很好地将二者进行混融。发源地泉州举办大会唱更多为政府行为，而印尼东方基金会在传播地举办南音大会唱，更多依靠社团、华人自发组织。2008年10月30日，印尼东方音乐基金会在移居地举办25周年暨新会所落成庆典，邀请8个国家的26个代表团超过300名会员参加庆典并进行南音交流。这是东方音乐基金会第一次大规模邀请海内外南音社团参加的交流活动。2013年10月29日，第二届世界南音联谊会大会唱暨印尼东方基金会成立30周年庆典在印尼东方音乐基金会举行，大会唱邀请7个国家的38个代表团超过500名会员参加。两次举办大型南音交流活动，逐渐形成印尼东方音乐基金会特有的南音文化行为，反映华人在印尼社会地位的景象。

早期印尼东方基金会以“家”的形式聘请当地的廖大安、蔡草茹为南音先生。自基金会成立以来，先后从发源地泉州，以及流播地厦门、台湾聘请十几位南音弦友到印尼驻馆教学，这些南音先生不仅带来了南音，也为社团介绍了更多交流的平台。国家级传承人苏诗咏、黄淑英，省级传承人丁信坤，以及早期马香缎等人都或长或短地在印尼东方音乐基金会进行南音教学，苏诗咏老师教了长达6年之久。目前，师资不稳定是印尼东方音乐基金会传承面临的难题，导致会馆面临后继无人的困境，基金会做了一系列的举措来吸引学生，但老一辈坚守南音文化的这份精神并不能得到年轻一代华裔的理解。幸而，在良好社会环境与印尼华人的坚持下，有8位年轻一代的南音爱好者加入了基金会，他们一开始从父母的强压及好奇，到排斥，再到被交流拉回，南音像一根长长的丝线，联结着“故土”“唐山”“印尼”“家庭”“家族”，呈现了不同的“家”的含义，展现了南音作为“物”的延续。南音正是通过这样的“走出去”与“引进来”彰显其生动的社会生命。

2017年12月，印尼东方基金会34人参加第十二届泉州国际南音大会唱（李长旗一家：左起1、3、4、7、9，王一帆提供）

三、集体记忆与“灵力”

南音在发源地泉州与传播地印尼均有“馆阁”和“家”的传承空间，在南音人眼里，“馆阁”即“家”，“弦友”即“兄弟”。但在1966年，印尼排华事件发生，印尼政府取缔了华人社团，规定不可超过两个中国人聚在一起，印尼社会南音社团早期的十几个“馆”传承空间逐渐消失。在这个特殊的社会，南音以“和”为集体活动的特质看似不可能。所幸，“馆阁”即“家”，“家”即“馆阁”，口述为我们呈现了华人困境中的智慧，他们为南音的“生”与“隐生”提供了可能。恰恰是以“钱”“情”为闽南人特质一面是南音在印尼传播的关键，在印尼海军陆战队的支持下，颜呈茂家中经常聚集南音爱好者进行南音活动，为弦友营造了一个玩南音的空间。同时，排华时期弦友订婚、结婚、孩子满月、丧葬等仪式，这些画面为我们呈现了南音如何冲破社会的限度，在印尼华人、华侨的生活中扎根，以它自身的方式记录了那段印尼华人的艰难岁月，凝结了共同体的集体记忆，是其社会生命的重要源泉和动力。

2016 年 2 月 13 日，印尼东方音乐基金会日常南音活动（陈敏红摄）

“郎君祭”“彩街”“会唱”等一系列仪式活动，完成南音作为“物”的生命，在南音活动中，人与人、人与物、人与神之间，互为依靠、互为对照、互为交流，从经济、精神、物质等方面完成“礼物”的流动，具有一定张力的“灵力”。在王铭铭的《物的社会生命？——莫斯〈论礼物〉的解释力与局限性》一文中，认为：“在莫斯心中，再复杂的社会，其基本的品质，都不过是在最简单的社会当中见到的那一人与物的‘混沌’，即使在现代社会中，人与物之间也难以割舍……《论礼物》处处表现物在人与人之间的流动所带有的‘灵力’对于物自身的超越。也恰是在这种‘灵力’的超越中，等级得到诠释。”[1] 我们此次的调研虽然很难确定南音在其流动过程中是否在海外，及其故土之间形成某种历史性的等级关系，但是南音的流动确实带来了超越性的“灵力”，这是民族音乐所特有的属性，是音乐人类学研究不可忽视的重要方面。

2014 年 2 月 8 日，印尼东方音乐基金会在印尼福建社团联谊总会上表演（陈敏红摄）

结语

南音在印尼传播过程中那种人与物的情感常常让人不解，作为音声的南音，是如何在闽南人心里播下种子，并散播到他们移居的土地，生根发芽？是如何在祖籍地和移居地之间徘

[1] 王铭铭：《〈论礼物〉：“物的社会生命”及其限度》，载《人类学讲义稿》，世界图书出版社 2011 年版，第 53 页。

徊、迂回、漂移，进而深扎、联结？印尼东方音乐基金会向我们展示了印尼社会以建构人的方式同样建构着“南音”。因此，在南音人的口述史中，描述南音作为“物”的社会生命是可能的。南音悠久的音乐形态，以及丰富的音乐文化在印尼社会的构建中，将会是理解侨居海外的华侨在文化认知和社会形塑力量的精彩切口，强调南音作为物与人联结的观点有着涂尔干的社会学理论传统的延续，以口述史来描述“南音”在海外的传记，呈现闽籍东南亚华人、华侨，在不同的宗教信仰、文化内涵、社会结构、文化变迁的巨大变革环境下，南音通过人生礼仪、生活场景、社会联结、仪式过程镌刻于海外华人的生命轨迹之中，是闽南人内在符号的重要标志之一，触发我们对南音与人生、南音与社团、南音与华人和异域文化之间的关系的思考。作为“物”的南音有着与社会生命的诸多联结，在流动中交换，在流动中分裂，在流动中重组，在流动中牵引，这就是南音“灵魂”之所在。

参考文献：

1. 王铭铭：《人类学讲义稿》，世界图书出版社 2011 年版。
2. [英]王斯福：《帝国的隐喻》，赵旭东译，江苏人民出版社 2008 年版。
3. [法]马塞尔·莫斯：《礼物：古式社会中交换的形式与理由》，汲喆译，上海人民出版社 2005 年版。
4. 舒瑜：《物的生命传记——读〈物的社会生命：文化视野中的商品〉》，《社会学研究》2007 年第 6 期。
5. 陈敏红：《印尼东方音乐基金会南音传播现状调查研究》，《中国音乐》2014 年第 4 期。
6. 彭兆荣：《物·非物·物非·格物》，《文化遗产》2013 年第 2 期。
7. 彭兆荣、葛荣玲：《南音与文化空间》，《民族艺术》2007 年第 4 期。
8. 雷碧玮：《物质与非物质之吊诡：昆曲在海外的保存与发展》，《文艺研究》2009 年第 6 期。
9. 王先胜：《论非物质文化遗产与物质因素的关系》，《文化遗产》2013 年第 4 期。
10. 陈敏红：《异国传乡音——印尼东方音乐基金会南音传承中意识与关系空间》，《人民音乐》2014 年第 4 期。

“一带一路”视野下的甘美兰艺术交流及文化意义

楚卓 / 广西艺术学院

2013年9月，习近平主席在访问中亚和东南亚期间，提出了“一带一路”合作发展的理念和倡议，旨在与沿线各国分享中国的发展机遇，共同繁荣。时间是忠实的验证者，“一带一路”倡议自2013年提出，已经六个年头。显然，每个阶段都在深化“一带一路”建设。特别是2017年5月，我国全面推进“政策沟通”“设施联通”“贸易畅通”“资金融通”“民心相通”的“五通”绿色进程后，音乐学界已经普遍关注礼乐的“和”与“仁”，重视“乐与政通”“移风易俗莫善于乐”的社会功能与政治解读。“一带一路”沿线国家的音乐文化流动，对“一带一路”建设民心相通、文化互鉴、百花齐放的局面的开展，有着深远的意义。印度尼西亚甘美兰（gamelan）艺术在中国的交流与传播，便是“一带一路”文化互鉴、文明共存的有力见证。

自19世纪以来，印度尼西亚甘美兰音乐的相关跨文化对话已经遍及欧洲、亚洲，以及加拿大、澳大利亚等地区。印度尼西亚因为甘美兰，在全球政治经济文化中扮演着重要的角色，在世界多元文化中显现独特的东方神韵和人文精神，获得了西方世界的敬仰。中国甘美兰理论与实训教学，最早在港台地区开展。从1990年开始，香港中文大学、台北艺术大学、台南艺术大学等逐步引进了印尼中爪哇、巴厘岛等地区的甘美兰乐器，并在本、硕、博各阶段开设了相关课程。2004年，上海音乐学院最先引进一套印尼巴厘岛甘美兰乐器，存放在上海音乐学院东方乐器博物馆。此后，中央音乐学院、宁波大学、中国音乐学院、广西艺术学院和浙江音乐学院相继引进。印尼甘美兰艺术作为“海上丝路”的重要音乐文化，运用音乐的语言，增进沿线各国的文化共识，助力民心相通。

一、甘美兰艺术与中国交流的古今之探

甘美兰最初的词义为一种敲打的锤（槌）或榔头，就像工匠所使用的工具，主要蕴含了打击的演奏方式。如今，一般理解为爪哇、巴厘、马都拉、苏拉威西、加里曼丹、苏门答腊、苏里南和马来西亚等地区的乐队合奏形式。即指以打击乐器为主体的乐器种类。日本民族音

乐学家林谦三先生在叙述乐器成长的文化圈时说道：“今天存在这个世界上的无数乐器，没有一件不存在着一段发展历史。乐器也如生物一样有它的继承传统。”[1] 自古至今，乐器不仅呈现着人类文化迁徙的痕迹，也成为人类文明发展交流的媒介，正是历史的流传成就了当今的相遇。印尼甘美兰是东南亚锣群乐器文化圈的重要组成部分，其合奏形式在全世界影响广泛。根据地域文化、考古史料、文献资料、民族性等因素分析，笔者赞同中国学者饶文心教授提出的“东南亚锣乐器源于中国西南滇池地区”之观点，并在此基础上进一步佐证印尼甘美兰的锣属乐器与我国青铜时代的铜鼓存在一定的关联性。

（一）历史的接通

东南亚地区的锣乐器，最独特的地方在于锣乐器被作为一种旋律性乐器，并得到广泛而独特的使用。东南亚地区锣乐器在形制、演奏性能、乐队编制等方面都形成了自己的特点，并多用于乐队，从而形成独特的东南亚锣群乐器文化圈。印度尼西亚甘美兰是东南亚锣群乐器文化圈最具代表性的乐队形式。根据印度尼西亚裔美国学者、美国威士利安大学教授、音乐系主任苏玛沙姆（Sunarsam），1992 年的博士学位论文《加美兰的历史语境与理论》（*Historical Contexts and Theories of Gamelan*）提出的三分法，乐器的结构形式如图 1，其中甘美兰锣属乐器，包括大吊锣、小吊锣、大釜锣、小釜锣、排锣。

铜锣乐器在中国产生不晚于于汉代。中国学者覃序通过对锣类乐器的考古研究得出“早

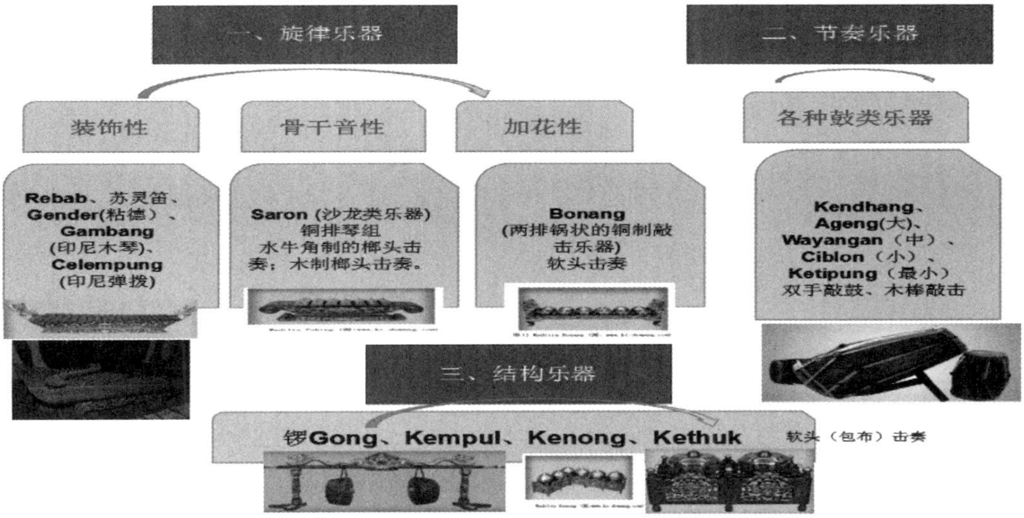

图 1　甘美兰乐器结构图

[1] ［日］林谦三：《东亚乐器考》，钱稻孙译，上海书店出版社 2013 年版，第 9 页。

在战国之汉时代即已在我国西南广大少数民族广泛使用的，与铜鼓有着极为密切关系的锣这一乐器，应该是产生于最先制作及使用铜鼓的一些古代西南民族之中的。”[1] 很多学者研究表明，东南亚锣群乐器与我国西南地区的铜锣乐器存在着渊源关系。日本学者林谦三曾在《东亚乐器考》中引用了著名音乐学家萨克斯书中的一句话：“铜锣之类是发育成长于东南亚的乐器。”[2] 但他在随后说道：“其中有一种就是中国史籍上见到的自汉以来所谓铜鼓，是那么古的……”如此来看，林谦三书中的铜锣之类并非单指锣乐器，也包含了铜鼓等青铜乐器；并且只是说明成长于东南亚，而非产生于东南亚。萨克斯曾在《比较音乐学——异国文化的音乐》一文中说道：“亚洲的中世纪只有东南亚的高级文化是富有创造性的。我们首先把锣和金属排琴的出现归功于这个时代。”[3] 我国学者饶文心推断：“东南亚与我国西南地区在地理、族源、语系、文化等各方面的亲缘关系和密切交往，这在汉文史书上是有巨细详载的。古代西南民族在向南迁徙的同时，自然也带去了包括锣在内的青铜文化。因此认为，中国西南滇池地区很可能是东南亚锣乐器的发祥地。”

从以上学者的观点不难看出，东南亚锣文化与铜鼓存在着紧密的关系。中国西南地区铜鼓传入东南亚地区，已是学术界公认的事实。古代铜鼓的传播，主要通过贸易、族群迁徙等途径，其传播路线为：古越人带着铜鼓从中国南部和越南北部往南迁徙到东南亚地区，经泰国、马来半岛海滨地区，抵达印度尼西亚。著名学者马歇尔研究表示，“印尼出土的铜鼓，认为均不是印度尼西亚制造”，其结论进一步证实了印尼铜鼓早期是外来输入的文化。然而，中国铜鼓与甘美兰的锣属乐器有何关联？至今未有定论。现笔者试图从传说、考古、文化、演奏形式、制作方式等方面探究铜鼓与甘美兰锣属乐器之渊源。

1. 传说铜鼓是甘美兰的祖先

巴厘岛沙西婆罗门教寺庙（Penataran Sasih）的神被尊敬为“月亮”神，现存直径 160 厘米、高约 180 厘米的“裴香（pejing）之月”巨型铜鼓是世界上迄今发现青铜时代的最大铜鼓。巴厘岛的人们相信“裴香之月”是甘美兰的先祖。传说古时，巴厘岛上空有 13 个月亮，因而一年为 13 个月，后来一个月亮因故坠落到裴香村的树上，冷却后变成了这面巨大的铜鼓。天空中只有 12 个月亮了，一年也就成了 12 个月。根据当地地质学家推测，这面铜鼓应该是巴厘岛周边岛屿发生地震时，落入此村落。此面铜鼓，与中国、泰国、老挝、缅甸、马来西亚及印尼等国出土的铜鼓有异，鼓身较长、较高，呈酒杯状，根据外形推断，应该是印

[1] 覃序：《锣类乐器及其历史》，《音乐艺术》1982 年第 2 期。

[2] ［日］林谦三：《东亚乐器考》，钱稻孙译，上海书店出版社 2013 年版，第 496 页。

[3] ［德］C. 萨克斯：《比较音乐学——异国文化的音乐》，俞人豪译，载董维松、沈洽编《民族音乐学译文集》（增订本），中央音乐学院出版社 2014 年版，第 53 页。

尼当地人制作。这种形制的铜鼓，受到了中亚传入青铜铸造技术的影响，晚于中国西南境内出土的汉代铜鼓的制作时间。

2. 铜鼓与甘美兰锣属乐器共同蕴含稻作文化

巴厘岛“裴香之月”巨型铜鼓的传说，是一个关于12个月，太阳历来历的故事。从传说中，我们不难发现，太阳历是人类源于农耕文化的历法，青铜时代的铜鼓同稻作文化的关系可以得到相关证明。无独有偶，中国西南地区的铜鼓，自西汉以来，就与稻作文化紧密相连。铜鼓求雨、庆丰收等民间祭祀活动，至今都深刻印记了稻作文化。人们不能随意跨越乐器，甘美兰乐队中的大吊锣、小吊锣、大釜锣、小釜锣、排锣等锣属类乐器，当地人认为，甘美兰每一件乐器均有一位稻作之神入住，所以，甘美兰乐队演出前，人们都会向最有地位的大吊锣呈献鲜花或食物，以求平安、丰收。

3. 铜鼓与甘美兰锣属乐器具有共通性演奏思维

清人屈大均（1630—1696）在《广东新语》（卷十六，中华书局1985年版）中云：“粤之俗，凡遇嘉礼，必用铜鼓以节乐，击时先雄而后雌，宫呼商应，二响循环，音绝可听。”铜鼓制作与演奏中的雌雄、大小概念与甘美兰锣属乐器完全相同，形成“宫呼商应”的二度声律循环演奏思维。在演奏功能上，铜鼓与甘美兰均为“神事”“丧事”仪式中的重要组成部分，其曲目具有娱神、娱人的演奏功能。

4. 铜鼓、铜锣的共生性与变化性

铜锣，在中国发展至今已产生十多种打击乐器，如铓锣、云锣、堂锣、马锣、三音锣、包包锣等，我国南方苗、壮、布依、水、佤、瑶等民族，从古至今都在沿用。据相关考古内容和文献资料记载，铜锣在形成、发展和流传中，与铜鼓有着深厚的渊源。汪宁生在《佤族铜鼓》一文中指出：“铜锣与铜鼓自古以来就是一组经常配套使用的器物，二者之间有着密切的联系。”吴晓秋在《试论铜锣与铜鼓的关系》一文中，从铜鼓与铜锣同时出土，铜锣盖于铜鼓之上，铜锣的器形、纹饰与铜鼓近似等，以及考古、文献等内容，进一步论述两者的关联，指出：在铜锣的起源和演变中，铜鼓自始至终都与铜锣紧密联系，铜锣起源于铜鼓改装的器物盖，在逐渐演变的过程中，具有了铜鼓的某些社会功能，如乐器、礼器和明器等，并在许多场合下与之共同使用；反过来，铜鼓导源了铜锣，是铜锣的母体，对铜锣的形成、发展和演变，产生了深远的影响。我们今天的习惯用语“敲锣打鼓”，恐怕就源于早期铜鼓、铜锣的并用。

甘美兰锣属乐器的制作和中国传统制铜锣的工序一致，即“铸坨—锻片—开声（即用锤冷砸定音）”。甘美兰大吊锣、小吊锣、排锣等与中国南北各地民间铓锣形制完全一致，曲面凸心，汉族民间称为“乳锣”，南方古代也叫“铜鼓”。清人屈大均在《广东新语》（卷十六，中华书局 1985 年版）中对民间制造铓锣（古称“铜鼓”）有较详的记述：“凡为铜鼓，以红铜为上，黄铜次之。其声在脐，雌雄之脐亦无别，但先炼者为雄，后炼则为雌耳。然诸工不善取音，每铜鼓成，必置酒延铜鼓师。师至，微以药物淬脐及鼓四旁，稍挥冷锤攻之，用力轻松，不过十余锤。而雄声宏而亮，雌声清以长，一呼一应，和谐有情，余音含风，若龙吟而啸凤也。广东炼铜鼓师不过十余人，其法绝密，传于子而不传女云。”

由上我们可推断，中国古代铜鼓与铜锣在名称上有共用时期，在历史进程中，以中国铜鼓为母体的铜锣，现已变化发展为各种形态。就中国境内而言，产生了如铓锣、云锣、堂锣、马锣、三音锣、包包锣等十多种打击乐器；传至东南亚地区，产生了大吊锣、小吊锣、排锣、大釜锣、小釜锣等十多种打击乐器。随着发展，当今铜鼓与铜锣在名称上有明显的指向性。

（二）当代的融通

甘美兰音乐相关跨文化对话已经开展了几个世纪。自 19 世纪后期，这场“悄悄的印度尼西亚全球化革命”已经在西方国家逐渐流行，甘美兰音乐表演已经遍及西方各大洲。然而，在中国 2009 年以前，提起甘美兰艺术，只有少部分音乐学者熟悉，中国学者研究甘美兰的相关文章不到 20 篇。相比国外学者研究甘美兰的 100 多篇文章，印尼甘美兰在中国跨文化传播与交流，还是“大有作为”的。伴随着 2013 年中国政府提出“一带一路”倡议，中国与“一带一路”沿线国家音乐文化交流越来越频繁。中国“一带一路”新文化交流观念、信息、意识形态等因素，促进了印尼甘美兰艺术在中国的跨文化传播与互动，同时也深化了海上丝路沿线音乐的研究。目前，甘美兰艺术在中国的传播，主要以高校课堂教学与学者研究为主线，并派生相关文化与旅游传播领域。

1. 高校课程式的输入

20 世纪 90 年代以来，中国的香港中文大学、台北艺术大学、台南大学相继引进甘美兰乐器，开始了相关实践课程，并计以学分。目前，中国共有 9 所大学设置了相关课程。

2004 年，上海音乐学院引进一套印尼中爪哇甘美兰，陈列于东方乐器博物馆。2012 年 11 月 22 日，在上海音乐学院 85 周年诞辰之际，东方乐器博物馆与音乐学系联合举办了“2012 上海音乐学院首届甘美兰音乐讲习班”。讲习班邀请印尼中爪哇的梭罗艺术学院瑞斯南达（Risnandar）老师进行甘美兰音乐的教学活动。活动包含甘美兰音乐相关讲座和演奏实践，来自上海音乐学院 17 个不同专业的师生参加了讲习班的学习。26 日，讲习班进行了汇报音乐会，现场爆满，演出受到观众的一致认可和欢呼。2016 年 9 月，上海音乐学院高峰高原建设项目的“生态音乐学团队”和中国仪式音乐研究中心，聘请德籍东南亚音乐研究专家吉扎（Gisa）教授，并开设甘美兰音乐课程。

2009 年，印度尼西亚万隆大学在艺术交流中赠送中央音乐学院甘美兰乐器，在 6 月 18

日捐赠仪式上，万隆大学艺术学院及音乐学院的部分学生进行了甘美兰演出。2015 年 11 月“世界音乐周”期间，梭罗艺术大学国际交流处处长、甘美兰演奏家 Prasadiyanto 教授，甘美兰演奏家 Bambang Sosodoro Rawan 老师，著名舞蹈家 Ni Nyoman Yuliarmaheni 为中央音乐学院佳美兰乐队进行教学和排练活动，在中央音乐学院音乐学系安平教授的指导下共同表演“生命的轮回”——印度尼西亚音乐舞蹈专场音乐会。

2012 年，国内首次在宁波大学设置完整的甘美兰音乐教学课程体系，成立中国第一个印尼甘美兰乐队，并聘请加拿大维多利亚大学音乐学博士、著名甘美兰音乐家 sutrisno hartana 执教甘美兰课程。2014 年 8 月，宁波大学乐队应印度尼西亚日惹国际甘美兰音乐节组委会邀请，参加“第 19 届国际甘美兰音乐节”[1] 演出活动，成为第一个访问印尼的中国甘美兰乐队。宁波大学乐队在音乐节上表演了印尼传统甘美兰曲目和融合中国音乐元素的《编钟甘美兰》《牡丹亭》《甜蜜蜜》等曲目，富有中国传统音韵的甘美兰曲目引起观众的极大兴趣，受到当地观众的热烈欢迎。

2017 年 9—12 月，中国音乐学院音乐学系聘请印度尼西亚梭罗市艺术学院的 Risnandar 老师与 Titik Parmuji 老师，举办为期三个月的甘美兰音乐教学季，以口传方式对音乐学系学生进行印尼甘美兰音乐教学活动，使学生对多元的世界音乐文化有了深入的体会和认识。12 月 22 日，中国音乐学院音乐学系在新教学楼 201 报告厅举办了印尼甘美兰音乐教学季汇报，其中有甘美兰器乐曲和印尼传统舞蹈，演出精彩纷呈，深受观众喜爱。

2016 年 3 月，广西艺术学院引进两套西爪哇甘美兰。同年 5 月成立广西艺术学院甘美兰乐团，聘请印尼万隆艺术学院副院长 Yusuf，以及助手 Randy、Pian 进行甘美兰教学活动，6 月，参加“2016 中国—东盟音乐周”展演活动。从 2016 级开始，甘美兰作为专业选修课列入民族音乐理论方向研究生课程，聘请印尼留学生仁迪教授。2018 年 10 月，甘美兰正式陈列于广西艺术学院广西民族音乐博物馆，同时具备教学和展演功能。

当今，在中国高校课堂教授非西方的音乐，已经成为音乐教育，以及跨文化音乐教育的一个重要的主题。近年来，在“一带一路”倡议下，中国高校音乐课堂融入“一带一路”沿线国家的音乐及艺术传统，有益于“宏观上丰富学生和教师的授课内容，增进多元文化的欣赏水平，培养世界文化认同观”。印尼甘美兰艺术在中国高校课堂的传播，逐渐成为非西方音乐在中国课堂上具有代表性传播事项。中国现已传播印尼中爪哇甘美兰、巴厘岛甘美兰、西

[1] 日惹是印尼著名的教育、文化和艺术中心，历史上曾经是印尼的首都。在此举办的“甘美兰国际音乐节”享誉国际学术界，主办方每年从世界各地邀请知名乐队参加演出。自音乐节举办以来，已先后邀请了来自美国、荷兰、法国、澳大利亚、新加坡、墨西哥等国家的数十个甘美兰乐队参与演出。

爪哇甘美兰等三大风格；学习了其歌、舞、乐的综合表现形式。甘美兰多样性风格的传播，说明中国与印尼建立了较全面、良好的双向文化交流，促使印尼不同地区的甘美兰，在中国不同地区良好发展。

2. 研究中的再认识

在中国知网输入关键词“甘美兰”“甘美郎”“加美兰”，共能查阅相关中文文献资料 50 余篇。十年前，则只有 19 篇。可见，甘美兰音乐研究，为“一带一路”海上丝路音乐文化研究“路带”，提供了新的跨文化理解成果。

俞人豪、陈自明《东方音乐文化》[1] 是国内最早论述甘美兰音乐的论著，出版时间为 1995 年 1 月，书中第三章题为印度尼西亚音乐，其第二节以中爪哇为例，从“东南亚的锣群文化和甘美兰的演进历程”“甘美兰乐器与乐队”“音阶与帕台特”“音乐的结构原则”“甘美兰音乐的功能”五个方面做了简述，是论及印尼甘美兰音乐并且做概述介绍的重要文献。

发表相关学术论文时间最早的是应有勤《重新认识甘美兰的斯连德若音阶》(上)(下)，此文连载于《中国音乐学》1997 年第 2、3 期。该文献以民族音乐学的视角，用律学的方法探讨了甘美兰音乐音阶问题。他首先回顾了 20 世纪 20 年代初各国民族音乐学家们对印度尼西亚爪哇和巴厘斯连德若、佩洛格音阶和律制的论战及两种主要观点：民族平均律和吹奏五度理论。从这个论战中可以看出，吹奏五度理论无论被赞同或被反对，它在解释异国音乐体系时所建立的物理法则，以及寻找潜在的共同来源及相似本质的思维方法本身并未受到挑战。作者从协和度和简比音程的关系入手，提出比大、小全音（9 ∶ 8、10 ∶ 9）关系更简单的两种音程 7 ∶ 6（267 音分）、8 ∶ 7（231 音分）是构成斯连德若音阶的重要结构因素，第 7 谐音是论证斯连德若音阶的重要基础，由此推导出一个斯连德若音阶的数理模式。

饶文心先生多年来专注甘美兰音乐的研究，成果丰硕，主要文献有《中爪哇甘美兰的音体系与帕式特》《爪哇甘美兰乐器惯用分类的功能阐释》《甘美兰的构成要素与表演原则》《甘美兰音阶的物质基础及其变异因素》《论甘美兰音阶的结构形态与调音模式》《迷恋甘美兰》等。《中爪哇甘美兰的音体系与帕式特》[2] 一文主要探讨了以下三方面：认为甘美兰斯连德若和佩洛格音阶的音高实质是由第 5—18 自然谐音构成的邻谐音简比音程；甘美兰音乐采用的符号记谱与五线谱只能看作一种音序关系，而不能表明甘美兰乐器的实际音高。作者认为甘美兰音阶内部没有相对统一的音高关系，两个相同或不同类别的音阶即使音名与音位相同，但其实际音高仍然有差异；帕式特与西方乐理的调式、调性的概念没有完全的对应关系。他借用局

---

[1] 俞人豪、陈自明：《东方音乐文化》，人民音乐出版社 1995 年版。
[2] 饶文心：《中爪哇甘美兰的音体系与帕式特》，《中国音乐学》1998 年第 1 期。

内人之语称“帕忒特是旋律之床”，帕忒特作为甘美兰曲目诸表现要素的综合，是我们研究甘美兰音乐的焦点。《爪哇甘美兰乐器惯用分类的功能阐释》[1] 一文发掘了以往乐器分类研究所忽视的部分——在爪哇甘美兰乐器研究的惯用分类中蕴含着纯客观的逻辑分类，也就是不可替代的种种社会功能和人文精神这一重要内涵。此文从音乐的本体功能与社会功能两个方面对爪哇甘美兰乐器的惯用分类进行了阐释。

此外一些重要的研究成果有：汪雅婷《从 John Cage 之预置钢琴与甘美兰乐器音响之相似处看现代音响理念的追求》(2006)、刘小龙《甘美兰乐团访华带来的启示》(2006)、靖灿《巴厘岛甘美兰初体验》(2008)、杨艳丽《关于印度尼西亚巽他人佳（甘）美兰音乐德官的研究——以笔者在万隆艺术学院学习的个案为例》(2010)、王爽《中爪哇宫廷甘美兰音乐的乐队构成及其文化内涵》(2010)、张雷与陈自明《独树一帜的印度尼西亚音乐——记甘美兰音乐》(2010)、武蕊《印度尼西亚克隆钟（Kroncong）音乐》(2012)、Benjamin Brinner 与李亚《理解音乐，制造音乐：爪哇甘美兰以及音乐能力和交互的理论》(2012)、苏特里斯诺·哈塔纳与陈珂瑾《甘美兰在加拿大地区的跨文化互动与混合》(2013)、范子泉《浅析印度尼西亚传统民族音乐——甘美兰》(2013)、谢佳音《错落有致的甘美兰（一)(二)(三)》(2014)、李丽敏《音乐习俗的模式同构——从印尼巴厘岛甘美兰音乐田野调查三个实例引发的思考》(2015)、何璐《世界音乐教学中的跨文化比较——以巴厘甘美兰、古巴打击乐和西安鼓乐为例》(2015)、田果《世界民族音乐中的即兴性特色研究——以印度拉格、印尼甘美兰和伊朗达斯特加赫为例》(2016)、喻辉《甘美兰斯连德若音阶律学原理的新发现——从苏灵笛开孔比例看东方音律中隐含的物理基础》(2017)、詹碧金《甘美兰乐谱的发展历史与启示》(2018)、仁迪（Randy Geovani Putra）硕士学位论文《甘美兰在广西艺术学院的教学及推广研究》(2018）等。

综观，中国学者研究甘美兰音乐的 20 世纪 90 年代的初期阶段，是在世界民族音乐大思潮中拉开了帷幕。导论性、介绍性的文献资料，很多来源于外文资料。进入 21 世纪的发展阶段，多学科背景下，强调实地调查与教学实践，甘美兰律学、记谱法、音响、教学、人文思想等文献资料，为当代中国传播印尼音乐文化提供了新的跨文化理解思想。遗憾的是，国外研究甘美兰音乐的重要文献资料，原著译文不多。此外，中国传播甘美兰音乐的外文资料也较少。如何利用文献达到双向传播的效应，有待进一步探究。

[1] 饶文心：《爪哇甘美兰乐器惯用分类的功能阐释》，《音乐艺术》（上海音乐学院学报）1999 年第 4 期。

二、甘美兰艺术在中国传播的文化意义

21世纪以来，在广泛的全球文化视野中，重要的一个学术目标是通过“了解”和“理解”异国文化来反观中国“本土文化”，并寻求普遍性、合理性的答案。印尼甘美兰音乐在中国的传播，我们可触及中国古代铜鼓、铜锣文化的历史温度，可读懂文化认同的感动与文化交流的深意，可在异域文化关照下深化我国音乐文化的世界观。印尼甘美兰艺术，作为全球跨文化播种的成功个案，借中国“一带一路”倡议之东风，可进一步促进中国和印度西尼亚两国政府间的友好关系，为介绍印度西尼亚艺术、旅游的发展提供新机遇。

1. 非西方音乐在中国的传播，促进了多元音乐文化观的树立

“多元文化”观点自1916年由美国教育学家约翰·杜威在其《教育的民族化》中提出以来，中西方人文、艺术界涌起了一股“多元文化”思潮。德国音乐教育家克莱南在《德国音乐教育的历史与现状》中说：“在中国，我看到了一种向西方看齐的完整教育体系；看到了（主要在农村地区）延续至今的民间音乐，尤其是少数民族的民间音乐；看到了古老的宫廷音乐和仪式音乐这一丰富的文化遗产；也看到了国家对京剧，对其他各种艺术性极高的地方戏曲的资助和扶持；看到了西方流行音乐对青年人产生的强烈影响和诱惑……这所有一切已经是一种完全意义上的多元文化现实。”从这段话可以看出：事实上中国的音乐教育自“学堂乐歌”以来一直就是以欧洲古典音乐为中心的单一音乐文化教育模式。以此养成了一种音乐审美偏见：即“西方古典音乐是高雅的，而其他民间音乐是粗俗、落后的”。这种认识是极度错误的。甘美兰音乐在中国经过近20年的传播，逐渐成为中国传播非西方音乐最具代表性的事项。它与西方音乐在文化背景、律制、记谱法、乐器类别、演奏逻辑、演出场合，以及民族特征等方面的差异，让大家意识到世界音乐文化应是各民族音乐文化的组合，而不是单一文化一统天下，世界任何一个民族的传统音乐文化都应该获得保护和尊重。

2. 以乐生情，助力民心相通

习近平总书记强调，“国之交在于民相亲，民相亲在于心相通”，以“文化”结“民心”，民心相通是“一带一路”倡议国际合作的重要组成部分，是国家全方位推进“一带一路”地域国际合作的社会根基，是各国各民族增进友谊、互信互敬的有力保障。而文化作为交流合作的软实力，是实现“一带一路”沿线国家“民心相通”的基础，是推进政策沟通、设施联通、贸易畅通、资金融通“四通”的重要润滑剂。文明交流互鉴是“一带一路”的精神财富，是实现“民心相通”的基础。

文化建设又以音乐的作用最为突出。印尼甘美兰艺术涵盖了印尼人的风土人情、传统习俗、生活方式等诸多内容。早在青铜器时代，就与中国铜鼓、铜锣有着深厚的渊源。甘美兰

的音乐思想观念、民间音乐家的音乐行为方式和民间音乐的形态构成原则，都与中国铜鼓、铜锣的音乐习俗模式有同构现象。异文化之间这种音乐习俗模式的同构现象，一方面是由人类文化在某些方面普遍规律决定的，另一方面是历史上文化传播的结果。异文化的传播，以文化认同为前提。印尼长期受外族统治，在与外来强势文化冲撞时，能把自己的传统音乐文化完整地保存下来，很好地发扬和传承，从保存传统文化的角度而言，印尼的做法得到了世界的认同。

结语

自古，中国“海上丝路带”中的铜鼓、铜锣远传印尼，并与印尼甘美兰锣属乐器存在着渊源关系。而今，印尼甘美兰音乐无国界，能够跨越不同族群、种族、语言的障碍，实现音乐文化交流互鉴，向世界证明其经典与传统美。伴随着建立人类命运共同体的共同愿景与希冀，“一带一路”上的音乐越来越多地承载着“担当起书写人类历史的繁荣发展与为文化交流的蓬勃兴盛增辉”的重任。音乐跨文化双向性传播，能为“一带一路”沿线各国、各民族间搭建沟通情感与心灵的桥梁，有助于提升沿线各国文化认同感，增进国家、民族的团结和谐。我们深信下个十年，印尼甘美兰音乐在中国的传播与发展，将成为“一带一路”文化互鉴中的“重要史者”，中国与印尼民心相通的重要纽带。

唐代宫廷四夷乐之骠国乐乐队考略

刘洋 / 中国传媒大学

四夷之乐在唐代宫廷甚为流行。唐代掌管宫廷音乐的机构主要为太常寺所辖八署之太乐署与鼓吹署两大音乐机构，以及玄宗时期设立的梨园与教坊。唐代刘贶的《太乐令壁记》佚文，明确记载了关于盛唐时期太乐署所辖宫廷音乐的分类情况。文中将其所辖之宫廷音乐分为“正乐”和“四夷乐”两大类。中卷记述“正乐”，也就是“雅正之乐”，即广义的“雅乐”（“雅乐”有广义和狭义之分），一般指郊庙祭祀，以及各种朝会、宴飨、典礼等活动所使用的与礼制相配合的乐舞体系。包括雅乐[1]，坐、立二部伎，以及属于十部乐中的清乐、西凉两乐。唐代宫廷乐舞的另一类“四夷乐”，分为东夷、南蛮、西戎、北狄四方乐舞，而骠国之乐属南蛮系重要之一支。

唐时骠国位于今缅甸一带，经多位学者考证，骠国京都的确切地理位置应在今孟加拉湾畔伊洛瓦底江三角洲的“卯札”村（Hmawza）遗址[2]。

唐德宗贞元年间（785—804），经西川节度使韦皋规劝，南诏国于贞元十六年（800）将“夷中歌曲”等南诏地方乐及乐器、乐工，经韦皋加工为《南诏奉圣乐》一并进献唐王朝。在南诏势力范围统辖之下的骠国，其国王雍羌“闻南诏归唐，有内附心，异牟寻遣使杨加明诣剑南西川节度使韦皋请献夷中歌曲，且令骠国进乐人。”[3] 故亦遣王太子舒难陀，于第二年即贞元十七年（801），出发至长安进献其国之乐，于贞元十八年正月乙丑（初八）陈奏之于阙

[1] 此处“正乐”所包括的“雅乐”是狭义的祭祀、朝会、大典所用之雅乐，主要是郊庙祭祀，以及皇帝于正殿朝会、大典一类礼仪活动中所使用的大型礼仪性乐舞。

[2] 转引自沈冬《唐代乐舞新论》，北京大学出版社 2004 年版，第 150—151 页。

[3] 《新唐书》卷二二二下《南蛮传》。

庭。[1] 途中行至成都，韦皋将骠国乐“复谱次其声。以其舞容、乐器异常，乃图画以献”。《新唐书》卷二二二下《南蛮传》述曰：“雍羌亦遣弟悉利移城主舒难陀献其国乐，至成都，韦皋复谱次其声。以其舞容、乐器异常，乃图画以献。”进献后，德宗下令将骠国献乐之事“付史臣，下太常”[2]，并“授舒难陀太仆卿”[3]。同时开州刺史唐次述亦撰《骠国献乐颂》以献[4]。

《旧唐书》卷十五《音乐志》云骠国乐：“贞元中，其王来献本国乐，凡一十二曲，以乐工三十五人来朝。乐曲皆演释氏经论之辞”，称为“南蛮之乐”。《新唐书》卷二二二下《南蛮传》对骠国献乐有详尽记载，描述了其时骠国乐工一行三十五人所使乐器、所用乐律、所奏乐曲、所演乐舞的情况。

《新唐书》卷二二二下《南蛮传》言骠国所献“工器二十有二，其音八：金、贝、丝、竹、匏、革、牙、角。金二、贝一、丝七、竹二、匏二、革二、牙一、角二”。由其所述“其音八”可看出，将骠国乐器亦按“八音”分类。然骠国“八音”不尽同于周礼“八音”，“金、石、土、革、丝、木、匏、竹”的分类。沈冬认为骠国之“八音”分类法并不妥当，指出骠乐属“牙”类之“牙笙”和属“角”类之“二角笙”“三角笙”，“既然都为‘笙’类乐器，以《周礼》的分类原则，理应归于‘匏’类更为合理”，故“骠乐只能谓之‘其音六’”，而非八音，认为骠国“八音”是“史臣意欲勉强比附于《周礼》‘八音’”而为。笔者认为，此种观点有失周详。《新唐书》对“牙笙”“二角笙”“三角笙”各乐器形制均有详述。牙笙“穿匏达本，漆之，上植二象牙代管，双簧皆应姑洗”。三角笙“亦穿匏达本，漆之，上植三牛角，一簧应姑洗，余应南吕，角锐在下，穿匏达本，柄觜皆直”。两角笙“亦穿匏达本，上植二牛角，簧应姑洗，匏以彩饰”。可知制作此三种乐器之材质，牙笙由象牙与匏制成，两角笙、三角笙由牛角与匏组成，骠人或史官将此三种乐器分属于“牙”类及“角”类，并非勉强比附《周礼》之“八音”，而是认为“牙”“角”是制作这些乐器的最主要亦最重要的材质。我们知道汉唐吹

---

[1] 有关骠国献乐之时间，文献有两种记载：一种为《新唐书·礼乐志》、元稹《骠国乐》（诗作“贞元辛巳岁”）及白居易《骠国乐》原注，记载时间为贞元十七年（801）；另一种所载时间为贞元十八年（802），此种记载可见于《唐会要》卷一〇〇、《旧唐书·德宗本纪》、《册府元龟》卷九二七、《资治通鉴》卷二三六，《旧唐书·德宗本纪》记其时间更为确切，言其献乐为十八年“春正月乙丑”。陈寅恪认为“盖实以贞元十七年来献，而十八年正月陈奏之于阙庭也”（陈寅恪：《元白诗笺证稿》，中华书局 1959 年版，第 208 页）。秦序于《骠国献乐与白居易〈骠国乐〉诗》一文中指出文献所见两种时间“实际并不矛盾，盖骠至长安，路途迢远，献乐途中，又曾‘至成都，韦皋复谱次其声，又图其乐器舞容以献’，故入朝献演在贞元十八年正月，其由骠出发必在贞元十七年。两种记载，是一记出发之年，一记抵达献演之时”（秦序：《骠国献乐与白居易〈骠国乐〉诗》，原载《音乐研究》1989 年第 4 期，收入文集《一苇凌波》，上海音乐出版社 2004 年版，第 220 页）。沈冬对此问题亦持相同观点（沈冬：《唐代乐舞新论》，北京大学出版社 2004 年版，第 156—157 页）。故本文取此说。

[2] （唐）唐次：《骠国献乐颂》。

[3] 《新唐书》卷二二二下《南蛮传》。

[4] 《新唐书》卷二二二下《南蛮传》。

奏乐使用的乐器“角”，用象牙、牛角制成，可以直接用来吹奏。林谦三论及上述牙笙等乐器的今日遗制时，言“有老挝僧院的信号禅笛”（“椰子壳穿通两根簧管”）[1]，“还有不用匏，而在单个兽角多为牛角的弯曲内侧，当其中部开着吹口，而装有簧的簧角”[2]，特别是缅甸卡伦尼一带“合奏长短四支水牛簧角”[3]。均说明“牙”“角”部分是较之匏更为重要的组成部分，最能代表此类乐器材质的特点。而且，这三种笙不同于骠乐音乐性能较强的“大匏笙”“小匏笙”，如林谦三所言，它们出音单一，音乐“机能是很低的”，在乐奏伊越调或小植调时，“漫长不断地吹奏两调的主音”。故由象牙、牛角与匏合制而成的这般乐器，在骠人或记录此内容之史官看来，以“牙”“角”作为其所属之乐器类别，最能体现其材质特点与音乐风格特点。若依乐器材质而分，将“牙笙”“两角笙”“三角笙”均归属于“匏”的话，则亦应将骠乐的“大匏琴”“小匏琴”“独弦匏琴”一并归于“匏”类，显然，这是不合理的。古人分“八音”依材质为标准，而且以乐器最有特点、最能体现其特性的材质划分类别。我们暂且将这种最有特点亦最能体现其类别特性的材质称为“类别材质”，从而断定“类别材质”的标准并非如沈冬所言“指产生振动或共鸣的部分”，因对于不具备近代科学的乐器发音物理原理知识的古人而言，在判断一种乐器的“类别材质”时，只是以一种朴素的唯物主义的思维方式来看待的。故而，不论是《周礼》的“八音”还是骠乐的“八音”，其判断乐器“类别材质”的标准都是相同的。故笔者认为，骠人或当时记录之史官，将骠国乐器如此分类，有其一定的合理性，并不只是牵强比附《周礼》之“八音”。

骠国此次所献的乐器计 8 大类 22 种。在这 22 种乐器中，《新唐书》详细罗列了 19 种，共计 38 件。兹将文中所述骠国所献 19 种乐器，及其形制列表如下（表 1）：

表 1　《新唐书》载骠国献乐乐器详表

乐器分类		乐器名称	数量	乐器形制
击奏乐器	金	铃钹	4	制如龟兹部，周圆三寸，贯以韦，击磕应节。
		铁板	2	长三寸五分，博二寸五分，面平，背有柄，系以韦，与铃钹皆饰絛纷，以花氎缕为蕊。

[1] 黑泽：《泰乐器》，29 图 a；坛龙：《逻罗的乐器》图版Ⅷ，6（ray rye）。转引自林谦三《中唐时代骠国（缅甸）贡进的乐器及其音律》，载《东亚乐器考》，人民音乐出版社 1962 年版，第 450 页。

[2] 萨克斯：《印度、印尼乐器》，第 162 页；《乐器生命》，第 216 页，表 37（261）。转引自林谦三《中唐时代骠国（缅甸）贡进的乐器及其音律》，《东亚乐器考》，人民音乐出版社 1962 年版，第 450 页。

[3] 转引自林谦三《中唐时代骠国（缅甸）贡进的乐器及其音律》，《东亚乐器考》，人民音乐出版社 1962 年版，第 450 页。

续表

乐器分类		乐器名称	数量	乐器形制
击奏乐器	革	三面鼓	2	形如酒缸，高二尺，首广下锐，上博七寸，底博四寸，腹广不过首，冒以虺皮，束三为一，碧绦约之，下当地则不冒，四面画骠国工伎执笙鼓以为饰。
		小鼓	4	制如腰鼓，长五寸，首广三寸五分，冒以虺皮，牙钉彩饰，无柄，摇之为乐节，引赞者皆执之。
弹奏乐器	丝	凤首箜篌	2	其一长二尺，腹广七寸，凤首及项长二尺五寸，面饰虺皮，弦一十有四，项有轸，凤首外向；其一顶有条，轸有鼍首。
		筝	2	其一形如鼍，长四尺，有四足，虚腹，以鼍皮饰背，面及仰肩如琴，广七寸，腹阔八寸，尾长尺余，卷上虚中，施关以张九弦，左右一十八柱；其一面饰彩花，傅以虺皮为别。
		龙首琵琶	1	如龟兹制，而项长二尺六寸余，腹广六寸，二龙相向为首；有轸柱各三，弦随其数，两轸在项，一在颈，其覆形如狮子。
		云头琵琶	1	形如前，面饰虺皮，四面有牙钉，以云为首，轸上有花象品字，三弦，覆手皆饰虺皮，刻捍拨为舞昆仑状而彩饰之。
		大匏琴	2	覆以半匏，皆彩画之，上加铜瓯。以竹为琴，作虺文横其上，长三尺余，头曲如拱，长二寸，以绦系腹，穿瓯及匏本，可受二升。大弦应太蔟，次弦应姑洗。
		小匏琴	2	形如大匏琴，长二尺；大弦应南吕，次应应钟。
		独弦匏琴	1	以斑竹为之，不加饰，刻木为虺首；张弦无轸，以弦系顶，有四柱如龟兹琵琶，弦应太蔟。此一弦而五音备。
吹奏乐器	竹	横笛	2	一长尺余，取其合律，去节无爪，以蜡实首，上加狮子头，以牙为之，穴六以应黄钟商，备五音七声；又一，管唯加象首，律度与荀勖笛谱同，又与清商部钟声合。
		两头笛	2	长二尺八寸，中隔一节，节左右开冲气穴，两端皆分洞体为笛量。左端应太蔟，管末三穴：一姑洗，二蕤宾，三夷则。右端应林钟，管末三穴：一南吕，二应钟，三大吕。下托指一穴，应清太蔟。两洞体七穴，共备黄钟、林钟两均。
	匏	大匏笙	2	皆十六管，左右各八，形如凤翼，大管长四尺八寸五分，余管参差相次，制如笙管，形亦类凤翼，竹为簧，穿匏达本。上古八音，皆以木漆代之，用金为簧，无匏音，唯骠国得古制。
		小匏笙	2	制如大笙，律应林钟商。
	牙	牙笙	1	穿匏达本，漆之，上植二象牙代管，双簧皆应姑洗。
	角	三角笙	1	亦穿匏达本，漆之，上植三牛角，一簧应姑洗，余应南吕，角锐在下，穿匏达本，柄觜皆直。
		两角笙	1	亦穿匏达本，上植二牛角，簧应姑洗，匏以彩饰。
	贝	螺贝	4	大者可受一升，饰绦纷。

《新唐书·南蛮传》有上述 19 种乐器的个别乐器音律的记载，如下表所列，从中可以较清晰地看出骠国乐器的音律特点（表 2）：

表 2 《新唐书·南蛮传》载骠国个别乐器音律表[1]

		#g	a	#a	h	c	#c	d	#d	e	f	#f	g	#g
唐铁尺律		太	夹	姑	仲	蕤	林	夷	南	无	应	黄	大	太
三面鼓				〔● $_{1}$							● $_{2}$〕			
大匏琴（二弦）		太 $_{1}$		姑 $_{2}$										
小匏琴（二弦）									南 $_{1}$		应 $_{2}$			
独弦匏琴		太		〔●	●	●	●〕							
鼍首筝（九弦）		〔太	夹	姑		蕤	林	夷	南		应		大〕	
两头笛 右	左	太		姑		蕤		夷						
						林		南		应		大	太	
横笛 甲（黄钟商） 大匏笙（黄钟商）		徵		羽		变宫	宫		商		角		变徵	徵
小匏笙（林钟商） 横笛 乙（林钟商）		宫		商		角		变徵	徵		羽		变宫	宫
牙笙（双簧）				姑 $^{1}_{2}$										
两角笙（双簧）				姑 $^{1}_{2}$										
三角笙（三簧）				姑 $_{1}$					南 $^{2}_{3}$					
唐古律		林	夷	南	无	应	黄	大	太	夹	姑	仲	蕤	林
古律	黄钟商（黄钟均）	徵		羽		变宫	宫		商		角		变徵	徵
	林钟商（林钟均）	宫		商		角		变徵	徵		羽		变宫	宫
印度九声		na	ka	sa		ra	ga	a	ma		pa		dha	na

骠国进献的乐曲有 12 首，兹将乐曲之名，简要列表如下（表 3）：

[1] 此表为林谦三考证所列，表中〔 〕内为林谦三推定出来的音。林谦三：《中唐时代骠国（缅甸）贡进的乐器及其音律》，《东亚乐器考》，人民音乐出版社 1962 年版，第 454 页。

表3 骠国献乐之曲名表

曲名	骠云	乐曲说明
一曰《佛印》	《没驮弥》	国人及天竺歌以事王也。
二曰《赞娑罗花》	《咙莽第》	国人以花为衣服，能净其身也。
三曰《白鸽》	《荅都》	美其飞止遂情也。
四曰《白鹤游》	《苏谩底哩》	谓翔则摩空，行则徐步也。
五曰《斗羊胜》	《来乃》	昔有人见二羊斗海岸，强者则见，弱者入山，时人谓之“来乃”。来乃者，胜势也。
六曰《龙首独琴》	《弥思弥》	此一弦而五音备，象王一德以畜万邦也。
七曰《禅定》	《掣览诗》	谓离俗寂静也。七曲唱舞，皆律应黄钟商。
八曰《革蔗王》	《遏思略》	谓佛教民如蔗之甘，皆悦其味也。
九曰《孔雀王》	《桃台》	谓毛采光华也。
十曰《野鹅》		谓飞止必双，徒侣毕会也。
十一曰《宴乐》	《嚨聪纲摩》	谓时康宴会嘉也。
十二曰《涤烦》亦曰《笙舞》	《扈那》	谓时涤烦瞖，以此适情也。

《新唐书·南蛮传》记述骠国进献乐曲“十有二：……七曰《禅定》……七曲唱舞，皆律应黄钟商。八曰《革蔗王》……五曲律应黄钟两均：一黄钟商伊越调，一林钟商小植调……初奏乐，有赞者一人先导乐意，其舞容随曲。用人或二、或六、或四、或八至十，皆珠冒，拜手稽首以终节。其乐五译而至……”可见，十二首乐曲均不出黄钟商伊越调（越调）和林钟商小植调（小食调）这两商调。文中第七首乐曲后有云：“……七曲唱舞，皆律应黄钟商……五曲律应黄钟两均……”可知，12 首乐曲中，前 7 首是有歌有舞的乐舞作品，均在黄钟商的伊越调（越调）演奏；后 5 首（即第 8 首至第 12 首）则是器乐作品，均可在两商调上演奏。当然伴奏的乐器是同样的，它们或可演奏两商调之一，或两商调均可演奏。综合上文乐器音律表所列内容，其时乐队配置可略见一斑。弹弦类乐器调律较自由，各乐曲所用调律都可演奏，然大匏琴、小匏琴这两件乐器是例外，它们各演奏其中一调。在吹奏乐器中，横笛、匏笙的音律是固定的，亦只能演奏其中一调，仅两头笛是吹奏乐器中唯一“应两均”的乐器。此外，由牙笙、两角笙、三角笙、贝之音律，可知这些出音单纯的乐器不可能作为旋

律乐器。故可以想见在此乐队演奏时，当如林谦三所言它们是“漫长不断地吹奏两调的主音，足使乐曲终始于东方式的氛围中”[1]，故它们在乐队中承担的是吹奏乐曲主音，强化乐曲调律特性的角色。

由此，参照乐曲音律我们可推测两商调的乐器编配形式如下：

演奏黄钟商伊越调（越调）乐曲时，吹奏乐器主要使用两头笛、横笛（甲）、大匏笙、三角笙；弹奏乐器使用凤首箜篌、龙首琵琶、云头琵琶、独弦匏琴、鼍首筝、大匏琴，即除小匏琴之外的所有弹奏乐器均可运用；起节乐作用的击奏乐器铃钹、三面鼓、小鼓，均可使用；而牙笙、三角笙、两角笙、贝，则不断地吹奏低沉的乐调主音。

林钟商的小植调（小食调）乐曲在演奏时，吹奏乐器主要使用两头笛、横笛（乙）、小匏笙、牙笙、两角笙；弹奏乐器与演奏越调所用乐器大致相同，只将其中大匏琴换为小匏琴；节奏性乐器铃钹、三面鼓、小鼓，亦均可使用；而牙笙、三角笙、两角笙、贝亦同样用来不断地吹奏低沉的乐调主音。

在演奏“律应黄钟两均”的第 8 至第 12 这五首乐曲时，吹奏乐器除两头笛可通用于两调之外，其余乐器均需要随乐调转换而换用乐器；弹奏乐器则需依所奏乐调不同调整弦音，大小匏笙则有例外：当“通乎二调为同位声时，必然是大匏笙作越调的徵羽声而小匏琴作小食调的徵羽声”[2]；击奏乐器组与“低音乐器组”之乐器，在两乐调转换时均可使用。

由 19 种 38 件乐器，35 名乐工组成的这支骠国乐队，可谓大型乐队。这支乐队，究竟有怎样的风格特点？首先要澄清的是组成乐队的这些乐器属于何种音乐体系。林谦三在《中唐时代骠国（缅甸）贡进的乐器及其音律》[3] 及《隋唐燕乐调研究》[4] 两文中，认为这些乐器分属两个系统：

1. 印度系——铃钹、三面鼓、小鼓、大匏琴、小匏琴、凤首箜篌、龙首琵琶、云头琵琶、横笛。

2. 土俗系——独弦匏琴、鼍首筝、两头笛、大匏笙、小匏笙、牙笙、三角笙、两角笙。

岸边成雄《东亚乐器的研究》一文亦持类似观点。[5] 沈冬《唐代乐舞新论》在林谦三观点及研究基础上，对各个乐器进行了翔实的考证，认为林谦三所言“印度系”与“土俗系”，

[1] 林谦三：《中唐时代骠国（缅甸）贡进的乐器及其音律》，《东亚乐器考》，人民音乐出版社 1962 年版，第 454 页。
[2] 林谦三：《中唐时代骠国（缅甸）贡进的乐器及其音律》，《东亚乐器考》，人民音乐出版社 1962 年版，第 439 页。
[3] 林谦三：《中唐时代骠国（缅甸）贡进的乐器及其音律》，《东亚乐器考》，人民音乐出版社 1962 年版，第 455 页。
[4] 林谦三：《隋唐燕乐调研究》，鼎文书局，第 84 页。
[5] ［日］岸边成雄：《东亚乐器的研究》，日本风间书房，第 45 页。转引自沈冬《唐代乐舞新论》，北京大学出版社 2004 年版，第 169 页。

不如说“印度系”和“中南半岛系”更为妥帖，指出是印度、中南半岛、中国三种不同文化，“或隐或现地影响了骠国，才造成了乐团如是的风貌”。此观点虽稍不同于林谦三之结论，然而是以林观点为基础稍加发展，与林之看法并不矛盾，故可从于二分法观点。笔者亦认同以上学者之考证结果[1]——骠国所献乐器由“印度系”与“土俗系”两大类别组成。就整个乐队的乐器编配而言，印度系乐器占一多半[2]，弹奏类乐器组的大匏琴、小匏琴、凤首箜篌、龙首琵琶、云头琵琶都是乐队中居于主导地位的旋律性乐器；三面鼓因具三种不同的音高，故在乐队演奏时，音乐效果最为突出。这些占多数的具有印度音乐色彩的典型乐器，好似将整个乐队蒙上了一层绚美的“纱丽”。此外，由林谦三所列骠国乐器音律表可以看出，骠国乐器所用音律适应印度乐调，这也说明骠国之乐具有印度音乐因素。

由所进献演奏的乐曲来看，乐曲的乐意、内容多涉及佛教。骠国进献的12首乐曲的乐名，如《佛印》《禅定》《革蔗王》（取意“佛教民如蔗之甘”）等，可以窥知佛教与骠国乐的关系。从本质上说，骠国音乐是一种佛教音乐。所以，《旧唐书·骠国传》云，骠国所献乐曲“皆演释氏经论之辞”。《唐会要》卷一〇〇、《册府元龟》卷七七二均有类似记载。骠国西接东天竺，地域接壤自然使骠国与印度联系密切。印度文化早在公元前就已影响该地区。1世纪后，印度移民大量涌入，印度对缅甸的影响显著增强。来自印度的宗教——印度教、大乘佛教、小乘佛教，在早期缅甸统治阶层的倡导下，在孟人、骠人和若开人建立的国家中较广泛地传播。至7世纪，佛教盛行于骠国，其中小乘佛教影响最大。虽然关于佛教输入骠国的途径，学术界有不同看法[3]，但对佛教在骠国盛行这一史实的认识是一致的。《新唐书·骠国传》曰：骠国人“明天文，喜佛法。有百寺……琉璃为甓，错以金银，丹彩紫矿涂地……”寺庙众多，装饰豪华，俨然一派佛教圣地的景象。又云“民七岁祝发止寺，至二十有不达其法，复为民”。可见其时幼童入寺修行蔚然成风。《新唐书·骠国传》又云：骠国人“衣用白氎、朝霞，以蚕帛伤生，不敢衣。”怕伤生而不用丝织物，显见佛教在骠国深入人心，影响社会生活的各个方面，故骠人音乐也深受佛教影响。

通过对骠国乐器所属音乐体系、演奏乐律及乐曲的分析探讨，我们已对其乐队有整体认识：此乐队具有浓厚的印度风格，演奏作品亦以印度佛教音乐为主。

《唐会要》《旧唐书》《新唐书》等史籍将骠国乐归于“四夷乐”，与其他方乐如龟兹乐、天

---

[1] 如林谦三《中唐时代骠国（缅甸）贡进的乐器及其音律》，《东亚乐器考》，人民音乐出版社1962年版，第431—455页；［日］岸边成雄《东亚乐器的研究》，日本风间书房，第45页；沈冬《唐代乐舞新论》，北京大学出版社2004年版，第169—185页。

[2] 林谦三：《隋唐燕乐调研究》，鼎文书局，第84页。

[3] 陈序经：《骠国考》，载《中山大学学报》1962年第4期，第80页。

竺乐、安国乐、康国乐等同列叙述。唐次《骠国乐颂》亦曰德宗于骠国献乐后曾“付史臣，下太常，附伶官，隶乐章”。胡直钧《太常观阅骠国新乐》诗亦云：“异音来骠国，初被奉常人……何事留中夏，长令表化淳”，似乎骠国乐舞曾编入太常供奉朝廷，骠国乐人也留居长安。然事实上，骠国之乐与龟兹乐舞、天竺之乐等在唐代的盛行程度与传播范围及对唐乐的影响，实难相提并论。骠乐之所以“付史臣，下太常，附伶官，隶乐章”，更多出于政治外交方面的考量，其蕴含的政治意义远远高于其自身的音乐成就。故《新唐书·礼乐志》简述骠乐“八音”后，继曰“大抵皆夷狄之器，其声曲不隶于有司，故无足采云”[1]。这亦是欧阳修将此段描写骠国之乐如此丰富详赡的内容放入《南蛮传》之《骠国传》，而未将其纳入《礼乐志》的原因吧。

[1]《新唐书》卷二十二《礼乐志》。

“一带一路”下南音文化的传播传承拓展研究

王丹丹 / 泉州师范学院

泉州作为宋元东方第一大港、古代海上丝绸之路的起点城市，过去有道不尽的辉煌。发轫于泉州的千年古老乐种南音，以其博大精深，被誉为“中国古代音乐历史活化石”。南音伴随海上丝绸之路远涉重洋，成为海上丝绸之路经济、文化的生发及交流的重要载体。明清以后，随着闽南人大规模移民，南音在中国台湾及东南亚闽南籍侨民聚居的菲律宾、印尼、马来西亚和新加坡等“一带一路”沿线国家和地区得到更加广泛的传播。

具体而言，“一带一路”主要有三条路线，即北线、中线、南线。其中，南线的起点正是被誉为“海上丝绸之路起点”的泉州。面临新的历史机遇和发展理念，南音也需要在继承和发展的客观规律之下提出新的传承方案。而从“一带一路”的实际分布和基本国策出发，在概述泉州南音传播海外的历史记忆的基础上，对泉州南音的活态传承特征、泉州南音人才培养与文化的拓展创新之路进行深入考察，对其未来的传承之路必将产生积极的影响。

据笔者目力之所及，学术界关于此方面的研究主要包括如下文论：李宝杰《“一带一路”：区域民俗音乐文化的机遇与挑战》[1]、王州《泉州南音在海上丝绸之路交通中的国际传播样式探究》[2]、林凌《“南音”在东南亚》、李寄萍《南音“郎君”文化现象及海内外传播方式》[3]、罗天全《南音在海外的传播与发展》[4]，这些研究主要对南音在海外特别是东南亚地区传播的基本情况进行描述，而较少涉及对其传播的活态传承特征及创新拓展情况。

一、南音文化在“一带一路”传播的历史记忆

“海上丝绸之路”对于福建人而言，实际上是先辈为求生计到南洋谋生的苦难史，南音在古代海上丝绸之路漫长的岁月中，经闽籍华人、华侨传承，繁衍于东南亚及世界各地华侨华

---

[1] 李宝杰：《“一带一路”：区域民俗音乐文化的机遇与挑战》，《音乐研究》2016 年第 3 期。

[2] 王州：《泉州南音在海上丝绸之路交通中的国际传播样式探究》，《音乐研究》2016 年第 4 期。

[3] 李寄萍：《南音“郎君”文化现象及海内外传播方式》，《泉州师范学院学报》2004 年第 3 期。

[4] 罗天全：《南音在海外的传播与发展》，《音乐研究》2007 年第 2 期。

裔居住区。在异域传播的过程中，作为一种民俗音乐文化，南音也被赋予了特殊的地域文化内涵，正如有学者所指出的："民俗音乐文化不同于精英音乐文化，它的存在是在民众中广泛流行并倍受喜爱的带有地质意义的文化之一种。它的主体是在以乡村社会为代表的民俗活动中建构的与民俗活动事项共生，密切联系的音乐文化类型。民俗音乐文化具有区域普适性和浓厚的乡土趣味性，往往与一隅一地的文化风尚交相辉映。"[1] 基于此，需进一步了解南音在东南亚国家早期的活态传承传播。

菲律宾最早的马尼拉长和郎君社成立于1820年，并在宿务建立分社；其次是成立于1928年的南乐崇德社、成立于1935年的菲华国风郎君社、成立于1950年的华侨回联乐府金兰郎君社等。以上这五个南音社团于1975年在首都马尼拉联合成立了"马尼拉弦管联合会"。除此之外，菲律宾还有东棉省艺群郎君社、西江艺群和鸣郎君社、桑林阳春总社（1922年成立）等二十多个南音社团。民间甚至流传着这样的俗定：闽南人到菲律宾马尼拉若一时寻觅不到亲友，可到南音社团求助，可见南音社团不仅是演奏传承传播南音、乡音的好去处，也是闽南乡亲在海外之驿站、联谊站。

新加坡最早的南音社团横云阁成立于1910年，聘请厦门锦华阁叶任水及集安堂的许启章两位先生来新加坡开馆，从此开启"口传身授"的传习模式，造就了黄清标、薛金枝等一代优秀南音传人。其后有建于1911年的同德书报社，建于1922年的惠安公会华乐组、建于1930年前后的锦华阁（延聘厦门同安陈裕执教）、建于1955年的新加坡浯江公会音乐组等。值得一提的是建立于1929年的云庐音乐社，因被日占领军解散，原乐社社友张再来、张玉龙等人于1941年在原乐社基础上成立了湘灵音乐社，并在抗战期间积极响应南洋华侨筹赈祖国难民总会发起的抗日义演，成绩斐然，其后在继承和弘扬南音传统方面卓有建树。其他尚有建于1945年的星洲青年促进社等，成立后积极推进与南音的源乡泉州、厦门，晋江、石狮等县市的交流。

1887年创建的吡叻太平仁和公所是马来西亚历史上最悠久的南音社团。还有至今仍很活跃的创建于1921年的马六甲安全厦会馆，与吡叻太平仁爱音乐社、吉兰丹仁和南音社在马来西亚东邦呈三足鼎立之势。还有一些分布于华人聚集区的其他南音社团。印度尼西亚由于闽南人众多，南音社团也较多，早期的有先达锦风阁南音社、三宝垄云林阁等，而社团成员如泗水寄傲圣道社会员多达150人。1953年成立于雅加达的蕉岭同乡会会员达数百人，在1977年和1991年分别参加了第一届和第三届东南亚国际南音大会唱。此外，还有泗水东爪

[1] 李宝杰：《"一带一路"：区域民俗音乐文化的机遇与挑战》，《音乐研究》2016年第3期。

哇南乐队，望加锡群星南音社、印尼泉属会馆南音部等。

“二战”之后的1946年在缅甸首都仰光成立了群国乐研究社，1949年成立了仰光锦华南乐社等乐社，开展了南音社团联谊活动，促进了海外华人在异乡的文化和情感交流。1958年文莱华侨吴铉滟、林天成等人发起并成立了婆罗乃群声音乐社，成立初期有社员近50人，后增至约200人。

海内外南音社团之间的交流是南音发展的主要动力。交流和流传在双向融合中形成了交汇，具有其空间性和社会性。南音文化在海外传播有其独特轨迹。闽籍侨民出于对家乡传统文化的认同和责任，集聚财力在海外资助南音社团的建立和开展活动。南音馆阁实质上是闽籍华人所负载的南音文化在空间上的流动转移，它以独特的存在形式以生发地泉州为中心向海外扩展馆阁版图，为弦友提供了在异乡表达信仰、文化，抒发情感的空间，形成了促进华侨华人社会发展的文化力量，使其社会功能得以显现。每个南音馆阁既是一部活的南音传衍史，又是华人、华侨海外生活的生态缩影，依托闽南华人、华侨海外艰辛的历史语境，南音文化作为沟通华人、华侨相互联系的社会资源而存在，并在传播的历史记忆中发挥着举足轻重的作用。而南音在我国港台地区早期的活态传承传播情况，“十七八世纪之后汉族尤其是闽南地区的泉州人大量入台，他们带去了南音、北管、高甲、木偶。南音更是遍布于泉州人居住的村落、渔村、城镇”。据有关考证，在20世纪初，全台湾的南音馆阁至少有150个。《泉州市非物质文化遗产保护工作简报》[1]称：目前台湾有南音馆阁64个之多，如鹿港五大馆：雅正斋、聚英社、雅颂声、大雅斋、崇正声；台南市振声社、南声社、金声社、群鸣社等。

香港虽是粤语地区，但由于有众多的闽南人，南音活动不辍，其中最具代表性的乐社为创办于1925年并获得陈嘉庚、胡文虎和郭春秧等知名企业家和慈善家大力支持的“香港福建体育总会”，开展了体育、南音、戏剧等活动。1997年后，“体育总会”的南音活动更为活跃，经常举办南音演唱会，还组团参加历届泉州国际南音大会唱，以及菲律宾、新加坡、印度尼西亚、马来西亚等国家和地区的南音会唱与交流活动。南音是港澳台同胞同根同源、认祖归宗的文化样式，其文化价值、学术研究价值及文化政治影响力服务于国家文化、经济战略需求。港澳台乡弦友以南音馆阁为载体，开展了行之有效的南音文化交流活动，推动了区域间合作。南音传承之路留下的不仅仅是历史记忆，也留下了闽籍华人闯世界、传文化的思维方式和实践真知，为“海上丝绸之路”的南音保护传承发挥了不可或缺的作用。

---

[1] 《泉州市非物质文化遗产保护工作简报》2006年9月第10期。

二、南音文化认同的国家在场

国家对南音民间活动持肯定态度，给予财力支持和政策的引导，在某种意义上强化了南音文化认同的空间。这种国家在场对群体文化认同的规范与作用，为其在传统与现代的阐释中提供了新的传承模式。

中华人民共和国成立之后，民族民间音乐的传承进入新的历史时期，南音作为闽南地区古老乐种亦如枯木逢春，绽放生机。城乡街道村落南音馆阁社团纷纷建立，南音演唱、奏、拜馆、郎君祭等活动十分活跃。其间虽由于历史的原因被作为“四旧”而一度寂静，但随着改革开放，南音“春风吹又生”，城乡处处闻弦管声。

20世纪五六十年代，时任泉州市市长的王今生提出创办专业南音乐团的提案获福建省文化厅批准，于1960年3月成立了“泉州民间乐团”，1966年被迫解散，1979年得以恢复并更名为“泉州南音乐团”，其后再次更名为“泉州市南音传承中心”。作为该中心集南音表演、推广等多功能的展示场所“南音艺苑”于2008年落成，成为泉州市南音对外演出交流的重要窗口。闽南地区的南音专业团体，尚有组建于1955年的厦门南乐团。泉州市级南音群团组织建设，有泉州市南音艺术家协会与泉州市曲艺（南音）家协会。作为南音发祥地的泉州，其城乡南音社团馆阁为数甚多。据2006年《泉州市非物质文化遗产保护工作简报》[1]刊载：现全市11个县、区和代管市共有南音社团230个，成员7425人，其中晋江市南音社团48个，成员1704人；惠安县南音社团16个，成员563人；鲤城区南音社团17个，成员570人。南音社团组织是南音传承的重要社会基础，是南音人音乐及情感交流的重要平台，也是海外南音弦友返乡进行南音交流的重要载体。

三、南音文化在“一带一路”的保护方式

南音之所以能传承千百年，在于其具有良好的传承载体与方式方法推动南音活态的传承与传播，然而历史在演绎，社会在不断发展变化，南音文化的“活态”传承亦面临着历史与现实、传统与现代的审美挑战，各级政府机构应有新的举措推动“一带一路”南音文化拓展的探索实践。

泉州市人民政府作为世界非物质文化遗产南音申报和承诺保护的责任者，在“一带一路”

[1] 《泉州市非物质文化遗产保护工作简报》2006年9月第10期。

新的发展机遇中，采取多项措施对南音实行有效保护和传承。在文化和旅游部、财政部保护南音“非遗”专项经费扶持下，泉州市文化广播电视新闻局于2013年启动了“泉州南音记录工程”[1]，工程项目包括：（一）南音曲目；（二）南音文献；（三）公众推广。实施分期分批采用现代化音像技术，把“指”“谱”（65套）和优秀的“曲”（择选1000首）录制成DVD。在建设周期内制成“智能化数字曲谱”，使新录制的南音成品音像曲谱俱全，传输于互联网并可在电脑、手机上播放；南音保护是公益性质的公共文化项目，计划在五年至十年内，建立一个全国乃至全世界最为完整的南音数据库，将取得的保护成果和资料全部采集记录，并进行数字化处理，妥善保存，向全社会开放，实行资源共享，让海内外的南音弦友、爱好者与研究者随时在互联网上浏览或下载，以科技推进南音的传播传承方式，使传播的空间性、社会性发生变化，在新的历史条件下形成海内外南音多元拓展传播空间。而国家给予的财力支持和政策引导、国家在场对南音文化认同的作用，给南音文化的传播发展提供活力，也是对非物质文化遗产的有效保护。

泉州市文化部门、教学科研机构和闽南文化学者、南音专家，致力于对南音传统文献、传统乐谱等方面的梳理和研发及整合出版，相关成果成为南音活态传承重要内容之一，亦是南音传承创新深化活力之一。泉州南音艺术研究院成立于1993年，主要搜集、整理、归档、出版有关南音指、谱、曲抄本，以及有关南音的论述。据2009年的统计，已收集南音乐谱789种，1292本；现存传统曲7283首，过支曲1998首，套曲9套170首，滚门曲牌994首，新曲1172首；收集论文363篇，相片1万多张；建立的南音社团和艺人信息、弦管名曲选档案近2000份，目前资料已实现数字化管理。成立于1985年的泉州地方戏曲研究社，首任社长为朱展华，现任社长为郑国权。郑国权领衔开发了有关南音电脑“工乂谱”直译五线谱软件，并出版了《“工乂谱”五线谱简谱对照》。新谱式弦管曲音述著甚丰，如：2005年出版《袖珍写本道光指谱》《泉州弦管名曲选编》，以及《泉州传统戏曲丛书》十五卷。同时，该社协同南音学者吴世忠、研发者李文胜于1990年创《选编》等述著。2003年出版的《清刻本文焕堂指谱》，尤其是《明刊戏曲弦管选集》为无价之宝，它们作为南音申报“世非遗”文本的典籍附件，为“申遗”成功发挥了重要作用。晋江市文化体育局、文化馆南音传承工作积极而卓有成效，在南音重镇晋江市，国家级南音项目代表性传承人苏统谋、丁水清出版了《弦管指谱大全》《弦管古曲选集》，尤其在政府和文化部门的支持下，率先开启了抢救与保护濒临消失的南音“过支曲”的先河，出版了由苏统谋整理的《弦管过支套曲选集》《弦管什锦

[1] 泉州市文化广播电视新闻局于2011年12月18日制定颁布《关于实施泉州南音记录工程的通知》。

过支曲选》，堪称南音出版史上独一无二的新品种。

南音“过支曲”是一种充满中国“礼乐”意涌的古老唱奏形式，是唐宋大套曲的遗仔，“由于过于古老，这种形式究竟起源于何时何地，是哪位先师所开创的，音乐史料未见载录……可惜后来逐渐销声匿迹，至少完全中断了六七十年”[1]。在“过支曲”濒临消亡的危急时刻，著名南音学者郑国权先生提出了“关于抢救消失近百年‘过支曲’的建议”，指出目前南音现存的音像资料尚无呈现唱奏时乐器交接的礼仪形式和多人连接传唱的传统，无法完整再现“过支曲”全貌。鉴于目前海内外尚有几位高龄传承人和有识之士具有抢救“过支曲”的文化自觉与担当，应创造条件开启“抢救模式”。保护珍贵遗产，还需通过对仪式与南音音乐关系的探讨，揭示仪式对南音传承的意义和影响。

四、“一带一路”南音人才培养与南音舞台创新

对待传统的优秀文化，学术界历来有“原封不动、原汁原味地传承”和“结合时代特征进行大胆改革、创新”两条思路，当然更多的学者支持“两条腿”走路，即将以上两种思路结合起来。但是，作为“人类文化和艺术的来时的路”，传统并不是铁板一块，而是在历史的长河中以变应变，恰切地呼应时代审美的需求和发展，艺术的发展史（尤其是音乐的发展史）充分验证了这一点。南音在全面传承南音精华的基础上，结合时代背景进行符合南音美学精神的改革和创新；但在传承和改革的过程中必须把握好“度”和走“专家路线”，这一点也得到了越来越多的非物质文化传承工作者的认同。

南音馆阁式师徒“口传身授”的传承模式，不仅衍生于闽南地区，还远渡重洋繁衍于东南亚，以及海外华侨、华人居住区。其或是定居海外华侨南音艺人亲自组馆传授，或延请闽南南音先生建馆传授，千百年来其传承内容、传艺方法和模式始终与闽南地区本土南音保持原生性、同一性与纯真性。

传承人是南音的活态载体，他们以活态传承的方式将南音原汁原味地传承。清末民初赴海外任教的南音名师较有代表性的有蒲井师、高铭网、纪经亩、李尚谦等，这些在家乡已经声名远扬的南音乐师技艺精湛，受到了当地华侨的尊重和喜爱，求学者众多。一代南音宗师高铭网执教菲律宾长和郎君社时，培养了郑燕仪、吴宣亮等一批优秀的南音乐师。20 世纪 90 年代以来，最具代表性的为国家级南音项目传承人苏诗咏，师从吴萍水、苏来好、庄泳祈、

---

[1] 苏统谋整理：《弦管什锦过支曲选》，海峡文艺出版社 2014 年版，第 3 页。

邱志竹、陈天波等南音名老艺人，擅长南音琵琶演奏、南音演唱，2012 年被聘为泉州师范学院南音演唱方向硕士生导师。作为一名杰出的南音传播者，苏诗咏凭着对南音的挚爱和传承的使命感，1992—2005 年受聘于印度尼西亚“东方音乐基金会”，又于 2005—2011 年远赴菲律宾“国风郎君社”，在长达 20 年的海外南音执教生涯中，学员遍及菲律宾、印尼等国家，教授的学员基本分为两部分：一部分为早期移民的南音弦友及爱好者，年龄分布在三四十岁至七十几岁，具备一定的南音演唱演奏基础；另一部分为八岁至十几岁的移民子女和居住国的青少年，他们或略懂一点闽南语或完全没有闽南语基础，在南音视谱和演唱时，采用拼音注释的方法进行训练，年复一年的坚守，如今已成长为海外社团的中坚力量，在南音表演、拜馆、文化交流中生发着活力。

南音人才的培养是个系统工程，兼需良好的教育机构和南音生态环境。泉州师范学院作为地方高校，2003 年将千年古老乐种南音引入高校本科专业设置，南音人才培养获得显著成效，2011 年获批“服务国家特殊需求人才培养”专业硕士学位点。以服务国家特殊需求的南音本、硕人才培养的逻辑起点，以实践创新为引领，汇聚学科教师与国家级南音传承人、民间艺人、专业团体等海内外优质资源，构建“双师型”教师队伍和“双轨制”的教学及评价体系，构建“教学训研”一体化南音人才培养模式，有效地满足南音保护、传承、创新、传播对南音专业人才能力和素质的要求。针对“非遗”南音人才培养的特殊性，充分发挥校内外两种环境、两种资源在人才培养的优势，建设形成“校、团、社”“海外订单式”等多元协同育人机制。编撰、出版全面反映南音知识体系的系统教材，改变传统南音“口传身授”没有规范文本的教学形式。紧抓区域传统音乐文化脉络，将世界非物质文化遗产南音纳入高等教育范畴，突显了其特殊性和不可替代性，进一步推动对外尤其是东南亚华侨华裔居住区、中国港澳台地区南音人才的交流与输送。目前南音本、硕人才，已在新加坡、印度尼西亚等国家和地区，以及闽南区域高校、中小学校相关岗位发挥传承作用。这支南音传承生力军今后将是南音传播推广的重要力量。

“实践是检验真理的唯一标准”，南音的发展创新唯有通过不断地、持之以恒地包容和持久性，多形式、多元化的创作实践，使创作作品获得有益的探索。在 20 世纪后期，南音新曲的创作先行者，首推新加坡湘灵音乐社及该社社长丁马成先生，他以当代社会新题材创作新南音曲词，出版了《丁马成作品选集》《南曲精华大全》(上、中、下三册)。1983 年该社在丁马成的率领下，远赴英国参加“第三十七届兰格冷世界民族音乐及歌乐比赛”，由丁马成作词、卓圣翔作曲的南音新曲《感怀》及参赛的传统器乐合奏曲《走马》均获奖，为南音在国际乐坛争得一席之位，其意义重大。

从 20 世纪 50 年代至今，闽南地区新南曲的创作，更多着重于曲词内容赋予时代特征。

20世纪50年代厦门南音名家纪经亩先生创作了《迎龙小唱》等脍炙人口的南音小曲；泉州地区南音名师吴彦造等也创作了《江姐》《红灯记》等成套的新南曲；陈天睛、汪照安等致力于南音洞箫等器乐曲的创作与表演。晋江地区群众艺术馆为庆祝国庆三十周年，于1979年出版了《南曲》，石狮市文化馆于1993年编印了《古韵新声集》。该书由原福建省文化厅副厅长朱展华作序，序中有段话仍值得一读：抑或有人说：这种创作，不过是旧瓶装新酒，怎么说得上是创新？对传统南音乐曲的谱式进行再创作，填上新词，不失南音乐曲传统风格，韵味无穷，有何不可？天天喊要继承和发扬南音传统，又不去创新的实践，岂不成了“天桥的把式”，有什么意义呢？

19世纪后期中国台湾地区的南音传承创新及国际化交流呈现了新的走向与势头，以台南南声社、汉唐乐府、心心南管乐坊为代表的乐社取得了令人瞩目的成绩。1982年10月至11月，台南南声社应法国国家广播公司邀请，以“古老音乐的保存者”作为宣传标语，分别在法国、德国、比利时、瑞士、荷兰五个国家巡回表演。1983年由陈美娥女士在台北创建的汉唐乐府南管表演团体，更是着力于南管表演的创新拓展，使古老的南管非遗活态获得了更大的提升空间，在1986年后的十年间，其乐坊应邀到美国、日本、英国等十几个国家演出。为了挖掘、拓展南音的艺术表现力和表现形式，1998年又创立了“汉唐乐府·梨园舞坊”，汲取南管发祥地泉州古老剧种梨园戏的表演艺术特色，尤其借鉴其女旦特有的十八式“科步”，融于乐坊之载歌载舞中。其间编创演出曲（剧）目有《艳歌行》《丽人行》《韩熙载夜宴图》等，引起很大反响。2003年南音名家王心心创建了心心南管乐坊，秉承南音当代传唱的使命，拓展了南管（南音）乐曲的创作、创新，表现于古典诗词文学与南音吟唱的编创、当代艺术跨域结合的乐舞剧表演、跨界合作的南管歌剧、南管弹唱系列四个方面。该乐坊创建以来积极地拓展南音国际化交融和国际化音乐交流，先后应邀参加法国亚维农艺术节、比利时法兰德斯艺术节等多个世界音乐节演出。

南音原生地泉州在南音继承发展创新上也有新发力、新动态。如由泉州师范学院福建省“2011计划”南音文化传承与发展协同创新中心主办、泉州师范学院南音学院和泉州市南音传承中心联合演出的南音新作《凤求凰》，是南音传承、创新、发展又一开辟新路之成功力作。《凤求凰》通过司马相如与卓文君的爱情故事，依南音曲牌进行的音乐创作，以当代的审美演绎传统的南音艺术，诠释了古老的故事，创造了崭新的舞台视听艺术，为南音的拓展创新另辟蹊径，输入了新能量。南音新作《凤求凰》被收入2017年度全国舞台艺术重点创作剧目名录，荣获第六届福建艺术节优秀剧目展演（音乐类）一等奖之首奖。它于2016年展演于中国上海国际艺术节，引起很大反响。

南音千百年来滋润着海内外闽籍华人的心灵，昨天，它在古代海上丝绸之路沿线国家和地区，结下了文化与经济、和平与友谊的丰盈硕果。今天，它在“海丝”核心区建设和“一带一路”新的历史时期，在文化引领、互连互通、经贸交流等方面获得更好谋划和发挥其先行态势、先行效应，以生发地泉州为中心，以传统南音文化聚集区的东南亚国家和地区为基础，承前启后，自觉自信地谋求在“一带一路”沿线国家和地区更大的突破与进展，促进文化、经济、友谊共通共赢。

参考文献：

1. 郑国权编著：《泉州弦管史话》，中国戏剧出版社 2009 年版。
2. 王州：《泉州南音在海上丝绸之路交通中的国际传播》，《音乐研究》2016 年第 4 期。
3. 泉州市民族民间文化保护工程领导小组办公室编印：《泉州市非物质文化遗产保护工作简报》，2006 年第 2 期至第 7 期。
4. 《“和而不同”是中华文化大智慧》，原载于《泉州晚报》2015 年 11 月 10 日第 4 版。
5. 王耀华主编：《福建南音》，人民音乐出版社 2002 年版。
6. 王耀华，刘春曙：《福建南音初探》，福建人民出版社 1989 年版。

戏剧交流与人类命运共同体的认同

宋宝珍 / 中国艺术研究院

2012年12月5日，习近平总书记同在华工作的外国专家代表座谈，希望通过与外国专家的交流，向世界传递更加清晰明确的信号。他指出，“我们的事业是向世界开放学习的事业”，“国际社会日益成为一个你中有我、我中有你的命运共同体”。

习总书记在党的十九大报告中，再次重申：“坚持推动构建人类命运共同体。中国人民的梦想同各国人民的梦想息息相通，实现中国梦离不开和平的国际环境和稳定的国际秩序。必须统筹国内国际两个大局，始终不渝走和平发展道路、奉行互利共赢的开放战略，坚持正确义利观，树立共同、综合、合作、可持续的新安全观，谋求开放创新、包容互惠的发展前景，促进和而不同、兼收并蓄的文明交流，构筑尊崇自然、绿色发展的生态体系，始终做世界和平的建设者、全球发展的贡献者、国际秩序的维护者。”[1] 世界潮流，浩浩荡荡，美美与共，天下大同。

人类命运共同体的建构，离不开跨文化的交流、合作、互惠、融通。在这样的时代背景下，话剧作为一种现代艺术形式，也是文化创意与交流的载体，理应发挥其在各民族之间增进友谊、加强理解、开展合作、谋求共识的作用。本文对中国话剧在百余年历史发展中与外来文化的关系，进行简单的梳理，以便以史鉴今，追昔抚今望远。

一、中外戏剧的碰撞与交流

中国是一个戏剧大国，传统的戏曲艺术历经800多年的历史沧桑，演变为300多个剧种，分布在全国各地，至今仍在演出的尚有260多个剧种。20世纪初叶，一种源自西方的现代舞台艺术形式——话剧植入中华文化土壤，在艺术形式上，它有别于传统戏曲，不以歌舞演故事，而主要以对话、形体动作和舞台布景，创造贴近真实的艺术情境。

[1]　习近平：《决胜全面建成小康社会 夺取新时代中国特色社会主义伟大胜利》，《人民日报》2017年10月18日。

可以说，没有中西文化的交汇，也不会有中国话剧的诞生。迄今可查的西方戏剧在中国本土的演出，可以上溯到16世纪末。据《澳门圣保禄学院年报》记载，澳门圣保禄学院的师生曾于1596年1月16日在圣保禄教堂（今大三巴牌坊）台阶上演出过西方戏剧：

圣母献瞻（进殿）节那一天，公演了一场悲剧。主角由一年级的教师担任，其余的角色由学生扮演。剧情叙述信仰如何战胜了日本的迫害。演出在本学院门口的台阶上进行，结果吸引了全城百姓观看，将三巴寺前面街道挤得水泄不通……演出如此精彩，毫不逊色于任何大学的水平。因为主要剧情用拉丁文演出，为了使不懂拉丁文的观众能够欣赏，还特意制作了中文对白……同时配上音乐和伴唱，令所有的人均非常满意。[1]

文中提到戏剧，表现的是“信仰如何战胜了日本的迫害”，那么由此推断，这个戏有可能已经不是单纯的宗教剧，而是部分地反映澳门人民抗争的故事，这也是演出受到市民普遍关注的原因之一。文中还记载，演出中出现了“中文对白”，这说明，当时圣保禄学院的师生，已经具有良好的中文水平，也有一种可能，中国人参与了戏剧的制作、演出。

1604年1月27日的《澳门圣保禄学院年报》，详细记述了一场喜剧演出的内容与经过，圣保禄学院的学生演出，甚至开始走出校园的围墙，进入了澳门社会的市民生活。年报记载提到了本次演出的社会效果：“本来这一喜剧如同往年那样，是为欢迎中国主教莅临而演的，但是今年似乎是为了娱乐本城居民，因为市民们为荷兰人给他们所造成的巨大损失而沮丧，荷兰人刚刚剽掠了澳门的三艘货船……”[2]

就以上两场演出而言，戏剧观众包括澳门的居民，说明有了“公演”的性质。迄今为止，这是有据可查的中国本土最早的话剧演出。

鸦片战争之后，中国被迫打开了国门。1866年，清政府派斌椿赴西方游历，他是首位远行欧洲的中国官员，号称“东土西来第一人”。

斌椿自封闭的国度前往“泰西”（欧洲）游历。作为旗人，他自小并不聪慧，长大后“性更迂”。但是，他是个“奇人”，是喜欢游走的旅行家。他说：“九州曾历七，广见堪傲睨。”那时去海外航行数月还被人们视为畏途，而他以63岁高龄毅然前往。回国后写了《乘槎笔记》，记录了以其好奇的眼光观察到的新鲜事物。

斌椿第一次向国人报道了西方戏剧演出的情景。在剧场里他看到贵族名媛姗姗而来，穿

---

[1] 转引自李向玉《澳门圣保禄学院研究》，澳门日报出版社2001年版，第1页。

[2] 转引自李向玉《澳门圣保禄学院研究》，澳门日报出版社2001年版，第90页。

着华丽，长裙曳地，袒胸露臂，珠光宝气。舞台上的情景更让他新奇，他赞叹道："女优登台者多者五六十人，美丽者居其半，率裸半身跳舞。剧中能作山水瀑布、日月光辉，倏而见佛像，或神女数十人自天降，祥光射人，奇妙不可思议。"[1] 显然，他被西方戏剧的奇妙诡秘迷住了。

此后，出使西洋的中国人络绎不绝，王韬的《漫游随录》、张德彝的《航海述奇》、黎庶昌的《西洋杂志》、曾纪泽的《出使英法俄国日记》等，以笔记形式记录和传输了所见所闻的西方演剧。在这些人眼中，印象深刻的首先是西方剧场："规模壮阔逾于王宫"；其次是西方伶人身价之重，"直与王宫争衡"；再次是写实布景的逼真，"风雷有声"，"电云有影"，最后则是戏剧对于社会的重要作用。随着外国列强瓜分中国的野心日益明显，晚清社会的政治危机逐渐加深，中国有识之士的民族意识、家国情怀空前增强，革命呼声日趋高涨，创造一种为大众所接受，对现实有效用的舞台艺术，成为一种普遍性社会思潮。

在晚清封建统治衰微、民族危机加剧的特殊历史时期，1906 年底，中国留日学生李叔同等人在日本发起组织文艺团体春柳社，1907 年他们顺应时代发展和社会变革需要，以春柳社的名义，演出《茶花女》和《黑奴吁天录》，以此为标志，创立了中国话剧这一现代舞台艺术。

二、创立具有现代性与民族性的戏剧

五四时期是一个脱离陈规、创立新法的时代，在 20 世纪 20 年代，不仅胡适高扬"易卜生主义"，一些有志于创造中国现代戏剧的青年，如洪深、田汉等，均把"做中国之易卜生"当作自己的人生理想。与此同时，西方的现代主义，包括象征主义、表现主义、唯美主义、未来主义等各种戏剧流派传入国内，为中国剧作家打开了现代人生的视阈。

在以《新青年》为阵地展开的新旧剧论争中，陈独秀、胡适、钱玄同、刘半农等接受过西方现代教育的人，与张厚载、林纾等保守文化传统的人进行了激烈的论辩。这是新旧文化观念的交锋，尽管双方的文辞不免夹带情绪色彩，却为现代戏剧艺术观念的更新与发展提供了思想启迪。胡适以达尔文的进化论为论争武器，指出，"一种文学的进化，每经过一个时代，往往带着前一时代留下的许多无用的纪念品；这种纪念品在早先幼稚的时代本来是很有用的，后来渐渐地可以用不着它们了，但是因为人类守旧的惰性，故仍旧保存这些过去时代

[1] 钟叔河：《走向世界》，中华书局 1985 年版，第 69 页。

的纪念品。在社会学上，这种纪念品叫作‘遗形物’。”[1] 胡适还把戏曲的唱念做打全部称为“遗形物”，必欲去之而后快。主张“采用西洋最近百年来的新观念、新方法、新形式，如此才可使中国戏剧有改良进步的希望”[2]。然而，排演直接翻译的西洋戏剧，如《华伦夫人之职业》，甚至洪深自编自演的有一些欧化味道的话剧《赵阎王》，都让当时知识水准不高的普通观众接受不了，甚至不知所云，这就迫使中国戏剧开始探索民族化的发展之路。

20 世纪 20 年代中期，中国戏剧界曾经出现“国剧运动”。“国剧运动”实际上是一些自国外留学归来的人，有感于中国文明戏的衰落，而意欲寻找民族的现代戏剧的发展之路，进而掀起的一次戏剧思想讨论。1926 年，余上沅、徐志摩等人在北京发起创办《晨报·剧刊》，并且制订了一个包括创办剧校、剧院在内的宏大的计划，但很多计划落空了。唯有《剧刊》，在徐志摩的支持下得以实现，共发表有关戏剧的文章 20 余篇，参加撰稿的有徐志摩、余上沅、闻一多、赵太侔、张嘉铸、熊佛西、邓以蛰、梁实秋等。他们彼此的艺术主张和理论观点其实是不尽相同的，但创建中国自己的戏剧样式的目的却有着昭然的一致性。

余上沅、赵太侔等人从对中西戏剧的比较中，认为中国传统戏曲“重写意”，有别于西方戏剧“重写实”，因而，应当取中西戏剧之长，创造一种“国剧”。但是，何为“国剧”，如何创造“国剧”，他们仍然处在理论的探索阶段。

中国戏剧界既要吸收外来文化营养，又要反抗帝国主义的文化侵略；既要吸纳优秀的中华传统文化精髓，又要反抗封建势力的落后积习。具有现代意识和革新精神的知识分子在伟大的新文化运动中重塑了话剧的艺术品格。话剧以艺术的方式表现时代人生，参与社会启蒙。

戏剧在实践上取得突破性成就的时期，应当是 20 世纪 30 年代以后的事。经历了五四时期的思想解放和文化交融，在广泛吸纳西方戏剧精华的基础上，中国话剧立足本土，走向成熟，出现了以曹禺及其优秀剧作《雷雨》《日出》《原野》《北京人》《家》等为代表的戏剧成果。李健吾、杨晦等人认为，曹禺在编剧技巧和情节设置上，与国外戏剧影响关系密切。比如，他的《雷雨》带有古希腊悲剧《希波吕托斯》的痕迹，也在一定程度上与易卜生的《群鬼》有些联系；他的《原野》显然受到了美国剧作家尤金·奥尼尔的《琼斯皇》的影响；而他在写作《北京人》和《家》时，又是在阅读契诃夫的剧本入迷的时候。曹禺说，“我记起几年前着了迷，沉醉于契诃夫深邃艰深的艺术里，一颗沉重的心怎样为他的戏感动着。读毕了《三姊妹》，我合上了眼，眼前展开那一幅秋天的忧郁，玛莎（Masha），伊瑞娜（Irina），奥尔加（Olga）那三个有大眼睛的姐妹悲哀地倚在一起，眼里浮起湿润的忧愁，静静地听着窗外远远

[1] 胡适：《文学进化观念与戏剧的改良》，《新青年》第 5 卷第 4 号，1918 年 10 月。

[2] 胡适：《文学进化观念与戏剧的改良》，《新青年》第 5 卷第 4 号，1918 年 10 月。

奏着欢乐的进行曲，那充满了欢欣的生命的愉快的军乐渐远渐微，也消失在空虚里，静默中，仿佛年长的姐姐奥尔加喃喃地低述她们生活的抑郁，希望的渺茫，徒然地工作，徒然地生存着，我的眼渐为浮起的泪水模糊起来成了一片，再也抬不起头来。然而在这出伟大的戏里没有一点张牙舞爪的穿插，走进走出，是活人，有灵魂的活人，不见一段惊心动魄的场面。结构很平淡，剧情人物也没有什么起伏生展，却那样抓牢了我的魂魄，我几乎停止了气息，一直昏迷在那悲哀的氛围里”[1]。于是曹禺告别了他自己以为“太像戏”的戏剧结构模式，着力开掘日常生活本身的戏剧性，甚至不去刻意区分戏剧的悲剧和喜剧类型，而是按照生活本来的样子去刻画。《三姊妹》的人生况味烙印在曹禺的心底，以致他在创作话剧《北京人》时，将这种诗意的韵味化用在戏剧情境中：“在苍茫的暮霭里，传来城墙上还未归营的号手吹着的号声。这来自遥远的，孤独的号角声打在人的心坎上，说不出的熨帖而凄凉，像一个多情的幽灵独自追念着那不可唤回的渺若烟云的以往，又是惋惜，又是哀伤，那样充满了怨望和依恋，在落寞的空气中不住地颤抖。”[2] 含蓄、蕴藉、深婉、淡远的忧伤里，表达的正是艺术当中美的情绪。

据曹禺的女儿万昭回忆，曹禺在清华读书期间，几乎将图书馆里关于戏剧的书籍都读了，这可以佐证一位有现代意识和有创造能力的剧作家，绝对不是墨守成规、闭门造车的人，而是一位博采众长、海纳百川的人。曹禺从来不承认自己的戏剧模仿了谁。他的剧作吸纳了中外优秀的文化成果，体现的却是原创性的艺术旨意，具有超越性的美学价值。他的剧作具有现代意识，利用本土题材，反映民族精神与中国气派，以其深邃的内涵、圆熟的技巧、成功的形象、完整的结构被认为是中国话剧的经典。

中华人民共和国成立后，从 1953 年开始，在全国戏剧界开展了学习斯坦尼斯拉夫斯基演剧体系（简称斯氏体系）的热潮。中国戏剧为什么会向苏联取经？这与当时的国际政治环境和中国人的文化需求有关。一方面，斯氏体系在艺术层面上确实处于领先地位；另一方面，解放初期汇集到新政权旗帜下的文艺工作者，来自各个区域，表演风格五花八门，借助斯氏体系的训练方法，可以增强艺术创作的统一性和协调性。

其一，文化管理机构向戏剧工作者推荐学习斯氏著作《演员自我修养》等。其二，聘请苏联专家普·乌·列斯里、鲍·格·库里涅夫、格·尼·古里也夫来华授课。其三，自 1953 年到 1957 年，在中央戏剧学院和上海戏剧学院，举办培训班和进修班。尽管在推广斯氏体系的过程中，个别文化机构犯有简单化、机械化的毛病，但是总体来讲，推广斯氏体系对于提

[1] 曹禺：《日出·跋》，载田本相、刘一军主编《曹禺全集》第 1 卷，花山出版社 1996 年版，第 385 页。
[2] 曹禺：《北京人》，载田本相、刘一军主编《曹禺全集》第 2 卷，花山出版社 1996 年版，第 848 页。

高中国舞台艺术水平确实具有积极作用。

1957年老舍创作了话剧《茶馆》，经由北京人民艺术剧院演出，成为中国戏剧创作具有里程碑意义的杰作。剧本三万字，写了三个“朝代”，时间跨度50年，写活了70个人物，以高度的艺术概括，浓郁的民族气派，浓重的历史含量和浓厚的生活气息，谱写了一部史诗性的画卷。总导演焦菊隐探索演剧民族化的道路，对斯坦尼斯拉夫斯基体系有着深刻的理解和掌握，但是他更醉心于如何将中国戏曲的精华运用到话剧中，并且找到把它同斯氏体系融合的契机，打通了中国戏曲同西方戏剧相结合的道路。他赞成“内心体验”，“逼真地再现生活”，但更追求戏剧诗的境界，追求高度的艺术真实，高度的艺术概括。

1958年，以田汉的《关汉卿》问世为标志，出现了一股历史剧的创作热。其特点是，一些老一辈剧作家纷纷执笔。如郭沫若的《蔡文姬》和《武则天》、曹禺的《胆剑篇》、丁西林的《孟丽君》、刘川的《窦娥冤》、老舍的《义和团》、田汉的《文成公主》和朱祖诒的《甲午海战》等。这批历史剧，有些写得相当精彩，演出后受到观众的热烈称赞。其中，《关汉卿》堪称田汉的绝唱。他以诗的语言、诗的情调与诗的构思，谱写了一曲关汉卿的赞歌。展现了田汉不仅作为一位戏剧家，而且作为一位热情澎湃的浪漫诗人的卓越才华。《关汉卿》浓郁的抒情色彩，伴随着化入其中的元曲的神韵和声律，显现浓烈的诗情和悲怆的意味。

1959年，郭沫若为北京“人艺”创作了四幕历史剧《蔡文姬》，将一个2000多年前的古代才女形象，搬上了当代的中国话剧舞台。这部戏经由焦菊隐导演，朱琳主演，上演后获得轰动，至今仍然是北京人艺的保留剧目。

三、改革开放以后的戏剧发展

改革开放以后，西方现代的各种哲学观念、各种艺术思潮和流派大量进入国内，现代主义关于探索人、探索人心、探索深藏在人心内部的隐秘灵魂的理念，以及表现主义、象征主义手法，意识流、荒诞派的艺术特点，布莱希特的“间离效果”“史诗剧场观念”“残酷戏剧”“质朴戏剧”等观念，给从事话剧的人们带来新的感觉和新的启示。这些现代意念融会在话剧舞台艺术中，通过不断被吸纳、转化，逐渐地实现民族化，也慢慢为国人所接受。

为了开阔戏剧视野，展示人类优秀的戏剧成果，中国戏剧界以宽广的文化胸襟，独到的审美眼光，与其他国家和地区的戏剧家开展了广泛的艺术合作。

进入新时期以来，北京人艺演出了大量文本质量良好、艺术水准高超的外国剧目，如《公正舆论》（罗马尼亚）、《贵妇还乡》（瑞士）、《屠夫》（奥地利）、《推销员之死》（美）、《女人的一生》（日本）、《洋麻将》（美）、《上帝的宠儿》（英）、《二次大战中的帅克》（德）、《巴巴拉少校》(英)、《哗变》(美)、《海鸥》(俄罗斯)、《哈姆莱特》(英)、《油漆未干》(法)、《家有娇妻》(英)、《榆树下的欲望》(美),等等。

长期以来，北京人艺邀请很多国外的戏剧专家走进剧院，进行艺术合作与交流，形成了多项戏剧成果：1981 年英国著名导演托比·罗伯森为北京人艺执导了莎士比亚的名剧《请君入瓮》，1983 年美国著名戏剧家阿瑟·米勒为北京人艺执导了他自己的名剧《推销员之死》，1988 年美国奥斯卡金像奖获得者、美国电影学院院长查尔顿·赫斯顿为北京人艺导演了《哗变》，1991 年莫斯科艺术剧院导演奥列格·叶甫列莫夫为北京人艺导演了《海鸥》，2013 年莫斯科艺术剧院导演彼得罗夫和北京人艺青年导演王鹏共同执导了意大利作家皮兰德娄的名剧《六个寻找剧作家的剧中人》。

1980 年 9 至 11 月，北京人艺的《茶馆》应邀赴德国、法国、瑞士三国进行访问演出，全程 50 天，访问 15 个城市，演出 25 场。所到之处，外国观众反响强烈，他们被中国演员的精湛表演打动，欢呼《茶馆》是东方舞台上的奇迹。

1983 年,《茶馆》应邀到日本东京、大阪、京都、广岛演出。

1986 年,《茶馆》赴中国香港，以及新加坡、加拿大演出。

2006 年，复排的《茶馆》赴美国肯尼迪艺术中心演出，并在美国其他城市巡演。

上海话剧艺术中心自 1995 年成立之始，便注重扩大与世界各国的文化交流，学习世界各国优秀戏剧创作的经验，近十年间，已先后上演了古今中外作品 100 余部，并与英国、美国、法国、澳大利亚、俄罗斯、日本、新加坡、韩国、爱尔兰、埃及、德国等国，以及中国香港、台湾地区的艺术家开展各种形式的合作和互访演出，获得海内外文化界的高度评价，引起了观众强烈的反响。

2002 年，国家话剧院创作演出了五台大戏:《萨勒姆的女巫》(美国)、《这里的黎明静悄悄》(苏联)、《老妇还乡》(瑞士)、《关于爱情归宿的最新观念》《叫我一声哥，我会泪落如雨》。组织了部分保留剧目赴上海、香港、澳门等地演出，参加了国际艺术节的展演和中外戏剧的交流活动。

近年来，中外戏剧交流出现的新特点：

1. 大量引进市场前景好和有社会影响力的西方名剧。2017 年，国外文艺表演团体及个人在京演出场次回归常态，共 1301 场，观众数量为 90.7 万人次，票房收入达 1.98 亿元。表现最为突出的是西方音乐剧，如《猫》《歌剧院魅影》《人鬼情未了》《金牌制作人》等。直接引进、搬演的西方戏剧，如鼓楼西剧场演出的《枕头人》《那一年，学开车》《学一学鸽子》《烟草花》《婚姻情境》等，也取得了较好的社会声誉。

2. 旨在进行中外戏剧会演的“戏剧演出季”“精品展演”“国际戏剧节”等活动明显增多，

一流的国外戏剧家及其团队来华演出频繁。从2004年起，中国国家话剧院与中国对外文化集团公司等单位一起，创立了每两年一届的国际戏剧季。前两届的戏剧季分别以纪念契诃夫、易卜生、莎士比亚、华彩亚细亚、华彩欧罗巴、国际演出季名义，进行国内外戏剧集中展演，促进了国内外戏剧界的交流，推动了中国话剧事业的发展。2008年，具有“戏剧界的奥林匹克”之称的世界戏剧节在南京开幕。2014年，第六届戏剧奥林匹克在北京举行。

3. 中外戏剧文化交流与合作呈现良好态势，以前仅见于文字报道中的国外重要戏剧团体、戏剧艺术家和经典演出，如英国环球莎士比亚剧院、英国皇家莎士比亚剧院、以色列卡梅尔剧团、法国北方剧团、德国纽伦堡国家剧院如今已经常态化地纷纷登上中国舞台。享誉国际的英国导演彼得·布鲁克、波兰导演克里斯蒂安·陆帕、俄罗斯导演列夫·朵金等人，也带着他们的代表作来到中国演出。

4. 中国现代戏剧走出国门，参加诸如“契诃夫戏剧节”“阿维尼翁戏剧节”“中日韩戏剧节”“爱丁堡戏剧节”等。国际间的艺术合作逐年增多，2017年克里斯蒂安·陆帕为中国演员导演了根据史铁生同名小说改编的话剧《酗酒者莫非》，在全国巡演成为热门话题。

随着中外戏剧交流的增多，中国本土戏剧的发展也日益红火。仅以北京为例，据北京演出行业协会统计，截至2017年12月31日，北京140家演出场所共举办营业性演出24557场，比2016年的24440场略有增加，增幅0.5%。话剧、戏曲、舞蹈等演出场次同比均增加了100多场，成为推动演出增长的重要动力。2017年北京市演出市场票房收入达17.17亿元，比2016年同期略有增长，增幅0.2%。演唱会、话剧演出票房突出，音乐会、旅游驻场演出略有下降。在2017年的24557场演出中，戏剧演出12091场，占总演出场次的49.2%；吸引观众约467.4万人次，占北京演出市场观众总人次的43.4%，是北京广大市民观看演出的重要选择；票房收入5.59亿元，占据票房总收入的32.5%。其中话剧、儿童剧最为活跃，演出8763场，比上年增长4.9%，占到演出总量的50%，实现票房收入4.46亿元，占所有演出票房总收入的26%。

2017年10月，中国共产党隆重召开第十九次全国代表大会，习总书记在报告中指出，“中国将高举和平、发展、合作、共赢的旗帜，恪守维护世界和平、促进共同发展的外交政策宗旨，坚定不移在和平共处五项原则基础上发展同各国的友好合作，推动建设相互尊重、公平正义、合作共赢的新型国际关系。世界正处于大发展、大变革、大调整时期，和平与发展仍然是时代主题。世界多极化、经济全球化、社会信息化、文化多样化深入发展，全球治理体系和国际秩序变革加速推进，各国相互联系和依存日益加深，国际力量对比更趋平衡，和平发展大势不可逆转”，“中国坚持对外开放的基本国策，坚持打开国门搞建设，积极促进‘一带一路’国际合作，努力实现政策沟通、设施联通、贸易畅通、资金融通、民心相通，打造国际合作新平台，增添共同发展新动力”[1]。在新时代中国特色社会主义文化事业的不断发展中，我们有理由充分相信，戏剧发展的前景一定会越来越好。

对此本人有如下认知和体会：

1. 建立人类命运共同体的战略构想是推进中国经济崛起、民族文化振兴的有力举措，现代戏剧作为文化交流的载体，将发挥重要作用。

2. 好的戏剧是无国界的，在世界经济一体化的今天，中外戏剧交流将常态化、有序化、持续化。

3. 中国现代话剧本来就是“舶来品”，其艺术样态与发展步态，与其他民族的艺术具有亲和力和共通性。

4. 在相互尊重、互惠共赢的前提下，跨文化的戏剧交流将会范围更广、形式更多、效果更好。

法国荒诞派戏剧家尤涅斯库说过，戏剧是人类的本质需要。预祝人类的戏剧乃至世界的文明发展得越来越好。

---

[1] 习近平：《决胜全面建成小康社会　夺取新时代中国特色社会主义伟大胜利》，《人民日报》2017 年 10 月 18 日。

移民戏剧：亚洲内外的陌生人社区

Katherine Mezur 梅祖儿 / 美国加州大学伯克利分校

尽管当今世界因贸易、移民和国家认同等诸多复杂因素而变得日益紧张，我们仍能从艺术家之间的交流中尽窥创造过程提供谈判、妥协和合作方法的途径，而这些途径均将文化差异视为宝贵资源。我将“移民”这一概念作为艺术家及其作品在艺术交流中自由流动的主题。当训练、美学和工作风格看起来如此不同甚至对立时，表演艺术家如何跨越文化差异开展集体合作呢？接下来，我将以北京舞蹈学院的工作坊和亚洲艺术家在欧美国家和地区的表演为例，展示表演艺术家如何引领一个敏感且充满挑战，以跨越不同惯例、原则和哲学的深入交流为特色的未来。作为一名学者、艺术家和动作训练师，我曾加入并授课于亚洲国际表演工作坊，在那里，多元化的表演艺术家携手合作，创造超越他们早期个人艺术成就的新作品。我非常重视工作坊内和演出过程的集体协商时刻；在我看来，这些时刻清楚地揭示了亚洲戏剧和舞蹈在这些国际移民戏剧作品中的力量。这些艺术作品最终形成一个个独特的“社区”，在其内，艺术家从起初的陌生人逐渐联合成为一个多元化的艺术家群体。

社会和艺术家之间的关系

Pavol Kral 帕沃尔·科勒尔 / 斯洛伐克视觉艺术联盟

丝绸之路所体现的合作精神令人惊叹，时至今日，它依然在不断地激励着我们。我想继一年前的敦煌演讲之后，继续探讨相关议题。一年前，我在敦煌提出了“文化艺术对社会的贡献”这一议题。当时，我依据相关数据和事实，说明艺术和文化不仅仅是娱乐或奢侈品，它们在经济层面也很重要：与普遍流行的观点不同，我认为艺术和文化对国家发展的贡献绝非微不足道。创意产业对 GDP 的贡献大于其他产业，可为千百万人提供就业岗位，并可对其他产业产生积极影响。可以说，文化创意产业是一个不断发展的产业，且其发展速度要快于其他产业。

我现在想从另一个角度谈谈文化问题：文化产业对个别国家经济发展的贡献是否会对艺术家的社会地位产生积极影响？这种非典型工作有什么问题？不同国家的艺术家和文化产业从业者的生活现状如何？

艺术家并不一定比其他人好，他们只是比较独特而已，他们的工作条件不同。因此，鉴于文化对整体社会发展的重要性及其对社会各领域的影响，我们需要为这种非典型工作特别制定合适的规则和法律。我将就此举例说明不同国家（英国、德国、瑞典、荷兰、丹麦和斯洛伐克等）的最佳实践和失败经历，目的是在文化发展和所有社会发展的层面找到最佳的合作方式。

作曲家作品中大丝路形象对“东西方”概念的反映

Antonina Budarina 安托尼娜·布妲丽娜 / 乌兹别克斯坦国家音乐学院

当今世界，东西方问题变得愈加重要。尽管全球化对文化领域造成了许多负面影响，但也带来一些积极改变。其中之一是建立东西方对话，这是我们这个时代成功发展的迫切需要和关键所在。“东方主义”一词流传甚广，正是它促生了欧洲中心论；与之相对，“西方主义”一词却并未在科学实践中根深蒂固。值得注意的是，对欧洲文化（包括音乐）而言，其在 19 世纪末 20 世纪初对东方主义的迷恋可谓影响深远。乌兹别克斯坦民族作曲学校的形成就是从那时开始的。因此，掌握全球知识和价值观的理念与在音乐中寻找最合适的国家原则表达形式的理念是一致的。时至今日，这仍然是乌兹别克斯坦音乐发展的最重要动力。

乌兹别克斯坦作曲家的作品大量描绘的大丝路形象，显示了人们对这一主题的热情，以及这一主题对该地区的持久重要性，而这也成为这一文化现象不可分割的部分。Mustafo Bafoev 的“scores”系列项目（1946 年以前）就是一个很好的例证。这位作曲家多次论述大丝路主题。首先，“scores”是一个宏大的项目，由作者根据芭蕾舞剧《大丝绸之路》命名，起先，该作品仅为同名钢琴套曲，最后发展成融合大提琴、弦乐五重奏、打击乐和钢琴乐的综合性作品，名为《大丝绸之路的构想》(2002)。首次触及这一引人无限遐想的领域，他便显示了自己的主要原则；在他眼中，这一作品是描绘丝绸之路沿途所经国家的一幅由七个场景构成的素描丹青。它们与商队主题交相辉映，共同造就了一幅多彩的世界图景。

他的另一首音乐作品同样很有趣，名为《想象中的丝绸之路》，共由 8 部分构成，是为著名大提琴演奏家马友友量身打造的综合性作品，融合了大提琴（独奏）、弦乐五重奏、打击乐和钢琴乐等元素。该作品，音量宏大、音色充盈的大提琴很容易让人联想到一种温暖、柔和的人声音色。这种大提琴的音质更接近乌兹别克斯坦民间弦乐器发出的声音。

有趣的是，正是始自 15 世纪地理大发现时代的全球化进程，决定了大丝路的衰落。目前，对大丝路理念的新理解，可以促进各民族的文化融合，同时保持其自身的特色和独创性。

大丝路相关的文化关系（以乐器为例）

Saida Kasymkhodjaeva 瑟达·哈瑟姆德哈瓦 / 乌兹别克斯坦国家音乐学院

该报告致力于描述乌中文化关系。笔者试图从历史视角比较乌兹别克斯坦与中国的音乐文化，以揭示两者的共性与差异。该报告的目的包括：

——突出乌中文化关系起源的历史背景。

——确定这一过程在21世纪的延续情况，具体表现在音乐教育，以及传统与新式欧洲音乐思维的比例等问题上。

——以节日、文化日和会议为例，介绍这些过程在21世纪的发展情况。

——概述乌中文化关系未来潜在的发展前景。

大丝路上乐器的发展，就是两国文化交流过程的一个突出例证。历史命运的相似性决定了东方各民族乐器的某些亲缘关系特征，如岑巴罗琴—齐特琴（cimbalo-citer）之类的乐器等。在乌兹别克斯坦的乐器中有弦乐器——打击乐器Chang和弹拨乐器Qonun等。

可在以下地区发现类似Chang的乐器：塔吉克斯坦—Chang；伊朗、土耳其—山特琴；中国新疆喀什—Cheng；蒙古国—jocin（扬琴）等。这些乐器虽然结构相似，表现力相同，但因其源于不同的民族，听起来还是不尽相同。究其原因是每个民族的原创音乐及其音乐表现方式和手法都各具特色。当时，乐器Chang尚未广泛使用。直至几个世纪后，由中国喀什音乐家带来的乐器Cheng方在中亚广为流传。这些信息可证明东方各民族在不同时期的密切交往。

琴通常用于礼乐演奏，是精英贵族日常生活的重要组成部分。这一乐器的演变发展，以及民族关系密切的国家在地理位置上的相近，促成了类似乐器的出现，例如韩国伽倻琴、日本十三弦古筝、中国古筝（带有可移动筝柱的21弦齐特琴）等。

无论过去还是现在，世界各民族均拥有在根本构造方面相似的多弦乐器。乐器是不同历史时期世界社会观念的反映，是精神文化和物质文化的产物。同过去一样，如今，中乌两国之间的文化交流仍在继续。

由日本、中国音乐家参与的大丝路音乐巡回演唱会分别于2012年、2015年和2017年在塔什干、布哈拉、撒马尔罕举办。活动的组织者是非政府组织“欧亚俱乐部”和乌兹别克斯坦共和国驻华大使馆、乌兹别克斯坦文化部，其间音乐家们分别演奏了传统和现代的中国音乐。中国打击乐器与乌兹别克斯坦乐器的一些旋律和节奏类似，这也证实了乌中两国文化的相近性。

“西方因素”在麦积山石窟北朝遗存中的反映

屈涛 / 麦积山石窟艺术研究所

一、文献中天水（古称秦州）与西方交流的史料

陈寅恪先生曾谓北朝政权中的核心阶级为“关陇集团”，而天水（古称秦州）乃其政治活动的核心区域。

史念海先生在《唐代通西域道路的渊源及其途中的都会》一文中，在总概唐代天水（秦州）都会地位时，曾指出：经过大震关至鄯州的通西域道路上的都会，要数秦州和凤翔府，这一州一府分列陇山东西，都相当繁荣，都各有其独特之处。

秦州于天宝年间有户两万四千余，不仅超过了凉州，更远非鄯州可比，应该是陇右道中的第一大州。秦州有史可查的与“西方交流”的历史，最早可上溯至3世纪初。唐人道宣（596—667）在《释迦方志》记：三谓后汉献帝建元十年（205），秦州刺史遣成光子从鸟鼠山度铁桥而入，穷于达傢，旋归之日，还践前途，自出别《传》。

4世纪初，《出三藏记集》卷七载：西晋永嘉二年（308）竺法护译《普曜经》于天水寺，时康殊、帛法炬笔受。“天水寺”今已不可确考，但，康、帛二姓，似非汉人，则显而易见。

8世纪的永靖县炳灵寺石窟存有唐初秦州“康”姓供养人题记多条，中有“天宝”（742—755）纪年，康姓供养人的血统，若记入入华粟特人之属，应为妥当。

肃宗乾元二年（759）秋，杜甫辞去华州司功参军之职，西行逾陇，流寓秦州。依侄杜佐，居三月，在秦州成诗九十余首。之后，自秦州南行入蜀，至巴州（今四川巴中），投友人巴州刺史严武。杜诗号称“诗史”，在秦州流寓所吟诗中，以“白描”手法，有多处言及当时秦州胡儿、胡物、胡乐等，杜甫所见并传咏的唐肃宗乾元二年之秋的秦州“胡风”之盛，在诗里行间，可谓“胡气”氤氲！如杜甫在《秦州见敕目薛三璩授司议郎毕四曜除监察与二子有故远喜迁官兼述索居凡三十韵》（作于乾元二年秋）中曾咏：“杂种虽高垒，长驱甚建瓴。”

杜翁在游历麦积山时所作《山寺》（诗成于乾元二年秋）一诗中写道：“麝香眠石竹，鹦鹉啄金桃。”

两宋之际，天水是北方重要的由国家特别设置的“榷场”。北宋哲宗绍圣三年（1096），（龟兹）使大首领阿连撒罗等三人，以表章及玉佛至洮西。熙河经略使以其罕通使，请令于熙、秦州博买，而估所赍物价答赐遣还，从之。

二、天水历年出土的中西交流文物

近十年来，天水张家川回族自治县马家塬战国戎人墓出土了一系列带有浓郁“西方”色彩的金、铜、锡、铅、水晶、玻璃等大量异域珍宝，震惊中外学界。这些文物的出土，把天水与西方交流的历史，至少推至公元前 4 世纪。

同时，在天水、秦安、甘谷、武山、张家川回族自治县等地博物馆中，亦收藏数量不少的当地出土的“斯基泰风格”的黄金制动物形状饰品等文物，也直接反映了天水与西方文化交流历史的源远流长。

1982 年，天水秦州区城北石马坪文山出土了完整的北朝入华粟特人石榻围屏及胡人乐俑等文物。这是中国文物考古界第一次较科学地对入华北朝粟特人墓葬的考古挖掘。在其后多年，由于在山西、陕西等地的虞弘、安伽、史君、康业等北朝入华粟特人墓的相继发现，石马坪所出土的石榻围屏的重要学术价值渐为海内外学界重视。

2004 年 4 月 13 日—5 月 24 日，法国巴黎的吉美博物馆（Musée Guimet）举办了一次临时性展览。为配合此次临展介绍与导览的需要，于 4 月 20 日出版了一册小图录。此次展览的主要展品由两部分组成：一组显然是以从中国出土，但来历不明的整套北朝入华粟特人石榻围屏及附属文物为重点；另一组文物，亦为原自中国，但已落入欧美多个私人收藏者手中的入华粟特人艺术品的散件。图录的重点为前组文物的较详尽介绍，而对于后一组文物，干脆没有予以说明。但对于北朝入华粟特人石榻围屏等文物，除入图录外，还附有五篇初步的研究性文章。吉美博物馆此组展品一经展出，立即轰动了中外学界。

经过调查，我们已掌握了大量相关证据，可以十分肯定地说：吉美博物馆在 2004 年 4 月所展出的北朝入华粟特人石榻围屏，是在 2002 年至 2003 年初由甘肃省天水市秦州区石马坪文山被盗并销赃海外的。很有可能的是，石马坪文山是目前中国国内已知的北朝末期至唐代初期，入华粟特人在天水的唯一一处可确认族群聚葬区，而其墓主身份，亦应是粟特流寓入华人、华侨的较高阶层人士。显然，这一材料的学术价值是无与伦比的重要与特殊。

公正而论，虽然海内外学界目前已有大量著述讨论入华粟特人图像中的种种学术内含，其意义和进展及取得的突破，时有创获。但由于这一领域的特殊、复杂和变量性，显然，学界的研究只能随着出土品的不断丰富，处于不停修订当中。当然，这也是无可争辩的学术研究的真实而又良好的动态进展特征。

在天水所出两套入华粟特人葬具图像之上，华夏建筑样貌的亭、台、楼、阁、水榭等“中国化”的倾向，比任何已出土的入华粟特人葬具均要明显且强烈，若将安伽、虞弘墓相关画面互为比较，更似一种全面继承的彰显，而毫无刻意“保持距离”的“文化谨慎感”。

换言之，从入华粟特人在天水葬具上之图像可以看出：北朝时期，生活在天水的入华粟特人，除了有意识地保留自身母国文化传统之外，对客居地异国（中国）文化的吸收、理解和融和，在本套石棺床上的反映是十分深入和令人印象深刻的。其涉猎“生”“死”概念的广泛性及深入吸收性，较其余出土品，更为深入、强烈和突出，并且明显存在一种文化吸收的“自觉性”。

同样，在天水1982年出土的入华粟特人葬具中，在四曲屏风上，墓主人活动画面的空间主体为歇山顶殿堂建筑、曲回游廊、莲花池塘等，充分构成了一幅中古中式贵族居住生活的全景式园林画面。这种汉化写实性的描绘，在已出土的入华粟特人葬具图像中，尤显卓尔不凡，非常耐人寻味。

麦积山石窟北朝现存遗迹反映的“西方因素”与天水所出两套入华粟特人葬具图像，可以互相印证中西文化“汇流”的交融与互动。

2009年至2012年8月，由国家财政专项文物保护资金支持的甘肃省武山县水帘洞石窟群中的目前全世界最高、最大摩崖浮雕佛教造像——拉梢寺石窟壁画、浮雕、泥塑等完成了全面升级保护和全部修复工作，同时被修复的还有显圣池、水帘洞、七佛沟三个石窟群的壁画、泥塑等文物。

在此期间，我们除对水帘洞石窟群的年代层位又有了新的认识，同时，在石窟壁面间，又新发现了至少九处早期开窟和后代维修题记、早期非汉族供养人像、早期开窟时的重要壁画，以及贴饼玻璃碗、磨制青金石粉、水晶材质长杯（盘）、疑似和阗玉（现称和田玉）等北周时期的珍贵文物。这些发现，无疑为今后深入研究水帘洞石窟群的各方面的学科工作提供了重要的数据支持。贴饼玻璃碗、青金石、水晶材质长杯（盘）、疑似和阗玉等北周外来文物，又充分地为北周时期秦州入华粟特人的活动，提供了弥足珍贵的实物支持，其学术意义十分重要。

武山拉梢寺北周明帝武成元年（559）摩崖浅浮刻二菩萨像毫光部位新发现的二只贴饼玻璃碗，比宁夏固原博物馆典藏的1982年9—12月在固原市西郊乡深沟村北周天和四年（569）李贤夫妇合葬墓中所出贴饼玻璃碗的年代要早十年，为中国国内发现的同类器型序列中最早者。北周水晶材质长杯（盘），与西安何家村窖藏唐代水晶八曲长杯、白玉忍冬纹八曲长杯等文物，在器型和材质上，显然有承袭关系。而疑似和阗玉制品，在北周菩萨像上的装饰用品，囿于浅见，似为首次发现。

而武山拉梢寺北周明帝武成元年权臣尉迟迥与比丘道藏开凿的摩崖浅浮刻一佛二菩萨像的浓郁的中亚艺术元素影响，英年早逝的美国学者罗杰伟先生在2000年已发表专文，详为释证。

武山拉梢寺北周摩崖浅浮刻的风格和样式，又直接被麦积山石窟的北周佛教造像活动所吸收和改造利用，这在麦积山石窟北周遗存中，有明确的反映和表现。

三、麦积山石窟北朝遗存反映的“西方因素”

由于麦积山石窟研究目前尚未较理想地解决洞窟年代学的问题，因此，本文所讨论的“早期”北朝遗存，在年代学上，为便于讨论，遂人为定义为“北魏之前”和“北魏之后”。

2017年8月22—26日，在敦煌研究院举行的“2017敦煌论坛·传承创新——纪念段文杰先生100周年诞辰敦煌与丝绸之路国际学术研讨会”上，美术史研究学者王云女士向大会提交了《麦积山早期洞窟与西方的关系》（概要）一文。该文从身体造型、僧衣形式等方面入手，分析了云岗20窟大佛与麦积山78窟佛像的艺术源头，认为云岗、麦积山“艺术样式”来源，并非同源，麦积山78窟佛像与阿富汗哈达佛塔等犍陀罗时期（4—5世纪）的中亚佛教造像风格之“细节”性关系，则更为直接。

因为王云女士的《麦积山早期洞窟与西方的关系》一文，我目前仅见概要，因此，尚无法知道其详尽的论证过程，但该文创获在于：在近50余年的中国佛教石窟寺艺术研究中，作者将通行的“云岗20窟大佛影响麦积山74、78窟佛像”之说，更为理性地做了风格学的仔细区分，分析比对出了实质性的不同艺术样式的来源地点。毫无疑问，这也将为麦积山石窟研究目前尚未较理想地解决的洞窟年代学、开掘时代和艺术来源等基础性问题，拓展了深入研究的新的比较切入点，提供了更有价值的思考空间。

麦积山石窟北朝遗存也确实存在反映“西方因素”的图像和雕塑，如第74、78窟的主佛，第80、100窟的胁侍菩萨。

麦积山石窟第165窟中部原开窟时的筌蹄和正、东壁的壁画伎乐天宫，存有明显的龟兹身影，这些珍贵孑遗，有明显的西来影响印记。

第87窟现存的西域胡人样貌的弟子迦叶泥塑，则是现存七千余件麦积山石窟北朝雕塑遗存中唯一一件特殊的“胡貌”迦叶造像。

第90窟正壁壁画中的西域式稠密旋涡状水波纹，也是麦积山石窟北朝遗存中少有的龟兹印记的具体呈现。

第172窟西壁壁画中的西域式的近似菱形格式图案化处理的树冠壁画，其风格母题亦在龟兹石窟中可得其源。

2009年初，在麦积山山顶舍利塔塔基出土的宋代重修舍利塔时瘗埋的先朝残石像，貌似“蒙古人种”的、族属性质不明的造像等，这是近十年来，麦积山石窟的重大发现之一，也是麦积山高难度的学术未解谜题之一。

结论

由麦积山石窟“早期”的北朝遗存视之，“西方因素”在秦州的吸收状况显得“十分克制”；麦积山石窟北朝时期的“造型主流”，并未被“西方因素”占领。此可证麦积山处在“长安文化圈”的核心位置上，汉文化因素始终是麦积山石窟的主流文化趋势，而“西方因素”的表现，则呈不规则、无规律（也许是目前尚未完全厘清）的星罗棋布式点缀状。

处在古代文化西来东去之路上的麦积山，应该曾扮演“东西文化”交流中举足轻重的角色，但遗憾的是，由于地震、兵火、灭佛等自然和人为因素，目前从现存实物来看，早期（中古）的麦积山艺术只是在局部个别方面，有限地吸收了西方要素，并没有大规模地照搬西方传统。

“文化”究竟是否有明显的“汇流”现象？答案，或许应该是肯定的。

汉民族胸有成竹、挥洒自如的文化从容；北朝士大夫崇尚的自然天真、雍容风度，在麦积山石窟北朝艺术遗存中表露无遗，充分生发。《世说新语》描述的南朝贵族情调，于此间亦雪泥鸿爪，空山留声；《文心雕龙》所记的汉民族的文艺理论、美的标准，于此亦罗列斑斑、实践体现。

在中西交流的“丝绸之路”的主动脉上，秦州麦积山早期的北朝艺术，如何重新学术定位？随着研究的推进，的确需要我们仔细论证了。

刍议佛教与海上丝绸之路

——变“C形包围圈”为世界佛教的新格局

黄夏年 / 中国社会科学院

佛教是世界三大宗教之一，自从在印度创立之后，经过后人努力已经从印度传到世界各地，其中经陆路向北通过中亚和西域等地传入中国和东亚地区，经海路向南通过斯里兰卡等地传入东南亚地区。佛教在世界流传只有两条路线：一条是通过陆路传入世界各地，另一条是通过海上乘船传入世界各国。这两条路线都是古代丝绸之路通道，前者是陆路丝绸之路，后者是海上丝绸之路。本文试论海上丝绸之路与中国佛教的关系，以飨读者。

一、海上丝绸之路与佛教初传

2013年，中国国家主席习近平分别提出建设“新丝绸之路经济带”和“21世纪海上丝绸之路”的合作倡议，旨在借用古代丝绸之路的历史符号，高举和平发展的旗帜，积极发展与沿线国家的经济合作伙伴关系，共同打造政治互信、经济融合、文化包容的利益共同体，命运共同体和责任共同体。习主席的倡议被称为“一带一路”，已经获得了世界很多国家的赞同，目前正在深入展开。作为古丝绸之路的主要宗教——佛教，历史上一直是中外文化交流的主体之一，通过海、陆两条丝绸之路为中国佛教打开了内外联系的通道，让中国佛教走向世界，为中国文化发展做出重要贡献。

学者指出，中国海上交通，广东、福建沿海港口对外贸易对象主要是以南海商舶为主，而与日本及朝鲜半岛的海上交往则主要是浙江、江苏、山东沿海港口。[1] 特别是2世纪末至6世纪是中国对外物质交流的一个承前启后时期，“北方政权的中外交流主要通过西行陆路，而南方六朝的对外往来则是建立于东南海路的通畅”[2]。这一时期南海商船数量多、规模大。中国僧人法显搭乘的是往来“商人大舶”，从狮子国搭乘商船“上可有二百余人”，从耶婆提国搭

[1] 谢建伟：《浅析唐代海上丝绸之路的佛僧求法热潮》，硕士学位论文，湖南科技大学，2009年，第23页。

[2] 朱文涛：《六朝时期的海上交通与对外造物文化交流述略》，《创意与设计》2016年第5期。

乘去广州的商船“上亦二百许人”，可知当时南海丝路上两百余人大型商船十分常见，推知其所载货物可数十吨，船舶载重百吨左右，相当于15世纪欧洲航海船的规模。[1]

据梁启超研究，公元前后“盖当时中印交通实以日南为孔道也”。[2]“日南”就是现在的越南等地，说明最早中印交通是通过越南等地完成的。也有人认为海上交通自东汉末及三国时期逐渐兴起，东南沿海地区是作为对外贸易港口的重要位置而发展起来的。从广州地区出海，南下沿马来半岛到南海各地，经印度洋、波斯湾接西方海上航线，延伸至北非或罗马，或是从东部出海到朝鲜半岛南部，再抵日本列岛，南海丝路贸易兴盛，佛教物质文化的输入和各种材质工艺的流行，对六朝设计在文化内容和物质技术方面的变化起到关键作用，法显在狮子国看见以中国“晋地一白绢扇供养”一座高大的青玉佛像。[3]

佛教传入中国大概是在1世纪，海路与陆路几乎同时传入。法显见证的南海丝路贯通，建立的跨文化贸易的大通道，有不可忽视的影响。[4]梁启超认为：“欧人分印度佛教为南北宗：北宗指迦湿弥罗、犍陀罗所传者，则南宗指锡兰所传者。因习闻中国佛教出西域，遂指为北宗所衍。欧人此种分类，吾本不以为然。但即如彼说，吾国亦两宗兼承，海通传南，陆通传北。而南宗之来，且视北为早焉。”[5]“南北宗”指印度佛教向世界传播的南北两大路线，向南是通过海路的南传上座部佛教，亦即巴利系佛教，主要流行在东南亚地区，故称“南宗”。向北传的是通过陆路中亚（迦湿弥罗，亦称罽宾，即现在的克什米尔）的汉语系与藏语系佛教，亦称“大乘佛教”，主要流行在中国、日本、韩国和越南等地区，故称“北宗”。中国是唯一还保存着南北两传佛教的国家，但在梁启超看来，“南宗”传入中国早于“北宗”。

广西梧州，古称苍梧，亦称交州，是我国古代南方最重要的古海港之一。学者指出从交州佛教“可以看到南北两地的译经，又可以直接从来自南亚的佛教徒接受佛教教义，而我们现在只可依据有限的数据进行推断”[6]。这是说交州佛教很可能直接来自南亚佛教。汉代交州佛教徒牟子写了《理惑论》，专门提到：“今沙门剃头发，披赤布，见人无跪起之礼仪，无盘旋之容止，何其违貌服之制，乖缙绅之饰也。”[7]“披赤布”即披袈裟。按佛经说法，僧人出家受戒时“既剃落已，即教令着袈裟色衣，其着衣时，齐整服饰，偏袒右臂，教在众前，右膝着地，教令顶礼诸比丘足；礼已还起，在比丘前跪坐，教令合十指掌，作如是语：‘我某甲，归

[1] 朱文涛：《六朝时期的海上交通与对外造物文化交流述略》，《创意与设计》2016年第5期。
[2] 陈士强导读、梁启超撰：《佛学研究十八篇》，上海古籍出版社2001年版，第39页。
[3] 朱文涛：《六朝时期的海上交通与对外造物文化交流述略》，《创意与设计》2016年第5期。
[4] 朱文涛：《六朝时期的海上交通与对外造物文化交流述略》，《创意与设计》2016年第5期。
[5] 陈士强导读、梁启超撰：《佛学研究十八篇》，上海古籍出版社2001年版，第35页。
[6] 任继愈主编：《中国佛教史》第一卷，中国社会科学出版社1988年版，第201页。
[7]《弘明集》卷一，CBETA，T52，no.2102，p.3，a26。

依佛、归依法、归依僧。’汝等比丘！从今已（以）后，依我敕教，若有人来求欲出家，受戒三归，即得具足”[1]。南亚和东南亚地处热带或亚热带，出家人穿衣可以用“披布”遮体，即用一块整布将身体部分裹住，也可以将此布作为铺盖来用，“以为卧具，谓同衾被之类也”[2]。佛教传入中国，由于天气原因，出家人必须穿僧衣，故佛经说：“律明三衣，因寒故制。”[3] 又有另说从后魏开始，僧人不再偏袒右肩，穿上带有两袖的法衣，故佛经说：“又后魏宫人见僧自恣，偏袒右肩，乃一施肩衣，号曰偏衫。全其两扇衿袖，失祇支之体，自魏始也。”[4]

古交州属于南方的亚热带地区，《理惑论》描绘出家沙门“披赤布”的披袈裟方式，很明显受了南亚和东南亚佛教，即南传佛教影响。有学者指出苍梧一地的佛教不属于北方丝路佛教系统，而是从另外一个地方传来的，只是“许多佛教史专家在研究佛教流传路线时，多只注意西域陆路的佛教东渐，而忘了从南方来的力量”[5]。梁启超认为“但举要言之，则佛教之来，非由陆而由海，其最初根据地，不在京洛而在江淮”[6]。梁启超明确指出了佛教由海上传入中国，中国佛教最早中心不在北方中原洛阳而在南方，具体说是在长江与淮河流域，亦即汉代发迹之地——徐州一带。他还指出当时中印之间海上交通是通过广东之徐闻、合浦（现属广西）等港口完成的。罗香林教授指出，“日南障塞、徐闻、合浦”是指在汉代属于交州管辖的出海地址。汉代班固《汉书・地理志》“粤地”条云：“自夫甘都卢国，船行二月余，有黄支国……自武帝以来，皆献见。有译长，属黄门，与应募者俱入海，市明珠、璧琉璃、奇石、异物，赍黄金、杂缯而往，所至国皆禀食为耦，蛮夷贾船，转送致之。”“黄支国”是南印度建志补罗（Kancipura，今 Conieveram），为汉武帝以后开辟的中印交通海道的印度港口。佛教是信仰，公元前后几百年是印度佛教流行的高潮，佛教就是在这个时段传入中国的。一些佛教徒乘船来到中国是有可能的，佛教传入交州也是存在可能的，所以梁启超说：“盖汉代黄支，即《大唐西域记》中西印度境之建志补罗国，时以广东之徐闻、合浦为海行起点，以彼土之已程不为终点，贾船转相送致。自尔以来，天竺、大秦贡献，皆遵海道。凡此皆足以证明两汉时中印交通皆在海上，其与南方佛教之关系，盖可思也。”[7]

佛教中心在江淮地区，因为“在全国各地方各民族中，惟江淮人对于佛教最易感受，对

[1] 《佛本行集经》卷三十九《教化兵将品》，《大正藏》第 3 卷，第 190 经，第 835 页。
[2] 《释门章服仪》卷一，《大正藏》第 45 卷，第 1894 经，第 838 页。
[3] 《释门章服仪》卷一，《大正藏》第 45 卷，第 1894 经，第 835 页。
[4] 《大宋僧史略》卷一“服章法式”。《大正藏》第 54 卷，第 2126 经，第 237 页。
[5] 参见福井康顺《牟子的研究》，载自张曼涛主编《四十二章经与牟子理惑论考辨》（现代佛教学术丛刊 11），（台湾）大乘文化出版社 1978 年版，第 240 页。
[6] 陈士强导读、梁启超撰：《佛学研究十八篇》，上海古籍出版社 2001 年版，第 32—33 页。
[7] 陈士强导读、梁启超撰：《佛学研究十八篇》，上海古籍出版社 2001 年版，第 32—33 页。

于佛学最易了解，固其所也。中印交通枢纽，本在广东，但其时粤人太蒙昧，未能任此高尚教理之媒介。汉武平南粤后，大迁其人于江淮（《汉书·南粤传》），此后百数十年中，粤淮间交通当甚盛，故渡海移根之佛教，旋即播莳于楚乡，此事理之最顺者。而楚王英奉佛，即此种历史事实最有力之暗示也”。[1]“粤淮交通”是珠江流域与长江流域的交通，在梁启超看来，像佛教这样的“高尚教理”，江淮人比广东人更容易悟解，所以本该是以广东为中心的佛教教理知识，转移至以江淮为中心的地区，渡海而来的佛教最终播在了江淮楚乡，并以“楚王英”为代表人物。

“楚王英”是东汉皇帝刘秀的儿子，汉明帝的弟弟，被封为楚王，封地在江淮的徐州。《后汉书》卷七十八“天竺国”条云：“楚王英始信其术（佛道），中国因此颇有奉其道者。”可知其是生活最早的中国佛教徒之一。《后汉书·列传》卷三十二云：“（刘）英少时好游侠，与宾客交通，晚节更喜黄老之学，为浮屠斋戒祭祀。”梁会稽嘉祥寺沙门释慧皎云：“故汉明帝诏楚王英云：‘王诵黄老之微言，尚浮屠之仁祀。’及通梦金人遣使西域，乃有摄摩腾、竺法兰怀道来化，协策孤征，艰苦必达。”[2] 从字面上看，因为汉明帝下诏给刘英，接着就夜梦金人，于是派人前往印度求经，佛教开始传入中国。据有关史料，明帝曾夜梦金人飞行殿庭，诏遣郎中蔡愔等 18 人，前往西域访求佛法是永平七年（64）。次年，汉明帝下诏刘英“诵黄老之微言，尚浮屠之仁祀……”之语云云。汉明帝派人前往西域求金人，代表政府行为，在此之前并不能说民间没有接触佛教，按梁启超的说法，佛教传到楚乡前必在广东停留，既然广东佛教是由海路传入中国的第一站，那么广东当然也会流行佛教，牟子撰写《理惑论》即民间佛教的代表，但他学佛时间晚于楚王英。楚王英学佛与明帝派人求金人只差一年，很有可能刘英在明帝之前已经接触佛教，故有人认为明帝遣人求佛和白马驮经之事不可靠，或许是传闻，“若自近小言之，帝方迎佛书至京。楚王又先好者，何乃忽遗其慈悲不杀之言，而又不诋其不足以劝诱人善于此。见帝之迎佛出于传闻其来也，姑置之而不甚以为意也”。[3] 在明帝遣人求佛之前，已经有人在学佛，只是不见诸书而已，而“佛法自汉明帝时入中国，楚王英最先好之，至桓帝始事浮屠，自古九州岛之中，未尝有此”[4]。这只是后人之说而已。永平十年（67），汉明帝在洛阳建白马寺于西雍门外馆之，佛教正式传入中国。三年后，楚王英就在安徽泾县自杀了。

《理惑论》有很多小乘佛教内容，说明交州佛教极有可能来自南方海上丝路，“交趾自古

[1] 陈士强导读、梁启超撰：《佛学研究十八篇》，上海古籍出版社 2001 年版，第 33 页。
[2] 《高僧传》卷三。
[3] 《方洲集》卷三十一。
[4] 司马光：《资治通览》卷一百二十四。

以来就有天竺思想的流入，而佛教的流传自应属理所当然的事”[1]。按《高僧传》记载，汉代安世高译经，临淮人严佛调是最重要助手，梁启超据此“武断”认为：“竟欲谓高译诸经，皆南方也。倘以上所推测不甚谬，则我国佛教，实先从南方得有根据，乃展转传播于北方，与旧籍所传者，适得其反矣。”[2] 罗香林教授指出，三国孙权时代“始分交州为交、广二州，交州还治龙编，广州则移治番禺。而交广道一名，遂沿之而起。大抵此道，对外则由今日越南东京，经由富良江出海；或由今日广州经珠江出海；又或由今日柬埔寨，经湄公河出海；或由今日广东雷州半岛之徐闻出海。其对内由珠江接连西江左江，陆行以今日越南东京，由西江接连漓江，经今日桂林，东出湖南，沿湘水，而下长江；或由汉水而至长安；又或由珠江接连北江，及湟水，经今日连州，出湖南，沿湘水而会长江；又或由北江，溯湞水，陆行入赣江，而会长江。其重要性殆不下于敦煌道也”[3]。将海上丝绸之路与珠江、长江两条水道相接，强调其重要性不亚于敦煌的陆路丝绸之路，这是符合历史事实的，只是当时人们并没有意识到这一点。到东晋时，中外僧人通过海路来往的历史已经记载不绝，例如中国佛教史上第一位到印度去学习的出家人法显大师，回国时就从斯里兰卡乘船回来。他所撰的《佛国记》记载了自南亚半岛横渡印度洋返回中国的航海经历，这是我国现存有关海外交通最早的详细记录之一，也是研究中国与这些地区海上贸易和物质文化交流的重要史料。[4] 又据越南《大南禅苑传灯录》记载：“交州一方道通天竺，佛法初来，江东未被，而蠃又重创兴宝刹二十余所，度僧五百余人，译经一十五卷……于时有比丘尼摩罗耆域、康僧会、支疆梁、牟博（即牟子）之属在焉。”[5] 以上说明梁启超说的佛教初传“海通传南，陆通传北”，中国佛教是由南方传到北方，在一定程度上是存在的。

二、海上丝绸之路与唐宋佛教交流

我们的祖先有丰富的航海知识，人们将印度半岛西岸迤逦西北行至波斯湾东岸一线称为“海东岸”，而非洲大陆东岸东北至波斯湾的沿海地区为“海西岸”。从没来国至乌剌国，为“海东岸”之航线。通往朝鲜半岛的海路航线，为“登州海行入新罗道”等。[6] 这些通道都被

[1] 参见福井康顺《牟子的研究》，载张曼涛主编《四十二章经与牟子理惑论考辨》（现代佛教学术丛刊 11），（台湾）大乘文化出版社 1978 年版，第 271 页。

[2] 陈士强导读、梁启超撰：《佛学研究十八篇》，上海古籍出版社 2001 年版，第 34 页。

[3] 罗香林：《唐代广州光孝寺与中印交通之关系》，（香港）中国学社 1960 年版，第 7 页。

[4] 朱文涛：《六朝时期的海上交通与对外造物文化交流述略》，《创意与设计》2016 年第 5 期。

[5] 转引自刘正刚、王熳丽《汉唐海上丝绸之路与佛教传播》，《韶关学院学报・社会科学》2016 年第 3 期。

[6] 谢建伟：《浅析唐代海上丝绸之路的佛僧求法热潮》，硕士学位论文，湖南科技大学，2009 年。

充分作为中外佛教文化交流的重要孔道，发挥了民间外交的特殊的积极作用。

唐代是我国强盛的时期，也是历史上最开放的时期，由于海外贸易与宗教文化交流的需要，刺激了唐代航海技术的发展，例如唐代兵船有多种，其中名为“海鹘”的战船具有很好的稳定性，当时还出现了两轮驱动的快船。[1] 唐代商船规模可观，大者昆仑舶长数里，前后三节，可以入水六十尺，驱使运载千余人。[2] 航海技术提高，使海上丝绸之路成为中外佛教文化交流的主路，为大规模的交往打下了基础。

（一）南方佛教与海上丝绸之路

佛教入中国“非由陆而由海”，南方佛教一直与海上丝绸之路有重要联系。2—6 世纪，中国南方社会频繁的海上贸易和政治扩张，建立起西达大秦罗马，东至日本岛的完整海上通线，初步形成波斯湾地区、南印度洋区域、东南亚海域，以及东亚海域四个主要海洋贸易区。以中国南方政权为东西方的重要中转站，西方及西亚的罗马帝国、萨珊帝国，南亚的笈多帝国，东南亚各国，以及东亚的百济国、大和国之间建立了顺畅的物质文化交流，并有具体的实物出土作为证据，通过海路建立起相互联系的世界化格局，对东亚，南海甚至西方都产生极深远的影响。[3] 江淮地区成为接待通海路来华的重要驿站。梁武帝是中国佛教的护法王，他在位时佛教得到极大发展，包括与海外佛教的联系。梁武帝曾经专门为海外高僧建造了居住与译经的“扶南馆”。“扶南”是现在的柬埔寨地区，也是海上丝绸之路的重要节点。南印度菩提达摩（Bodhidharma，？—536）是中国禅宗创始人，他于梁普通八年（527）随经商船舶来到广州，在海边华林寺休息之后，又到了羊城第一寺——制旨寺，即现在的广州光孝寺。广州刺史萧昂见达摩气宇轩昂，淡定自如，知道这是个不凡之人，上表奏禀梁武帝。普通八年十月，达摩在朝廷使者陪伴下来到金陵（南京）。武帝在宫中接见达摩，双方就佛教功德的定义发生争吵，语言不相投，心思不契合，达摩离开金陵，到河南登封少林寺，创立了中国佛教禅宗。

与此同时，在北方的山东曾有慧深和尚泛舟至扶桑国，国内外学者对“扶桑”一直有不同的看法，有人认为是美洲的国家，有人认为是日本，不管结论如何，中国僧人利用海上丝绸之路出海到国外是不争的事实。

中国人一直把印度视为西天佛国或西土。达摩是印度洋南印度人，与海洋文化有重要联系。交州、苍悟、广信是佛教中心，渐渐移至广州番禺。“广州地位日形重要，且多海舶来

---

[1] 谢建伟：《浅析唐代海上丝绸之路的佛僧求法热潮》，硕士学位论文，湖南科技大学，2009 年。

[2] 谢建伟：《浅析唐代海上丝绸之路的佛僧求法热潮》，硕士学位论文，湖南科技大学，2009 年。

[3] 朱文涛《六朝时期的海上交通与对外造物文化交流述略》指出：“中国的丝绸在亚洲西端的叙利亚巴尔米拉地区被发现，在东南亚的中爪哇查帕拉发现有六朝青瓷器，在东端的日本出土了多件萨珊玻璃器。”《创意与设计》2016 年第 5 期。

往，苍悟、广信，寖失其为适中地带诸作用，故稍延时日，而佛教传播，遂移至番禺为重心也”[1]。史载达摩“泛海达于南海”而来到中国广州，因为广州是中国南方海上丝绸之路的重镇。梁代中国航海技术已经非常发达，许多来华商人和僧侣，以及外国使节都取道广州。达摩在中国创立禅宗，表明禅宗与海洋文化有重要联系，换言之南海是建立禅宗文化不可或缺的重要因素。

有学者认为“当时的高僧半数以上是从交趾、广州两地乘船出发的。可见，唐代海上丝绸之路已发展成为佛教传播的最主要途径。这与当时航海、造船技术水平的提高，以及‘陆上丝绸之路’由于唐朝在‘怛罗斯战役’中的失败造成陆路交通不畅大有关联”[2]。随着水路的发达与商贸交易的开展，佛教更多依靠海上丝绸之路“进出”中国，虽然“中间卒逢恶风忽发，云气斗暗，毒龙鲸鲵之属交头出没，是诸商舶三十余只，随波流泛，不知所在……又计海程十万余里逐波泛浪，约以三年，缘历异国种种艰辛，方始得至大唐圣境。”[3] 险恶的环境与长距离的路程，恶劣的海上气候和长时间的航行等不利条件，不能阻止中外佛教文化交流，特别是唐中期以后，海路交通日益发达，选择出国学习交流取道海路者越来越多，南方的广州、泉州、宁波、扬州等地都是唐宋的著名海港，承担了大部分海外贸易，运载了诸多的来华与出华的僧侣。唐代高僧鉴真大师曾在广州看见：“又开元寺有胡人，造白檀华严经九会，率工匠六十人，三十年造毕，用物三十万贯钱，欲将往天竺。采访使刘臣邻奏状，敕留开元寺供养。七宝庄严，不可思议。又有婆罗门寺三所，并梵僧居住。池有青莲华，华叶根茎并芬馥奇异。江中有婆罗门、波斯、昆仑等舶，不知其数，并载香药珍宝，积载如山，舶深六七丈。师子国、大石（食）国、骨唐国、白蛮、赤蛮等往来居住，种类极多。”[4] 广州城已经成为国际大都市，因其海上丝绸之路节点之特殊地理位置，吸引了诸多国家的商人与传教士。

福建也是重要的海港地，尤其泉州和福州。泉州处于福建晋江下游，福州位于闽江入海处，两地都处于江、海交汇之地，地理位置非常重要，可与岭南、扬州相提并论。“海上丝绸之路”对南海区域宗教发展，开始于佛教僧人密切来往，从而促进佛教的传入。[5] 僧人在传教过程当中，还传入了印度与阿拉伯文学、建筑、绘画、雕塑等，[6] 丰富了中国文化的内容。斯里兰卡僧人金刚智到广州，朝廷给予很高待遇，“时节度使使二三千人乘小船数百只，并以香

[1] 罗香林：《唐代广州光孝寺与中印交通之关系》，（香港）中国学社 1960 年版，第 11—12 页。
[2] 陆芸：《海上丝绸之路在宗教文化传播中的作用和影响》，《西北民族大学学报》（哲学社会科学版）2006 年第 5 期。
[3] 西京西明寺沙门圆照撰：《贞元新定释教目录》卷十四。
[4] 真人元开撰：《唐大和上东征传》。
[5] 蒋秀云、林日举：《南海丝绸之路宗教传播途经三亚史考》，《东南亚南亚研究》2018 年第 1 期。
[6] 梁轶奎：《海上丝绸之路与南海区域宗教传播》，《戏剧之家》2017 年第 22 期。

花音乐海口远迎”[1]。义净法师回国，武则天亲自到上东门外迎接，“洛阳缁侣，备设幢幡，兼陈鼓乐，在前导引”。[2]晚唐以后，通过南海前往印度的僧人历历在案，有的为坚持信仰将自己的生命捐出，有的则历经千辛万苦最后回国，为发展中国佛教思想文化做出了重要贡献。

（二）明州佛教与海上丝绸之路

宋代四明（宁波西南）为重要港口，中国的宗教与文化从这里传到东亚其他地区。从唐代开始，经宋、元、明几朝，明州（宁波）是中国对日本进出口贸易和人员往来的最主要港口。[3]明州是直达高丽的“南路”，海域诘曲嶕石、石峡湍激，风险太大，路不好走，但如果遇到顺风的话，从明州到高丽只用十天时间就可以抵达，许多日本与高丽的僧人选择这条海路来华。日本在唐代大规模派遣国家使臣——遣唐使来华学习，许多日本僧人也随船来到中国，804年日本僧人最澄和空海随第18次遣唐使船来中国。唐贞观四年（630）九月三日，日本真如法亲王、宗睿、贤真、慧锷、忠全、安展、禅念、惠池、善寂、原懿、猷继等，乘船到达明州。荣西于1168年、1187年两次乘船到宁波，去天台山、天童寺、阿育王寺取经。宋庆元六年（1200），日僧俊芿入明州景福寺学毗尼。淳祐二年（1242），明州天童寺以《如净禅师语录》寄赠日本越前永平寺的道元。

高丽僧义通系高丽国王族出身，五代后晋天福年间（936—943）来中国，从浙东螺溪义寂受业，由海路来华学习佛法，后圆寂在中国，葬于宁波阿育王寺西北，被尊为天台第十六祖。宋元祐二年（1087），高丽王子义天（1055—1101）率弟子寿介搭乘海船到明州，师从华严宗净源法师。

这条路也是祖师创宗之路，许多来华僧人回国后在本国创立了中国宗派的分支，被尊为宗祖，例如最澄创立了日本天台宗、空海创立了真言宗、荣西创立了禅宗、道元开创了曹洞宗、义天创立了高丽天台宗等。

此外，距离长江入海处很近的扬州也是一个重要海港，是南北大运河枢纽，具有重要的交通和战略地位。[4]唐天宝二年（743），鉴真和尚第二次东渡日本，即选择从扬州出海。

（三）北方佛教与海上丝绸之路

北方烟台（登州）、青岛等地是联系东亚的港口。《宋史·外国传一·夏国传上》云：“于是东若高丽、渤海，虽阻隔辽壤，而航海远来，不惮跋涉”，“往时高丽人往反（返）皆自登

[1] 西京西明寺沙门圆照撰：《贞元新定释教目录》卷第十四。
[2] 转引自谢建伟《浅析唐代海上丝绸之路的佛僧求法热潮》，硕士学位论文，湖南科技大学，2009年。
[3] 陆芸：《海上丝绸之路在宗教文化传播中的作用和影响》，《西北民族大学学报》（哲学社会科学版）2006年第5期。
[4] 谢建伟：《浅析唐代海上丝绸之路的佛僧求法热潮》，硕士学位论文，湖南科技大学，2009年。

州。”[1]日本僧人圆仁《入唐求法巡礼行记》指出唐与新罗的海上通道共有五条，其中“登州牟平县唐阳陶村之南边，去县百六十里，去州三百里，从此东有新罗国。得好风两三日得到新罗”，此路最为便捷。如高丽义天乃只影孤征，誓死无退，“以总章二年（669）附商船达登州岸”。[2]“日本善慧大师成寻于延久四年（1072）乘唐人船前往中国”[3]。圆仁“转牒海州登州路，次州县支给”[4]。同时中国的佛教也开始传到海外，鉴真大师通过海上丝绸之路把佛教律宗传到日本，被日本律宗视为宗祖。

唐朝从渤海国，横渡日本海，可到日本本州中部的北海岸能登、加贺一带。沿朝鲜半岛东海岸沿海南下，直航筑紫。南府（相当朝鲜咸镜北道附近）东部沿海之吐号浦出海，沿东海岸南行，峡经对马海，到达筑紫。[5]渤海佛教兴盛，发展迅速，有广泛的社会基础。渤海统治集团大力提倡佛教，渤海僧侣释仁贞、释贞素曾经充当赴日本使团的重要成员。渤海使臣王孝廉，不仅顶礼拜佛，还和日本名僧弘法大师空海结下了深厚友谊。日本访唐僧人，有的取道渤海往来于日本和唐王朝之间，如永忠、戒融。日本僧灵仙和渤海僧贞素的友谊为后代传诵至今。可以说，渤海是佛教向日本传布的重要渠道之一。[6]

（四）明代佛教与海上丝绸之路

明代，中国船队进入印度洋水域。明永乐三年（1405），朝廷派遣中使太监郑和，奉香华前往斯里兰卡。郑和将亚非各国的一些玉石、檀香木、绘画等带回，施于各寺院；还将一些奇异植物采回，种于寺院，如南京静海寺的西府海棠，郑和等“自西洋携至，建寺植于此”[7]。永宁寺有詹葡花，“乃三宝太监西洋取来者，中国无其种”[8]。报恩寺有五谷树一株，“乃三宝太监西洋取来之物”[9]。弘济寺有娑罗树，“永乐间三宝太监带来之种”[10]。郑和于永乐七年（1409）撰写《布施锡兰山佛寺碑》曰：“大明皇帝遣太监郑和、王贵通等，昭告于佛世尊曰：仰惟慈尊，圆明广大，道臻玄妙，法济群伦，历劫沙河，悉归弘化，能仁慧力，妙应无方。惟锡兰山介乎海南，言言梵刹，灵盛翕彰。比者遣使诏谕诸番，海道之开，深赖慈佑，人舟安利，来往无虞。永惟大德，礼用报施，谨以金银织金，纻丝宝播，香炉花瓶，表里灯烛，

[1] 《宋史》卷四百八十七，《列传》卷二百四十六，《外国传三·高丽传》。
[2] 《宋高僧传》卷四，CBETA，T50，no. 2061，p. 729a15-17。
[3] 《参天台五台山记》卷一，CBETA，B32，no. 174，p. 341a5-8。
[4] 《入唐求法巡礼行记》卷一，CBETA，B18，no. 95，p. 26b5-7。
[5] 谢建伟：《浅析唐代海上丝绸之路的佛僧求法热潮》，硕士学位论文，湖南科技大学，2009年。
[6] 卢伟：《渤海国佛教遗迹发掘及其佛教的传布考》，《牡丹江师范学院学报（哲社版）》2010年第5期。
[7] （明）顾起元：《客座赘语》卷一《花木》。
[8] （明）周晖：《金陵琐事》卷一《詹葡花》。
[9] （明）周晖：《金陵琐事》卷三《五谷树》。
[10] （明）郎瑛：《七修类稿·事务类·婆罗棋树》。

布施佛寺，以充供养，惟世尊晓行鉴之。总计布施锡兰山立佛立寺供养金一千钱，银五千钱，各色纻丝五十匹，织金纻丝宝播四对，红二对、黄一对、青一对，古铜香炉五个，戗金座金红香炉五个，金莲花五对，香油二千五百斤，蜡烛一十对，檀香一十炷。”从法显到郑和一千年的时间，海上丝绸之路成为中国与斯里兰卡佛教联系的重要通道。

总之，两千年的中国佛教，在中国诸宗教中占有重要的地位。学者指出：“海上丝绸之路不仅帮助大量的佛教经典运到中国，这些经典大多直接来自印度的梵文或巴利文原本，打破了中国佛教多是北传佛教的模式，为中国佛教注入了南传佛教的经典，使中国佛教走上了与大小乘佛教都保持平等交流关系的独特发展道路。表现形式之一就是促成大小乘佛教在岭南的率先融合。”[1] 到明清时，中国的儒教、佛教、道教和民间其他宗教流传到海外，造成中国文化不自觉溢出，“海上丝绸之路的形成和发展不仅促进了宗教文化传播和交流，而且也间接地促进了民族、国家间的交流和了解，它是东西方之间的桥梁和纽带”[2]。海路交通已成为中外佛教文化界的主要选择，依靠这条交通线，中国佛教将大乘佛教传入东南亚各国。这固然是由海上交通技术改进与发达而促成的，也说明佛教善于利用科技与先进交通工具来为自己服务。特别是明代以后，大量中国人前往海外谋生，中国僧人也随之前往，海上交通成为中国佛教向外输出的主要通道。

三、海上丝绸之路与“C形包围圈”

习主席说：“古丝绸之路凝聚了先辈们对美好生活的追求，促进了亚欧大陆各国互联互通，推动了东西方文明交流互鉴，为人类文明发展进步作出了重大贡献。我们完全可以从古丝绸之路中汲取智慧和力量，本着和平合作、开放包容、互学互鉴、互利共赢的丝路精神推进合作，共同开辟更加光明的前景。”作为与陆路丝绸之路相伴的海上丝绸之路的佛教文化交流，从宋代以后到现在一直呈现蓬勃活力，成为当今世界佛教重要载体，也是中国佛教与世界佛教交流的主要通道之一。

学者普遍认为15世纪是世界历史的分水岭，海上丝绸之路的繁荣吸引西欧想绕过伊斯兰世界，寻找前往东方的新航路，是引发地理大发现和大航海的关键时期。[3] 以海洋为背景的亚洲国家，特别是东南亚与东北亚的国家，不仅是传统佛教国家，现在仍然以佛教文化作为宗

[1] 陆芸：《海上丝绸之路在宗教文化传播中的作用和影响》，《西北民族大学学报》（哲学社会科学版）2006年第5期。
[2] 陆芸：《海上丝绸之路在宗教文化传播中的作用和影响》，《西北民族大学学报》（哲学社会科学版）2006年第5期。
[3] 蒋秀云、林日举：《南海丝绸之路宗教传播途经三亚史考》，《东南亚南亚研究》2018年第1期。

教文化之主体，在人民生活中发生着重要作用，也是世界佛教重要力量之一。习主席说当代世界可以组成“文化包容的利益共同体、命运共同体和责任共同体”，传统佛教国家完全可以按此思路构建以包容佛教文化为特点的利益共同体、命运共同体和责任共同体。这几个共同体的基础是海上丝绸之路，以对历史和现在的海上丝绸之路认识为基础，积极开展佛教历史文化联系，建立全新的世界佛教新格局。

面对当代海上丝绸之路与这条路线上的有关佛教国家，我们可以借用中国军事专家戴旭提出的西方世界为了围堵中国而建立的“C形包围圈”概念，亦即美国在中国周边建立的“C形”战略布势图作为参照系，可以清楚地看到在海上丝绸之路中的佛教及其与中国佛教的关系，[1]以此突破“C形包围圈”围堵，化消极变积极，让古老的佛教文化在现代社会中重新发挥优良传统，更好地为我国社会主义社会经济、政治与文化服务，为世界和平服务。

美国“C形”战略布势，是在所谓“新月形包围圈”基础上逐步拼凑起来的，这个包围圈从中国东北部的日本、韩国，以及泰国、菲律宾、印度尼西亚等东南亚国家，到印度、阿富汗等国，试图构筑起一个呈“半月形”的包围态势。这个布局是美国在印巴次大陆、西亚、中亚的新形势形成以后达成的，体现了当代一些霸权主义国家秉承的“谁能控制海洋，谁就称霸世界”的霸权主义想法，试图将已经崛起的社会主义中国搞乱搞垮，手段阴险卑鄙，目的险恶，野心昭然若揭。

“C形包围圈”对当代“海上丝绸之路”的认识是有启发的，我们可以对“C形包围圈”给予另一种读法。从日本到印度构成的所谓“C形锁链”，历史上都曾经是海上丝绸之路的国家。这些国家的绝大部分人的精神生活与佛教有着密切联系，佛教仍然在他们的生活中发挥着重要作用。例如日本与韩国是东亚重要的佛教国家，在千余年民族化运动中，两国佛教不同程度地形成了与中国传统佛教不同的风格。东南亚的越南、缅甸、泰国、柬埔寨、老挝、印度尼西亚、新加坡、马来西亚，以及中国台湾地区等，都是当前世界重要的佛教国家与地区，它们有的受到中国大乘佛教影响，例如越南佛教；有的受到南传上座部佛教影响，例如缅甸、泰国、柬埔寨、老挝；有的既受大乘佛教影响，又受南传上座部佛教影响，例如印度尼西亚、新加坡、马来西亚等。它们到现在还没有脱离传统的佛教文化圈，是海上丝绸之路

[1] 20世纪50年代美国在中国周边搞“新月形包围圈”。中华人民共和国成立以后，美国将亚太政策的重心放在了遏阻“亚洲共产主义扩张”上，逐步形成了从日本、韩国、中国台湾到东南亚的“一条线”的战略构想。从1951年到1955年，美国先后同日本、韩国、澳大利亚、东南亚国家、中国台湾等，签订了《美日安全条约》《美菲条约》《美、澳、新条约》《美韩共同防御条约》《东南亚集体防务条约》《美台共同防御条约》等，构建了主要针对中国的亚太军事体系，即所谓“新月形包围圈”。这个军事体系是实实在在的，是美国在欧洲建立的共同防务体系的“摹本”。首先，它以“防止亚洲共产主义扩张”为共同政治基础；其次，具有军事同盟性质，签约国家或地区互相承担着军事援助的义务。

佛教圈的重要组成部分，在未来佛教发展中，佛教还会发挥重要作用，这些构成了当代佛教利益共同体、命运共同体和责任共同体的基础。

消解或转换“C 形包围圈”的基础是思想文化，核心是信仰，因为佛教思想是各国民族文化共同拥有的要素之一，也是佛教利益共同体、命运共同体和责任共同体的共同话语。各民族思想与文化需要进行交换互相学习，交换需要让各自拿出自己的实力来比对。各国发展自己的宗教与文化，呈现不同的在历史文化背景与影响下的各种现象，以及带有明显民族化的特点宗派。各民族传统思想文化理论相结合的传统宗教理论，信仰是最不容易改变的精神，也是同类相亲的感情联络要素，让信仰变成共同的精神理念与共同行为，在这个思路影响下，充分利用海上丝绸之路佛教圈的共同信仰与群体意志，建立当代海上丝绸之路佛教国家的互动机制与友好往来，将复杂多元的现象与要素尽可能地简单化，突出共同拥有的“佛信仰”之根本要素，最终建立的佛教共同体就可能经受考验，推动佛教新格局的建立。

此外，除了儒教、佛教、道教外，中国传统民间其他宗教也随着海员和移民的步伐而传到海外，例如妈祖信仰随着移民而传到日本、朝鲜、新加坡、马来西亚、越南、泰国、菲律宾等国。传统的祖先崇拜意识使宗亲会、宗祠得到生存和发展空间，成为和祖国联系的纽带。[1]

结语

我国东南部有 18000 多公里的漫长海岸线，有许多终年不冻的良港，海路有运费低廉、安全可靠的巨大优越性。唐天宝年以后，陇右、河西相继沦陷于吐蕃之手，中西陆路交通被切断，陆路不畅，促进了海路发展。[2] 佛教伴随海上丝绸之路转向，也在自动调整，海上丝绸之路越来越成为佛教界首选。陆路丝绸之路的佛教交流衰落，使陆路丝绸之路国家的信仰转型，伊斯兰教正在成为这些国家人民的信仰，佛教在这条路上行走已经没有意义。

习主席说：“道在通，通则顺，顺则达，达则济天下。我们要以建成和平之路、繁荣之路、开放之路、创新之路、文明之路为指引，乘势而上、顺势而为，推动‘一带一路’建设行稳致远，迈向更加美好的未来。”古老的海上丝绸之路是开放之路和文明之路，两千年来佛教在这条道路上一直发挥着特殊作用，随着交通技术的改进与佛教格局变化，海上丝绸之路对佛教的发展越来越起到重要的作用，并与国际形势发展有着至关重要联系。所谓“C 形包

[1] 陆芸：《海上丝绸之路在宗教文化传播中的作用和影响》，《西北民族大学学报》（哲学社会科学版）2006 年第 5 期。
[2] 谢建伟：《浅析唐代海上丝绸之路的佛僧求法热潮》，硕士学位论文，湖南科技大学，2009 年。

围圈”，从世界佛教与亚洲佛教角度来看，就是佛教格局圈、佛教文明圈、佛教联系圈、佛教发展圈，将这些佛教国家联系在一起，织成一股力量，可以为当代世界文化的发展，特别是推动亚洲和平与稳定起到积极作用，或者说佛教可以起到打破或瓦解“C 形包围圈”的作用，化干戈为玉帛。我们可以转换思维，化消极为积极，充分利用“命运共同体”的思维，将“C 形包围圈”变成“佛教命运共同体”，把意识形态的纷争转成爱好和平的共同信仰，让历史上曾经起到重要作用的海上丝绸之路的宗教文化交流再次发挥新作用，改变当下意识形态思维，走人类共同发展的道路。

历代中国佛教徒为了学习域外文化与宗教，主动到域外求学，把佛教文化带回中国，然后再传到世界各国，促进了与各国宗教文化的交流，增进了相互的友好感情，佛教在沟通中外、促进思想文化交流方面起到了不可替代的作用，这也是中国佛教徒作为民间外交形象大使的最好写照。

佛海之缘——基于佛教地理学的佛教与海洋关系探微

景天星 / 陕西省社会科学院

引言

佛教有很多词汇与海洋有关，如借助海洋表达佛教义理或法门的词有业海、华严法界义海、大海印、海印三昧等；表达学佛信心的词有大信心海、信海等；表达弘法或功德的词有海潮音、功德海等；也有佛的名字本来包含“海”，如阿难成佛以后的名字是“山海慧自在通王如来”。如此看来，海洋与佛教有一种联系。

学术界关于佛教与海洋之间关系的相关研究，有一些重要研究成果。如曹永禄的《东亚海洋佛教故事与法华信仰》[1] 和《东亚海洋佛教之开展和转折》[2] 探讨了观音信仰与海洋之间的关系，以及佛教信仰中的“海洋的特点”。又如陈坚的《天台宗——一种“海洋性”的佛教》认为天台宗具有“海洋性风格”：天台宗主要在中国沿海地区传播，这使它带上了浓重的海派文化色彩；其创始人智者大师甚至做过大海之梦；其最高经典《法华经》充满了大海的意象；而更主要的是，天台宗的教义如大海般“有容乃大”融摄一切教法[3]。再如，关于东南沿海的一些省份或城市也有相关研究成果，如探讨浙江佛教与海洋关系的有柳和勇的《舟山观音信仰的海洋文化特色》[4]，稂荻的《浙江地区佛教海洋文化述评》[5]，包丽霞的《浅谈舟山摄影艺术创作与海洋文化、佛教文化的关系》[6]，李亚玲、翟恒兴的《浅析舟山现存的民间海洋宗教信

---

[1] 曹永禄：《东亚海洋佛教故事与法华信仰》，载自《登州与海上丝绸之路——登州与海上丝绸之路国际学术研讨会论文集》，2008 年 10 月 11 日，第 250—252 页。

[2] 曹永禄：《东亚海洋佛教之开展和转折》，载自金健人主编《韩国研究》（第九辑），国际文化出版公司 2010 年版，第 9—17 页。

[3] 陈坚：《天台宗—— 一种“海洋性”的佛教》，《佛教文化研究》2015 年第 2 期。

[4] 柳和勇：《舟山观音信仰的海洋文化特色》，《上海大学学报（社会科学版）》2006 年第 4 期。

[5] 稂荻：《浙江地区佛教海洋文化述评》，《盐城师范学院学报（人文社会科学版）》2016 年第 5 期。

[6] 包丽霞：《浅谈舟山摄影艺术创作与海洋文化、佛教文化的关系》，《中国艺术》2012 年第 2 期。

仰》[1]等；探讨福建佛教与海洋关系的有李玉昆的《福建海洋文化与佛教的传播》[2]；探讨广东佛教与海洋关系的有刘正刚的《佛山得名与晋唐时期佛教弘法之关系》[3]。另外，随着“一带一路”的提出和建设，关于佛教与“海上丝绸之路”关系的论著或研讨会逐年递增，不胜枚举，这主要涉及佛教的传播和海上交通，兹不赘述。

已有的研究成果，除海上丝绸之路的佛教传播之外，曹永禄、陈坚、柳和勇等人对佛教与海洋的关系探讨得比较深入。在此基础上，本文拟引入佛教地理学的方法，对佛教与海洋之间的关系进行分析和研究，以便进一步揭示作为人文意义上的佛教与作为地理意义上的海洋之间的内在关联。

一、佛教地理学——一种全新的研究方法

佛教地理学脱胎于宗教地理学。宗教地理学起源于西方，西方有学者认为，早在古希腊时代，就开始有了宗教地理学[4]。宗教地理学是宗教学与地理学的交叉学科，是人文地理学的一门分支学科。西方学者索费尔（David Edward Sopher）1967年出版的《宗教地理学》（*Geography of Religions*）[5]和1981年发表的《地理学与宗教》（*Geography and Religions*）是关于宗教地理学的非常重要的代表性成果。索费尔指出，宗教地理学有四大内容，分别是：宗教体系，以及特定宗教制度发展的环境背景意义；宗教体系和制度对政治，及其环境的作用；宗教体系和制度的空间秩序和组织化的途径；宗教的地理分布和宗教体系扩展的相互作用[6]。在此基础上，从20世纪90年代开始，我国相继出现宗教地理学相关论文，不仅介绍了宗教地理学，以及宗教与地理之间的相互关系，而且回顾了中外宗教地理的研究历史[7]。

在宗教地理学基础上，又衍生了道教地理学、佛教地理学等。前者的成果有李远国的《论汉晋之际道教地理学的成就》[8]、李海林的《道教地理学概念辨析》[9]等；后者的成果层出不

[1] 李亚玲、翟恒兴：《浅析舟山现存的民间海洋宗教信仰》，《大众文艺》2011年第1期。

[2] 李玉昆：《福建海洋文化与佛教的传播》，《福建省首届海洋文化学术研讨会论文集》，2007年10月12日，第243—248页。

[3] 刘正刚：《佛山得名与晋唐时期佛教弘法之关系》，《暨南史学》2014年刊。

[4] 以撒（E.Isaac）认为，古希腊时代因宗教原理所显示的空间秩序之学问，就是“宗教地理学”。E.Isaac，“Religious Geography and the Geography Religion”，in *University of Colorado Studies，Man and the Earth*，Vol.3，Boulder：University of Colorado Press，1965，pp.56-57.

[5] David Edward Sopher，*Geography of Religions*，Upper Saddle River：Prenitice-Hall，1967.

[6] 转引自赵钦和、潘玉君《宗教地理学引论》，《齐齐哈尔师范学院学报》1994年第3期。

[7] 景天星：《近百年的中国佛教地理研究》，《宗教学研究》2017年第2期。

[8] 李远国：《论汉晋之际道教地理学的成就》，《宗教学研究》2006年第3期。

[9] 李海林：《道教地理学概念辨析》，《宗教学研究》2012年第4期。

清，拙文《近百年的中国佛教地理研究》曾对其进行了系统的梳理与述评[1]。佛教地理学主要研究佛教的起源和传播与地理环境、地理要素之间的关系；佛教的教义与地理环境、地理要素之间的关系；佛寺的分布与地理环境、地理要素之间的关系；僧人籍贯和驻锡地与地理环境、地理要素之间的关系等。在此基础上，应进一步深入研究地理要素与佛教要素的互动性，“对地形、地貌、气象、气候等地理要素与佛教教义之间的关系进行研究；深入以‘人’为中心的行为地理学和人文地理学之研究；研究佛教建筑与地理环境的关系、佛经中的地理思想等”[2]。

具体到海洋与佛教的关系研究，一方面，佛教的部分教义，及其所要达到的目标与海洋的地理特征具有吻合性，如佛教的无常与海浪的无常是相应的，佛教所提倡的圆融与海洋的包容是相应的，佛教所要达到的平静与海面的平静是相应的，佛教还用“海潮音”比喻佛陀说法的声音；另一方面，海洋之地理空间为佛教的传播与发展提供了载体，形成海上丝绸之路，促进了僧人的交流、佛经的传译和佛教的交往。结果形成了一种“海洋佛教文化”。

二、佛教的义理内涵与海洋的地理特征

原始佛教时期，佛教的教义包括无常观、无我观、中道观，以及四谛、五蕴、十二因缘。其中有些教义和海洋的特征是契合的，如无常、四谛中的苦谛等。

无常的观念是说山河大地、万事万物等一切有为法都是迁流变化的，都是因缘而生，因缘而灭的，“此有故彼有，此生故彼生”。《长阿含经》中佛陀告诉比丘说：“以是当知，一切行无常，变易朽坏，不可恃怙，有为诸法，甚可厌患，当求度世解脱之道。其后久久，有大黑风暴起，吹大海水，海水深八万四千由旬，吹使两披，取日宫殿，置于须弥山半，去地四万二千由旬，安日道中，缘此世间有二日出。二日出已，令此世间所有小河、汱浍、渠流皆悉干竭。”[3]这是说，一切有为法都是无常的、变易的，还以“大黑风”吹“大海水”来说明世间之变易。大海中的“海浪”是最具无常性的，如《入楞伽经》云：“譬如巨海浪，斯由猛风起；洪波鼓冥壑，无有断绝时。”[4]因此在佛教经典中也常有“无常海”一词，如《摩诃摩耶经》云：“今已为彼无常海，摩竭（摩羯）大鱼之所吞”[5]，《佛说宝如来三昧经》云“慧者解是

[1] 景天星：《近百年的中国佛教地理研究》，《宗教学研究》2017年第2期。
[2] 景天星：《近百年的中国佛教地理研究》，《宗教学研究》2017年第2期。
[3] （后秦）佛陀耶舍共竺佛念译：《长阿含经》卷二十一，《大正藏》第1册，第137页。
[4] （北魏）菩提流支译：《入楞伽经》卷二，《大正藏》第16册，第523页。
[5] （北齐）昙景译：《摩诃摩耶经》卷二，《大正藏》第12册，第1012页。

言，得佛无常海”[1]，《根本说一切有部毗奈耶颂》云“咸趣无常海，共被死波漂”[2]。

四谛是指苦谛、集谛、灭谛、道谛。苦谛是说人的一生处处充满痛苦，生、老、病、死、喜、怒、哀、乐，其实都是苦。苦有多种分类，包括二苦（内苦、外苦）、三苦（苦苦、坏苦、行苦）、四苦（生、老、病、死）、八苦（生、老、病、死、爱别离、求不得、怨憎会、五阴蕴）等。可以说，苦犹如大海一般无边无际，所以在佛教中有“大苦海”之词汇，如《大方广佛华严经》云：“无量无边大苦海，为众生故悉能忍。”[3]《大智度论》也说众生“没大苦海不自觉知”[4]。这里的大苦海指的是各种苦难世界，其实是生死轮回的三界六道。众生沉沦于三界之苦恼中，渺茫无际，犹如沉于大海难以出离，故以广大无边之海为喻。又以有情生死流转其中，无法超拔，故称苦轮海，或略称轮海。[5]

“大苦海”一词其实取了大海的“多”“大”“深”“无边无际”之意。佛教中还有一些词取此义，如“信海”，形容信心之实德，广大无边，犹如海之无垠无际；“慧海”指智慧深广如海；“觉海”指觉性甚深，湛然如海；“海潮音”指音声大如海潮，以此喻指佛菩萨优美之音声。唐代的药山惟俨禅师（737—834）有句名言：“高高山顶立，深深海底行。”高山象征的是精神，海底象征的是心灵，“认识自己心灵的人，才能潜入海洋”，星云大师说，人生如能“海天一色”，万物一体。人，如果要学习海洋的涵容，先要扩大心胸，不拣细流；有海一般的心量，才能望洋舒啸，体会人生的无限。

隋代高僧智顗在其著作《妙法莲华经玄义》中对海洋的地理特征与佛教之间的关系进行了精辟的阐释：“海是坎德，万流归故，同一咸故。《法华》亦尔，佛所证得，万善同归，同乘佛乘。江湖川流，无此大德，余经亦尔，故《法华》最大也。”[6]

智者大师所说的“同一咸故”，其实在《大般涅槃经》中也有说明，佛说大海有“八不思议”，“善男子！譬如大海，有八不思议。何等为八？一者渐渐转深，二者深难得底，三者同一咸味，四者潮不过限，五者有种种宝藏，六者大身众生在中居住，七者不宿死尸，八者一切万流大雨投之不增不减”[7]。这其实是用大海的八种不可思议的特点比喻涅槃德性：（1）“渐渐转深”说如来所说的涅槃法是需要次第修正的；（2）“深难得底”说如来所说涅槃之法理智圆融，如大海之深，难得其底；（3）“同一咸味”说一切众生皆有佛性，如大海般，虽纳百川

---

[1] （东晋）祇多蜜译：《佛说宝如来三昧经》卷二，《大正藏》第 15 册，第 527 页。
[2] 毗舍佉造，（唐）义净译：《根本说一切有部毗奈耶颂》卷三，《大正藏》第 24 册，第 652 页。
[3] （东晋）佛驮跋陀罗译：《大方广佛华严经》卷六，《大正藏》第 9 册，第 435 页。
[4] 龙树菩萨造，（后秦）鸠摩罗什译：《大智度论》卷五，《大正藏》第 25 册，第 100 页。
[5] 星云大师监修、慈怡法师主编：《佛光大词典》，北京图书馆出版社 2005 年版，第 4979 页。
[6] （隋）智顗：《妙法莲华经玄义》卷一，《大正藏》第 33 册，第 684 页。
[7] （北凉）昙无谶译：《大般涅槃经》卷三十二，《大正藏》第 12 册，第 558—559 页。

而同为咸味；（4）“潮不过限”说如来说涅槃之时，制诸禁戒，令弟子如法受持，不得逾越，犹如海潮，朝夕往来，不过其限；（5）“种种宝藏”说佛法是世间珍宝，如大海般，种种诸宝皆悉含藏；（6）“大身众生在中居住”说涅槃之法甚深无量，一切佛菩萨莫不依此而住，如大海中的鲸鱼大身之类，皆依之而居；（7）“不宿死尸”说如来所说的涅槃法能令众生生起清净正信之心，远离一切邪恶之人，如大海般不宿死尸；（8）“万流大雨不增不减”说涅槃法平等清净、不生不灭，犹如江水、湖水，以及雨水归入大海，而大海不增不减。

除《大般涅槃经》以大海的“八不思议”来妙喻佛教义理外，《大方广佛华严经》也以大海的“十相”来譬喻菩萨修行的法门。《大方广佛华严经》云：“譬如大海，以十种相，得大海名，不可移夺。何等为十？一、次第渐深；二、不受死尸；三、余水入中皆失本名；四、普同一味；五、无量珍宝；六、无能至底；七、广大无量；八、大身所居；九、潮不过限；十、普受大雨，无有盈溢。菩萨行亦复如是，以十相故，名菩萨行，不可移夺。何等为十？所谓欢喜地，出生大愿渐次深故；离垢地，不受一切破戒尸故；发光地，舍离世间假名字故；焰慧地，与佛功德同一味故；难胜地，出生无量方便神通，世间所作众珍宝故；现前地，观察缘生甚深理故；远行地，广大觉慧善观察故；不动地，示现广大庄严事故；善慧地，得深解脱行于世间，如实而知不过限故；法云地，能受一切诸佛如来大法明雨无厌足故。”[1] 这是说，大海因有十种特别相状，所以名为“大海”，以“海”字为名，不可改变。与大海的十种地理相状相对应的是菩萨修行的法门，即“菩萨行”，亦如大海般具有十种，这十种互相对应的相状及其关系分别是：（1）海水是渐渐由浅而深的，而欢喜地的菩萨能生出大愿大力，步步深入，到达满愿；（2）海水虽深广，但死尸总是漂浮的，不会下沉，而离垢地的菩萨是要舍离不清净的言行，要严守戒律，破戒之人，如同死尸；（3）其他的水，流入其中，名为海水，永远失掉它原来的名字，如江、河、湖，而发光地的菩萨已舍离一切污垢，成就了智慧光明，没有了名利心，悟得了苦空无常；（4）无论什么水流入海中，都只有一种咸味，而焰慧地的菩萨已是一味，且其味永不遗失，可以说是和佛一味，终会得无上菩提；（5）海中有无量珍宝，而难胜地的菩萨拥有无量方便神通，其所做的善事及功德，如大海般有无量宝；（6）无法得知海的深度，而现前地的菩萨了悟缘起性空之理，其功德，如海之不能知其底；（7）海广大无量，无边无际，而远行地的普萨有广大觉慧，善能观察诸法，如海之广大无量；（8）海是大身动物居住的地方，而不动地的菩萨以不动身处而遍法界普度众生，护无量世间功德，如海之为大身所居，“大身者，以无量身修菩萨行”；（9）海的潮汐都是定时的，而善

[1] （唐）实叉难陀译：《大方广佛华严经》卷三十九，《大正藏》第10册，第209页。

慧地的菩萨修行甚深，根据众生根器度脱众生，不误伤物，亦不过限，如海潮不过限；（10）海容量无限，无论注入多少水，都不会满溢，也不会干涸，而法云地的菩萨能承受佛的大法明、大法雨，永不疲倦，从不自满，如海能容四洲之水，而不盈溢。

此外，华严宗中还有“海印三昧”一词，以平静的海面来比喻如来智海澄清。其以大海风止波静，水澄清时，天边万象巨细无不印现海面；譬喻佛陀之心中，识浪不生，湛然澄清，至明至静，森罗万象一时印现，三世一切之法皆悉炳然无不现。[1] 为什么要以大海印来比喻？澄观曾指出：“海有希奇殊特法，能为一切平等印众生宝物及川流，普悉包容无所拒故。《大集》十四云：‘如阎浮提一切众生身，及余外色，如是等色，海中皆有印像，以是故名大海为印。菩萨亦尔，得大海印三昧已，能分别见一切众生心行，于一切法门皆得慧明，是为菩萨得海印三昧，见一切众生心行所趣。’”[2] 进一步，澄观认为海印三昧有十义：无心能现义、现无所现义、能现与所现非一义、非异义、无去来义、广大义、普现义、顿现义、常现义、非现现义。在其疏中，澄观把佛教的教义和平静的海面的地理特征进行了高度融合。

三、海洋之地理空间与佛教的对外传播

海洋是地球上最为广阔的水体，其中心部分称洋，边缘部分为海，虽被大陆分割，但彼此相通。海洋占地球表面积的 71%，总面积约 3.6 亿平方公里，平均水深约 3795 米。在地球的总水量中，海洋的水量占 97%。可以说，海洋为人类活动提供了广阔的地理空间。佛教自北印度起源以后，一方面，通过陆路传播，另一方面通过海路传播。佛教向中国的传播，一方面通过陆上丝绸之路传播至西域地区直至中原，另一方面又通过海上丝绸之路传播至我国沿海地区直至内地。佛教向东南亚、南亚传播，多是通过海路传播。海洋提供的便利交通一方面方便了外籍僧人的传经、译经，另一方面方便了僧人的取经。

中印海上丝绸之路的开辟，要从公元前 2 世纪的汉武帝时期说起。据《汉书》卷九十五“西南夷传”载，元狩元年（前 122），张骞禀告，在出使大夏时看到了四川的蜀布和邛竹杖，得知是大夏人在身毒国（今印度西北）向四川商人购得。据此，张骞认为四川有一条通往印度的通道。汉武帝派人寻觅此道被阻。无奈，只好另辟蹊径。元鼎四年（前 113），汉武帝灭南粤国。元鼎六年（前 111）设立合浦郡，开辟了从雷州半岛的徐闻、合浦通往东南亚和南印度的海上丝绸之路。《汉书・地理志》“粤地”条记载了这一路线：“自日南障塞、徐闻、合浦，

---

[1] 星云大师监修、慈怡法师主编：《佛光大词典》，北京图书馆出版社 2005 年版，第 5235 页。

[2] （唐）澄观：《大方广佛华严经疏》卷一十六，《大正藏》第 35 册，第 621 页中。

船行可五月，有都元国；又船行可四月，有邑卢没国；又船行可二十余日，有谌离国；步行可十余日，有夫甘都卢国。自夫甘都卢国，船行可二月余，有黄支国，民俗略与珠厓相类。其州广大，户口多，多异物，自武帝以来皆献见。有译长，属黄门，与应募者俱入海，市明珠、璧琉璃、奇石、异物，赍黄金、杂缯而往。所至国皆禀食为耦，蛮夷贾船，转送致之。亦利交易，剽杀人，又苦逢风波溺死，不者数年来还，大珠至围二寸以下。”[1] 其中的“黄支国”，梁启超曾经指出：“盖汉代黄支，即《大唐西域记》中西印度境之建志补罗国，时以广东之徐闻、合浦为海行起点，以彼土之已程不为终点，贾船转相送致。自尔以来，天竺、大秦贡献，皆遵海道。”[2] 经考证，这条路线是从日南、徐闻、合浦出航，沿着越南海岸航行，中经缅甸的蒲甘到达南印度的康契普腊姆。[3] 也就是，从广东合浦开始，经中南半岛、马六甲海峡、马来半岛，抵达印度南部和斯里兰卡。文中所说的合浦，据《汉书》记载“户万五千三百九十八，口七万八千九百十；县五：徐闻、高凉、合浦、临允、朱卢”[4]。合浦即今广西北海。因此，合浦也被认为是我国最早的海上丝绸之路始发港。

海上丝绸之路开辟以后，南海交通日益繁忙。历史上的南海，指的是从中国沿海往南一直到印度尼西亚的广大海域。7 世纪以前，南海交通的中心是扶南，其辖境大致相当于当今柬埔寨全部国土，以及老挝南部、越南南部和泰国东南部一带，是历史上第一个出现在中国古代的史籍上的东南亚国家。作为南海交通的中心，扶南有很多著名的海港，如顿逊（典孙）、拘利（九稚、勾稚、扈利）、狼牙修（棱迦修、郎迦戌）等。南朝刘宋时期来华的求那跋摩、“南海郡西天竺沙门拘那罗陀”（真谛），都是沿海路经过扶南来华的。求那跋摩于刘宋元嘉初年（424）之前来华，真谛于梁武帝中大同元年（546）到达南海郡（今广东南）。两晋南北朝时期，沿海路来华的还有佛驮跋陀罗、竺难提、求那跋陀罗、菩提达摩等印度僧人，他们不仅带来了印度的佛经，而且传译经典。此外，最迟在梁武帝时期，来自扶南国的曼陀罗仙、僧伽婆罗、须菩提等僧人就来到中国传译经典，如曼陀罗仙于天监五年（506）和僧伽婆罗译《文殊般若经》《宝云经》《法界体性无分别经》等；僧伽婆罗于天监五年至十七年（506—518）翻译《阿育王经》《文殊师利问经》等 11 部 48 卷；须菩提翻译了《大乘宝雨藏》8 卷[5]。在 7 世纪以前，海上丝绸之路来的僧人不是很多，除后秦时期的智严、智羽、智达、智远，刘宋时期的昙无竭、僧猛、昙朗等人外，最为著名的是法显。他们有一个共同的特点，沿着陆路

---

[1] （汉）班固：《汉书》卷二十八《地理志第八下》，中华书局 1962 年版，第 6 册，第 1671 页。
[2] 梁启超：《中国佛教研究史》，生活·读书·新知三联书店上海分店 1988 年版，第 13—14 页。
[3] 李金明：《中国古代海上丝绸之路的发展与变迁》，《新东方》2015 年第 1 期。
[4] （汉）班固：《汉书》卷二十八《地理志第八下》，中华书局 1962 年版，第 6 册，第 1630 页。
[5] 景天星：《丝路高僧传》，陕西人民出版社 2017 年版，第 376 页。

西行取经，然后沿海路返回。法显返回的途中，从斯里兰卡出发，经过马六甲海峡、印尼、扶南、最后从青岛登陆。需要指出的是，梁武帝时期，还派昙宝和官员张汜一起去扶南国迎请一丈二尺的绝世佛发。他们于梁大同九年（543）到扶南，在扶南国遇见真谛，便将他请到中土。梁中大同元年（546）他们一起返回广州，足见扶南在当时海上丝绸之路的地位。

7世纪以后，随着扶南的衰亡和远航能力的增强，南海交通的中心逐渐转移到马六甲海峡和巽他海峡，扶南的中心地位也逐渐被苏门答腊岛的室利佛逝和爪哇岛的诃陵取代。[1]室利佛逝与诃陵成为中印交通的枢纽。《新唐书·地理志》记载“贾耽所志广州通海夷道”，其中保存广东到阿拉伯的海上交通航线，在贾耽的记载中，从广州出发到南印度的航线是：“广州东南海行二百里，至屯门山，乃帆风西行二日，至九州石。又南二日行至象石。又西南三日行至占不劳山，山在环王国东二百里海中。又南二日行至陵山。又一日行至门毒国。又一日行至古笪国。又半日行至奔陀浪洲。又两日行到军突弄山。又五日行至海峡，番人谓之质，南北百里，北岸则罗越国，南岸则佛逝国。佛逝国东北行四五日，到诃陵国，南中洲之最大者。又西出峡三日，至葛葛僧祇国。在佛逝西北隅之别岛，国人多钞暴，乘舶者畏惮之。其北岸则个罗国，个罗西则哥谷罗国。又从葛葛僧祇四五日行至胜邓洲。又西南五日行至婆露国。又六日行至婆国伽蓝洲。又北四日行至师子国，其北海岸距南天竺大岸百里。又西四日行经没来国，南天竺之最南境。”[2]在贾耽的记载中，没有出现扶南，而佛逝国、诃陵国成为其中的重要枢纽，这两个国家也日渐成为佛教传播的中心。唐代来华的金刚智（669—741）、不空（705—774）、般若等高僧就是沿着海上丝绸之路来到中国的。不空就是在阇婆国（即诃陵国）碰见了自己的恩师金刚智并于开元七年（719）一起来华的。后来不空率团回印度，又途经诃陵国，还在此遇到了大黑风，不空“遂右手执五股菩提心杵，左手持般若佛母经夹，作法诵大随求一遍，实时风偃海澄”[3]。此一时期沿海路出发西行的僧人层出不穷，有义净、善行、常慜禅师，及其弟子明远、义朗、智岸、义玄、会宁、运期、木叉提婆、窥冲、慧琰、智行、大乘灯、彼岸、智岸、昙润、义辉、道琳、昙光、慧命、玄逵、灵运、僧哲、玄游、智弘、无行、法振、乘悟、乘如、大津、贞固、怀业、道宏、法朗、慧超、含光、慧辩等40余人。一直到北宋，还有僧人自海路西行，如太平兴国八年（983），法遇从西天竺回来，后来从海路又到了中天竺，至“三佛齐”（即室利佛逝）时，“遇天竺僧弥摩罗失黎，语不多，令附表愿至中国译经，上优诏召之”。其实，处于海上交通中心地位的室利佛逝与唐宋王朝一直

[1] 周中坚：《古代南海交通中心的变迁》，《海交史研究》1982年刊，第110页。
[2] （宋）欧阳修、宋祁：《新唐书》卷四十三下《地理七下》，中华书局1975年版，第4册，第1153页。
[3] （宋）赞宁：《宋高僧传》卷一，《大正藏》第50册，第712页。

保持密切关系，从宋朝立国（960）至淳熙五年（1178）的200余年间，先后遣使30多次。唐宋时期，沿海路西行取经最为著名的是义净。唐咸亨二年（671），义净从广州起航，“未隔两旬，果之佛逝”，于此停留半年后，他穿过马六甲海峡，经羯荼（今马来西亚吉打 Kedah 一带）、裸人国（今印度尼科巴群岛），于咸亨四年（673）抵达东印度的耽摩栗底国。在印度学习10年后，义净沿原路返回，垂拱三年（687）到达室利佛逝，于此从事翻译和著述工作多年。证圣元年（695）5月，义净才得以回国。在国外的25年间，他在室利佛逝停留3次，时间长达10余年，甚至超过了在印度停留的时间。在室利佛逝期间，义净还写成了著名的《大唐西域求法高僧传》，记载了自玄奘于645年归国一直到691年的求法高僧事迹。根据该书的记载，仅在这46年的时间里，就有60名僧人西行求法。这些人，选择海上丝绸之路的有38人，既有中国的僧人，也有新罗的僧人，还有中亚的僧人。从中可以看到，在义净之前西行的僧人主要选择的是陆上丝绸之路，而义净之后的僧人，西行时选择的主要是海上丝绸之路。丝绸之路上的僧人为佛教传播与文化交流做出了重要贡献，对此，王邦维教授指出：“当时佛教徒们出于宗教的热忱，舍生忘死，投身绝域，到印度求法，携回了大量的佛教经典。这对丰富中国的文化，对各国人民之间的友好交往，都做出有益的贡献。尤为可贵的是有的佛教徒留下了记述求法时所见所闻的著作，比起正史或笔记一类著作，叙述更加详细，材料一般更为可靠。”[1]

综上，海洋广阔的地理空间为佛教传播提供了便利的交通，东来西往的僧人通过海上交通要道，或传译经典，或求取经典，促进了中外文明的交流互鉴。

结语

黑格尔曾经指出：“大海给了我们茫茫无定、浩浩无际和渺渺无限的观念；人类在大海的无限里感到他自己的无限的时候，他们就被激起了勇气，要去超越那有限的一切。”[2] 浩瀚的海洋，让人类感觉到了自己的渺小，让生命个体感受“无我”。其平静的海面，被佛教认为“智海澄清”；其汹涌的海浪，被佛教认为“诸法无常”；其潮汐的声音，被佛教喻为“佛陀说法”；其深深的海底，被认为“含藏诸宝”，大海象征着“多”“大”“深”“无边无际”，也象征着“包容”“宽广”“圆融”，这些特征和佛教的义理是吻合的。占地球表面积的71%的海洋，为人类活动提供了广阔的地理空间。尽管在不同的时期有不同的航线枢纽，但海上交通的开

[1] （唐）义净著、王邦维校注：《大唐西域求法高僧传校注》，中华书局1988年版，第4—5页。

[2] 黑格尔：《历史哲学》，王造时译，生活·读书·新知三联书店1956年版，第134页。

辟与发展，促进了僧人的流动、佛经的传译、文化的融合与文明的互鉴，演绎了历史悠久、波澜壮阔的海上丝绸之路佛教传播史。

可以说，佛教与海洋是有缘分的。作为地理空间的海洋与作为精神形态的佛教是相互影响的，其影响的结果是形成了一种“海洋佛教文化”：一方面，佛教的义理依托海洋的地理特征而彰显；另一方面，海洋为佛教的传播提供了广阔的空间。海洋佛教文化是一种动态的文化，是一种传播于海上丝绸之路的具有开放性、包容性、和谐性、多元性的佛教文化。在“一带一路”倡议的大背景下，应加强对海洋佛教文化的研究，使其在一带一路建设，尤其是海上丝绸之路建设中发挥重大作用。

信仰的“变脸”：丝绸之路与文殊信仰

李海波 / 西北大学

“丝绸之路”不是具体的一条通道，而是古代欧亚大陆的长途贸易和文化交流路线的通称。1877 年，德国地理学家费迪南·冯·李希霍芬（Ferdinand von Richthofen）首次用“丝绸之路”代指这条交通动脉，后经德国历史学家阿尔伯特·赫尔曼（Albert Herrmann）进一步阐释，“丝绸之路”一词被世界普遍接受。广义的丝绸之路涉及东亚、南亚、中亚、东南亚、西亚、欧洲和非洲等地区，以中国的长安为核心，西达叙利亚、土耳其、意大利和非洲等地，向东、南延伸到朝鲜、韩国、日本和东南亚，在世界历史的发展中曾经起到重要作用，为不同国家、地区，不同的种族、民族之间进行多元交流提供了平台，在当代社会焕发历久弥新的光华。

国之交在于民相亲，民相亲在于心相通。丝绸之路是物质、文化和制度的全方位交流之路，其中，文化，尤其宗教文化的交流占据文化交流的重要地位。本文拟从佛教文化的菩萨信仰之文殊信仰角度出发，一探丝绸之路文化交流对中国的影响，以及中国对世界的文化反哺。

一、文殊信仰的印度渊源

文殊菩萨在印度大乘佛教初步成气候时是最具崇高威望的菩萨[1]，几乎主要的大乘经典都会提及。文殊信仰是随着初期大乘经籍的问世而形成的，小乘佛经并没有出现文殊的名字。文殊菩萨在佛教中代表般若大智，是辅佐佛陀弘法的上首菩萨。“法王子”在佛经中往往是文殊的专有称呼。由于文殊地位崇高，不少佛经称文殊为“导师”，这在佛教庞大的神团体系中是除“教主”之外绝无仅有的殊荣。作为大乘经典中最重要的菩萨之一，有关文殊菩萨的历史和身世有着不同的说法。菩萨具有亦人亦神的特征，其中比较常见的说法认为他是历史上

[1] 印顺：《初期大乘佛教之起源与开展》，中国台北正闻出版社 1981 年版，第 873 页。

的一位僧人，大约与释迦牟尼同时期。

就文殊是实际人物的说法《文殊般涅槃经》中说，文殊是与释迦牟尼同时代的人，约在公元前6世纪出生在舍卫国多罗聚落婆罗门家，父亲名梵德，是一个著名的大长者。文殊“从母右胁生”，一出生就能语，“如天童子”，具有佛陀诞生时才出现的三十二相、八十种好等神奇瑞相，天生是一位圣人。文殊出家后辩才无碍，印度同时期流行的诸学派论师无人能胜。

文殊是历史上一位僧人的认识，尤其得到教界的认可。根据初期大乘经文，在大乘佛法兴起时期，文殊始终追随释迦牟尼的左右，是其最得力的弘法助手。凡是大乘法会，文殊必定积极参加，主动提问，而且问题都紧紧围绕佛法修行不同阶段的核心问题。初期大乘经典还说，在日常行事中，文殊经常协助释迦牟尼教育比丘，教育世人，解决僧团遇到的困难等。

就文殊是神的一面还是《文殊般涅槃经》中说，文殊有无量神通“身如紫金山”，带有圆光，“圆光内有五百化佛，一一化佛有五化菩萨”，一切众生只要称念文殊之名，或礼拜供养文殊之像，就可灭罪得福，并于来世“恒生诸佛家”。如果出家人见到文殊，“一日一夜成阿罗汉”。《阿阇世王经》《纯真陀罗所问如来三昧经》《放钵经》等称文殊是菩萨之父，甚至说过去无数诸佛皆是文殊弟子，文殊是诸佛“父母”。这实际上是把文殊放到与般若佛法同等的地位。也有的佛经说文殊曾经是佛，未来当成佛，等等，各经说法不一，如《菩萨处胎经·文殊身变化品》介绍文殊：本为能仁师，今乃为弟子。佛道极广大，清净无增减。我欲现佛身，二尊不并立[1]。是说指文殊早已成佛，而且曾经是释迦佛的老师，因为佛教的规矩是“一佛出世，万佛拥护”，所以才以菩萨的身份作为弟子协助释迦牟尼弘法。

也有现代学者经研究认为，文殊只是传说中的人物，很有可能是对大乘佛教做出贡献的众多佛教学者的缩影。无论文殊的身份是个体还是代表群体，我们都可以看出文殊对大乘佛教所做的贡献。

首先，文殊推动了大乘的弘扬。佛典载有很多关于文殊开导门人的故事。文殊重视第一义谛，经常用反诘、否定、突兀的语言或行动等不拘一格的方法来警醒众生，如《大宝积经》卷第一百零五载，灵山会上五百比丘，虽未得法忍亦不诽谤，但以宿命智各见过去诸重罪，内心深受扰乱而于甚深法不能证入，从而有著名的“文殊仗剑逼佛”的一幕。由此，五百比丘获得无生法忍，集体赞叹文殊是大智人，“深达法源底”。这里文殊用杀佛的办法，来教育五百比丘，使之悟解大乘定义，证得法忍，堪称释迦得力的助手。可见，在辅助释迦牟尼宣

---

[1] 《大正藏》第12册，第105页。

传大乘佛教思想方面，文殊是做出了巨大的贡献的。

还有一例，文殊使许多声闻众回小向大，接受大乘教法。《佛说文殊师利现宝藏经》称，一次二百比丘听文殊讲到“不用见佛，不用求法”时，不能理解大乘空义，以为错乱说，舍佛而去。文殊于众比丘必经之地化作大火，比丘不得已欲以神足飞空，却见空中布满铁网，周围漫天是水，心生大恐怖，而回视来时路径，却是遍布各色莲花。比丘走投无路即返回佛所，告知所见。佛告比丘：“内火未尽，欲度外火，无有是处。汝诸比丘，坠在见网，欲度铁网，亦无是处……此之爱见，无所从来，亦无所至。从妄想生，无我，无我所。”继而说明：“水火铁网无所从来，亦无所至，则是文殊师利所现变化也。”[1] 二百比丘听到佛的教导，余漏永尽，成就阿罗汉果位。说明文殊在协助释迦牟尼弘法中有不可或缺的作用，而且文殊不仅是一位深解大乘空义的智者，对神通幻术的运用也十分熟练。

被誉为经中之王的《大方广佛华严经》记载，善财童子正是经由文殊的启迪，辗转依次参访53位“善知识”直至悟道。所以，“文殊”为宣传大乘教义，稳定僧团人心做出了巨大的贡献。

其次，给僧团提供物质帮助。文殊不仅仅助佛弘法，宣传大乘般若空义，还在物质方面对僧团进行供给。《宝箧经》记载，佛在舍卫国时，有一年，一连下了七天大雨，许多农田和住宅被洪水吞没，祇园有八百比丘、万余菩萨，面临着饥饿的困境。阿难请求文殊设法予以救济，文殊使众多佛弟子得到饱足，安心于道。说明文殊在物质方面也给予释迦僧团以很大的帮助。[2]

再次，结集大乘经典。《大智度论》卷一百说释迦牟尼灭度后，文殊按照佛生前的嘱托，与弥勒诸菩萨，“集是摩可衍（大乘——笔者按）”与弥勒等大菩萨合作，在印度铁围山结集汇成大乘典籍，从而使大乘佛教得以保存和发扬光大。这种说法符合大乘出现与兴起的历史背景，因为在佛教史上著名的几次结集之后，以文殊、弥勒为首的部分思想比较解放的僧人和居士举行有关大乘思想的结集并非不可能。

《大乘理趣六波罗蜜多经》的内容不妨看作这一结集的缘起。该经卷一载：

> 慈氏，我灭度后，令阿难陀受持所说素达缆藏，其邬波离受持所说毗奈耶藏，迦多衍那受持所说阿毗达磨藏，曼殊室利菩萨受持所说大乘般若波罗蜜多，其金刚手菩萨受

[1] 《大正藏》第14册，第463页。

[2] 《大正藏》第14册，第472—473页。

持所说甚深微妙诸总持门。[1]

阿难是佛的十大弟子之一，以“多闻第一”著称。他所受持的“素达缆藏”即为经藏；邬波离，又作优婆离，在佛的十大弟子之中以“持律第一”著称；迦多衍，也作迦旃延，号称“论议第一”，他所受持阿毗达磨藏即论藏；曼殊室利，即文殊室利菩萨，受持般若类经典；金刚手菩萨，即密迹金刚力士，所受持的甚深微妙诸总持门是密法的内容。不同的人根据各自所长进行了经典受持的分工，各自令佛陀精神的一部分得以保留和弘扬。

最后，就文殊所代表的思想而言，文殊所弘扬的佛教义理是大乘空宗的代表。在印度佛教史上，大乘佛教以“空”“有”二宗为代表，认为二宗肇始于龙树、无著，然而若追溯源头，在释迦牟尼时代，文殊、弥勒是空有二宗佛教的杰出代表。无论如何界定，文殊所代表的思想体系都在佛学界享有崇高的声誉。

如上文所述，文殊菩萨被视为般若类经典的受持者，那么，总体而言，文殊所受持的般若类经典有哪几类呢？元魏菩提流支译《金刚仙论》卷第一有所述及：

八部般若：其第一部十万偈（大品）、第二部二万五千偈（放光）、第三部一万八千偈（光赞）、第四部八千偈（道行）、第五部十千偈（小品）、第六部二千五百偈（天王问）、第七部六百偈（文殊）、第八部三百偈（金刚）……前之七部遣相未尽，但称般若。此第八部遣相最尽，故别立金刚之名也。[2]

与之相应的是，文殊是般若类经典中最常见的菩萨。如在《大般若经》中，文殊经常与佛问答如何修行般若。文殊提出，修甚深波罗蜜多应无所住，于善于恶无增无减，于一切法亦无增减；“甚深般若波罗蜜多，不为舍法得法故起”[3]；修学甚深般若波罗蜜多，“不为厌离生死过失，不为欣乐涅槃功德”[4]，“不见生死况有厌离，不见涅槃况有欣乐，不见诸法有劣、有胜、有失、有得、可舍、可取”，“不得诸法可增可减”[5]，详细深入地为学人分析如何修学甚深般若。再如，《维摩诘经》文殊与维摩诘共论“不二法门”，言辞洗练，内容精微，在佛教史上影响很大。

---

[1] 《大正藏》第8册，第868页。
[2] 《大正藏》第25册，第798页。
[3] 《大正藏》第7册，第965页。
[4] 《大正藏》第7册，第965页。
[5] 《大正藏》第7册，第965页。

总之，无论是从人、神还是从文殊所代表的群体，以及思想来看，文殊在印度佛教中的地位都十分重要。关于文殊信仰的资料印度等地现存内容很少，万幸的是，中国前往印度求法的僧人对当时印度各地的文殊信仰都有记录。东晋法显在《佛国记》中说，摩头罗国中，“摩诃衍人（大乘——笔者按）供养般若波罗蜜、文殊师利、观世音等”[1]，可见文殊在当时已成为中印度大乘佛教的三大主要崇拜之一。唐玄奘《大唐西域记》卷四也提到秣菟罗国的文殊信仰状况：

伽蓝二十余所，僧徒二千余人，大小二乘兼功习学。天祠五所，异道杂居。有三窣堵波，并无忧王所建也。过去四佛遗迹甚多，释迦如来诸圣弟子遗身窣堵波，谓舍利弗、目健连、弥多罗尼子、邬波厘、阿难陀、罗怙罗，曼殊室利诸菩萨窣堵波等。每岁三长及月六斋，僧徒相竞，率其同好，赍持供具，多营奇玩，随其所宗而致像设。阿毗达磨众供养舍利子，习定之徒供养目健连，诵持经者供养弥多罗尼子，学毗柰耶众供养邬波厘，诸苾刍尼供养阿难陀，未受具戒者供养罗怙罗，其学大乘者供养诸菩萨。是日也，诸窣堵波竞修供养。[2]

由这段记述可知，秣菟罗国内大小乘兼学，值得注意的是，文中依序点出“释迦如来诸圣弟子”的名字，在提及大乘菩萨信仰时，仅举出一人作为代表，这位代表就是“曼殊室利”，说明在该国当时流传的大乘佛教诸菩萨信仰中，以文殊菩萨为最盛。

同书描述案达罗国时，提到陈那曾得到文殊化身的指引和帮助。陈那是古印度大乘佛教瑜伽行派论师，佛教新因明的创始人，被后人称为“中世纪正理学之父”。文中道：

西南二十余里至孤山，山岭有石堵波，陈那在此作《因明论》，深受国王尊敬。当陈那入定时，妙吉祥菩萨知而惜焉，欲相警诫，乃弹指悟之而告曰：“惜哉！如何广大心为狭劣志，从独善之怀弃兼济之愿？欲为善利，当广传说慈氏菩萨所制《瑜伽师地论》，导诱后学，为利甚大。”陈那受其化文殊的指点作《广因明论》。

陈那后来又进一步举《广因明论》之大义，综其微言，作《因明论》，自此大力弘扬瑜伽学说，成为一代佛教宗师。而他的起点来自“妙吉祥菩萨”，即文殊菩萨。“其化文殊”指的

[1] 《大正藏》第51册，第862页。
[2] 《大正藏》第51册，第870页。

是文殊菩萨示现神通以变化身指点陈那。这则信息说明至迟到陈那时代（5—6 世纪）案达罗国对文殊菩萨的崇拜和信仰已经达到相当的程度。

二、文殊信仰初入中国

据唐道宣《释迦方志》卷下的介绍，两晋南北朝最流行的是对观世音菩萨、地藏菩萨、弥勒菩萨（或弥勒佛）、阿弥陀佛的信仰，向他们“称名念诵”而求救助的人很多。这里虽没有提到文殊菩萨的信仰，却并不意味着没有这种信仰，文殊菩萨的名字频频出现在大量的汉译佛经中。

实际上，文殊信仰传入很早，是随着大乘佛教亦即大乘佛教的经典翻译而传入中国的，南北朝以后逐渐流传开来。根据《出三藏记集》的记载，在梁以前传入中国的经典中，以文殊冠名的经典共十八种。有关文殊菩萨的经典，最早的译介者应为东汉桓帝时来华的安世高。他译了《佛说佛印三昧经》和《佛说宝积三昧文殊师利菩萨问法身经》各一卷，前者是佛为文殊菩萨说法，后者提及文殊菩萨宣说佛法，第一次为中国人介绍了文殊菩萨。但是由于安息僧人安世高所译多为上座部经典，重点放在“禅数”上，对大乘菩萨信仰着力不多，从而并未产生较大影响。另一位较早的译介者是稍后来华的月氏僧人支娄迦谶。他翻译了《佛说内藏百宝经》一卷、《佛说伅真陀罗所问如来三昧经》三卷、《文殊师利问菩萨署经》一卷和《文殊师利普超三昧经》一卷，阐发文殊的般若思想。“支谶”的再传弟子支谦翻译了《佛说慧印三昧经》一卷。支谶注重大乘般若学，而且有相当数量的西域侨民作为信仰的群众基础，为大乘佛学的传播做好了准备，为文殊信仰的传播开创了先机。

文殊信仰传播影响最大、译经数量最多的当属西晋时期的竺法护。《出三藏记集》卷十三《竺法护传》称：

> 竺法护，其先月支人也，世居敦煌郡。年八岁出家，事外国沙门竺高座为师。诵经万言，过目则解。天性纯懿，操行精苦，笃志好学，万里寻师……是时晋武帝之时，寺庙图象虽崇京邑，而方等深经，蕴在葱外。护乃慨然发奋，志弘大道，遂随师至西域，游历诸国，外国异言三十有六，书亦如之，护皆遍学，贯综古训，音义字体，无不备晓，遂大赍胡本，还归中夏。自敦煌至长安，沿路传译……经法所以广流中华者，护之力也。[1]

---

[1] 《大正藏》第 55 册，第 97—98 页。

竺法护“世居敦煌而化道周洽，时人咸谓敦煌菩萨也”[1]。他当时所处的时代正是大乘佛教初传时期，搜集和翻译的佛经也以大乘经典为主。他翻译佛经 155 部 311 卷，占了西晋翻译佛经的一半多，其中有关文殊菩萨的经典占了很大的比重。根据《大正新修大藏经》《续藏》《大藏经补编》统计，佛说文殊菩萨类的经典有 28 部，文殊菩萨说法的经典有 14 部，合计 42 部，敦煌菩萨竺法护翻译的就有 15 部，占了总数的三分之一以上，由此可见竺法护对文殊信仰的重视。这 15 部经分别是：

1.《佛说阿惟越致遮经》三卷，《大正藏》第九册；

2.《文殊师利佛土严净经》二卷，《大正藏》第十一册；

3.《佛说普门品经》一卷，《大正藏》第十一册；

4.《佛说如幻三昧经》二卷，《大正藏》第十二册；

5.《佛说离垢施女经》一卷，《大正藏》第十二册；

6.《佛说须摩提菩萨经》一卷，《大正藏》第十二册；

7.《佛说文殊师利净律经》一卷，《大正藏》第十四册；

8.《佛说文殊师利现宝藏经》二卷，《大正藏》第十四册；

9.《佛说文殊悔过经》一卷，《大正藏》第十四册；

10.《佛说魔逆经》一卷，《大正藏》第十五册；

11.《佛说弘道广显三昧经》四卷，《大正藏》第十五册；

12.《佛说须真天子经》四卷，《大正藏》第十五册；

13.《文殊支利普超三昧经》三卷，《大正藏》第十五册；

14.《佛说大净法门经》一卷，《大正藏》第十七册；

15.《佛说无希望经》一卷，《大正藏》第十七册。

另外，属于竺法护译经团体翻译的文殊类经典还有两部：聂承远译的《佛说超日明三昧经》二卷和聂道真译的《佛说文殊师利般涅槃经》一卷。其中，《文殊般涅槃经》中说文殊在“佛涅槃后四百五十岁当至雪山，为五百仙人宣畅敷演十二部经”，后来在出生地涅槃。这里没有讲“雪山”就是中国五台山，但后世文殊信仰盛行，就把五台山比附为雪山了，这是文殊道场后来在中国形成的最早的经文线索。

应当说，在竺法护之前，对大乘菩萨行尤其是文殊菩萨经典的翻译，无论从数量和重视程度上都是远远不够的，更谈不上形成文殊信仰了。中国佛教文殊信仰缘起于敦煌菩萨竺法

[1]（梁）释慧皎：《高僧传》，《大正藏》第 50 册，第 326 页。

护，应当说是实至名归的。汤用彤先生的评价为，“护公于佛教入中华以来，译经最多，又其学大彰《方等》玄致，宜世人尊之，位在佛教玄学之首也”[1]。

竺法护之后，大乘（菩萨乘）思想经过其门人宣弘，影响越来越大。如果说家喻户晓的观世音菩萨是“大悲大慈”的象征，文殊则象征着“智慧”“觉悟”“真实”和对一切事物深刻的领悟力与洞察力，这些文殊类经典与同期传入的大乘般若经典一起确定了中国文殊信仰的初步形成。至东晋时，文殊信仰最重要的一部经典《大方广佛华严经》由佛驮跋陀罗译出，文殊信仰的发展获得了更大的推动力。《大方广佛华严经》的主题是以文殊菩萨的大智和普贤菩萨的大行共同庄严毗卢遮那佛的清净法身。最后一品《入法界品》是全经的高潮，主人公善财童子，为了在现生之中完成菩萨行业，在文殊菩萨指点下，连续参访了53位“善知识”（即著名的“五十三参”），从而达到了“一生取办”“即身成佛”的目的。善财童子的形象象征着以文殊菩萨的大智慧，运用普贤行，证入佛界，成就佛果。随着《大方广佛华严经》等大乘经典在中国的传播，文殊信仰的影响力逐步走向全国。

同期，后秦鸠摩罗什又译出《首楞严三昧经》《维摩诘经》等大乘佛经，文殊皆位于大乘菩萨的上首。尤其是在《维摩诘经》中，主角虽然是维摩诘居士，但是文殊是唯一能够和维摩诘展开谈论般若深理的释迦弟子，般若思想由二者的问答展现开来。在对后世天台宗、禅宗影响较大的梁曼陀罗仙译的《文殊师利所说般若经》中，记述文殊菩萨与佛、舍利弗关于般若波罗蜜的问答，其中关于“无住”“无相”“一行三昧”的说法最有名。鸠摩罗什译的《大智度论》卷七说弥勒、文殊菩萨是“出家菩萨”，而观世音菩萨是“从他方佛土来”。这似乎容易让中国人产生的对文殊菩萨的心理距离要比观音菩萨的更近些。

在上述中国早期的译经当中，文殊一般以菩萨身份，作为佛陀传播佛法的协助者出现，也有佛经指出文殊未来将会成佛。西晋竺法护译的《文殊师利佛土庄严经》卷下说，文殊从往昔很久以来发下誓愿，严净佛土，未来当成佛，名“普现如来”，佛土名“离尘垢心”世界，闻其名者皆可达到解脱。《首楞严三昧经》卷下说，过去有佛名“龙种上尊王如来”，于南方平等世界成“无上正等觉”，化度几十亿阿罗汉和菩萨，此即文殊。《菩萨璎珞经》卷四和《寂调音所问经》也说文殊过去是佛，两经的区别在于对文殊成佛时的佛名与佛国名称不同。影响较大的是后秦时代鸠摩罗什在长安翻译的《法华经》卷一的说法，称往昔有佛名“日月灯明”，出家前有八子，出家后向妙光菩萨说《法华经》；八子以后又从妙光菩萨学法，次第成佛；最后一佛就是燃灯佛，而燃灯佛是释迦牟尼之师；妙光不是别人，就是文殊菩萨。

---

[1] 汤用彤：《汉魏两晋南北朝佛教史》，河北教育出版社 1996 年版，第 120 页。

据此，中国佛教有时把文殊菩萨称为“九代祖师”。

据以上翻译的相关佛典内容可见，在唐以前的中国大乘佛教中，文殊被描绘成众菩萨之首，具有与般若智慧同等的至高地位，有广大神通，信仰与礼敬文殊可灭罪得福，早日达到解脱。这在很大程度上迎合了民众的心理需求。一种菩萨信仰的流行，一方面是依托于相关的佛教经典通过大量的阐释或者强调来实现的，另一方面是通过现实生活中的各种信仰形式来体现的。随着越来越多的文殊类经典的出现和流传，文殊信仰日益受到欢迎。在这个过程中，文殊的神力不断得到增大，文殊的品格也日渐完善，从而使文殊信仰更加深入人心。

三、文殊信仰的中国化发展

佛教体系，既有深奥晦涩的宗教哲学理论，也有通俗形象的民间信仰形式。前者以独特的思辨方式论证现实世界的虚幻不实，宣扬佛教的至高圆满的精神境界，以及相应的修行方法和处世态度，后者则以极其通俗的形式向人们宣传佛、菩萨的威力无穷和佛国世界的美好，以祈求摆脱苦难，获得福祥。因而在佛教中国化的进程中，佛、菩萨信仰体系与深奥且思辨性很强的教理互相补充，相辅相成，前者则主要在民间传播。东晋时期，民间崇信文殊菩萨之风渐起，这在灵感故事、造像、文学等方面都有鲜明的反映。

（一）文殊灵感故事的出现与传播

文殊灵感故事的辗转传述是文殊信仰在民间传播的一种重要形式，往往带有浓厚的神秘色彩，生动地反映了民间的文殊信仰状况。这些灵验事迹既是各类文殊类经典对文殊信仰不断扩充、不断丰富的结果，也是文殊信仰者对文殊菩萨神力和品格努力阐释、尽情渲染的产物，其间包含了大量信仰者虔诚的宗教实践活动和深切的心理体验。这种灵验信仰的流行会引起一系列的连锁反应，推动文殊经典的不断完善和发展，甚至导致新的文殊信仰内涵的出现，进一步激发信众的宗教实践活动，强化信徒的宗教心理感受，促使文殊信仰总体上的不断发展和更加广泛深入的流传。

唐代以前的文殊感应故事收录大多集中于五台山地区，反映了文殊信仰有流布中心地域。这些感应主要有五类：

1. 文殊道场为五台山的传说。相传东汉明帝以前五台山就有五髻仙人（后来被附会为五髻文殊）出现[1]；印度僧人竺摩腾、竺法兰具大神通，观五台山为文殊居住地，前来礼拜[2]。这

[1] （明）镇澄：《清凉山志》，崔玉卿点校《清凉山传志选粹》，山西人民出版社 2000 年版，第 245 页。
[2] （明）镇澄：《清凉山志》，崔玉卿点校《清凉山传志选粹》，山西人民出版社 2000 年版，第 191 页。

两则传说出现在明代的有关记录中，而于唐宋两朝的《清凉山传》并未见提及，故极可能是后人为夸大文殊信仰的伪造说法。

2. 排忧解难，满足信众需求。传说北周释智猛年少时愚痴，其父画文殊像，智猛精诚供养，获得超人的才智[1]。又传说五台山盲女诚信祈祷文殊，感应文殊化现指点，精进修习，得以双目复明：清凉东南之隅，有清信女，患目盲，常触山居，心祈文殊师利圣者。昼夜精勤，至诚恳祷，感圣加被，遂得重明，后不知其所终。[2]

还有一则故事说隋代一名盗贼跌落山崖，生起忏悔心，一心礼念文殊菩萨名号，感应文殊化现救助[3]等。这则传说传递了一条信息，即非佛教信众也接受了五台山是文殊菩萨道场的说法，在危难中为文殊菩萨是瞻。

3. 显示大神力，激发一般信众信心。影响最大的一则是文殊化身贫女的传说。据《广清凉传》记载，北魏时，文殊菩萨化身贫女带二子及一犬乞斋，她身无一物，"剪发以施"。僧"命僮与馔，三倍贻之。意令贫女二子俱足，女曰："犬亦当与。"僧勉强复与。女曰："我腹有子，更须分食。"僧乃愤然语曰："汝求僧食无厌，若是在腹未生，曷为须食？"叱之令去。贫女被呵，即时离地，倏然化身，即文殊像，犬为师子，儿即善财及于阗王。五色云气，霭然遍空。[4]贫女现出文殊原形后，告示僧众要修学平等心。该僧人则"恨不识真圣，欲以刀剜目，众人苦勉方止。尔后，贵贱等观，贫富无二"。寺庙诸众"遂以贫女所施之发，于菩萨乘云起处，建塔供养。圣宋雍熙二年，重加修饰"[5]。此塔至今仍在五台山塔院寺接受万千信众的礼拜。

4. 指导僧人深入修行。据载，隋五台县照果寺释解脱亲承文殊教诲，明了文殊利益众生的方法，以及解脱必须实修内证的道理。书载释解脱是：

> 于五台西南之足佛光山立佛光精舍，依之综习。脱常诵《法华》，又每读《华严》。晓夜无辍。后依《华严》，作佛光观。屡往中台东南华园北古大孚寺，求文殊师利，再三得见。初则礼已寻失，后则亲承言诲。告脱云："汝今何须亲礼于我？可自悔啧，必悟解耳。"脱敬承圣旨。因自求乃悟无生，兼须法喜。遂慨兹独善，思怀广济，祈诚大觉，请证此心，乃感诸佛。

[1]（宋）非浊：《三宝感应要略录》卷三，《大正藏》第 51 册，第 849 页。
[2]（唐）慧祥：《古清凉传》，《大正藏》第 51 册，第 1096 页。
[3]（明）镇澄：《清凉山志》，崔玉卿点校《清凉山传志选粹》，山西人民出版社 2000 年版，第 192 页。
[4]（宋）延一：《广清凉传》，《大正藏》第 51 册，第 1109 页。
[5]（宋）延一：《广清凉传》，《大正藏》第 51 册，第 1109 页。

见说偈曰："诸佛寂灭，甚深法广劫修行。今乃得，若能开晓此法眼，一切诸佛皆随喜。"

解脱更问空中："寂灭之法。若为可说得教人耶？"

诸佛即隐，但有声告曰："方便智为灯，照见心境界，究竟真实法，一切无所见。"……脱恨不得烧香供养，蹙踖惭愧，忽闻城上有声曰：

"合掌以为华，身为供养具。

善心真实香，赞叹香烟布。

诸佛闻此香，寻声来相度。

众等勤精进，终不相疑误。"

时脱独闻此声，弥加勇猛，自尔之后，证入逾深。[1]

释解脱后来的弟子众多，影响盛极一时，史载单学成禅业者就八百有余，更不论从学者的数目了。对这种现象慧祥的评价是："必是妙德加持，助其弘诱耳。""妙德"，即文殊菩萨的一个别称，后人认为释解脱的成就必然是文殊菩萨帮助的结果。

类似的事例还有，《广清凉传》载，令休闻空中文殊菩萨为其开演解脱法门，而悟心性本净，使心空烦恼灭。[2]

5. 燃身供养文殊菩萨。随着文殊显化事迹频频出现，民间信仰之风也越来越浓，更有甚者，逐渐出现了发心以身供养的现象。

印度佛教制戒明令禁止故意的自残、自杀行为，中国却出现不少燃身、烧指供养的佛教践行。《高僧传》专列有《亡身篇》，《续高僧传》和《宋高僧传》列有《遗身篇》，俱有许多记载。为什么在中国会出现这种自戕性质的修行方式？究其根源有两个，一是受《法华经》的传布和影响，中国僧人愿仿效药师菩萨行供养以最快的方式获得自身生命的最大超越。作

---

[1] （唐）法藏：《华严经传记》，《大正藏》第 51 册，第 169 页。同事迹在慧祥的《清凉传》（《大正藏》第 51 册，第 1095—1096 页）也有相同记载。

[2] 释令休，河南人也，乐寻圣迹，遍历名山，励节勤苦，众咸推伏。远诣台山，礼文殊师利。忽闻空中有声，告曰："南阎浮提人，多不定聚，刚强难化，汝宜度之，勿惮劬劳，斯为上士。"

僧曰："欲求解脱，若为可得？"

空曰："汝可除心。"

僧曰："云何除心？作何方便？"

空中告曰："无心之草名萱，汝就观之，自当悟解。"

师即求之，后果见其草。乃自惟曰："我问除心有何方便，却令观此无心之草，有何意旨？"如是审思，豁然了悟曰："草譬烦恼，无心喻空。草既无心，烦恼亦尔。烦恼既空，当何所断？"乃大悟无生，法空观门。于斯了矣，师不胜悲喜，即就此草，结庵而止。

见《广清凉传》，《大正藏》第 51 册，第 1118 页。

为初期大乘的主要经典《法华经》，在中国佛教史上影响深远，隋代形成的天台宗奉此经为根本经典。该经《药王菩萨品》说到药王菩萨的前身为“一切众生喜见菩萨”时，曾燃自身供养日月净明德佛及《法华经》，更于后生自烧臂供养同一佛之舍利。经文又述及，若欲得阿耨多罗三藐三菩提者，能燃手指乃至一足趾以供养佛塔，胜过以国家、城池、妻子、儿女，以及三千大千国土、山林、河池、诸珍宝物供养者。据佛教各种史传记载的事例，行烧指或烧身方式者多与此经有关。刘宋僧人僧瑜在匡山坐薪龛中，合掌平坐，诵《药王品》，火焰交至，犹合掌不散；北周名僧僧崖，以布裹左右五指烧之，经日左手指尽，油沸火将灭，用右手残指夹竹挑之，以日继夕，并烧二手而眉目不动，后复烧身，身面焦烂，仍在火中礼拜不止；另有宋蜀武担寺释僧庆，书中虽未言及受《法华经》影响，但其自焚的动机与药师菩萨如出一辙。[1] 单刘宋一代，仿效药师菩萨烧身的就有法羽、慧绍、慧益，萧齐的法光等。但是，亦不能忽视，在烧身举动中不乏哗众取宠者，最后以闹剧收场的，“及临火就薪，悔怖交切，彰言既广，耻夺其操”。[2] 燃身供养出现的第二个原因当是源自“杀身成仁”“舍生取义”的传统思维，此时的“仁”或“义”内涵被替换为度生事业或成佛之途径。与身命布施一样，燃身之举是自发的，没有不得已而为之的无奈。

有关燃身供养文殊菩萨的最早的传说是北齐王子燃身供养文殊以求忏罪[3]；再是隋僧嘉福燃五指供养，并在臂上燃灯求往生净土[4] 等。不管他们是出于对四大皆空、一切如幻的体认，还是急于求取佛道，都可见其笃信文殊之虔诚。

综上可以看出，尽管文殊代表般若智慧，但民众对其信仰不限于此，而是带有菩萨信仰的普遍特征，比如灵感传说的第二类，是寻求佑护，寻求指引，再比如第三类是有关菩萨的化现。在上述五类中，第一类灵感事迹的特点具有特异性，非菩萨信仰的普遍特征，在中国后来的四大菩萨信仰体系中率先形成，这就是文殊菩萨最先拥有专属的道场。

除去上述几类与文殊信仰具有直接关系的灵感事迹，还有一类可以得见这一时期佛教信仰的时代特征，这便是与文殊菩萨和五台山有关的感应传说。《古清凉传》记载：

高齐王时，大孚寺僧祥云，俗姓周氏，不知何许人。年数岁而出家，初依并州僧统释灵询为弟子，统欲观其宿习，便以大乘藏经，任其探取，乃得《涅槃》。因合诵之，未

---

[1] 《高僧传》载其“净修梵行，愿求见佛。先舍三指，末誓烧身。渐绝粮粒，唯服香油。到大明三年（459）二月八日，于蜀城武担寺西，对其所造净名像前，焚身供养”。见《大正藏》第50册，第405页。

[2] 《高僧传》，《大正藏》50册，第406页。

[3] （唐）慧祥：《古清凉传》，《大正藏》第51册，第1094页。

[4] （宋）延一：《广清凉传》，《大正藏》第51册，第1118页。

涉月年，一部斯毕，日诵一遍，以为常准。既闻此山（指五台山——笔者按）灵，乃往居之。后于寺南，见数十余人，皆长丈许。中有一人威棱最盛，直来迎接，顶礼云："请师行道七日。"

云曰："不审，檀越何人？家在何处？"

曰："弟子是此山神，住金刚窟。"于是，将云北行，至数里见宫殿园林，并饰以朱碧。云乃居之诵经，其声流亮，响满宫室。诵经讫，神以怀其珍物，奉施于云。云不肯受，神固请纳之，云曰："贫道患此微生，不得长寿，以修道业，檀越必不遗，愿赐神灵之药。"

神……取药一丸，大如枣许，色白如练，奉之。云受已便服，遂获登仙。[1]

北齐祥云诵《涅槃经》得山神授灵药而登仙[2]，由此传说可知道家升天成仙之风在民间亦盛，一般人并搞不清仙、佛的区别。这则故事演变到后来，随着五台山逐渐成为人们心中的文殊菩萨道场，山神也被附会为文殊菩萨的化身。

又，从北齐的明勖遇异僧（文殊化身）示暴疾而亡的传说，可以得见当时的佛教信仰特点。史载北齐的明勖专程不辞辛苦到五台山，"唯觅文殊师利"：

未经数日，遇一异僧，状同其志，亦裹粮杖锡云，觅文殊。偶然一处，忽尔相见。于是，明勖即礼异僧，异僧亦礼明勖。各云："大圣大圣，愿见救度。"如此之俱困而乃止。殆问讯方俗，各述所居。

勖遂无疑而忻得同志，相随登陟，经于三日至东台。东南见一故屋，中有数僧，并威仪疏野，容貌蕞陋。异僧初不致敬，次亦明勖慢之。既接暄凉，投中寄宿。尔夜异僧暴疾，困笃难堪，便利床席，臭秽无已，但云："我病困。"如此之声，未尝断绝，乃相劝出山。因离其处行百余步，住屋异僧，倏焉俱失。勖方悟圣人，慨其愚暗，崩号恸绝，几至灭身。恳款旬余，更无所见，还归本住，向名德叙之。

识者告曰："我病困者，道汝我人之病困也，汝当觉之，必蒙度脱。"[3]

其实，这则故事可以归入上述的第四类灵感事迹当中，但是没有上述几例那么直接地深

[1]（唐）慧祥：《古清凉传》卷下，《大正藏》第 51 册，第 1095 页。
[2]（唐）慧祥：《古清凉传》卷下，《大正藏》第 51 册，第 1096 页。
[3]（唐）慧祥：《古清凉传》卷下，《大正藏》第 51 册，第 1096—1097 页。

入法门理义，而是对克服习气的指点，明勖本身是从当中得到教训而非实修内证方面的升华。明勖后来彻底克服我慢之心，谦卑自守，纵遇童隶，亦礼敬对待。故事中明勖只为自己求所谓的“圣果”而忘记佛教最基本的理念“慈悲”。可以得知，当时修学大乘的特点是以谈玄说妙为主，距离身体力行实践菩萨道这一大乘的根本特色尚远。

（二）文殊造像的出现

佛教造像是佛教艺术非常重要的表现形式，在佛教传播过程中发挥了不可替代的作用。佛教造像起自犍陀罗，沿丝绸之路传到中国。文献记载东汉明帝时始有使人蔡音等由西域带回佛像，明帝将其摹写数本置之于显节陵等处。这是佛教艺术传到中国的最早记载。目前在中国所见早期的佛像和中国的神仙像颇难区分。中国历史上的南北朝时期，特别是在北朝的领域，出现了佛教艺术发展的第一个高峰期。驰名于中外的敦煌莫高窟、云冈、龙门、麦积山等四大石窟，无一不是产生于这个时期。除此之外，小型的石窟还有河南安阳灵泉寺、小南海石窟，河北邯郸的南北响堂山石窟，甘肃的炳灵寺、拉稍寺石窟等。石窟遍布全国各地。菩萨信仰在民间的共性是，信徒为了表达敬奉而制作各种不同的菩萨像，尽管大小、形制、质地、姿势、相貌等可能不相一致，但它们具有相同的作用，传达着信众的虔诚心。往往一个时期某尊佛或者菩萨的造像数目，反映了当时该主尊信仰的流行程度。

最早的文殊菩萨造像出现于 3—4 世纪。《佛祖历代通载》卷七中说，太尉陶侃镇守广州期间（259—334），有“渔夫见海中有神光，网之得金像文殊，志云阿育王造”，后来送至寒山寺。阿育王是否造过文殊像无从可考，又《佛祖历代通载》为宋代著作，之前为何没有关于此则的记载？因此，这种说法颇存疑，但无论如何，这是中国现有资料最早的文殊菩萨造像的记载。自南北朝开始，佛教题材的绘画成为中国画的一个主要科目。根据《贞观公私画史》记载，南北朝时期以文殊为题材的绘画保存至唐代的，晋、刘宋时期的有张墨、袁蒨所绘《维摩诘变相图》。又单就文殊而言，有梁萧绎绘制的《文殊像》，故可知最迟至梁朝中国就有文殊菩萨画像出现[1]。

南方出现维摩诘经变画之后，不断有相关艺术品出现，并逐渐延及北方。敦煌石窟西秦时期出现《维摩示疾图》与《文殊变画》在一壁。到了北魏晚期，云冈、龙门、麦积山等石窟都有了形式不同的维摩变，尤其是麦积山的已发展成场面宏大、人物众多的通壁结构，维摩与文殊为画面主体人物。一直到隋代，文殊、维摩对答的壁画依旧很多，文殊形象日益丰

[1] 参见凌空《印度佛教艺术与中国早期佛教书》，收录于张曼涛主编《佛教与中国文化》，上海书店 1987 年版，第 181—182 页。又据《贞观公私画史》所载的 23 家 45 幅，以维摩诘像居多，释迦像次之，而观音、普贤、地藏等菩萨像尚未出现。

满[1]。例如，在莫高窟第 420 窟的西壁南侧，经变中的文殊姿态从容，举手论道，维摩诘面庞清瘦，双眉紧锁，似乎有意突显文殊。后来，历代画师多热衷于这一题材。

南北朝时期，文殊的造像开始在石窟中出现。东魏丞相高欢在执政的十六年间，于太原以西的天龙山修建避暑宫，同时开凿了两个石窟，即东峰的第二窟和第三窟，时间约在天平元年至武定五年（534—547）高欢去世之前。两个石窟大小形制基本相同，后壁原有三尊佛像，左右两侧还置有三尊倚坐像。两窟中央都设有佛龛，有尊像及胁侍菩萨。只可惜这些造像多被盗贼破坏，无从得知尊像为何，只在第三窟的右壁尚可见维摩与文殊的对谈场面。由南北朝时期文殊造像、画像的主体内容可以推知，维摩诘经的流行一直带动着文殊信仰的传播。

（三）佛教文学中的文殊形象

佛教作为外来宗教，传入之初在两汉之际，曾因“政教不行，礼仪大坏”招来不少“祸乱”，发展也因此受到抑制。进入西晋后，佛教般若学借助魏晋玄学的兴盛得到传播和发展，当时出现不少翻译、抄写、读诵、宣讲《大品般若经》的学者。而文殊是“般若”的象征，他所表征的性空理与魏晋玄学好合拍，般若类经典的备受重视，令文殊很容易引起当时的名士和清客的重视并引发共鸣，文殊信仰由此很快地进入士大夫阶层与义学僧人谈玄说妙的话题之中，由魏晋南北朝时期的文学作品中可见一斑。

佛经对佛菩萨的赞叹，主要以字句简要整齐的偈颂形式表现。偈颂以最简要整齐的字句写成，目的在于使修行者便于记诵、赞叹，从而能够效法佛或者菩萨所彰显的精神。魏晋南北朝时期，佛教处于被中国人理解和接受的阶段，佛教文学应机出现，表现形式多样，有诗文，也有模仿经典本身的形式或按照经典的偈颂创造中国赞颂形式。关于文殊信仰最直接的文学作品在这一时期的主要表现形式是赞文。从现存的资料中我们一共找到四篇，由这几篇有限的赞文可以得见，这一时期民众信仰心理的文殊形象。

最早的是西晋支道林所写的《文殊像赞》：

眇眇童真，弱龄启蒙。
含英吐秀，登玄履峰。
神以道王，体以冲通。
浪化游方，乃轨高踪。

---

[1] 参见李其琼《隋代的莫高窟艺术》，载敦煌文物研究所编《中国石窟·敦煌莫高窟》（第二册），文物出版社 1999 年版，第 166—167 页。

流光遗映，爰暨兹邦。

思对渊匠，靖一惟恭。

灵襟绝代，庶落尘封。[1]

这篇赞文呈现了幽致的情态，赞叹童真文殊启发众生菩提智，在精神层次提高到“神以道王，体以冲通”的高度。

此外，支遁还写有《文殊师利赞》：

童真领玄致，灵化实悠长。

昔为龙种觉，今则梦游方。

忽怳[2]乘神浪，高步维耶乡。

擢此希夷质，映彼虚闲堂。

触类兴清遘，目击洞兼忘。

梵释钦嘉会，闲邪纳流芳。[3]

文中头一句赞叹文殊的智慧感染力，称文殊以童子的纯净追随释迦佛四方游化，度化众生。再以“昔为龙种觉”加上了对文殊来历的说明，“今则梦游方”则指其现在以菩萨身到处随缘度化，从“高步维耶乡，擢此希夷质，映彼虚闲堂”几句，可见文殊在维摩诘经中与维摩诘共论不二法门的形象，影响很大。同样，文中亦夹杂玄学术语。

晋之殷晋安写有《文殊像赞》，全文如下：

文殊渊睿，式昭厥声。

探玄发晖，登道怀英。

琅琅三达，如日之明。

亹亹神通，在变伊形。

将廓恒沙，陶铸群生。

真风幽暖，千祀弥灵。

[1] （唐）释道宣：《广弘明集》，《大正藏》第52册，第199页中。

[2] 在清代严可均辑的《全晋文》卷一五七中改为“惚恍”。

[3] （唐）释道宣：《广弘明集》，《大正藏》第52册，第197页。

思媚哲宗，寤言祇诚。

绝庆孤栖，祝想太冥。[1]

这一赞文重在对文殊渊博高深的智慧、辩才、神通、恩德的赞扬。

晋济川也著有《文殊师利赞》：

释尊降世，说法度人。大圣文殊，示菩萨身。

佛不并化，助道能仁。金口宣言，证号往音。

龙种上尊，摩尼宝积。普化色身，未来当得。

双林灭景，众圣韬光。我大导师，奄宅清凉。

五百仙俱，讲道为常。波利远归，无著愿见。

或授秘语，或睹神变。为接有情，不舍方便。

我曾供养，今复亲依。瞻仰真像，若觇灵晖。

俗缘未断，善念长归。我对金容，当发大誓。

运菩提心，广度一切。近侍吉祥，亿生万世。[2]

这篇赞文先从历史角度说明并赞叹文殊，称其辅佐世尊弘法，虽现菩萨身，其实早已成佛。接下来，从“金口宣言”到“未来当得”说明文殊四处显灵度化，是为未来佛。“双林灭景，众圣韬光。我大导师，奄宅清凉。五百仙俱，讲道为常。波利远归，无著愿见。或授秘语，或睹神变。为接有情，不舍方便”，是说五台山为文殊应化道场，借由佛陀波利和无著的经历显示文殊为利有情不舍方便的菩萨心怀。接下来是供养文句，以及发广利有情的菩提大愿。该文结构严谨，内容丰富，有事实、有赞叹，并有回向文，堪为赞文的精品。

以上几篇赞文都是佛教初传时期中国人对文殊的理解，那个时期对佛教的理解还是用中国的主流文化——儒道之学，以及当时盛行的玄学来诠释的。因而可以发现，这些赞文都是对佛经中所记载的文殊作以发挥，并配合当时的玄学术语来咏赞。之所以是这种状况，乃由国人当时对佛教的理解水平所决定的。也正因为如此，这一时期的佛教文学内容多以赞叹佛德、忏悔招福居多，像唐代以后抒写体验、悟入、说法那样带有思悟感想一类的作品很少见。另外，从赞文的内容和作者的背景来看，当时的大乘佛教主要是贵族阶层的宗教。也正是借

[1] （唐）释道宣：《广弘明集》，《大正藏》第 52 册，第 198 页。

[2] （宋）延一：《广清凉传》，《大正藏》第 51 册，第 1125 页。

助贵族阶层的力量，文殊的名声、事迹及思想随着般若经的流行在晋代传向民间。

文殊信仰中国化发展的另一个重要特点是道场的建构，对此笔者另有探讨。

结语

一个民族的文化和生活呈多元动态发展，其中宗教信仰根深蒂固，构成部分社会生活的精神支柱。虔诚信教的民族，宗教信仰不仅支配着他们的思想感情，而且宗教组织和礼俗也深刻地影响着他们的日常生活，包括社会政治、伦理道德、文学艺术、婚姻家庭、人际往来和生老病死等，所以，民族问题往往与宗教问题联系在一起。当今的国际争端和地区性冲突，很多都与民族矛盾、宗教纷争相关。东方丝绸之路沿线的历史舞台所演绎的就是这样多元的和谐。

文殊信仰从印度经丝绸之路传入中国，和中国本土民俗相融合，完成其中国化的发展，在不同民族、种族、地区之间架起沟通的桥梁。这座桥梁充分发挥了丝绸之路“和平合作、开放包容、互学互鉴、互利共赢”的精神，没有战马和长矛的影子，而是经典和慈悲，依靠的不是坚船和利炮，而是宝船和共同的信仰追求。一代又一代僧人和信众架起了东西方合作的纽带、和平的桥梁，书写了文明交往、民众交往的篇章。

对于宗教在古代文明中交往中的地位和作用，彭树智先生曾有这样的评价：“宗教的具体表现形式又与文化的各种表现形式并列，从而成为文化的一部分。”因此，“文明交往离不开宗教或近似宗教的价值系统带来的强烈文化政治归属性”。[1] 事实上，作为集思想、语言、文字、艺术等为一体的古代各种宗教在丝绸之路的传播与影响，最为集中地体现了东西方文明交往的成果。因此，宗教在古代文明中具有不可替代的重要作用。一方面，它是古代各主要文明的承载者和代表；另一方面，宗教徒在传教的同时也承担着文明之间交往的使命。正如佛教之于古代印度文明，袄教之于古代波斯文明，犹太教之于古代希伯来文明，基督教之于古代欧洲文明，儒教、道教之于古代中国文明，各种宗教均为其所处的文明所孕育，并且无不是集古代各文明诸因子之大成的承载者。[2] 宗教就是一种文明在意识形态、思维方式、价值观和道德观等方面的集中反映。在古代东西文明的交往中，没有哪种因素能像宗教那样发挥如此重要的作用；离开了宗教，古代东西方文明之间的交往将会黯然失色。从这个意义上讲，丝绸之路不仅仅是一条中外贸易之路，也是一条宗教文化交流之通道，是一条名副其实的信仰之路。

---

[1] 彭树智：《文明交往论》，陕西人民出版社 2002 年版，第 24 页。

[2] 王欣：《丝绸之路与古代东西文明交往》，载《中外关系史论文集第 17 辑——“草原丝绸之路”学术研讨会论文集》，第 40—52 页。

论“一带一路”背景下恢复汉藏教理院办学的重要意义

张爱林 / 西南大学宗教文化研究所

一、加强汉藏佛教文化交流符合“一带一路”倡议大局

中国历史上的丝绸之路推动了中国政治、经济和文化的发展，推进了对外交流和民族大融合。习近平总书记“新丝绸之路经济带”和“21 世纪海上丝绸之路”（简称“一带一路”）倡议是丝绸之路精神的现代传承和延续，而目标更加宏伟，在经济全球化、文化多元化的今天，构建一个多国多民族的政治互信、经济合作、文化交流、共同发展的国际交往与合作平台。“一带一路”倡议与中华民族共同体的文化战略相呼应，共同推动中国政治经济文化的发展和中华民族的伟大复兴。在“一带一路”倡议推进和中华民族共同体的建设中，民族宗教始终是一个核心问题，对外关涉“一带一路”国际的政治合作与经济投资风险，对内关涉国内的政治稳定、民族团结和经济发展。佛教自传入中国开始，就成为古代丝绸之路发展的重要力量，推动了中华文明的对外交流和发展，促进了中国民族大融合。中国是佛教信仰的大国，佛教在“一带一路”倡议的推进中，依然为中国政治、经济、文化发展和中华民族共同体的构建发挥着越来越重要的作用。

“一带一路”涉及国内 18 个省区市和亚欧非 65 个国家，大约 44 亿人口，宗教信仰复杂，民族矛盾尖锐，尤其是宗教力量强大，一些国家政府和世俗政权控制力不足，宗教极端势力猖獗，并与国内“三股势力”有着千丝万缕的联系，境外民族分裂势力打着民族、宗教的旗号不断向国内渗透，破坏民族团结和社会稳定，危害国家安全。藏族是西部人口众多的少数民族，其信仰的藏传佛教也是西部信仰人数众多的宗教，几乎全民族信教，民族问题和宗教问题纠缠在一起。宗教认同成为分裂主义者分裂国家的重要武器，这个问题在宗教极端势力中尤其严重，而藏传佛教由于与汉传佛教一体同源，问题不算严重。但是，近年来，由于汉地信教群众对藏传佛教缺乏足够的认识，一些不法分子利用藏传佛教在内地行骗，导致内地民众对藏传佛教产生误解。藏传佛教与汉传佛教之间教理法义方面的交流不多，亦因相互误解产生不必要的争执，影响民族团结和社会和谐，影响中华民族共同体的推进，加强汉藏佛

教和汉藏文化交流迫在眉睫。民国时期太虚大师在重庆北碚缙云山创办的汉藏教理院为汉藏文化交流提供成功的案例和成熟的交流学习方案，恢复汉藏教理院的办学有助于有效地解决现存的问题。重庆是我国中西部唯一的直辖市和国家中心城市，位于“一带一路”与长江经济带的联结点，民间汉藏文化交流频繁，历史上的汉藏教理院又有成功办学的经验，恢复汉藏教理院的办学对于促进汉藏文化交流，维护国家稳定和民族团结具有重大意义。

二、汉藏教理院：沟通汉藏文化，融合汉藏教理

汉藏教理院是太虚大师于民国二十一年（1932）在重庆北碚创办的，当时北碚属于四川巴县，称“巴县北碚”，具体地址在北碚嘉陵江畔缙云山上的缙云寺内。民国二十五年，即1936年7月，正式呈请四川省教育厅立案。汉藏教理院从1932年创办到1950年停办，历时17年，培养了大批精通汉藏佛教文化的人才，翻译了大批汉藏佛教文化丛书，为汉藏佛教教理交流、民族文化交流做出了重大贡献，是汉藏文化交流史上的重大事件。按照太虚大师的佛教复兴设计方案，拟按照现代教育模式建设包括锡兰文佛教、华文佛教、西藏文佛教、欧美文佛教在内的世界佛学苑，使佛教传播到世界各地，汉藏教理院即世界佛学苑之一院。

太虚大师的佛教革命，一方面要改革汉传佛教长期以来的为鬼的经忏佛教，提倡人生佛教；另一方面，大师亦有复兴汉传八宗的志愿。八宗中即包含密宗。密教传入中国较早，六朝时期即有杂密经典传入，唐代开元年间（713—741），开元三大士善无畏、金刚智、不空来华建立唐密。唐密虽然在唐武宗灭佛后没落，而其传入日本的变种东密和台密却一直传承未断。民国时日本僧人在中国有自由传教权，时日僧若演华、若觉随等人来华传播密法，1921年太虚大师弟子大勇随邀请前往日本高野山学习密法，后由于经费不足返回。他筹措资金，在1922年冬又与持松、纯密再次东渡日本。东渡日本学密的僧人还有显荫、曼殊揭谛、又应、慧刚、海印、谈玄、悟光等，学密的居士主要有桂伯华、王弘愿、顾净缘、江味农等。太虚大师早在1915年著《整理僧伽制度论》的时候，就有派人留日、留藏习密的想法，故对大勇一行东渡学密是支持的。大勇等学密归来，太虚大师刚刚建立武昌佛学院，即1922年。1924年大勇应邀到武汉，在武昌佛学院先后10次开坛传法，当时武昌佛学院的多数学员热心于密教，大刚、超一、法尊、观空、法舫等优秀学员相继追随大勇北上。当时支持武昌佛学院的院董李隐尘、陈元白、赵南山等在持松法师传法后不想再支持武昌佛学院，太虚大师的佛教改革事业因此遭到巨大挫折。太虚大师并没有因此而反对密法，对振兴密教仍然是支持的。十年后，太虚大师追忆此事时说：“西藏的喇嘛教也是佛教。十多年前，我的弟子入藏和班禅喇嘛谋佛教之统一，也就是要让民族的结合更为坚固。因此，佛教文化之光大，对国

家民族贡献至巨，民族文化建设，也要注意到佛教文化的推动！”[1]

密教之行服同俗、酒肉公开、受纳明妃、居士上座、独尊胜义等问题亦引起了大师的反思。早在1925年春，太虚大师就写作了《今佛教中之男女僧俗显密问题》，认为密法乃佛化入佛之方便，以密教之名破坏律仪，排斥显理，反成以魔障佛。“故以男女僧俗混然一团谓之密，斥去显理显律者，非显密问题，乃佛魔问题也。密依显理显律则转成佛；密离显理显律则还为魔。今固魔强法弱之世，然吾益不能不以佛法绳之，以契于佛说魔受化经之密旨也。”[2]1925年秋，大师在庐山大林寺又讲了《论即身成佛》，从不同层面破邪显正。

相对于东密，太虚大师更重视藏密的传承。因为王弘愿开坛灌顶传法之事，引发了僧俗显密之争，太虚大师就其中争论要点做了设问式解答，其中关于密宗革兴的途径，太虚大师答曰：“革去东密之荒谬部分，摄其精要，融合台密、藏密及被轻实重之所云杂密，继印度超岩寺重建系统之组织，以小大戒律绳其行，以性相教理轨其解——台贤不过性相教理之融会，亦须以性相绳之故，不足依——则密宗乃可重兴！今此闲话，亦革谬工作之一斑耳。”[3]

太虚大师尊重藏传佛教灌顶授受的传统，受九世班禅灌顶后系统学习密教经典。太虚大师认为，显密之分是密教发达之后才有的偏见，源出于日本空海的《显密二教论》，其实在教理上是一味平等的，区别在于行门，大乘行门有波罗蜜门与陀罗尼门之分，汉藏佛教中波罗蜜门和陀罗尼门都是有的，只是偏重不同，理无二致。太虚大师具阿底峡和宗喀巴大师为例：“如西藏阿底峡、宗喀巴等菩提道次第，分为下中上士。上士依以发菩提心趣菩提果之教理，无二无别，平等一味。”[4]

就教理而言是不分显密的，汉藏大乘之教理，一般不出中观、唯识和如来藏见范围，但所依之经教、仪轨和具体修法还是有区分的，如大师所说，是偏重波罗蜜门还是陀罗尼门，故亦可以分显密。太虚大师不满密教之判教，尤其不满东密之判教，认为东密不过是在贤首五教上再加密教以作二分而失其当，把整个佛教给剖开了。而藏密虽也分显经和密续，而密续是由师弟传承的咒印仪轨等，亦即实际的修行方法，并未另外判教，是“单就所传的实际修习法而说为作、行、瑜伽、无上四层，故今取之”[5]。故太虚大师“不取东台密判教而取藏所分显密”[6]。

---

[1] 释太虚：《太虚大师访问记》，《太虚大师全书》第30册，宗教文化出版社2015年版，第374页。

[2] 释太虚：《今佛教中之男女僧俗显密问题》，《太虚大师全书》第19册，宗教文化出版社2015年版，第118页。

[3] 释太虚：《王师愈诤潮中的闲话》，《太虚大师全书》第33册，宗教文化出版社2015年版，第402、403页。

[4] 释太虚：《世界佛学苑之佛法系统观》，《太虚大师全书》第1册，宗教文化出版社2015年版，第418页。

[5] 释太虚：《汉藏教理融会谈》，《太虚大师全书》第1册，宗教文化出版社2015年版，第362页。

[6] 释太虚：《汉藏教理融会谈》，《太虚大师全书》第1册，宗教文化出版社2015年版，第360页。

民国初年，因清政府治藏政策的失误，英人挑唆，以及达赖和班禅的内在矛盾等原因，汉藏政治和民族关系交恶，汉藏佛教之间亦因此无法交流。国民政府提倡“五族共和”，对蒙藏来的喇嘛特别优待。1923 年九世班禅确吉尼玛政治避难来到内地，为藏传佛教传入内地带来了极大契机，西藏一些大德上师亦乘此因缘到内地传播密法，如章嘉活佛、白普仁喇嘛、多杰觉拔、诺那呼图克图、贡嘎呼图克图等。1925 年，九世班禅在北京，多杰觉拔前来拜见，后驻锡雍和宫，译出藏密仪轨 20 余种，是汉译藏密仪轨之始。

1925 年太虚大师在中央（现中山）公园社稷坛讲《仁王护国般若波罗蜜经》，西藏多杰觉拔、贡觉仲尼来参听，后多杰格西和白普仁受聘教授大勇和藏文学院，太虚大师及其弟子大勇更多更深入地学习和了解了藏密，认为藏密高于东密。同年，大勇改组藏文学院为留藏学法团，太虚大师书偈以支持，偈名：“示大勇”，嘱以严正、宽和、摄化之旨，偈曰：

> 率身律仪，澡心冰雪，严己正人，住持体立。（严正）
> 宽消峻怨，和凝厚德，事缘吉羊，成由福泽。（宽和）
> 随顺时机，施行法教，摄化无方，广学善巧。（摄化）[1]

留藏学法团遭遇当时西藏政府的阻止，只好留在甘孜扎迦寺学法，1929 年大勇法师在扎迦寺去世，求法团解散，后来部分成员或结伴或独自入藏。除了大勇的求法团外，另有能海上师等陆续入藏求法。汉地去西藏求法的时间持续较长，比如 2017 年圆寂的梦参老和尚 1941 年才去拉萨学习密法。入藏求法人员最著名的是法尊法师和能海上师。

时任二十一军军长的军政长官刘湘想把康藏纳入自己的势力范围，要笼络西藏必须从佛教入手，亦下令派僧入藏学习。1930 年秋，刘湘一次宴请太虚大师时谈了入藏之举，恰好太虚大师在筹划世界佛学苑事宜，建议刘湘：“与其派往游学，不如就川省设学院，聘请汉、藏讲师，招汉、藏青年研习之”[2]，刘湘很高兴地采纳了。恰好北碚缙云寺僧人与当地豪绅因庙产纠纷，闹到刘湘那里，因缘和合，便有了重庆北碚的这座汉藏教理院。民国二十七年（1938），太虚大师专门写了一篇《汉藏教理院记》又叙述了“汉院”成立的有关因缘，记成阅报，看到刘湘病故的消息，特以开院之功德回向刘湘往生兜率内院并致哀。

太虚大师的初衷主要是沟通汉藏佛教教理，同时兼有沟通两民族感情和汉藏文化。民国二十七年太虚大师在汉藏教理院做了题为“从沟通汉藏文化说到融合汉藏民族”的演讲，其

[1] 释太虚：《潮音草舍别集》，《太虚大师全书》第 34 册，宗教文化出版社 2015 年版，第 269 页。
[2] 释太虚：《世界佛学苑汉藏教理院缘起》，《太虚大师全书》第 33 册，宗教文化出版社 2015 年版，第 29 页。

中说道："本院名汉藏教理院，故在专门研究佛教学理，而同时还含有沟通汉藏文化，联络两民族间感情的意义"[1]。1936年6月填报的汉藏教理院简章，将汉藏教理院的宗旨表述为"本院以招收汉藏青年研究汉藏佛学，沟通汉藏文化，团结汉藏精神，巩固西陲边防，并发扬汉藏佛教，增进世界文化为宗旨"[2] 民国二十六年，即1937年9月，太虚大师在汉藏教理院做汉藏教理融会谈，关于汉藏教理之间的互学，太虚大师说："此从显密问题上观察，觉汉藏佛法应互修学，尤其在汉藏教理院对于汉藏佛法应互相研究。如西藏各派所传的各部密续，中国缺的很多，我们应去修学。若中国台贤禅净的修学有成就的，对于西藏也可作转播，使藏人亦对台贤禅净有所研习。如此，乃能澈佛法之底，尽佛法之量。"[3]1944年5月《世界佛学苑概况报告表》称汉藏教理院以"沟通汉藏文化，联络汉藏感情，发扬教义，巩固边陲"为宗旨[4]，不管太虚大师的主要目的是汉藏教理的互学，还是刘湘出于政治的需要，沟通汉藏文化和汉藏民族感情都是必要的途径和必然有的效应。

汉藏教理院成立后，许多西藏高僧大德来院交流、讲学，如土登喇嘛、安东格西、东本格西、喜饶嘉错、悦西格西、桑吉格西等，来院参访者更是络绎不绝。同时，汉院亦先后保送释满度、释隆果、释碧松、释圣聪、释善化、释寂禅、释永灯（杨化群）、邓明渊等进藏留学，汉藏交流达到历史最好水平。

太虚大师事务繁多，汉藏教理院的实际工作多数时候由法尊法师主持，法尊法师先后任代理院长和院长。法尊法师初涉佛法便听大勇讲密法，追随大勇学习，又参加了大勇、白普仁等发起的佛教藏文学院，参加留藏学法团，1931年到拉萨学习密法。1934年应太虚大师信函之催促回来参与汉藏教理院的管理、教学和编译藏传佛教著述。前后共编译藏传佛教书籍40余种，出版20余种，大致有两类，一类是藏传佛教教理典籍，主要是格鲁派的，如《菩提道次第广论》《密宗道次第广论》《现观庄严论》《辨了不了义论》《人中论》《佛教各宗派源流》等。一类是藏文化教育普及读本，如《西藏民族政教史》《藏文文法》《汉藏合璧读本》《汉藏合璧常识读本》《通用藏文小词典》等。《佛教各宗派源流》《菩萨戒品释》等为各佛学院采用，《藏文文法》《汉藏合璧读本》等为青海省、（原）西康省、云南省丽江民众学校及边疆政治学校采用，影响非常大。

---

[1] 释太虚：《从沟通汉藏文化说到融合汉藏民族》，《太虚大师全书》第27册，宗教文化出版社2015年版，第368页。

[2] 《汉藏教理院文件汇编》1936（7），转引自多吉尔等《略论汉藏教理院在促进汉藏文化交流中的贡献》，《西藏大学学报》2004年第3期。

[3] 释太虚：《汉藏教理融会谈》，《太虚大师全书》第1册，宗教文化出版社2015年版，第367、368页。

[4] 《世界佛学苑概况报告表》A1844（5），中华民国史档案资料汇编（第五辑·第二编），古籍出版社1998年版，第819页。转引自多吉尔等《略论汉藏教理院在促进汉藏文化交流中的贡献》，《西藏大学学报》2004年第3期。

1949年底，重庆解放，汉藏教理院断绝了所有的经费来源，当时剩余的56名师生全部参加劳动，半工半读维持生计，但仍然难以为继。中华人民共和国成立后，1949年11月，法尊法师应邀到北京组织“菩提学会”，1950年6月，汉院召开全体师生座谈会，决定请求西南军政委文教部接管，1950年底，正果法师赴京，与法尊法师商议停办事宜，经法尊法师同意，院产交给人民政府，汉藏教理院停办。

三、关于恢复汉藏教理院的努力

汉藏教理院的创办与停办都有着历史因缘，而其在汉藏佛教教理和文化交流方面的历史经验和贡献是不可多得的财富。太虚大师的人间佛教改革因为当时封建守旧势力强大的时代局限，未能成功，但为今天中国佛教的发展播撒了火种，指明了方向，汉藏教理院亦应此因缘有恢复的必要。

曾经汉藏教理院的学员秦孟潇居士2003年写了一篇期望汉藏教理院恢复的文章，名为《欣回母校感任重》，文章写道他1989年去拜会正果法师，正果法师说：解放前夕，许多人动员我到国外，我坚守大陆不走，一是我对汉院有深厚的感情，当过学生、老师、教务长、院长；二是要报法乳之恩；三是对佛教的发展我是寄希望于大陆，所以我没有离开大陆。1950年因各种原因，曾盛极一时的汉藏教理院被迫停办，房产交由重庆市林业局北碚缙云山风景管理处代管，太虚大师创办的事业在我手上搁浅了，一直在我心中耿耿于怀。1986年底我回到重庆，同惟贤法师、竺霞法师、圣芳、陈文杰等一起上缙云山，回忆起在汉藏教理院学习、生活、工作的情景，悲喜交加，若有机会能恢复汉藏教理院是我最大的心愿。[1] 文章亦提到时任重庆市佛教协会会长的惟贤法师筹划恢复汉藏教理院的事。

2002年10月，在惟贤长老主持下，以重庆市佛教协会名义向重庆市政府递交了《恢复北碚缙云山缙云寺和汉藏教理院的报告》，内容如下：

重庆市人民政府：

随着我国改革开放的深入开展和正式加入世贸组织，我国现代化建设取得了巨大成就，综合国力明显增强，物质生活和精神生活水平得到显著提高，全国人民正在中国共产党的领导下努力实现中华民族的伟大复兴。去年底，江泽民总书记在全国宗教工作会

[1] 秦孟潇：《欣回母校感任重》，《慈云全集》第五卷，北京华藏图书馆2009年版，第693页。

议上发表了重要讲话，用马克思主义宗教观科学地论断了宗教的重要性和长期性，肯定了宗教工作者也是社会主义现代化建设的劳动者，国家宗教信仰自由政策得到进一步落实，全国上亿的信教群众无不欢欣鼓舞，宗教形势进入了解放后的黄金时期。佛教作为中国传统文化的重要组成部分，正积极与我国社会主义社会相适应，并在精神文明建设方面发挥了积极的作用。欣逢盛世，政通人和，国泰民安，为了发扬佛教文化传统，挖掘重庆佛教文化旅游资源，扩展海峡两岸及海外佛教界与文化界的沟通渠道，促进重庆经济的发展，我会结合重庆市的历史和现状，正式提出恢复北碚区缙云山缙云寺和汉藏教理院，敬请市政府协调有关部门，全面贯彻落实宗教政策，批准开放缙云寺。

一、历史和现状

位于重庆北碚区的缙云山自古以来就是西南地区的佛教名山，素有“小峨眉”之称，现存的缙云寺始建于南朝刘宋时期，至今已有1570多年历史，今存殿宇为清康熙二十二年重修。1932年，近代佛教高僧太虚大师在此创办了闻名遐迩的四川第一所高等佛学学府——世界佛学苑汉藏教理院。依据有1934年发行的《汉藏教理院年刊》第一期和《汉藏教理院形胜全图》(今存重庆市图书馆历史文献中心，资料附后)。现任重庆市佛教协会会长惟贤法师著的《汉藏教理院与太虚法师》。当时的汉藏教理院为世界佛学苑的四大分院之一，以研究汉藏教理，融洽中华民族，发扬汉藏佛学，增进世界文化交流为宗旨，得到了社会各界的大力支持，在中国近代佛教史上具有崇高的地位和深远的影响。该院办学近20年间，聚集了一大批近代佛学精英，培养了许多高级佛教人才，师生遍布世界各地。其中有著名藏汉翻译家、僧伽教育家法尊法师，近代佛学泰斗、在中国台湾佛教界被尊为“导师”的印顺法师，藏汉翻译家观空法师，现任重庆佛教协会会长惟贤法师，旅居新加坡的法舫法师、演培法师，现仍健在的竺霞法师、大果法师，以及中国社会科学院亚太研究所著名教授巫白慧先生、世界宗教研究所著名学者郭朋先生，汉院派往斯里兰卡的五比丘之一、现执教于美国威斯康星大学的巴宙教授，已故的正果法师、遍能法师、心月法师，等等。这一大批佛教高级人才，为社会的文明进步，佛教文化的弘扬，贡献了力量。迄至1950年夏，该院因故正式停办。随后由重庆市园林部门接管，现在由市林业局北碚缙云山风景管理处管理。寺院已变成了招待所或宾馆，面目全非。

二、恢复的意义

汉藏教理院在我国佛教文化史上发挥了不可替代的重要作用，恢复和重建汉藏教理院可以更好地发扬佛教界爱国爱教的传统，有益于推动公民道德建设和精神文明建设。在太虚大师人间佛教思想和佛教教育理念的指导下，汉藏教理院将为重庆佛教界培养高级佛教人才，形成佛教界与学术界的良性互动，联络海内外人士，推动祖国大陆与台湾深层次的佛教文化交流，这对于祖国的民族团结和两岸统一都有重大意义。同时，恢复汉藏教理院可以满足日益增长的文化旅游需求，为北碚缙云山的旅游注入深层次的佛教文化内涵，使宗教文化与自然景观形成有机的结合，积极开拓文化及自然旅游市场，吸引大量的海内外佛教徒和游客来重庆旅游消费，带动相关产业的兴起，增加旅游收入，大力发展重庆旅游经济。由于汉藏教理院在海内外的重要影响，重建汉藏教理院还可以扩大重庆市的国际影响力，增进国际间的交流与合作，改善重庆的投资环境，有利于更好地招商引资，积极发展外向型经济，为西部大开发、重庆大发展发挥重要作用。

三、办学宗旨

汉藏教理院的办学宗旨：培养在政治上拥护中国共产党的领导，热爱社会主义制度，爱国爱教，遵纪守法，坚决维护国家统一、民族团结、社会稳定和世界和平的人才；培养能以优良的宗教情操继续努力倡导和实践人间佛教思想的人才；体现在能与时俱进，开拓创新，积极与社会主义社会相适应，也是真正能致力于佛教文化传播和研究，具有较高管理水平和宗教学识的高级佛教人才。总之，通过长期的努力，希望出现更多的优秀人才，使佛教的各项事业在爱国爱教的宗教界人士手中能得到健康稳步的发展。

四、实施方案

我会经过研究考察论证，对于恢复缙云寺及汉藏教理院形成了一个初步的总体构想。整体复建时间为五年左右，分三步进行。第一步是尽快落实宗教政策，批准开放千年古刹缙云寺，并按照明清时代的建筑规模和风格修缮天王殿、大雄宝殿、藏经楼等，并配置云水楼、斋堂、崇贤楼等建筑，由重庆市佛教协会会长惟贤法师任方丈，建立和完善丛林管理制度，加强自身建设，振兴古刹雄风。第二步是复建汉藏教理院，成立缙云山佛学研究所，由惟贤法师担任第一任院长、所长，结合汉语、藏语、巴利语三大语系佛教的特色，开展相关佛学研究，举办海内外学术交流活动，编辑出版佛学书刊，进行普及性和高层次的佛教教育，培养爱国爱教的高素质佛教人才。第三步是建立佛教图书馆和太虚大师纪念馆。太虚大师纪念馆突出汉藏教理院的传统，并能反映巴蜀佛教文化的特色，成为海内外唯一的以纪念汉藏教理院为主的纪念馆。在管理思路上，缙云寺秉承传统，实行方丈负责制；汉藏教理院、佛学研究所、图书馆、纪念馆实行理事会领导下的院长（所长、馆长）负责制。

总体规划布局示意图参见附件一；

管理结构示意图参见附件二；

整体进程示意图参见附件三。

五、资金预算

1. 使用土地范围：大概三百亩。从山门售票处、香炉峰、狮子峰、聚云峰、海螺洞、篮球场、八角井、花园、缙云山宾馆、餐厅、石照壁、洛阳桥、洛阳亭整个一圈，山林由寺庙代管，土地使用敬请市政府落实宗教政策划拨。

2. 规划范围内的建筑：原有寺庙建筑应无偿归还寺庙和汉藏教理院使用。其他单位修建的建筑物可以酌情补偿。

3. 请求市政府对所有规划内的土地和房屋一次性了断，不留尾巴。

以上落实宗教政策所需资金预计两百万元人民币，可分期付款。

落实后根据修复缙云寺和汉藏教理院，及其所属机构所需复建资金预计五千万到一亿人民币，按设计规划分批分期逐步落实到位。

六、资金来源

1. 重庆市佛教协会成立恢复缙云寺和汉藏教理院基金会，由重庆市各大寺院赞助或借款作为启动资金。

2. 以已经开放的北碚缙云山脚下的温泉寺作为恢复缙云寺和汉藏教理院的启动基地。

3. 成立恢复汉藏教理院院董会，礼请国内外名山大寺诸山长老及企业界善信人士为院董，筹集资金。

4. 在国内外佛教的报纸杂志及佛教网站上进行宣传，扩大影响，得到热心于佛教文化教育和传播的各界人士的支持。

准备恢复汉藏教理院的信息，我们已经进行了一些宣传，引起了海内外佛教界和文化界的广泛关注和热切期望，北京、上海、浙江、广东及港澳台地区的许多寺院和善信人士表示将给予大力支持，复建资金来源充足。恢复缙云寺和汉藏教理院，按照总体规划，多方筹集资金，有计划有步骤地分期进行，无须政府拨款，只需给予我们全面贯彻落实宗教政策。

我们初步估计，如果缙云寺及汉藏教理院恢复起来以后，每年能给北碚区乃至重庆市的旅游收入至少增加 3 个亿，相关产业的收入可达 1.5 个亿，并且至少可吸纳三千人的就业机会。

我们敬请重庆市人民政府给予高度重视和大力支持，花大力气协调好有关部门，达成共识，尽快落实宗教政策，帮助重庆市佛教协会恢复缙云寺和汉藏教理院，实现海内外佛教界人士多年来的宿愿。复建这一彪炳青史的重要佛教文化基地，能为重庆市的旅游产业的大发展、经济增长和社会稳定，大大提升重庆市的国际知名度，发挥重要作用。

以上报告敬请市政府同意实施。

重庆市佛教协会

2002年10月25日

2002年12月，重庆市政府专门就此问题召开了座谈会，并印发了会议纪要[1]，纪要如下：

关于恢复开放缙云山宗教活动场所

以及汉藏教理院的会议纪要

2002年12月27日上午，市政府副市长程贻举在北碚区政府主持召开会议，专题研究恢复开放缙云寺、汉藏教理院，以及归还绍隆观宗教庙产的有关问题。市计委、市民宗委、市财政局、市林业局、市规划局、市国土房管局、北碚区政府的负责人参加了会议。

会议认为，恢复开放缙云寺、汉藏教理院，以及归还绍隆观宗教庙产工作是我市认真落实党的宗教政策，依法加强宗教事务管理的重要举措，对弘扬宗教文化，提高我市的知名度，促进缙云山的整体保护、开发利用具有重要意义。会议议定事项如下：

一、在有利于缙云山的整体保护、开发和发展的前提下，各有关部门应以服从大局、协调配合，积极推进此项工作为出发点，按照尊重历史、立足现实、兼顾各方利益的原则，严格依法办事，并按规定程序办理有关手续。

二、恢复开放缙云寺和汉藏教理院分两步进行。第一步，先开放缙云寺；第二步，恢复汉藏教理院，然后实行寺院合一的管理模式。

三、原缙云寺和汉藏教理院，以及绍隆观庙产的权属应采取国有土地划拨的方式交由市级机关事务管理局所有，并按党和国家有关政策交由缙云寺、汉藏教理院，以及绍隆观使用。

四、成立市恢复开放缙云寺、汉藏教理院，以及归还绍隆观宗教庙产协调领导小组，由市政府分管宗教工作的两位副秘书长任领导小组组长，市民宗委、市林业局和北碚区政府的领导担任副组长，市计委、市财政局、市国土房管局、市规划局、市环保局、市园林局、缙云山国家级自然保护区管理局、市佛教协会等部门和单位为领导小组的成员

[1] 重庆市政府专题会议纪要。

单位。领导小组负责统筹、协调恢复开放，以及归还工作中的有关问题。

五、由市民宗委、市园林局牵头，组织各有关部门严格按照党和国家的宗教政策，以及有关法律法规，做好庙产清退、补偿，以及恢复方案的论证、拟定工作，并报领导小组审定。

六、恢复缙云寺、汉藏教理院，以及归还绍隆观宗教庙产前期启动工作经费，共三十万元，由市民宗委、市财政局、北碚区政府各承担十万元，于2003年3月底拨付到位。市恢复开放缙云寺和汉藏教理院领导小组负责管理工作经费。

出席：市计委孔丽林，市民宗委洪道元、喻柏炎，市财政局商奎，市林业局任大军、范宗强，市规划局扈万泰、李兵，市国土房管局蒋美兰、邓兰，北碚区熊懋仁、黄波、王贵银、赵宗芳，缙云山国家级自然保护区管理局郭守锡，市政府办公厅何蕾、邓红、于贵生。

主题词：宗教 寺庙 开放 会议纪要

北碚区人民政府，市政府有关部门。

重庆市人民政府办公厅2003年1月8日印发

会后决定恢复缙云寺为宗教活动场所，提高重庆佛学院的规格。2004年，重庆佛学院升级为汉语系高等佛教院校，但没有批准汉藏教理院的恢复。2013年2月惟贤长老圆寂后，亦有不少同人通过各种渠道呼吁恢复汉藏教理院的办学，我也通过民主党派建言提案的方式向重庆市统战部提出过建议，目前一直在努力中。

参考文献：

1. 释太虚：《太虚大师书全》，宗教文化出版社2015年版。
2. 惟贤法师等：《慈云全集》，北京华藏图书馆2009年版。
3. 多尔吉等：《略论汉藏教理院在促进汉藏文化交流中的贡献》，《西藏大学学报（汉文版）》2004年第3期。
4. 索南才让：《民国年间（1912–1949年）汉藏佛教文化交流》，《西藏研究》2006年第4期。
5. 王海燕、喜饶尼玛：《民国时期推进汉藏佛教界文化交流的政策因素》，《西藏大学学报（汉文版）》2007年第3期。
6. 喜饶尼玛、央珍：《民国时期的汉藏文化交流述评》，《中国藏学》2009年第1期。
7. 王海燕、喜饶尼玛：《“留藏学法团”与民国时期汉藏文化交流》，《中国边疆史地研究》2010年第2期。
8. 杨孝容：《论民国时期作为中国佛教教育中心的汉藏教理院》，《宗教学研究》2018年第1期。

轮王治国思想与大乘佛教在中国的确立

——以北响堂“高洋三窟”为例

喻静 / 中国艺术研究院

一

如果把宗教视为人类文明的一部分，则佛教肇始于印度，东传至中国，以东汉发生的佛经传译事件为标志，开始了思想、文化、制度、风俗、艺术等层面的中国化历程。

最早的译经家是安世高和支娄迦谶。安世高译经，如《安般守意经》《人本欲生经》等，主要是小乘禅经；支娄迦谶译经，以《道行般若经》为标志，主要是大乘般若类经典。《道行般若经》是中土知识阶层探赜般若理论的入门，“由这部经的译出便有了趋入大乘的途径”[1]。大小乘虽同时弘传，然小乘一直未得趋入中土文化传统的门径，汉魏以降，日趋式微。在中国本有思想文化的土壤里落土生根，自成一体，参与构造中国文化基本景观和内在精神的，是大乘佛教。“儒释道”三家被方便视为中国传统文化之主体，其中的“释”，当视为以汉译佛经为载体的、以大乘佛教为主体的、以中国本有文化传统为土壤的，在中国历史时空中契理契机方便表法的中国大乘佛教。

中国人认识大乘佛教是从般若类经典开始的，“大乘”一名，梵文音译“摩诃衍”，最早即出现于《道行般若经》。[2]“般若”，梵名“Prajna”的音译，意译为“智慧”。按照玄奘法师“五不翻”原则，“般若”是比汉语语境中的“智慧”更高明的智慧，是“解脱”的智慧，不如直接以音译示人，以免世人望文生义，作颠倒想。“般若”无疑是“佛教”作为“佛之所教”的核心，佛佛无异。佛陀教法，可用“般若”贯穿所有大小乘经典。如何让“般若”这种全新的观念在中国本有文化传统中找到恰当位置，正是朱士行、释道安，“六家七宗”所关怀的，种种努力，或寄身道家的“空”“无”，或“格义”，或另立新说，皆因中国人对佛教

[1] 吕澂：《中国佛学源流略讲》，中华书局 1979 年版，第 289 页。
[2] （东汉）支娄迦谶译：《道行般若经》，《大正藏》第 8 册，第 427 页。

"心有戚戚焉"，试图为佛教在中国本有文化中先找到妥帖的安顿之地。

《大智度论》之《释摩诃衍品》提到，以般若波罗蜜统摄"摩诃衍"，《大智度论》曰其乃菩萨所行、成佛之道。[1]大乘别于小乘所在，或可托命"菩萨"一词。"菩萨"即"菩提萨埵"，意译"觉有情"。"觉"乃"自觉觉他"，"自觉"为了"觉他"，"自觉"方能"觉他"，有"觉他"之大愿，方能实现"自觉"之大心——最终，觉他即自觉，心、佛、众生三无差别，菩萨在自觉觉他的信念中，完成了成佛之进阶。

有以为大乘自以为大，遂弹斥小乘名之为"小"。大乘以为小乘唯求自利，以"灰身灭智"证"无余涅槃"为动力，修学的目标是"我生已尽，梵行已立，所作已作，不受后有"的阿罗汉位。小乘求"自觉"，大乘求"自觉觉他"。如果说"自觉"强调个体证悟解脱之"智"，"觉他"强调的是济拔他者之"悲"。大乘精神遂落实在"悲智双运"。

"悲智双运"的"悲"，是"慈悲"的缩略。佛经传译之前，汉语只有独立成义的"慈"或"悲"，"慈悲"作为汉语双音词，其诞生恰好仗佛经传译之缘，且"慈悲"一词的始作俑者，恰好是最早翻译大乘经典的支娄迦谶。支译《般舟三昧经》有"常立布施及戒忍，精进一心智慧事。具足六度摄一切，慈悲喜护四等心，善权方便济众生，如是行者得三昧"[2]，"教语令弃众恶，视一切悉平等所致，常有大慈大悲所致"[3]的例子，"慈悲"和"大慈大悲"都已出现。东汉竺大力共康孟详译《修行本起经》，有三处使用了"慈悲"，如"能仁菩萨，承事锭光，至于泥洹。奉戒清净，守护正法，慈悲喜护，惠施仁爱，利人等利，救济不倦，寿终上生兜术天上"[4]。"兜术天"是慈氏（弥勒）菩萨所在。另东汉昙果共康孟详译《中本起经》有"四恩慈悲，广饰众生"[5]一例，"四恩"即三宝恩、国王恩、父母恩和众生恩。这三种经都是东汉译经，无法考其先后。把"大乘"一词引入中土的也是支娄迦谶，而目前可以确定由安世高传译过来的最早的小乘经，并没有"慈悲"或"大慈大悲"的例子。可以推断，"慈悲"是随着大乘经典的传译而诞生的，"慈悲"和"大乘"，当同处一个思想系统之中。

值得关注的是"四恩慈悲，广饰众生"一句，"慈悲"作为修饰语，开显"四恩"——"天地君亲师"，众生恩、国王恩、父母恩和师长恩的特征。其中，"国王恩""父母恩"可以直接对应"忠""孝"，与中土固有文化心理和伦理诉求若合符契。可以说，"慈悲"一词，应大乘佛经传译之运而生，注定要担当起大乘佛教和中土本有文化传统对话、调适、融通的使命。

---

[1] ［印度］龙树造，（后秦）鸠摩罗什译：《大智度论》，《大正藏》第 25 册，第 393 页。
[2] （东汉）支娄迦谶译：《般舟三昧经》，《大正藏》第 13 册，第 915 页。
[3] （东汉）支娄迦谶译：《般舟三昧经》，《大正藏》第 13 册，第 898 页。
[4] （东汉）竺大力、康孟详共译：《修行本起经》，《大正藏》第 3 册，第 462 页。
[5] （东汉）昙果、康孟详共译：《中本起经》，《大正藏》第 4 册，第 154 页。

东汉到隋唐是佛教进入中国的关键的时期，许理和名之“佛教征服中国”。隋唐时期出现了中国第一个佛教“宗派”——天台宗。有人以为天台宗与其说是“宗派”，不如说是“学派”，“学派”可以突显大乘佛教在义理层面的中国化进程。无论天台宗还是其后相继出现的华严、三论、唯识等宗派，无一例外地致力于对东汉以后传入的各种佛教典籍和佛教思想进行分判和拣择，即所谓“判教”。禅宗乃“教外别传”，以“明心见性”为务。天台、华严、禅宗这三个最重要的中国佛教宗派，无一不和《大乘起信论》有莫深的思想渊源。如果说中国佛教的重大特征是“宗派佛教”，则宗派的诞生意味着中国的知识阶层和一代宗师主动选择了大乘佛教作为中国佛教的主体。

“悲智双运”作为大乘精神，若表达为“悲般（般若）双运”应该更准确，“智慧”不是借助佛经传译的因缘才有的汉语新词，而“慈悲”是。“智慧”一词被定格于大乘佛教是一种“格义”现象，不叫“悲般（般若）双运”而叫“悲智双运”，本身就是一种“博施”和“接济”的慈悲。大乘佛教要表达的是成佛，就是成就“慈悲的般若”——智慧和“般若的慈悲”——大慈大悲。

“慈悲”作为新词，作为大乘佛学重要概念、观念，也作为大乘佛教精神的寄托，需要从理论上做出定义、阐述和分疏，以指导“自利利他”的修行实践。这一理论工作借由鸠摩罗什翻译，龙树菩萨所造《大智度论》而得以完成。

《大智度论》是大乘佛教百科全书。龙树菩萨定义了何谓“慈悲”：“大慈与一切众生乐，大悲拔一切众生苦。”慈悲心从禅定观想中得。观想时心所攀缘的对象，也就是慈悲所要利益的他者，分众生缘、法缘和无缘三种，以众生为因缘，为利益众生而成就的慈悲心，是“小慈小悲”。小慈小悲还是凡夫境界，以“毕竟空”为因缘，是“大慈大悲”。“凡夫人众生缘。声闻、辟支佛及菩萨，初众生缘，后法缘；诸佛善修行毕竟空，故名为无缘，是故慈悲亦名佛眼。”[1] 大慈大悲就是佛的慈悲。而在凡夫之小慈小悲和佛之大慈大悲之间，尚有小乘的声闻缘觉位和大乘的菩萨位。声闻缘觉与菩萨和凡夫之别在于前者已证悟世间空，后者尚囿于世间法；与佛的区别在于证得的空性尚非“毕竟空”。这是从般若的角度考量慈悲心的大小。而从慈悲的角度考量般若心的大小，就是“六波罗蜜多”，即“六度”。

“波罗蜜多”意译“到彼岸”，也就是“出世间”的智慧。布施、持戒、忍辱、精进、禅定、智慧六度，首先是六种利他行为。以布施度为例，布施度亦即“檀波罗蜜”，和“布施”亦即世间法中的利他行为的差异，在于檀波罗蜜是一种需要出世间的智慧支撑的利他行为。

[1] ［印度］龙树造，（后秦）鸠摩罗什译：《大智度论》，《大正藏》第25册，第350页。

“六度”中任何一度亦复如是。这使得六度共享一个核心特征：三轮体空，即证悟“施者”“受者”“所施之物”之体性皆为空。“六度”的实现是座上深观（止观）和座下广行（万行）相互配合辗转增上的过程，即“智悲双运”。这一过程臻于完善，乃至佛境。

二

中国佛教的大乘思想是如何确立的？中国人何以弃小乘而择大乘？魏晋南北朝时期无疑是大乘思想萌芽、发展并落足东土的关键时期。大乘思想如何为各个社会阶层接纳，并在政治、文化艺术和民众的日常生活中呈现？这是一个庞大的话题。简而言之，大乘佛教的仁王护国思想、菩萨道成佛思想和转轮王思想为帝王所接纳并应用于治国之术；大乘佛教般若思想的“性空幻有”，在哲学上开出了中观思想的否定辩证法，在宗教和伦理上开出了慈悲济度思想，知识阶层以此会通儒家“博施济众”的仁学思想，在利他修行中表现为菩萨道修行思想；在自利的修行中，则以实践空观的般舟三昧为主。三昧即禅定，因此有不同的禅定理论、禅定教学，并产生了用以禅定的石窟。而把大乘慈悲观落实在民众教化和日常生活中，则有素食、放生、孝慈、神通、报应、斋戒、方术、祠祀等社会现象。同时，由于佛教僧人的推动，民众并有观音、法华、弥勒、阿弥陀佛净土等信仰的形态，这些信仰形态又和造像、壁画、说唱文学等文化艺术形式密切相关。如果把中土大乘意识的生长过程比作一条河流，那么这条河流既流淌在文献中，也漫漶于各种文化事项和艺术遗存中。

响堂山石窟是呈现大乘思想萌芽和发展过程的一处文化和艺术遗存。石窟的形制、造像和刻经，显现石窟建成之初中国北方地区大乘思想的某些样貌。

响堂山石窟包括北响堂、南响堂与小响堂（又名水浴寺），位于河北省邯郸市峰峰矿区之鼓山，临近东魏、北齐国都邺城（今河北临漳），位于邺城到山西太原晋阳宫的交通要道上。由隋刻《滏山石窟之碑》可知，南响堂始凿于天统元年（565），由北齐后主、鲜卑贵族高阿那肱出资所凿，水浴寺石窟为北齐武平五年（574）所凿。北响堂石窟开凿年代缺乏确切文献，有学者以为其始凿于东魏高澄，完成于北齐高洋（文宣帝）。有学者以为其乃高洋所凿。无论如何，北齐文宣帝高洋和北响堂石窟有甚深因缘和莫大关联。

佛教何以兴盛于魏晋南北朝，汤用彤总结了四方面的原因：从宗教教义及实践来看，福祸报应之说和祠祀、斋戒、占卜之方术是佛教借以传播民间的手段；从思想背景来看，魏晋之世尚清谈，而佛教智慧以约言谈玄理，两相助益，佛法得以流传；从现实政治格局来看，中土自汉末乱世之后，来自外域的佛教得到大力提倡；从僧团自身来看，历代高僧投入译经传道、厘定戒律的工作，确立了中土佛教的经典和人才的基础。

北方民族政权一般倚重佛教。从4世纪开始，后赵、苻秦、姚秦都自称“天王”，试图以佛教立国；北魏太武帝于438年灭佛，不久文成帝即位马上宣布复兴佛教。5世纪末北魏孝文帝大兴佛教。534—535年，权臣高欢携魏孝静帝迁都于邺，是为东魏。东魏乃从北魏分出的割据政权，洛阳僧尼大多随迁到邺，臣民愿意施舍宅地建立寺院，出家风气兴盛。550年高洋逼迫孝静帝禅让，建北齐，在位十年（550—559），年号天保。相对于东魏，北齐的佛教有“中兴”之誉，“属高齐之盛，佛教中兴。都下大寺略计四千，见住僧尼仅将八万，讲席相距二百有余，在众常听出过一万。故宇内英杰咸归厥邦。”[1]文宣帝高洋曾下诏：“今以国储分为三分，谓供国、自用及以三宝。”[2]三分之一的国家财政用于佛教发展，此举可谓空前绝后。北齐的僧尼人数一度达到全国人口的十分之一。正史以为，北周和北齐交战，齐败亡，国遂不存的原因，就是“以佛治国”：“齐跨山东，周据关右，周则多除佛法而修缮兵威，齐则广置僧徒而依凭佛力。及至交战，齐氏灭亡，国既不存。”[3]

以佛教转轮王思想建构治理国家的意识形态，在北朝颇有渊源。古正美认为，转轮王的观念是在印度贵霜时代树立起来的，这个观念和佛教政治、大乘佛教可以说是并肩发展的。[4]汉译转轮王思想的经典主要有《长阿含经》的《转轮圣王修行经》，支娄迦谶译的《伅真陀罗经》《道行般若经》《大萨遮尼乾子所说经》等。《转轮圣王修行经》的中心思想是“善法与宝轮及正义统治者的同一关系”。《伅真陀罗经》和《道行般若经》是支娄迦谶最早传译到中土的大乘经典，也是最早的般若类经典。转轮王思想是大乘思想在世间法的国家治理领域的方便之用。

“转轮圣王”的身份如何获得，这是转轮王治国意识形态得以成功构建的关键。《大萨遮尼乾子所说经》卷第六，严炽王问大萨遮尼乾子：“大师！谁能护此一切众生？谁能护持此器世间？”依照下面的经文可知，这个问题其实就是问：谁是转轮圣王？谁能成为转轮圣王？大萨遮尼乾子说：“皆是众生自业果报，及王国主力能护持。”[5]众生以各自业力而成为某一国土的众生，善根满足，不起诸恶，世间未立王法。国王因自身业力果报，而有维护诸善众生和国土安乐的能力，遂成为转轮王。转轮王是具有“轮宝”等八种宝物和多种神通，弘扬护持佛法，借助佛力治世的人间帝王。然而转轮王这些非凡的神力又是如何修得的呢？经中提到，释迦牟尼即生于转轮圣王之家，“彼释种子沙门瞿昙，若不舍家出家为道者，当作转轮圣王。

---

[1]（唐）释道宣：《续高僧传》，《大正藏》第50册，第501页。

[2]（唐）释道宣：《续高僧传》，《大正藏》第50册，第553页。

[3]（后晋）沈昫：《旧唐书》。

[4] 古正美：《从天王传统到佛王传统》，商周出版社2003年版，第10页。

[5]（北魏）菩提流支译：《大萨遮尼乾子所说经》，《大正藏》第9册，第329页。

王四天下，当行法行，而为法王”。释迦牟尼如果不出家，他这一世将是转轮圣王。“而彼王子沙门瞿昙不乐如是世间之乐，舍家出家，勇猛精进……”[1] 终于在菩提树下觉悟成佛。而释迦牟尼这一世之所以能成佛，盖因其善发十二种菩提心，并于过去世累劫常行菩萨道，修十二种布施妙行、十二种持戒妙行，乃至十二种忍辱、精进、禅定、智慧妙行，即各含十二类修行路径的“六度”。[2] 也就是说，释迦牟尼放弃做转轮圣王，出家求道，才觉悟成为释迦牟尼佛。转轮圣王是佛没有选择的另一种可能性，其前世和佛的前世是同构的，如果只有精勤行菩萨道才能成佛，同样只有精勤行菩萨道才能成为转轮圣王。同时，转轮圣王已经积累了足够的成佛之因，转轮圣王离佛的果位并不遥远。

佛前世修行故事即佛本生故事。最著名的本生故事有舍身饲虎、割肉贸鸽等，皆把布施、忍辱两种波罗蜜置于菩萨行极其重要的地位。六度以布施为第一度；忍辱，通常是安忍于身体受损、生命被夺，亦可视作无畏施、内施。积累什么样的功德而能转生成为转轮圣王呢？《太子瑞应经》记述了菩萨“布发掩泥”的故事：释迦文佛得定光佛授记后，正要稽首佛足，看到地上潮湿。菩萨立即脱下皮衣想把泥水盖住，但皮衣太小，不足以盖全。菩萨“乃解发布地，令佛蹈而过”。[3] 定光佛再一次预言菩萨将勇猛精进度化众生。定光佛从菩萨头发上走过后，又说：菩萨“奉戒护法，寿终即生第一天上，为四天王。毕天之寿，下生人间，作转轮圣王飞行皇帝——七宝自至，一、金轮宝，二、神珠宝，三、绀马宝朱髦鬣，四、白象宝朱髦尾，五、玉女宝，六、贤鉴宝，七、圣导宝——八万四千岁，寿终即上生第二忉利天上，为天帝释。寿尽又升第七梵天，为梵天王。如是上作天帝，下为圣主，各三十六反，周而复始。及其变化，随时而现，或为圣帝，或作儒林之宗，国师道士，在所现化，不可称记”[4]。也就是说，菩萨在因地以“布发掩泥”的功德，行布施忍辱行，即得转轮圣王的果报。

《五灯会元》记载了二祖慧光向达摩祖师求法的故事。达摩一直面壁，慧光求法不得。“光自惟曰，昔人求道，敲骨取髓，刺血济饥，布发掩泥，投崖饲虎。古尚若此，我又何人”[5]。可见“布发掩泥”在修行者的心目中，是和舍身饲虎一样崇高的布施行和忍辱行，能“疾得阿耨多罗三藐三菩提”。

总之，转轮圣王有以下特征：其一，转轮圣王乃发阿耨多罗三藐三菩提心的菩萨行者。其二，转轮圣王作为果地菩萨，是菩萨累劫修行中的某一报生，作为因地菩萨，则要为未来

[1]（唐）释道宣：《续高僧传》，《大正藏》第50册，第342页。
[2]（唐）释道宣：《续高僧传》，《大正藏》第50册，第317页。
[3]（吴）支谦译：《佛说太子瑞应本起经》，《大正藏》第3册，第472页。
[4]（吴）支谦译：《佛说太子瑞应本起经》，《大正藏》第3册，第472页。
[5]（宋）普济编集：《五灯会元》，《卍续藏》第80册，第40页。

积累成佛的因。“如是因，如是缘，如是果，如是报，如是本末究竟等”，转轮圣王不是“君权神授”，而是自身业力所至。其三，在过去世，也就是因地，菩萨以“布发掩泥”的功德转生转轮王。其四，转轮王的果报和释迦牟尼佛同构，释迦佛这一世即生在转轮王之家而为太子。其五，转轮王已是累世修行而成的大果报，离成佛不远。

由此可以理解佛本生的“布发掩泥”故事，何以被北朝皇帝和统治者设计利用而成为一种特殊仪式。《续高僧传》载，齐文宣帝高洋经常把头发铺在地上，让当时的僧统法上踩过，“文宣常布发于地令上践焉”[1]。又载，隋大业年间，高昌王曲氏对曾任陈朝广陵大僧正的慧乘施行了“布发掩泥”的仪式：慧乘，“陈任广陵大僧正……大业六年，有敕郡别简三大德入东都，于四方馆仁王行道，别敕乘为大讲主。三日三夜兴诸论道，皆为折畅靡不冷然。从驾张掖，番王毕至。奉敕为高昌王曲氏讲金光明，吐言清奇闻者叹咽。曲布发于地。屈乘践焉。”[2]在这个仪式中，高洋显然把法上当成燃灯佛，把自己当成获得授记的菩萨。燃灯佛授记的艺术主题在南北朝时期已经广为流行，云冈石窟就达10多幅之多。云冈18窟主尊很可能就是燃灯佛。“布发掩泥”这个因地的菩萨行完成后，菩萨即获得转生为“转轮圣王”的果报，这就是高洋的今世事业：齐国皇帝。而转轮王虽然是不可思议大果报，但要真正成佛，还要继续不忘初发菩提心，行六度菩萨行。高洋的一切和佛教有关的行为，都可以置于这个框架中而得到合理的解释。

《续高僧传》的作者道宣记载了高洋对法上行“布发掩泥”仪式，接着写道：“天保二年（551）又下诏曰，仰惟慈明，缉宁四海，欲报之德，正觉是凭。诸鸷鸟伤生之类，宜放于山林。即以此地为太皇太后经营宝塔。废鹰师曹为报德寺。”四海安宁，乃承佛恩。为报佛恩，皇上下诏放生、造塔、建寺。“即以此地为太皇太后经营宝塔”的“此地”，不知何地，也许和北响堂的三座塔形窟有渊源。这一年，高洋还下诏让当时最有势力的僧团领袖僧稠到邺为他讲法，“因说三界本空，国土亦尔，荣华世相不可常保”。高洋听后，毛竖流汗，马上要求僧稠教“四念处”禅观，学了没多久，就证得“深禅定”。四念处禅观，就是从人的感觉方式和认识外界的方式入手，体认缘起法的空性真理，以放下对世间荣华的执着，放下对世间苦难的焦灼。高洋得禅悦后，即从僧稠处受菩萨戒，放生、素食、断肉，“越六年，三敕民斋戒，官园私菜荤辛悉除”[3]。在6年间3次下诏戒杀断荤。高洋企图以大乘佛教的慈悲思想治国理政，按照大乘佛教慈悲理念，只有去除内心杀意，才能获得永久和平。断肉意味着断除对

[1]（唐）释道宣：《续高僧传》，《大正藏》第50册，第485页。
[2]（唐）释道宣：《续高僧传》，《大正藏》第50册，第633页。
[3]（唐）释道宣：《续高僧传》，《大正藏》第50册，第553页。

众生的杀害之心，“不害”，就是对众生行无畏施。这是很切实的菩萨道修行。

天保三年（552），高洋“下敕于邺城西南八十里龙山之阳。为构精舍。名云门寺。请以居之。兼为石窟大寺主”[1]。大石窟寺可能就是今天响堂山的常乐寺。常乐寺存石碑《重修三世佛殿记》曰：“文宣常自邺都诣晋阳，往来山下，故起离宫，以备巡幸。于此山腹，见数百神僧行道，遂开三石室，刻诸尊像，以建此寺。”[2]“三石室”为高洋所建，就是今之尚存的北响堂“高洋三石室”——大佛洞、释迦洞和刻经洞。

北响堂石窟有大小洞窟八座，其中比较大的就是这三座石室。三窟皆为覆钵塔外观。大佛洞内部为中心方柱式塔庙窟格局，中心方柱三面开龛，三龛皆为一佛二菩萨。正面龛佛结跏趺坐，手印毁损；左右两壁之龛，主尊佛皆为轮王坐。释迦洞也是中心方柱式，但只有正壁开龛，龛内为一佛二弟子二菩萨组合。佛手施无畏与愿印。刻经洞，照其覆钵塔形制，应和上层的双佛洞为一整体。双佛洞主尊为释迦多宝二佛并坐像。刻经洞分内外两室，内室三壁三龛，皆为一佛二弟子四菩萨七尊像组合，龛楣等处共有若干尊小佛，象征千佛。[3]

大佛洞和释迦洞无刻经。刻经洞是北响堂唯一有刻经的洞窟，窟内前壁刻有《无量义经德行品》赞佛偈文，窟外前廊有《维摩诘经》，右壁有《胜鬘经》和《佛说孛经抄》，前廊左外壁有《往生论偈》，覆钵左侧有“弥勒佛”“狮子佛”“明炎佛”等佛名，有十二部经名，右侧有大圣十号。洞外摩崖有《唐邕写经记》碑，详细刊载晋昌郡开国公唐邕刻经缘由、内容、时间。如关于刻经缘起，碑文曰：“眷言法宝是所归依，以为缣缃有坏，简策非久，金牒难求，皮纸易灭。于是发七处之印，开七宝之函，访莲华之书，命银钩之迹，一音所说，尽勒名山。”关于刻经内容，碑文曰：“维摩诘经一部，胜鬘经一部，孛经一部，弥勒成佛经一部。”其和前述刻经位置对应。碑文中还有“我大齐之君……家传天帝之尊，世祚轮王之贵……”等颂词。[4]

鉴于北响堂三石窟皆为塔形窟，刘东光以为，塔形窟具有陵葬意义，是高洋以佛教转轮圣王的身份而非世俗帝王身份，为父兄及自己起的灵庙。《长阿含经》说有四种人可以起塔，分别是佛、辟支、声闻、转轮王。北响堂石窟系高洋以转轮王身份所营，是高洋转轮王身份的象征。刘在文中提到，转轮王有“君权神授”的性质。[5] 此种说法有欠妥当。本文之前已经

[1] （唐）释道宣：《续高僧传》，《大正藏》第 50 册，第 553 页。

[2] 陈传席主编：《中国佛教美术全集·雕塑卷　响堂山石窟（上）》，天津人民美术出版社 2014 年版，第 8 页。

[3] 见陈传席主编《中国佛教美术全集·雕塑卷　响堂山石窟（上）》，天津人民美术出版社 2014 年版。

[4] 见芝加哥大学东亚艺术中心、峰峰矿区文物保管所《北响堂石窟刻经洞——南区 1、2、3 号窟考古报告》，文物出版社 2013 年版。

[5] 刘东光：《试论北响堂石窟的凿建年代及性质》，《世界宗教研究》1997 年第 4 期。

分析了转轮圣王的身份并非家族传承，也非上天授予，而是一种特殊的果报。转轮圣王未臻佛位，但是世间法的最高统治者。转轮圣王的使命并不是以上压下，而是像父母那样保护人民的安宁。轮宝作为转轮上的信物。转轮圣王是否行十善道，持守五戒，“只要他遵循善法，做贤明之君，轮宝就可能重新显现，如果他不能持守正义，就会给臣民带来灾难，背离善法，意味着背离最高道德原则，意味着国家毁灭”[1]。总而言之，无论是向下一路的治理人民，还是向上一路的成就佛道，转轮圣王都要行大乘菩萨道，成就“悲智双运”的大乘理想。

北响堂大佛洞中心柱左右壁龛菩萨的轮王坐姿，体现了大乘佛教“悲智双运”思想，直观地呈现了文宣帝高洋自认为转轮圣王的自我定位和以轮王思想慈悲治世的政治理想。按照《中国佛教美术全集·雕塑卷　响堂山石窟》一书描述：“主尊身着通肩式袈裟，左舒相坐于圆形须弥莲座上，右手施无畏印，左手施与愿印。造像大气磅礴，流露出皇家风范。”[2]对照相关佛经，这两龛主尊，应该是轮王菩萨像，其坐姿是“轮王坐”。

轮王坐有“转法轮”之意，大抵右腿膝盖弯曲，左腿半结跏趺坐，身体重量倾向左端。关于轮王坐，黄现璠先生有很恰切的论述：“转轮王坐即轮王坐。《施饿鬼甘露味大陀罗尼经》有‘半跏坐，如转轮王坐法’之句。似乎轮王坐（即转轮王坐）与半跏趺坐相同，其实不然。轮王坐名轮王跏或轮跏，与全跏趺坐（即前之结跏趺坐）、半跏趺坐，为诸佛之三种坐法。观自在菩萨如意轮瑜伽云：‘礼，诸佛已全跏、半跏或轮王跏，随意而座（坐）。’《金刚顶经一字顶轮王瑜伽一切时处念诵成佛仪轨》亦有‘即结跏趺坐，全半或轮跏’之句，足为半跏自半跏，轮跏自轮跏，绝不相同之证。轮跏之坐法意义，同书于‘全半或轮跏’句下续云：‘皆以右押（压）左，端身定肢节，左手仰跏上，仰右手安左，即发大悲心，拔济利安乐，尽无余有情，以此性成就。’前引《施饿鬼甘露味大陀罗尼经》关于此坐形状，亦有简单之记载：‘先以右手如托颈状，去颈一寸许，以肘安右膝上，次以右仰侧，舒五指垂右膝上，作施乳状。’此种坐法，大抵左足深屈于内，右足直立，左手于左股之后着地，右手之手头或前膊梢边，安于右膝上，因而上半身之重量，稍倾于左方。为此坐者，意义所在，盖为‘即发大悲心，拔济利安乐’。佛教像，例如如意轮尊及狮子吼观音，亦如此坐也。”[3]

总之，关于北响堂大佛洞，本文着意强调两个要点：其一，中心柱左右壁龛主尊坐姿为“轮王坐”；其二，“轮王坐”表“大悲”法，就禅定而言，“轮王坐”能入慈心定，策发大悲心。所谓“即发大悲心，拔济利安乐，尽无余有情，以此性成就”。高洋三窟为大乘思想表

[1] 孙英刚：《转轮王与皇帝：佛教对中古君主概念的影响》，《社会科学战线》2013年第11期。
[2] 陈传席主编：《中国佛教美术全集·雕塑卷　响堂山石窟（上下）》，天津人民美术出版社2014年版。
[3] 黄现璠：《古书解读初探——黄现璠学术论文选》，广西师范大学出版社2004年版，第153页。

法、为大乘慈悲行和菩萨道表法的图像符号，刻经内容远不止这一处，基于佛教义理，从思想史的视角，对这些图像和刻经进行解读，将帮助我们还原大乘思想在中土构建和传播的历史，理解为什么大小乘经典同时传入中土，而中国人选择了大乘，最后建构了以大乘佛教为主题的中国佛教。

遣疏请僧：佛教中国化的仪式形态

——以《南海寄归内法传》对印度、南海诸国等地及中国的斋僧记载为中心

侯冲 / 上海师范大学

《南海寄归内法传》是唐代僧人义净（635—713）根据自己在印度、南海十洲（今斯里兰卡、印度尼西亚等地）[1] 和中亚吐火罗国等地的见闻编撰的著作。该书综合记录了这些地区佛教的组织、戒律、寺院生活和宗教实践等，内容还涉及这些地区社会历史、文化教育、交通地理和医药等方面，是研究唐代中西交通史、印度及南海等地佛教及其历史的重要文献。与同样旅印求法的法显撰《佛国记》、玄奘撰《大唐西域记》不同，《南海寄归内法传》在记外国情况的同时，往往兼及中国的具体情况，为我们保存了极为珍贵的唐代中国佛教 [2] 的资料。其中有关当时中国佛教仪式的记载，在一定程度上反映了佛教仪式中国化的实际。

一、《南海寄归内法传》所记斋僧及有关中国佛教仪式的资料

（一）《南海寄归内法传》所记斋僧

斋僧就是请僧人吃饭。斋僧的人，称为斋主或施主（由于此前未见统一，故下文这两个词并未统一）。斋僧的目的，称为斋意。斋僧的时间和规模，与斋主的经济情况有关。经济条件好，可以一次斋很多僧，也可以多次斋某些僧，并没有统一的规定。斋意不同，斋僧的时间长短、斋僧时的具体做法也会不同。

佛教产生于印度，印度的斋僧无疑是斋僧的标准样。整理校注《南海寄归内法传》的王邦维先生，根据义净的记述，综合介绍了印度斋僧的一种形态：

一、施主事先发出邀请，“礼拜请僧”，放斋之日，再次“来白时至”，“僧徒器座，

[1] 见弘赞等《四分律名义标释》卷三十二说：“南海十洲，是南天竺外海中洲也。”意即南海十洲包括南印度外海中今斯里兰卡、印度尼西亚等诸岛。

[2] 本文所说中国佛教，如非特别说明，是指汉传佛教。

量准时宜，或可净人自持，或受他净物”。施主家一切准备就绪。

二、僧人来到施主家。安置停当，首先看水。如水中无虫，用此水洗脚，然后休息片刻。时间将近中午，“施主白言时至”，僧人洗手，施主也洗手。施主先在僧人面前“置圣僧供”，然后正式行食。行食时依着僧人的地位而有先后。施主合掌跪在上座前，口唱“三钵罗佉哆”（善至）。上座回答：“平等行食。”然后依次授食。授食之人必须当前并足，恭敬曲身，两手执器，器中盛放食物。僧人随受随食。食物当然十分丰厚。

三、僧人吃完饭，漱口，洗手。从座位上起来，右手满捧食物，出外“普施众生”。再捧食一盘，跪在上座前。上座洒水念咒。然后僧人捧出屋外，撒在幽僻的地方，或者树林里，或者河池中，算是布施给“先亡及余鬼神”。

四、然后施主授齿木，供净水。最后僧人向主人告别，口中念道：“所修福业，悉皆随喜。”僧人们再各自念诵伽他。[1]

王邦维先生这里介绍的，是印度有一定经济条件的人斋僧的一种形态。按时间先后，首先要礼拜请僧，告诉僧人斋僧的具体时间。其次是在斋僧那一天，斋主除了准备斋食外，还需要去请僧人，告诉他们斋僧的时间到了。僧人则应被请到斋主家，用其中没有虫的水洗脚，准备受斋食。到了中午，斋主告诉僧人受斋时间到了，僧人和斋主都洗手，僧人按僧腊长短，依次先后列座。斋主在僧人面前先用斋食供圣僧宾头卢，然后按礼仪依次恭敬地施僧人食。僧人随受随食。用完斋食后，僧人漱口、洗手，起身将一盘食拿到屋外，撒在幽僻之地或树林河池中，普施给水陆有情众生。最后，斋主给僧人净口的齿木，供给净水。僧人为斋主洒水，随喜咒愿。祝斋主的斋意，将因斋主的斋僧功德而得完遂。

因为斋意不同，在施食前，会安排一些相应的活动。《南海寄归内法传》记述：

或可施主延请同前，于其宅中形像预设。午时既至，普就尊仪。蹲踞合掌，各自心念。礼敬既讫，食乃同前。或可别令一人，在尊像前，长跪合掌，大声赞佛。言长跪者，谓是双膝踞地，竖两足以支身，旧云胡跪者非也。五天皆尔，何独道胡。唯叹佛德，不杂余言。施主乃燃灯散花，一心虔敬。用摩香泥以涂僧足，烧香馚馥，元不别行。鼓乐弦歌，随情供养。方始如前，准次餐食。食罢将其瓶水遍洒众前，上座方为施主略诵陀那伽他。斯乃复是两途西方食法。[2]

[1] 王邦维：《义净与〈南海寄归内法传〉》，附入《南海寄归内法传校注》，中华书局 1995 年版，第 137 页。
[2] 王邦维：《南海寄归内法传校注》，中华书局 1995 年版，第 59 页。

义净这里所记，显然是印度施主斋僧的另外两种形态。一种是施主在家中设像后，在午时，受斋供的僧人一同礼敬佛像，各自在心中念佛礼敬。另一种是施主在家中设像后，让一名僧人在佛像前，双膝跪地，合掌大声赞叹佛德。施主燃灯散花，用香泥涂僧人足，烧香后鼓乐弦歌供养僧人。然后才像前一种做法一样行食斋僧。僧人食后，同样又在众人前洒水，上座诵报施主恩偈颂（梵音“陀那伽他”，相关解释详见下文）。

综上所说，义净《南海寄归内法传》记载了印度斋僧的三种形态。每一种形态的程序，既有与其他形态相同的，亦有不相同之处。当然，尽管不同形态的程序各不相同，具体仪式活动各有差异，但它们本身都属于斋僧，而且也都称为斋僧。

（二）《南海寄归内法传》所记中国佛教仪式的资料

《南海寄归内法传》不仅记载印度斋僧的情况，而且对南海诸国的斋僧也有详细的记载，并随带提到西域和中国的斋僧情况。根据义净的记载，南海诸国信众斋僧比印度更虔诚，奉献也比印度更多。其中最常见的一种三天斋僧的程序是这样的：

第一天，将少许槟榔、香油和米屑用叶子包好，放在大盘中，盘上盖白氎，用金瓶盛水沥地请僧，并告诉他们在后天中午前洗浴。

第二天午后，僧人和在家人开始击鼓奏乐，敷设香花，用车辇和幡旗举行迎请佛像的仪式。佛像是装饰华丽，涂了香泥的金铜像。迎到斋主家后，再铺设帷帐宝盖，放在净盘之中。有时还会持香水，虔诚沐浴佛像后，用香氎揩拭干净，捧入内堂，设香灯供养。这时有上座法师对斋主说布施咒愿偈，叙述斋主斋僧布施的功德并予以祝愿。上座说咒愿后，请僧到堂外洗漱，饮用砂糖水，吃槟榔后结束。

第三天巳时，斋主家有人到寺院通知僧人快到供斋时间了。待僧人洗浴后，一同到斋主家，举行请佛仪式，以及简单的沐浴佛像仪式，击鼓奏乐人规模比头一天大一倍。所有的供养品都陈列在佛像前。佛像两边，分别站有五或十名童女，童男也可以。具体是男是女、数量多少，看实际情况决定。

前面程序完成后，举行烧香、点灯、献花奉佛仪式。所有可以用来供佛的器物，包括香炉、金澡罐、香灯、鲜花、白拂、妆台镜奁等，都被拿到佛前奉献。这时会有一个僧俗互动仪式。僧人问斋主斋僧奉佛的意图是什么？斋主回答是为了求福田。如果今世不布施奉献，以后就无法得到与之相对应的福报。这个互动仪式结束后，僧人进行供佛诵经等仪式活动。

首先由一位僧人在佛像前长跪，称赞佛的功德，并说明奉佛供佛将有善报。然后另请两位僧人，分别在佛像两边各升一座，一同诵经，所诵佛经都是半纸或一纸的小经。有时在诵经之外，还会举行佛像开光仪式，由僧人为佛像点睛，最后陈说斋主造像的福德。

供佛诵经乃至开光仪式结束后，僧人就任选一边，将袈裟反折，两角系在前面，洗手后就餐。受斋的其他的仪节，受斋时的吃法与印度的大致相同。

但也有不同的地方。一是南海诸国僧人食“三净肉”。所谓“三净肉”就是不见杀、不闻杀和不为己杀的肉。[1] 但中国佛教从梁武帝时代开始不再食肉。这是南海诸国与中国佛教不同的地方。二是不同经济情况和阶层的人，斋僧的供施程度不同。经济条件差一点的，把很多干净的叶子缝成半席大的盘，够存贮一两升的粳米饼，或者用其他能盛一两升的容器，把粳米饼拿到僧人那里，直接送给僧人。至于其他吃的东西，只有二三十种。但如果是王室贵族及其他有钱的富人，就会施给僧人铜盘、铜碗，叶子缝成的盘足有一张席大，其他吃喝的东西，有上百种。国王斋僧，放下自己是国王的身段，自称是僧人的奴仆，在给僧人施舍吃的东西时，虔诚恭敬，无微不至，没有什么不愿为僧人做的。如果僧人只是取用够他们吃一顿的食品，斋主心里就会略有不快；僧人接受得越多，他们越满意。供施的粳米饭有四五升，饼果等则有三两盘。如果一家的供品不足，会有其亲属邻居助供。饼饭羹菜各有数种。

正因为供施丰厚，所以一般情况下，一个人食饱后，剩下的还够三四个人吃；施主供施得多的，一个人吃饱后，剩下的即使再让十个人来吃也吃不完。对于剩下食物的处理，在南海诸国，僧人让在寺院中帮忙的居士带走。这种情况跟中国斋僧不同。中国斋僧，僧人吃剩的食品，由斋主自己收拾取回。哪一种做法更可取呢？义净认为，如果是像印度和南海诸国那样，吃剩的食物由僧人带走，从道理上来讲并没有不妥之处。但是，出家人根据具体情况来行事，受斋受供已经满足，即使斋主没有给僧人吃剩的食物，也不意味着斋主心不诚。只有斋主自己决定不再收回，请僧人带走，僧人根据剩余食品数量的多少决定如何处理，才不存在这样的困扰。

僧人受斋食完毕，往往还有一个施物供奉活动。首先安排僧人盥漱，并扫除剩余食物，让地面清净。其次是布设花灯、烧香，将布施给僧人的物品放在僧人面前。再次是向僧人献香泥，让其揩手以使其香洁，并向僧人献槟榔、西香龙脑等，咀嚼令口香并消食去痃之物。

对应斋主的布施活动，要由僧人的上座弟子洒水并口诵布施咒愿偈，回向斋主功德。布施咒愿偈最初是佛说的偈颂，后来是佛弟子根据实际情况编撰的。义净称僧人咒愿的内容主要是：“任情多少，量时为度。须称施主名，愿令富乐。复持现福，回为先亡，后为皇王，次及龙鬼。愿国土成熟，人物乂安，释迦圣教，住而莫灭。”[2]

由于僧人咒愿施主是释迦牟尼在世时定的“圣制”，故如果僧人不对斋主的斋僧和布施行为咒愿，则被认为是违背了释迦佛的教导。正常的斋僧和布施，一定包括施主与僧人的互动，

---

[1] 王邦维：《南海寄归内法传校注》，中华书局 1995 年版，第 65 页。
[2] 王邦维：《南海寄归内法传校注》，中华书局 1995 年版，第 66 页。

"意者前人既呈，随后庆赞，俱招福利矣"[1]。这被认为是南海十洲斋僧的一般做法。

南海十洲斋僧的其他做法，跟斋主的经济条件有直接关系。按义净的记载，如果第一天用槟榔请僧，第二天巳时浴像，午时斋僧，近晚时讲经，这是经济条件中等人家的斋僧安排。如果第一天用齿木请僧，第二天只设斋供僧，或者到寺院礼拜僧人，向僧人表达自己的意愿，那么就是经济条件比较困难的人家了。

在义净印象中，北方诸胡、睹货逻及速利国等地方，斋僧与印度和南海十洲不同的是请僧方式不同。具体来说是"施主先呈华盖，供养制底，大众旋绕，令唱导师广陈咒愿，然后方食"[2]。至于其他的事项，大抵是相似的。

在义净看来，与印度和南海十洲不同的请僧方式，是中国的斋僧。义净记载："即如东夏斋法，遣疏请僧，虽至明朝，不来启白。准如圣教，似不殷勤。必是门徒，须教法式。若行赴供，应将滤罗，僧所用水并可观察。既其食了，须嚼齿木。若口有余腻，即不成斋。"[3]也就是说，相对于印度和南海十洲亲自请僧，中国在斋僧时，请僧人的方式不是直接在斋僧的当天派人专门去请僧人，而是"遣疏请僧"，即提前写好疏文交给僧人，请他们于设斋当天自己到受斋食处。相对于佛经的教导，似虔诚度不足。但斋的本意是清洁，中国的斋僧与印度、南海十洲在具体的表现方式上确实存在不同，只有根据中国的实际情况评估，才是较妥当的做法。

二、敦煌遗书保存的请僧疏

疏是一个多义字。跟文献有关的，有"注疏""疏文"等。义净所记中国"遣疏请僧"的"疏"，指的就是疏文。在敦煌遗书中，可以看到类似的请僧疏。

如 P.3388（图 1）。其文称：

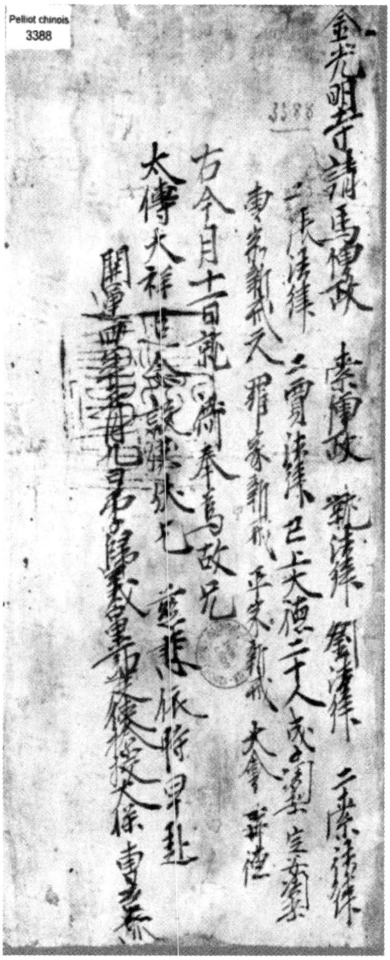

图 1

[1] 王邦维：《南海寄归内法传校注》，中华书局 1995 年版，第 68 页。
[2] 王邦维：《南海寄归内法传校注》，中华书局 1995 年版，第 69 页。
[3] 王邦维：《南海寄归内法传校注》，中华书局 1995 年版，第 69 页。

金光明寺请马僧政、索僧政、龙法律、刘法律、二索法律、二张法律、二贾法律。已上大德二十人。成子阇梨、定安阇梨、曹家新戒二人、罗家新戒、平家新戒，大会，再德。

右今月十一日就衙，奉为故兄太傅大祥追念设供。伏乞。慈悲，依时早赴。

开运四年三月九日弟子归义军节度使检校太保曹元忠疏

又如 P.3367（图 2）：

三界寺谨请：张僧政和尚、班首大师、李大师等三人，董僧政和尚、周僧政和尚、陈僧政和尚、刘判官阇梨、张判官阇梨。

右今月廿五日就弊居，奉为故男押衙小祥追念设供伏愿。慈悲，依时降驾。谨疏。

己巳年八月廿三日弟子都押衙宋慈顺疏

还有 P.3152（图 3）。其文作：

龙请陈僧正、刘僧正、索僧正、冯僧正、张僧正、安老宿、马法律、吴法律、大何法律、崇张法律、小何法律。

右今月廿七日就弊居，奉为故都押衙七七追念设供。伏乞。法慈，依时早赴。谨疏。并巾钵。

淳化三年八月日哀子内亲从都头陈守定疏

这三通疏文，都是斋主用以请僧人到衙或家中为亡人举行荐亡法事的请僧疏。疏文的内容比较简单，但清楚交代了设斋的时间地点，斋主是谁，斋意是什么，疏中所请举行某一荐亡法事的僧人有哪些。理解敦煌遗书的请僧疏，自然可以很容易理解义净《南海寄归内法传》所说中国佛教斋主“遣疏请僧”所指。

在敦煌遗书中，我们甚至还可以看到数通请圣僧宾头卢的请僧疏。其中 P.3107v（图 4）的文字是：

谨请西南方鸡足山宾头（卢）颇罗堕和尚。

右今月八日于南阎浮提大唐国沙州就净土寺，奉为故父某某大祥追福设供。伏愿誓受佛敕，不舍苍生，兴运慈悲，依时降驾。

戊寅年六月十六日孤子某某谨疏

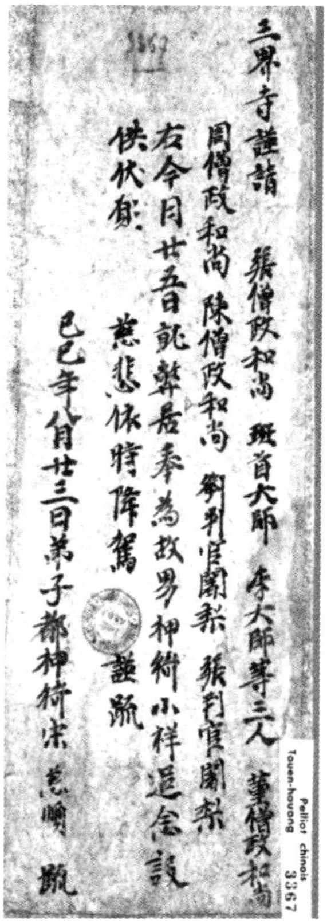

图 2

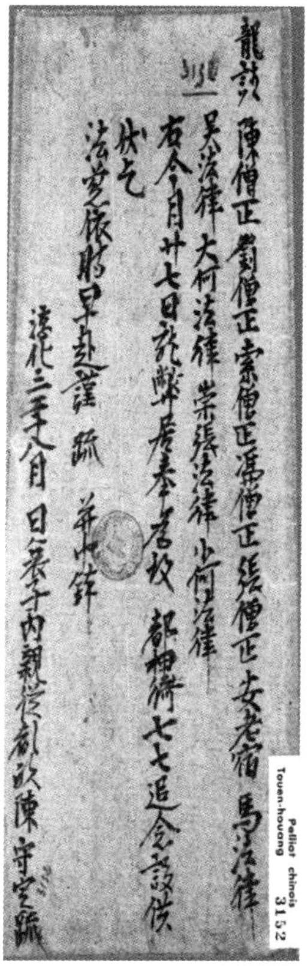

图 3

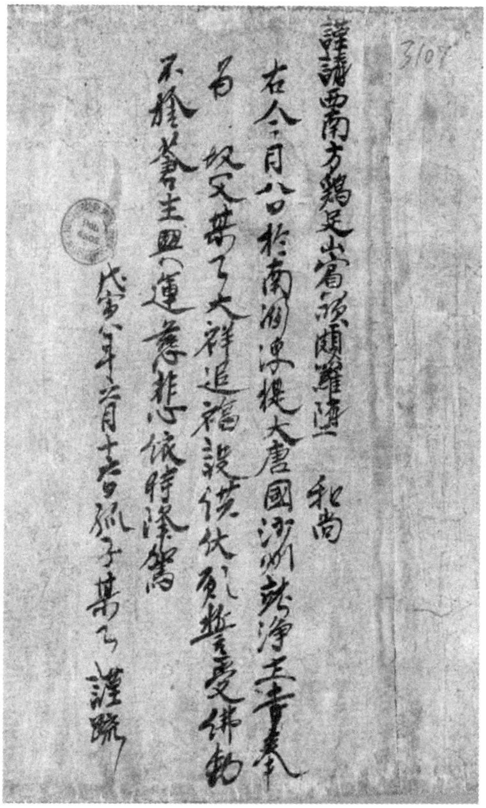

图 4

义净《南海寄归内法传》记载印度在斋僧以前，先要设供施圣僧宾头卢，然后才施食给僧众。佛教传到中国后，以斋僧为平台的佛教斋供仪式[1]，全面再现斋僧的内容和程序，在“遣疏请僧”，即用疏文请僧时，不仅请真实的僧人，也请被认为是施僧食证盟者的圣僧宾头卢。P.3107v 的内容，包括了斋供仪式的时间、地点、斋意、斋主和所请对象——圣僧宾头卢。通过对请宾头卢疏源流的梳理，无疑可以对中国佛教斋供仪式的源头及核心仪节有进一步的理解。

[1] 我们将佛教仪式二分为修持仪式和斋供仪式。有关这两种仪式的界定和系统研究，请参见侯冲《中国佛教仪式研究——以斋供仪式为中心》，上海古籍出版社 2018 年版。

三、请僧疏属斋意文

中国佛教斋僧的“遣疏请僧”，与印度、南海诸国和中亚等地不同。如上所说，在敦煌遗书中，保存了数通中国佛教的请僧疏。如何理解请僧疏的性质呢？

需要从两个层面来理解。第一个层面是，请僧疏为道场疏，是斋文或斋意文。宋代僧人道诚《释氏要览》卷上“中食”类解释“疏子”时说：“即祝佛之文也，盖疏通施主今辰之意也。”[1] 卷下“送终”类“疏子”条又说：“白佛辞也，盖疏通斋意尔。”[2] 明代徐师曾《文体明辨》“道场疏”条也解释说：“按道场疏者，释、老二家庆祷之词也。庆词曰生辰疏，祷词曰功德疏，二者皆道场之所用也……其曰斋文，即疏之别名也。”[3] 由于“道场”也是一个多义词，只有弄清“道场疏”这个概念的“道场”二字的意思，才能理解何为“道场疏”。从佛教史籍来看，“道场”二字最少有四个含义：一指成佛的地方，特指释迦牟尼静坐成佛的地方。二指佛寺，这个含义始于隋炀帝“改僧寺为道场”[4]。三指做法事的地方。四指法事，专指僧人受雇举行的“营斋转经”的法事。有时甚至会与“道场”被并举，称为“道场法事”[5]。这里指“疏”的第四个含义使用的是文疏、疏子。其意义是表白斋主设斋供僧的目的。因为是斋主向僧人陈述斋意的文字，所以被称为斋文或斋意文。第二个层面是，请僧疏是中国佛教斋主与僧人互动的载体或媒介，是佛教斋供仪式的核心元素。如果结合上文义净对佛教斋僧的介绍，会有助于对这一说法的理解。

上文义净对印度和南海斋僧的记载，包括一个重要内容，就是僧人在受斋食后，有一个上座“为施主略诵陀那伽他”[6] 或“为其施主说陀那伽他”[7]，即“报施主恩”的程序。梵语“陀那钵底”意译施主，“陀那”即檀那，为“陀那钵底”的省略；“伽陀，即偈颂也”[8]。故上座为施主略诵陀那伽他，就是要对施主唱颂几句偈颂。根据义净的记载，偈颂“初须佛说之颂，后通人造。任情多少，量时为度”[9]，意即最初是沿用释迦牟尼说的偈颂，后来随着情况的变化，由佛弟子根据实际情况随机吟颂了。义净撰《说罪要行法》所录“饭食已讫，当愿众生，

---

[1] （宋）释道诚编、富世平校注：《释氏要览校注》，中华书局 2014 年版，第 224 页。

[2] （宋）释道诚编、富世平校注：《释氏要览校注》，中华书局 2014 年版，第 585 页。

[3] 徐师曾：《文体明辨》，北平文化供应站 1933 年版，第 177 页。

[4] 《大正藏》第 54 册，第 247 页。

[5] 如宗密《圆觉经道场修证仪》《圆觉经道场略本》均如此。参见《续藏经》第 74 册，第 375、513 页。

[6] 王邦维：《南海寄归内法传校注》，中华书局 1995 年版，第 59 页。

[7] 王邦维：《南海寄归内法传校注》，中华书局 1995 年版，第 62—63 页。

[8] 慧琳：《一切经音义》卷六十，《大正藏》第 54 册，第 711 页。

[9] 王邦维：《南海寄归内法传校注》，中华书局 1995 年版，第 66 页。

德行充盈，成十种力。所为布施者，必获其利义，若为乐故施，后必得安乐”[1]，都是出自佛教经律的报施主恩偈颂。其中后四句的大部分文字，当下汉传佛教丛林中午过堂举行受斋仪时，仍然在唱。

根据义净的记载，报施主恩偈，“须称施主名，愿令富乐。复持现福，回为先亡。后为皇王，次及龙鬼。愿国土成熟，人物乂安，释迦圣教，住而莫灭”。幸运的是，在敦煌遗书中，我们也能看到与此记载相对应的文本。如 P.2854 有《祭四天王文》(图 5)：

> 粤至圣者，唯我世尊；至神者，则天王矣。所以授（受）佛付嘱，护法弘经，威镇苍生，福资军国。由是浊劫之内，灾厄年兴。若不精恳，神灵何以殄兹氛扰？故得道俗同志，官吏倾心。清宝地而列真仪，辟梵廷（筵）而陈香馔。八音竞奏，声寥（嘹）亮于祇园；三宝争驰，福禳和于沙界。总斯殊胜，无限良缘，先用庄严四天王等。惟愿威

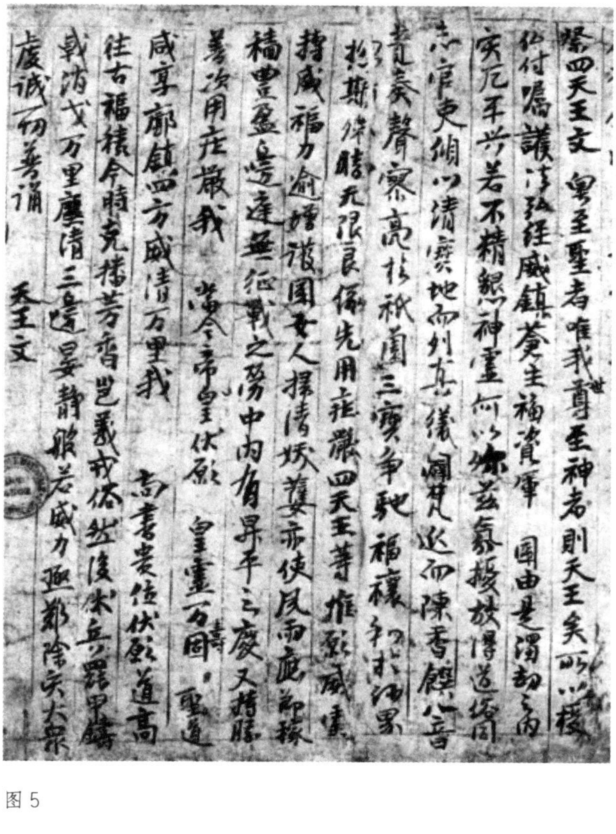

图 5

[1] 《大正藏》第 45 册，第 904 页。

灵转盛，福力逾增，护国安人，扫清妖孽。亦使风雨应节，稼穑丰盈。边庭无征战之劳，中内有升平之庆。又持胜善，次用庄严。我当今皇帝伏愿，皇灵万寿固，圣道咸享，廓镇四方，威清万里。我尚书贵位，伏愿道高往古，福积今时，克播芳香，邕義戎俗。然后休兵罢甲，铸戟销戈，万里尘清，三边晏静。般若威力，拯难除灾。大众虔诚，一切普诵。（“天王文”）

另外，P.2857 有《建佛堂门楼文》（图 6）：

夫圣德慈尊，降积（迹）娑婆之界，献金容于白豪（毫）相以腾晖。雪山竟八字之言，龙宫阐三乘之教。谈色尘之不有，假缘合而非无。度性海则不测[1]浅深，采宝山而巨之（知）远近。□□寂寞，无始无终；理绝百非，不生不□。大哉旨圣，情何以加！厥今敷像、郭建尊容、构迴门楼、廊绘众圣者，有杂（谁）施作？时则有坐前持炉施主等，

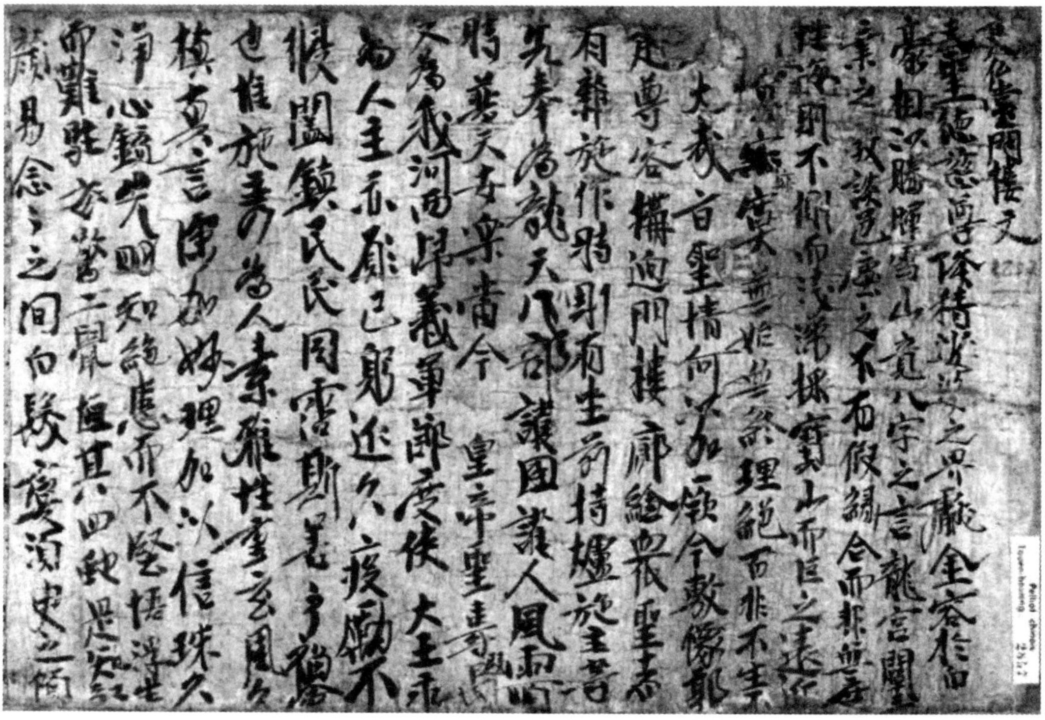

图 6（部分）

[1] “测”，底本作“测而”，据文意删。

先奉为龙天八部，护国护人，风雨顺时，普天安乐，当今皇帝圣寿遐长。又为我河西归义军节度使大王永为人主，亦愿己躬延久，疫励（疠）不侵，阖镇民人，同沾斯善之福会也。惟施主乃为人素雅，性重玄风，久持真言，深加妙理。加以信珠久净，心镜先明。知绝患而不坚，悟浮生而难驻。每惊二鼠，恒其四蛇。是知红颜易念念之间，白发变须臾之倾。惠心内朗，财施外施。今生植来世之胜因，即日种后身之福禾。故能先开净土，已扫天门；抽戚（减）珍财，助修妙善。其门楼乃雕文克镌，绮饰分明，既无瑞应飞来，又似神龙涌出。单窗敢几，辉映紫霄；宝柱金门，含风吐日。邪昂窥侧，写龙甲之参嵯；绾拱联绵，垒天花而竞其檐廊。乃庀资梓柏，梁架构檀，白壁红栏，施朱拂黛。已然建塔，画像门楼功德，尽用庄严，则我坐前施主即体。惟愿业障报障，以（似）秋叶而争飘；定根惠根，共春萌而竞茂。善声善响，常游六趣之中；净业净因，恒居五蕴之境。然后先亡远代，悉同上生。人以非人，咸蒙吉庆。

上面两则录文，图5中的施主是“道俗同志官吏”，图6中的是“施主等”，没有确称，但讲的都是施主；图5没有提及“先亡”，图6提到“先亡远代”；图5提到“我当今皇帝”，图6是“当今皇帝”；图5提到“四天王”，图6是“龙天八部”；图5有“风雨应节，稼穑丰盈”，图6提到“人以非人，承蒙吉庆”。就其内容来看，与义净所记南海十洲上座诵施主恩偈时“须称施主名，愿令富乐。复持现福，回为先亡，后为皇王，次及龙鬼。愿国土成熟，人物乂安，释迦圣教，住而莫灭”等文字基本能够对应。说明这些文字就是中国佛教僧人的报施主恩偈。

报施主恩偈由于包括了施主设斋的意愿，所以与前面的请僧疏一样，都属于中国佛教斋供仪式的斋意文。原因在于，请僧疏如果不说明斋意，僧人在回应施主的斋僧及布施功德时，无从说明斋主斋僧的斋意，所以请僧疏肯定包括斋意，故请僧疏为斋意文。如果报施主恩偈不说明斋主设斋供僧或请僧人举行法会的斋意，斋意在报施主恩偈得不到体现，则斋主设斋意图就无法表白，斋僧的目的不清楚，则斋僧也就失去了意义。

所以，不论是请僧疏还是报施主恩偈，肯定都包括施主设斋供僧的目的，即斋意，故请僧疏和报施主恩偈都属于斋意文。唯一的区别是，前者出自斋主，后者出自僧人。不论是哪一种，由于都被写在纸上，成为后世僧人举行斋供仪式学习和实践的范本，而且在义净《南海寄归内法传》中都能找到相关或相对应的文字，一方面说明其源远流长，传承有序，另一方面在佛教三大部派中仅见于汉传佛教，可称为佛教中国化仪式形态的标志。

结语

此前我们已经注意到，从斋供仪式包括斋主、斋意和仪式专家这三个核心元素来看，遣疏请僧是佛教斋意的表达，是佛教斋供仪式的核心。斋意类文献是中国佛教乃至中国宗教仪式文献的核心文献，通过对中国古代宗教斋意类文献的梳理，将能拓展深化中国宗教的研究。[1] 本文通过对义净《南海寄归内法传》有关中国佛教"遣疏请僧"相关背景及实践的考察，明确了在请僧文、报施主恩偈等为佛教斋供仪式的文献中的斋意文，无疑是从一个侧面对这一结论的印证。

[1] 侯冲：《中国宗教仪式文献中的斋意类文献——以佛教为核心》(待刊)。

“一带一路”视野下山西历史文化资源研究

张敬华 / 中国艺术研究院

大约在公元前 2 世纪，佛教已沿着通贯欧亚大陆的古丝绸之路传入我国，与中国文化碰撞结合、水乳交融，成为中国文化的重要组成部分。2013 年，习近平总书记向全世界提出了“一带一路”的倡议。回顾历史，山西与“一带一路”有着密切的渊源，自古以来，山西位于中原农耕文明与草原游牧文明的连接地区，是物资交流与文明交汇的重要战略通道，成为古丝绸之路的重要地理节点，明清时期的晋商更为海上丝绸之路的繁荣做出了重要的贡献。五台山的丰富文化遗存，法显的游历与《佛国记》的写作，净土宗的形成与海外传播都离不开这片热土。“一带一路”以贸易往来为核心，文化始终是各国之间沟通与合作的重要着力点，从这个意义上看，研究历史上丝路文化的传播对于构筑“一带一路”民心相通有着重要的现实意义。

五台山佛教圣地的形成

西汉时，佛教通过官员、商人、僧侣等传入了我国。史载，东汉永平七年（64），东汉明帝刘庄做了一个奇异的梦，梦中一位身长六丈、相貌庄严、金光灿烂的神人在宫殿中飞翔。[1]后派遣郎中蔡愔、秦景等率众向西求访佛法。[2]三年后，西访的使臣陪着两位古印度僧人摄摩腾和竺法兰，回到东汉都城洛阳。二位僧人受到明帝的礼遇，在鸿胪寺驻锡并开始翻译佛经。他们在鸿胪寺合作翻译了中国第一部汉译佛典《佛说四十二章经》，开创了中国翻译学的先河。因白马驮经有功，故将此处命名为白马寺。自此，佛教受到了朝廷的重视，白马寺成为中国佛教有寺之始，佛学开始在中国大地传播开来。

68 年，汉明帝在皇宫召见摄摩腾、竺法兰二位僧人。明帝提了一个问题：朕的江山有圣人居住否？二僧引用了释迦牟尼佛《华严经》来回答，“东北方有处名清凉山，从昔以来，众

[1] （北魏）杨炫之：《洛阳伽蓝记》卷四。
[2] 《后汉书 · 西域传》。

菩萨于中止住。现有菩萨文殊师利，与其眷属诸菩萨众，一万人俱常在其中，而演说法”[1]。这里提到的清凉山就是如今的五台山。根据佛经的描述，五台山位于天竺国的东北方，也是皇城洛阳的东北方。明帝听罢立即请二位僧人率人向东北方去找寻。

五台山的东、西、南、北、中五座山峰如擎天柱般拔地崛起，上接苍穹，五峰顶处，有如垒土之台，平坦而无林，与《华严经》记载无二。在巍峨挺拔的五座山峰的怀抱中，还有一座小山峰，又与古印度释迦牟尼佛演教说法的灵鹫山极其神似。摄摩腾、竺法兰二位僧人认定这里便是文殊大士演教说法之道场，奏请明帝在这里建寺，以灵鹫寺之名命名。明帝听罢大喜，特意在“灵鹫寺”前添上了“大孚”二字。大孚者，弘信也，大孚灵鹫寺就成为五台山的第一座寺院，唐朝时改称为大华严寺，也就是如今的显通寺。它是中国人严格按照佛教的规制，用自己勤劳与智慧的双手，一砖一瓦建立起来的中国第一座佛教寺院。从此，五台山逐渐成为僧人驻锡修行、翻译佛经、研习佛法之所，成为中国佛教“四大名山”之一、世界“五大佛教圣地”之一，吸引了世界各地的文人墨客和高僧大德，见证了中国文化的历史传承。

古丝绸之路以经济贸易为核心，文化始终是沟通与合作的着力点，而佛教文化则是古代丝绸之路发展的助推器。毫不夸张地说，没有佛教传播，就没有河西走廊的开拓，在这个过程中，五台山发挥了重要作用。历史上，天竺、尼泊尔、斯里兰卡、韩国、日本等国的僧人到五台山研学佛法。有些僧人回国后，出于对五台山的敬仰，在本国修建了以“五台山”命名的寺庙。在长期的历史演进中，五台山保存了世界上鲜有的古建筑群、佛教造像群、独特的佛教音乐，被誉为“文殊信仰中心”“中国古代建筑艺术宝库”，积淀了非常丰厚的历史文化遗产。

“一带一路”的先行者

“一带一路”是人类历史上重要的商贸交流之路，也是文化传播之路。作为中国与斯里兰卡佛教友好交流的象征人物，法显大师不仅是一位满腔热忱的求法比丘，也是一位影响深远的学者、人类宗教史上至心虔诚的精神传教士，被喻为“中国西行求法第一人”。

在中国历史上有许多舍身西行、可歌可泣的动人故事。在汉代，中国已经有一些著名的旅行家，比如张骞和甘英，他们所到达之处距离中原十分遥远。260 年，三国时期的僧人朱

[1] 《大方广佛华严经 · 菩萨住宿品》。

士行沿古丝绸之路西行求取《大品经》原本，曾到达于阗国，是我国第一位西行求法的僧人。历史上著名的玄奘法师历经 17 年西行求法的壮举，始于 627 年，晚于法显之后 200 多年。东晋时期的法显不仅是中国第一位到海外取经求法的大师，更是伟大的旅行家和翻译家，他对“一带一路”沿线国家从人文、地理、社会、风俗等方面进行研究和记录，对中外文化的交流做出了不可磨灭的贡献。

法显（334—420），俗姓龚，山西平阳人。在他所处的东晋时期，佛教文化传入中国已经 300 多年，已经逐渐与中国文化相融合，被国人广为接受。根据唐法琳《辩正论》的记载，东晋共建寺 1768 所。出家僧人与僧尼数量与日俱增，且名僧辈出。从印度和西域来的高僧人数也出现显著的增长。[1] 问题在于佛经由外进入的比较多，而戒律却少，寺院管理、僧众的约束就成了亟待解决的问题。

65 岁的法显毅然决定前往古印度求取真经。东晋隆安三年（399），法显携同慧景、道整、慧应、慧嵬等僧人结伴而行，从长安出发西行至张掖，又遇智严、慧简、僧绍、宝云、僧景等僧人愿意同行求法。法显一行沿着丝绸之路过敦煌，渡流沙，过雪山，逾葱岭，经巴基斯坦、阿富汗、尼泊尔、恒河中下游的广阔地区，徒步数万里，九死一生到达古印度，学习梵文、抄录经典、寻求戒律、参拜各地佛教圣迹，包括释迦牟尼佛诞生地以及佛教传法的圣地和恒河中下游广阔地区的诸国，历经千难万险，抄得大量经典，对沿途的社会、人文、地理、寺院等情况做了大量的宝贵记录。

410 年，法显决定从海路回国，他只身搭乘商船离开古印度多摩梨帝国[2]，经过 14 天的生死颠簸，数度死里逃生，艰难地到达斯里兰卡的首都——“王都”[3]。据斯里兰卡历史记载，当时是摩诃那摩国王统治时期。法显在斯里兰卡求法两年，详细地对斯里兰卡的地理、环境、物产、传说、气候和佛教盛行情况等做了详细的记载，并同他的参访求法活动过程一起记录在他撰写的《佛国记》中。这些文字为后人留下了弥足珍贵的历史资料。

直到现在，法显求法的事迹依然在斯里兰卡广泛流传，他的经历甚至被编入斯里兰卡的小学课本中。他所游历、朝拜过的圣山无畏山以南，坐落着由中国援建的“无畏山寺博物馆”，也称为“法显博物馆”，山上至今还留存当年他曾休息的山洞，当地人称为“法显洞”，山下有一座寺院，是法显洞佛学院所在地。山脚有一块巨石——“法显石”，石面上“法显洞”三字用僧伽罗文、中文和英文书写。山脚的一个村庄称为“法显村”，是法显当年从阿努拉达

[1] 任继愈主编：《中国佛教史》第二卷，中国社会科学出版社 1985 年版，第 574—580 页。

[2] 古国名。故地在今印度西孟加拉邦米德纳普尔的塔姆卢附近。古时位于恒河入海口，为印度东部重要港口所在。

[3] 今斯里兰卡北中央省的阿努拉德普勒。

普拉前往亚当峰途中曾居住的地方。为了纪念这位伟大的僧人和中斯两国的传统友谊，法显村于1981年更名为友谊村。村中的寺庙称为“法显庙”，中国近代高僧太虚法师还曾专程到此拜访。至今，斯里兰卡人民仍然怀念和敬仰这位为中斯友好做出巨大贡献的使者，他们不断地来到中国，来到山西进行参访和交流。2016年6月27日，中斯各界人士又聚五台山纪念法显大师，共叙中斯友谊，法显成为我国和山西对外开放的友谊之桥。

中国高僧法显大师的求法之举推动了中斯两国的文化交往。法显在斯里兰卡除了求取佛典外，还将中国文化、山西地方风俗传播到了斯里兰卡。据文献记载，受法显大师的影响，摩诃那摩国王于428年派遣一个使团前往中国，两国之间的友谊得到了巩固和加强。据载，摩诃那摩国王曾送给中国皇帝两块平纹布，这在当时是斯里兰卡的珍贵特产。摩诃那摩国王还送给中国宝贵的佛牙寺的佛牙复制品。在摩诃那摩国王统治晚期，他还派两个比丘尼使团到访中国，在中国创建了比丘尼戒。

法显远在异国之时，非常思念家乡。据《佛国记》记载：法显去汉地积年，所与交接悉异域人，山川草木，举目无旧，又同行分披，或留或亡，顾影唯己，心常怀悲，忽于此玉像边，见商人以晋地一白绢扇供养，不觉凄然，泪下满目。他曾在斯里兰卡的佛殿中，看到佛像前的供养物中有来自中国山西的扇子，思乡之情油然而生，他思念祖国，思念家乡，又想到了自己的责任，决定回国。东晋义熙八年（412），法显离开斯里兰卡，经印度尼西亚的苏门答腊（或爪哇），历经千难万险，在山东崂山登岸回到中国，从65岁西行求法历时15载回国，此时法显已是耄耋之年，可想法显此行是何等的不易！他于次年到达京都建康[1]，不顾年迈，在道场寺与古印度高僧佛驮跋陀罗共同翻译他带回的佛典，前后共译出弥足珍贵的《摩诃僧祇律》四十卷、《僧祇比丘戒本》一卷、《僧尼戒本》一卷、《大般泥洹经》六卷、《杂藏经》、《杂阿毗昙心论》等，共计百万余字。他翻译的《摩诃僧祇律》也被称为大众律，为中国佛教重要的戒律之一，对后世中国佛教律宗的形成产生了深远的影响。法显对佛经的翻译极大地促进了中国翻译学的发展，促进了中外文化的圆融。

佛学的传入为中国文化带来了新的意境、新的文体、新的命意遣词方法，曾鼓舞了晋唐小说的创作，般若禅宗思想影响了陶渊明、王维、白居易、苏轼的诗歌，伴随着佛学而来的还有天文、医学等科学技术。许多中、印高僧大德在翻译梵文和巴利文佛典的过程中，与中国文化相结合，创造、丰富了中国的语言词汇，比如禅、劫、世界、众生、因缘、果报、功德、刹那、真谛、觉悟、慈悲、执着、自觉、赞叹、般若、功课、色空不二、清规戒律、天

[1] 今南京。

花乱坠、心领神会、庄严国土、三千大千世界、十八层地狱、无事不登三宝殿、不看僧面看佛面、跑得了和尚跑不了庙、放下屠刀立地成佛、苦海无边回头是岸等等。法显在中外文化交流和对外开放中起到了承上启下、推波助澜的作用，功不可没。

法显西行求法最重要的贡献之一就是撰写了《佛国记》，全文九千五百多字，记录了他西行求法途中西域各国、古印度诸国、南洋等国的历史风貌与风土民俗，历史沧桑变化，许多国家或仅存遗迹，或历史文献资料空缺，法显的记录补充了历史的空白。其对中国法显崇敬不已。

西域的鄯善、于阗、龟兹等古国，湮灭已久，资料少存，《佛国记》的记载弥补了史书文献的不足。法显至古印度之时，正是古印度笈多王朝有名的超日王在位的繁荣时代，古印度关于笈多王朝超日王时代的历史没有系统的文献记录，法显的《佛国记》对于这段历史却做了详细、珍贵的记载。这在世界学术史上有着非常重要的影响。《佛国记》还详尽地记述了古印度的佛教圣迹、僧侣生活、当时佛教流行的盛况，经常被佛学翻译家作为佛学典籍著录引用。不仅如此，《佛国记》还对地域广阔的中亚、古印度、南亚约三十个国家的地理、交通、宗教、文化、物产、风俗，乃至社会、经济等方面都做了宝贵的客观描述与记录。它不仅是一部有着千年历史的游历传记，更是一部有着珍贵价值的历史文献，是中国与古印度、中亚、南亚次大陆、陆海交通的最早记录，是中国古代第一部完整的旅行著作，在中国和南亚地理史和航海史上有着极其重要的价值。中国与南亚、波斯等国的海上贸易，早在汉朝时期已经开始，而史书上并没有关于海风和航船的详细记述。《佛国记》对信风和航船的详细描述和系统记载，成为中国最早的海洋记录。

总之，研究印度古代史的学者，包括印度学者在内，都将《佛国记》视为瑰宝。印度史学界认为如果没有法显、玄奘和马欢的著作，重建印度历史是不可能的。印度学者恩・克・辛哈留下过这样的赞许：中国的旅行家，如法显和玄奘，给我们留下了有关印度的宝贵记载。法显开创了中国西行求法的先例，受其影响，中国西行求法者络绎不绝。

法显是中国对外开放和交流的先驱，是我国第一位旱路跋涉西行求法、海路回国的著名高僧，他不仅历经了陆上丝绸之路，还探索了海上丝绸之路。法显西行求法的成功，在全国掀起了西行求法的热潮，在世界和全国产生了极大的反响，以致后来唐代的玄奘大师、义净大师及以后各朝各代的高僧大德步着法显的后尘，一代又一代向西求法。同时，受法显的影响，古印度天竺诸国和西域各国的高僧也纷纷前往中国。隋朝被称为开皇三大士的译经大师、古印度高僧那连提黎耶舍、阇那崛多、达摩笈多等大德和被誉为唐朝开元三大士的译经大师善无畏、金刚智、狮子国高僧不空三藏等大师，他们从古印度一路向东，千难万险来到中国弘扬佛法，翻译佛经。丝路沿线国家及海外各国的僧侣和仁人志士也踏着法显的脚印来到中国和山西学习、交流，对我国的经济、建筑、哲学、翻译、雕塑、美术、音乐、艺术等方面都产生了积极的推动作用，法显西行求法的成功，对后来中国佛教的中国化进程和中国佛教各宗各派的建立产生了深远的影响，同时也进一步促进了中国和山西的开放。法显的西行求法使山西人走出了国门，也将山西和山西文化介绍给世界，使山西出现在世界的舞台上。法显是中国杰出的佛学家、旅行家和翻译家，他是中国人的骄傲，更是山西开放的先驱，在丝绸之路的文化交流中建立了不朽的功勋，在中印文化和中斯交流史上彪炳史册。

净土宗的创立及其对东亚的影响

在中国佛教史上，禅宗、净土宗是对中国文化影响最大、最长远的两个宗派。从菩提流支译出世亲的《往生论》，到慧远大师创立往生西方净土的思想；从东亚昙鸾大师创立净土宗，经道绰、善导弘传于中、日、韩、越等地，净土宗长盛不衰。菩提流支、慧远被尊为净土宗初祖，昙鸾、道绰、善导被尊为净土宗三祖师。山西历史悠久、物华天宝、地杰人灵，在山西千年开放的历史上出现了很多著名人物，慧远就是其中一位。

慧远（334—416），俗姓贾，山西雁门人，出身于书香门第。他从小资质聪慧，好思勤学，13 岁时随舅父游学，精通儒学，旁通老庄，厚重的山西文化为他以后的发展奠定了坚实的基础。他听闻道安法师在太行恒山一带弘扬佛法，受其影响很大。21 岁时他偕同慧持聆听道安法师讲《般若经》，随即大彻大悟，于是发心舍俗出家，皈依道安法师座下，削发为僧修行弘法，法名慧远。他走出山西，在庐山创建东林寺，组织了白莲社，创立了中国净土思想，为中国净土宗的建立奠定了良好的基础，他是中国著名高僧。

慧远的师父道安大师被喻为中国佛教的奠基者之一，是两晋时代佛教界的中心人物，对两晋时期佛学的兴盛发挥了重要作用，他重视戒律，确立僧规，统一僧姓，他撰写的《综理众经目录》是中国佛教史上第一部目录，开创了译经目录的先例。他上承西域高僧佛图澄大师，下启慧远大师，对我国佛学的发展具有长远的影响，堪称中国佛教史上划时代的里程碑。近代著名学者梁启超说：佛教有了道安，就像历朝初创时期得到一位擘画国事的宰相，足见道安在中国佛学史上的地位。

东晋太和四年（369），道安前往长安，慧远决定离师前去广州罗浮山弘法，走到江西浔阳（今九江市）时，看到庐山清净妙绝，是理想的弘法宝地，便决心留在庐山建立道场，后创建了东林寺。东晋重臣恒玄非常钦佩慧远，认为他才华横溢、举止得当，是难得的人才，欲请他还俗从政，被慧远婉言谢绝。后来，恒玄下令甄别众僧，却独尊“庐山为道德所居”。慧远的智慧与远虑在于，他非常重视与天竺、西域梵僧大德的交流与往来，礼请他们弘法、译经、交流。当他听说西域著名高僧鸠摩罗什来到关中时，慧远写信与他交流。相传译经大师鸠摩罗什读到慧远所著《法性论》时，大加赞叹：边国人未有经，使暗与理会，岂不妙哉！东晋时期，虽然佛法不断传入，但仍不全面，慧远亦深感于佛法有缺，遂派弟子法净、法领等赴西域求经，取得梵文本《华严经》三万六千偈及《四分律》，在庐山东林寺设般若台翻译佛经，他还同古印度高僧佛陀耶舍三藏法师一起译出《四分律》。慧远还邀请天竺高僧佛驮跋陀罗来到庐山东林寺译出《达摩多罗禅经》两卷。东林寺成为我国较早翻译佛经的场所之一。慧远的师父道安法师曾请天竺兜佉勒国[1]高僧昙摩难提法师翻译《阿毗昙心经》，由于昙摩难提对汉文欠通，译本苦涩难解，慧远闻听古印度北天竺国僧伽提婆法师精通众多经典，便恳请他重新翻译出《阿毗昙心经》四卷及《三法度论》两卷，慧远亲作序言、标目录，赠送给学经的僧众，使这两部佛典得以在全国流传。

晋安帝元兴元年（402），以慧远为首，17位僧人和隐士及彭城刘遗民、预章雷次宗、雁门周续之、新蔡毕颖之、南阳宗炳、张莱、张季硕等123人，在庐山东林寺成立了白莲社，提倡修持弥陀净土法门，精修念佛三昧，期望能够摆脱轮回痛苦，往生西方极乐世界，因此慧远被尊为中国净土宗初祖。净土宗是汉传佛教中影响最大、最深远的一支，流传至今。

慧远一生著述颇丰，著有《大智论要略》二十卷（亦名《释论要钞》）、《不敬王者论》一卷、《问大乘中深义十八科（并罗什答）》三卷、《大智论序》一卷、《阿毗昙心序》一卷、《三法度序》一卷、《妙法莲华经序》一卷、《明报应论》一卷、《修行方便禅经序》一卷、《辩心识论》一卷、《法性论》一卷、《沙门祖服法论》一卷、《释三报论》一卷、《佛影赞》一卷等。慧远听说西域罽宾国[2]高僧弗若多罗大师是专精《十诵律》部的著名学者，曾与鸠摩罗什合译《十诵律》，经未译完弗若多罗大师不幸入灭。慧远对此非常遗憾，后来他听闻以律藏驰名的西域大德昙摩流支来到关中，慧远立刻亲笔致书昙摩流支并派弟子昙邕赴秦相邀，恭请他将未译完的《十诵律》完成，昙摩留支被慧远的诚心所感动，遂将弗若多罗未尽的部分译出。《十诵律》成为我国佛教第一部完整的比丘律藏。道安大师赞叹说：使佛道流布中国的使命，寄托在慧远身上了。

慧远注重佛教文化与中华传统文化的融合与贯通。他从山西来到庐山，在东林寺说法时，为了便于大家理解，经常引用老庄和道家思想来诠释佛性，内容通俗易懂，受到大家的欢迎。他不但是佛学家，还是文学家，他创作的《游石门诗》《游庐山诗》《庐山记略》等诗文，是东晋山水文学的佳作，是了解晋宋之前庐山的自然景观和人文景观的宝贵资料。他的文辞清丽，

[1] 大月支国，为葱岭西南，乌浒水上游的古国名。

[2] 又称瀶宾国、劫宾国、羯宾国，为汉朝之西域古国名。

气势俊雅，在中国山水文学史上产生着悠远的影响。

慧远儒学功底厚重，精通儒家六经，尤其精通《庄子》和《道德经》。他博览群书，精通佛理，将佛学与中国文化相融合，是中国一代宗师，深受国人和古印度天竺僧人的敬重。慧远大师的净土思想是古印度净土理论在我国弘传的肇始，是佛教文化与中国文化碰撞交融的产物，对中国佛教的发展产生了深远的影响。他被尊为中国净土宗的初祖，深受民众爱戴，东晋、唐、宋诸帝皆感叹他对中国文化的贡献，赐慧远"白莲社主""辨觉大师""正觉大师""圆悟大师"等谥号。他创建的东林寺也被誉为净土祖庭。

继慧远之后，昙鸾对净土宗的贡献尤其重要。他被魏孝静帝尊为"神鸾"，被梁武帝誉为"肉身菩萨"。作为佛学大师，他深知佛学需适应社会发展，将儒、释、道三学融于净土思想中。他是佛教中国化进程中有着卓越贡献的佛学大德。

昙鸾（476—542），山西雁门人，从小受到儒学、道学、中医学的熏陶，因家近五台山，受佛学的影响，14 岁时就到五台山拜谒文殊.他登山访寻，备见圣迹，向往文殊，誓而出家。他博学经典，学习儒、佛、道各家的著作，尤其对古印度龙树所著、西域鸠摩罗什所译的《大智度论》《中论》《十二门论》和提婆所著的《百论》这四论有着深刻的研究和独到的见解，他将佛学与中国传统文化相结合，成为中国一位学识渊博的佛学大师。他认为古印度昙无谶翻译的《大乘方等大觉经》词义深奥，难以理解，于是开始为《大乘方等大觉经》作注，后因喉疾，离开五台山，云游各地寻医疗治。他到了汾州时喉疾渐好，想继续写作，但又感叹生命短促，如果不能长年，便难以完成弘法大愿，他听说江南隐士陶弘景学识渊博，医学了得，远近闻名，便前往南方寻访治疗。当时时局混乱，北朝人到南方要经过梁朝官府查问才能通行。昙鸾到达梁都建康时，被官府抓获查问并送交梁武帝。众所周知，武帝好佛，听说他是五台山的僧人，格外重视传旨召见，梁武帝请他来到重云殿与他谈论佛法，被他惊人的记忆和"色空不二"的思想折服，对他礼敬赞叹，将他奉为"肉身菩萨"。

后来昙鸾至庐山求医，又从庐山云游至洛阳，遇到了博通经、律、论三藏的古印度北天竺高僧、佛经翻译家菩提流支。昙鸾向菩提流支请教佛法并询问长生之道，他对菩提流支说：中国有长生不老之书，不知天竺有否？菩提流支传授他《佛说无量寿经》，指出长生不如解脱的深刻佛理，教导他皈依净土，创立净土法门。昙鸾如获至宝，并为菩提流支译出的《往生论》作注。《往生论》是古印度天亲大师注解修学净土法门的心得之著。昙鸾所著的《往生论注》文笔精练，文风朴实，言语清晰简明，虽为文言而不烦琐，教理虽深却不艰涩，譬喻典故引人入胜，佛理阐述深入浅出，文字简约而内涵深邃，辞藻明了而义理清晰，尤其难能可贵的是他将弥陀本愿力思想体系彻底圆融，完整地继承了古印度龙树、天亲[1]的理论，并在山西石壁山谷创立净土道场，建立了中国净土宗，使净土法门在中国大地上开始传播，净土宗的最大功德就是将原本体系庞大、佛理深奥流传于中国上层社会和士大夫阶层的佛教很快地普及民间。

昙鸾一生致力于净土经典的研究和净土思想的弘扬。北魏孝静帝命他驻锡并州大寺，后移居石壁山谷玄中寺。昙鸾在太原、交城、介休、平遥等山西各地弘传净土教理，教导民众简便易行的念佛方法。从此，在中国大地上出现了“家家弥陀佛，人人观世音”的文化盛况。昙鸾深受社会各阶层的爱戴和敬重，孝静帝亲切地称他为“神鸾”，山西玄中寺因净土念佛法门而名扬天下，成为中国净土宗的祖庭。

隋大业五年（609），太原蒙山开化寺道绰禅师慕昙鸾大名来到玄中寺。道绰（562—645）俗姓卫，并州汶水人。14 岁出家，依慧瓒禅师修学经论。他从多方听到、看到昙鸾念佛往生的种种事迹与碑文，极为感动，决心继承昙鸾大师衣钵，弘扬净土法门，一心专念阿弥陀佛，观想礼拜，精勤不断。为僧众开讲《观无量寿经》时，他语言流畅，辩才无碍，讲经达两百多场。每当他讲经结束时，僧众欢喜赞叹，念佛的声音响彻山谷，吸引着周边各省的僧众纷纷前来。道绰完整地继承了昙鸾的净土思想，他所驻锡的玄中寺当时属西河汶水之地，故后人又把他称为“西河禅师”。

平日里，道绰每天自己念佛号七万遍以上，还广劝僧俗信众称念阿弥陀佛名号，为了统计念佛次数，他便教大家以麻豆等生活常见之物记数，每念佛号一声数麻豆一粒，每日念佛便累积麻豆数百斛，有时念得多时，豆量多达八九十石，念得少的也得二十多石。这样的计数方法在生活中虽简单便捷，却不易记数和携带，到达一定数量后数起来更不方便。道绰为解决此难题，发明了穿木珠计数的方法，解决了大家念佛计数的难题，他还经常把自己穿制的念珠送给四众弟子。这便是中国佛教念珠的起源，它成为僧人念佛的必备品。后来念珠传至民间不断发展，出现了木制、珍珠、翡翠、珊瑚、玛瑙等各种材质的念珠，念珠的作用也发生了变化，在民间成了人们生活中的装饰品，深受大家的喜爱，流传至今。

道绰的著作现存《安乐集》上下两卷，此外日本的《东域传灯目录》就出自道绰的《观经玄义》一卷，现已失传。道绰当时德高望重，清人王昶著《金石萃编》（卷八十四）林谔撰载唐“石壁寺铁弥勒像颂碑”中有详细记载。道绰非常重视经证，他在《安乐集》的卷首说：“此所引用的经、律、论、释，多至四十余部，其中常引用的除《无量寿经》《观无量寿经》

[1] 天亲菩萨，佛入灭后九百年时，出生于北印度犍陀罗国之富娄沙富罗城，婆罗门种族之家的大德。

《阿弥陀经》净土三经外，还引用有《大集》《涅槃》《华严》《维摩》《法华》《般若》《大悲》《增一阿含》《十地》《观佛三昧》《十方随愿往生》《法句》《大乘同性》等经，《大智度》《大乘起信》《俱舍》《往生》等论，以及昙鸾《赞阿弥陀佛偈》等”。由此可见道绰的佛学之渊博。道绰的称名念佛、观想念佛及念佛三昧的方法和昙鸾的净土思想一脉相承。道绰大师也是山西开放的先驱之一。

唐贞观十六年（642），29岁的善导法师慕昙鸾、道绰大名来到山西玄中寺，拜道绰为师，弘传净土法脉，他完整地继承了昙鸾、道绰的净土思想，成为中国净土宗的一代大德。

善导大师（613—681），中国佛教净土宗的著名大师，山东人，出生于隋大业九年（613）。他少年出家，听闻山西净土道场玄中寺弘扬净土学说，不辞劳苦前来投奔，唐贞观年间（627—649）拜道绰大师座下，修学念佛法门，成为中国佛教的一代宗师。673年，善导受唐高宗李治诏请为检校僧，从山西玄中寺来到洛阳，督造龙门石窟的卢舍那大佛，皇后武则天以其脂粉钱两万贯作为资助。此佛像是龙门石窟中艺术水平最高、整体设计最严密、规模最大的一处，花费三年零九个月完成，受到唐高宗和皇后武则天的高度赞扬。善导一生著述颇丰，他为了广度长安信众，写了十万余卷《阿弥陀经》，画净土变相图三百壁，他的留世作品有五部九卷：即《观经四帖疏》四卷、《观念法门》一卷、《法事赞》二卷、《往生礼赞》一卷、《般舟赞》一卷，被僧众奉为金科玉律，崇敬如经。著名高僧印光大师赞叹他：“净业行人之指南针。”

善导大师是中国净土宗的集大成者，他念佛精诚，戒若冰清，严于律己，慈厚待人，道行高深，超凡入圣。他还具有诗歌、音乐、书法、绘画、雕塑多方面卓越的艺术才华，受到世界各国净土信众的尊崇。

在中国佛教史上，净土宗是对中国文化影响最大、最长远的宗派之一，从菩提流支译出世亲的《往生论》，到慧远大师创建往生西方净土的思想，从东晋昙鸾大师创立净土宗，经道绰、善导弘传于中、日、韩、越等地，长盛不衰。菩提流支、慧远被尊为净土宗初祖，昙鸾、道绰、善导被尊为“净土宗三祖师”。

中国佛教是朝鲜、韩国、日本佛教的源头，最早可追溯到东汉时期。隋唐年间，日本派遣唐使团来访中国，随行有众多的僧侣，他们到达中国后，遍访名山高僧，研习佛法，并将大量佛教经典、佛像法器、礼仪戒律、寺院建筑、文化习俗、医药典籍、诗词书画等带回日本，促进了日本文化的极大发展。山西的五台山和交城玄中寺是他们最向往的圣地，其中净土宗是中国向日本传播文化的典型的代表。

历史上，中国汉传佛教传入日本有两条路线：一条是由山西的五台山传入朝鲜半岛，又经朝鲜半岛传入日本；另一条则由中国天台山、东南沿海经海路传入日本。中国净土宗传入日本先是由典籍的大量传入开始的，日本奈良正仓院的《经书解》有这样的记载：（天平十六年）观经正宗分四卷，沙门善导师撰，七十六纸。日本的天平十六年是我国唐玄宗天宝三年（744），这说明唐朝中国净土宗善导大师的著作已经传入日本。早在平安时代中叶之后，日本贵族与武士之间的矛盾日益激化，平安城东北的比睿山兴起净土宗，先后出现几位提倡修行净土法门的高僧。以国家层面与学术思想为代表的佛学开始走入民间。日本镰仓时代佛教已经传入社会各个阶层之中，并逐渐地融入日本文化之中。1133年，源空（法然）法师诞生于日本冈山县久米群南町，是当时担任地方长官的漆间时国之子。他的父母深信佛法，因曾向西方三圣之一的大势至菩萨求子而得子，因此给孩子起名"势至丸"，意为此子乃大势至菩萨送来的。这个孩子就是后来的法然法师。法然20岁时，看到中国唐代净土高僧善导大师撰写的《观无量寿经疏》（又称《观经四帖疏》）时，有感于其中的'散善义'方法，即于日常行住坐卧之时常常称念阿弥陀佛名号，念念不断，便得正定净业。法然法师悟到这便是真正的"解脱之道"，于是，他来到京都东山吉水地区结庵立教，开创了日本净土宗。当时京都地区连年战火，又逢战后饥荒与瘟疫丛生，加之台风侵袭，同时有强盗抢劫杀人等人祸并行，生活困苦，民不聊生。民众听闻法然法师带着解脱之道前来弘法救世，便纷纷前来礼佛参法。从此，中国佛教净土宗在日本广泛传播。

日本佛教净土信众公认的净土祖师有七位，又称"七高祖"或"七高僧"，即古印度龙树、天亲（世亲），中国的昙鸾、道绰、善导，日本的源信、法然七人[1]。

中国佛教东传与日本佛教的兴盛也离不开遣唐使团制度。唐朝时，日本僧人和佛教学者被中国的文化和佛教深深吸引着。贞观五年（631），中国接纳了日本派来的第一个遣唐使团。此后，从631年到838年，共有12批日本遣唐使团来到中国学习，他们将中国的历史、文化、法律、宗教、艺术、科技、民俗、中医药等各方面的先进经验，随遣唐使团一起带回本国。日本学问僧、请益僧还在中国巡礼名山，求师学法，带回日本大量佛经、佛像、佛具、绘画、雕刻等，有力地推动了日本文化艺术的发展，并对中日友好交流起到非常重要的作用。同时，这些学问僧、请益僧把唐代的文化，包括佛教各宗思想先后传回日本。他们中的许多人求学于山西的五台山和玄中寺，后来成为日本佛教各宗各派的开山鼻祖。

长期以来，日本佛教净土宗信众感念中国净土三祖师的恩德，心中对山西玄中寺怀着美好而崇敬之情。1920年日本佛教净土宗常盘大定法师来到中国山西交城石壁山谷中的玄中寺，有诗为证："石壁山深一径通，幽溪穷处是玄中，鸱啼月蚀空广夜，赞仰鸾绰二祖风。"

---

[1] 见《佛祖统纪》卷二十六、《乐邦文类》卷三、《净土指归》卷上。

玄中寺成为世人注目的焦点。常盘大定法师回到日本后，在日本掀起了瞻仰、朝拜净土祖庭的风潮。玄中寺在近现代再次承担起对外开放和中日文化交流桥梁的重要作用。1942 年常盘大定法师率领日本佛教代表团来到玄中寺，与中国佛教徒联合举行了纪念昙鸾大师圆寂 1400 周年及玄中寺奉赞法会。参与这次法会的菅原惠庆长老毕生都在为中日友好而奔波，就在这次法会之后，菅原惠庆怀着对中国人民的真挚感情和对净土祖庭的崇高敬意，从山西玄中寺带了一把红枣回到日本，种植在自己住持的东京运行寺，并把运行寺的寺名改名为枣寺。

1953 年初，日本净土大德菅原惠庆念念不忘山西玄中寺，写信给周恩来总理，提出修复山西交城净土宗祖庭玄中寺的建议。3 年后的 1956 年秋，国家修复玄中寺的二期工程顺利竣工，中国佛教协会致函全日本佛教会，邀请日本僧众来华参加玄中寺的修复庆典法会。1957 年 9 月沉默了多年的净土古刹玄中寺殿宇辉煌，佛像庄严，以全日本佛教会会长高阶珑仙为团长，以菅原惠庆、竹村教智和本善隆为副团长的日本佛教友好使节访华团一行 16 人，在中国佛教协会副会长兼秘书长赵朴初居士、巨赞法师、周叔迦居士等的陪同下，同玄中寺僧众一起举行了庆祝净土古刹修复庆典暨昙鸾、道绰、善导三祖师像开光大法会。净土古刹玄中寺谱写出中日友好的历史新篇章，彰显出其在中日文化交流史中独特而重要的位置。而这次佛教文化交流大会的盛大举行，对于打破中华人民共和国成立后中日交流的坚冰，改善日本政坛对中国的一贯政策，对增进两国人民的友谊起了非常重要的作用。在中日文化交流方面，赵朴初先生非常重视山西玄中寺的重要地位。早在 1955 年 8 月他访问日本时，就拜访了日本运行寺，并为菅原长老题词："念佛法门，玄中一脉。东土西方，微尘不隔。"菅原长老对祖庭无比虔诚。1957 年的这次法会，菅原惠庆长老带来一根枣木禅杖，赠予当时玄中寺住持象离法师。这根禅杖就是用他之前从玄中寺带回的枣子，在运行寺长成的枣树上取下的枝干而做成的，禅杖顶端雕刻佛像，杖身刻有"日中一心，万善同归"八个字。这根禅杖由粗细两枝组成，粗枝代表玄中祖庭，细枝代表日本枣寺，至今仍供在玄中寺祖师殿内，体现了"玄中一脉"的精神。菅原惠庆还怀着对祖庭的无比敬仰之情撰写完成了《玄中寺与昙鸾大师》一书。为了纪念玄中寺在中日两国友好交往中的历史作用，菅原惠庆将两个孙女和一个孙子分别取名为菅原玄子、菅原中子和菅原寺，借此表达对净土祖庭玄中寺深厚的敬意。

赵朴初先生一直以来非常重视玄中寺在中日文化交流中的重要作用。1979 年，菅原惠庆长老在日本创办了《玄中一脉》杂志，并以赵老的亲笔题词作为杂志封面。此杂志面世后，在中日佛教界受到追捧与赞扬，菅原惠庆特意将创刊号留存并寄与赵朴老。

1982 年菅原惠庆长老入寂。次年 3 月，其子遵长老遗嘱将其骨灰送到祖庭玄中寺安奉，赵朴初会长专程陪同前来，山西省佛教协会副会长兼秘书长根通法师等陪同参加，在玄中寺举行了安放仪式。赵朴初会长为墓塔题写了"日本国菅原惠庆长老之墓塔"的塔名和碑铭，菅原惠庆的一生都致力于弘传净土法门，为中日友好奔走呼喊，他以实际行动印证了“玄中一脉”的真谛，以永不懈怠的精神使中华文化与佛法义理在现代日本得到继续发扬光大！

中华人民共和国成立后，在日本最早积极从事中日友好活动的除菅原惠庆外，还有大谷莹润等佛教友人，他们是日本净土宗的信徒。1953 年 1 月，在日中友好协会的倡议下，日本宗教界人士成立了“中国在日殉难者慰灵执行委员会”，大谷莹润担任此会的委员长。他先后 9 次将第二次世界大战中在日本死难的中国劳工的遗骨送还中国。新世纪到来后，千年净土古刹陆续迎来了很多日本佛教界的参拜团员，其中 2000 年，玄中寺举行了大谷莹润显彰碑落成法会，时任中国佛教协会副会长兼秘书长刀述仁、国家宗教事务局副局长杨同祥、山西省民族宗教事务局局长周新玉、山西省佛教协会副会长、玄中寺方丈根通大和尚等一同参加了法会。刀述仁副会长在法会致辞中回顾了大谷莹润长老在日本发起“日中不战之誓”签名运动和送还中国劳工遗骨的义举，向与会的各位僧众展示了当年大西良庆长老等在日本街头募集“日中不战之誓”签名运动的签名簿，对大谷莹润为中日两国友谊所做出的巨大贡献表示赞赏与肯定。参加法会的日本代表团团长、真宗大谷派宗务总长木越树对日本在对华战争期间的侵略行径深感愧疚，他代表日本佛教界宣读了《表白文》：“我们对过去的罪责深感愧疚。今后将以大谷莹润师为榜样，以贵国的名言‘前事不忘，后事之师’自诫，正确认识历史，决不重蹈覆辙。我们将遵循以昙鸾、道绰、善导三祖师为首的净土七高僧传承弘扬下来的本愿念佛的教诲，超越国家、民族、语言、思想的差异，与全世界人民携手，沿着真正的和平友好大道坚定不移地大步前进。”

吕梁山的草黄了又绿，石壁山谷的花谢了又开，玄中寺的钟声日日在山谷中回荡，净土宗历经了一千五百多年传承，玄中寺也已经超越宗教，从政治、经济、文化等方面在海内外产生了深远的影响，成为中国及山西对外开放和对外交流的重要桥梁。

从中国到俄罗斯：布里亚特人—蒙古族在佛教传入俄罗斯的过程中发挥的作用

Irina Garri 伊瑞娜·佳瑞 / 俄罗斯科学院西伯利亚分院

此次演讲将以中国西藏和俄罗斯布里亚特为例，讨论中俄两国的文化和宗教交流。这些地区之间相互联系非常密切。佛教来源于西藏，约 400 年前经蒙古传入布里亚特。俄罗斯联邦是唯一一个将佛教与俄罗斯东正教、伊斯兰教和犹太教并列为其传统宗教的欧洲国家。现在俄罗斯有 200 多个佛教社区。在我看来，佛教思想在俄罗斯的这段渗透、迅速传播、开花结果，以及遭受迫害和实现复兴的历史，与佛教从印度到西藏的传播之旅非常相似，但传播使者已从印度的班智达转变为藏族和蒙古族的教士，同时布里亚特的许多忠实信徒也尽其所能地将佛教确立为沙皇政府认可的布里亚特官方信仰。此等信徒中，最杰出的人物莫过于第一世布里亚特汉博喇嘛—达姆巴扎·扎亚耶夫（Damba-Darza Zayayev），以及第十三世达赖喇嘛在沙皇宫廷的个人代表——阿格万·多尔杰夫（Agvan Dorjiev）。在本文中，我主要从宏观视角强调西藏和布里亚特之间的文化交流，并概述布里亚特人在藏传佛教传入俄罗斯的过程中所发挥的作用。

“一带一路”下的广西文化思考

韦苏文 / 广西壮族自治区文学艺术界联合会

“西珠不如东珠，东珠不如南珠”。“南珠”之所以蜚声海内外，是两千多年前由海上丝绸之路始发港之一的合浦传到西亚和欧洲的。今天，珠乡儿女正以实际行动落实中央赋予广西构建面向东盟的国际大通道，打造西南、中南地区开放发展新的战略支点，形成21世纪海上丝绸之路与丝绸之路经济带有机衔接的重要门户，“三大定位”的新使命。面向东盟、衔接欧美日韩、对接港澳台，服务西南、中南全方位开放新格局。

“一带一路”的目标是建成和平之路、繁荣之路、开放之路、创新之路、文明之路，而民心相通是“一带一路”建设的根基，文化又是民心相通的关键。人文交流作为软实力将为基础设备、经贸合作，面向东盟、走进东盟打下牢固的基础。

一、广西文化走进东盟的优势

一是进入新时代的中国，不断为人类做出贡献。中国的国际形象和经济实力为文化“走出去”提供了重要支撑。中华五千年不断的古老的民族文化与历史文化资源的结合，使中华文化不断经历转型，孕育出包含中国民族文化和历史文化的现代中国文化，对世界有较强的吸引力。

二是广西各民族团结和谐。在长期的生产生活中，各民族互相信任、互相尊重、互相学习、互相支持、互相谅解，奏出了民族团结的凯歌。多民族同住一座山，同耕一垌田，同唱一种歌，同饮一江水，同走一条路，休戚与共，同甘共苦，为国家的繁荣稳定、为国防的巩固与安宁、为文化“走出去”奏响了多彩的旋律。

三是两千多年前为避秦始皇南下兵锋，壮侗语诸族先民部分南移，至今东南亚还有大批与壮侗语诸族同源的民族，广西有与东盟国家地缘相近、人缘相亲、习俗相通、交往密切的人文优势。

四是广西口岸对外开放的历史源远流长，北海合浦是我国最早的对外通商口岸和“海上丝绸之路”重要始发港之一。它自西汉元鼎六年（前111）即成为汉朝对外海上贸易的中心和枢纽，是中国南方重要的对外开放窗口，是中国从海上走向东南亚、南亚和欧洲的最便捷的通道。在东、西方文化交流中发挥了重要的作用，形成了和平合作、开放包容、互学互鉴、互利共赢的精神。

五是有众多的华侨、华人和留学生。华侨、华人和留学生为促进各国的友谊和经济发展起到沟通和桥梁作用。他们既了解所在国家文化市场的特点，又与中国保持着联系，这既是中国文化“走出去”的良好条件，也是中国具备的得天独厚的文化优势。

二、广西文化如何走进东盟

由于以前缺少顶层设计，虽进行了许多文化交流，但并没有形成合力，在运作过程中也走了一些弯路。为了更好地使中国文化“走出去”，我认为应分几个阶段来进行。

（一）第一阶段：传统文化

通过传统文化唤起人们对遥远祖先及祖先所创造的历史文化的记忆。

一是稻作文化交流。广西与东盟都是稻作文化区，长期的稻作农耕，使人们累积了丰富的经验。据考古发现证明，壮侗语诸族先民适应珠江流域的自然地理环境和气候特点，把野生稻驯化为栽培稻，是世界上最早创造稻作文明的民族。他们称水田为“那”“纳”，如那柱、那彭、那良、那陈、纳定、纳志等。冠以“那”“纳”字的地名遍布广东、广西、云南，以及东南亚地区，北界是云南宣威的那乐冲，北纬 26°；东界是广东珠海那洲，东经 113.5°；西界是缅甸掸邦的那龙，东经 97.5°。这些地名 90% 以上集中在北纬 21° ~ 24°，分布地域连成一片。人们据“那”而作，依“那”而居，赖“那”而食，靠“那”而穿，凭“那”而乐。

二是铜鼓演奏技艺和研究交流。铜鼓是人类社会进入青铜时代后，用金属铜及少量的锡、铅、锌等熔合铸造的，为壮侗语诸族先民所创造。铜鼓从公元前 7 世纪左右产生，一直流传至今。东盟国家（除菲律宾外）都有铜鼓分布。目前广西河池和泰国北部地区民间还在大量使用铜鼓。

三是把民间神话人物布洛陀、姆六甲的创世故事带到东盟。相传，姆六甲是人类的始母，混沌时代，她生长在大地上的一朵花里。她捏泥土成人，造出了人类。又传，今天壮族的祖山大明山为姆六甲的后花园，她把两朵花放在一起，人间男女便结为夫妻。人死了便还原为花。布洛陀安排万物，制造太阳、月亮，发明火。

四是隆重推介世界自然文化遗产——花山崖壁画。它是古代壮侗语诸族先民在近 200 公里的江边断崖陡壁上绘制的崖壁画，以宁明县明江花山崖壁画为代表，既集中又典型。画面有人形、兽形和圆形图案等，以人物画像最多。其中一陡壁就绘制有1300多个人物形象，大的约1.5米高，小的仅五六十厘米；壁画位于河流急弯险滩岸边陡壁中间，距江面三四十米，笔画古朴粗犷，代表了壮侗语诸族先民的绘画技巧。壁画绘制具体年代、画面表现的意思、用什么方法登高绘制，以及使用的绘画工具、原料等至今仍是个谜，引起人们的无限联想。

（二）第二阶段：学习借鉴

中国—东盟博览会和东盟商务与投资峰会每年在广西南宁举办，为广西搭建了与东盟交流合作的平台。自2004年起，已举办了14届，共有60多位中国和东盟国家领导、逾2000位部长级贵宾和40万名客商莅临南宁出席盛会。给广西带来交流发展的机遇。

1. 以包容的胸怀学习借鉴国内各地区和东盟各国家的文化。在场馆设计、纪念品创意、博览会开幕式及晚会等系列活动中，展现中国文化内涵和广西文化特色的同时，融入东盟的文化元素；在向世界反映中国文化、反映广西文化的同时，展示东盟各国文化的魅力。

2. 把国家平台与地缘优势相结合，利用“中央地方”合作机制，主动融入国家对外文化交流大局，向世界舞台呈现“广西色彩”。积极承接国家层面的中国与东盟各国间文化交流培训任务和搭建全国各省市与东盟文化合作交流平台，打造面向东盟市场的特色文化产品。

3. 认真实施“广西东盟文化合作与行动计划”。在建成中国—东盟培训中心基础上，建设广西东盟文化博览园、广西南宁东盟文化博览园、广西东盟六祖文化园、广西南宁东盟文化研发大厦。举办中国—东盟博览会文化展，中国—东盟文化产业论坛、中国东盟电视论坛、中国书展和中国东盟出版博览会、中国东盟网络视听产业合作发展论坛。建立广西东盟图书贸易数据库、中国—东盟信息港。准确把握新一轮科技与产业革命浪潮，让互联网、物联网、云平台成为中国东盟文化交流的新引擎。

4. 培育、推介特色旅游产品。学习借鉴国内和东盟国家先进的旅游经营理念，深入挖掘广西历史文化资源，使旅游产品既有自然山水特色，又有历史文化感；既有革命情怀，又有民族风情；既有时代气息，又有生活情韵。做强、做大广西的旅游产品，培育国际旅游品牌，使广西成为东盟各国乃至南亚、欧美最大的海外旅游胜地。

（三）第三阶段：文化战略

1. 组织专家对东盟各国的文化心理、文化期待，以及文化需求进行系统研究。根据东盟国家的特点和需要，开办中国舞蹈、民族音乐、书法绘画、养生、礼仪等培训科目，把外向型产品与市场化的运作机制有效地推出国门，使之走向东盟，走向世界。

2. 利用“民族文化国际表达”的方式，积极探索对外活动“以我为主”和增强针对性相结合的路子，培养外向型文化贸易人才，形成专业团队，提升国际文化交流活动的运作能力。同时，建立中国—东盟“10+1”博物馆合作联盟，积极探索与东盟国家开展同源共享的非物质文化遗产的联合保护、研究、人员培训、项目交流和联合申报。联合举办中国—东盟非物质文化遗产保护成就展，让各国人民共同享受人类文明成果。

3. 实施文化建设项目：（1）以大型实景演出《印象・刘三姐》作为对外交流平台项目开发的模式。在与越南合作下龙湾海上实景演出《越南越美》、与柬埔寨合作吴哥窟实景演出《微笑的高棉》的基础上，进一步提升广西与东盟国家实景演出交流合作的新境界。（2）实施书架工程。制定与东盟国家图书出版交流专项发展规划，与东南亚国家出版机构签订战略合作协议，挖掘重点市场潜力，成立连锁出版公司，共同开发外向型图书。（3）实施广播电视网络工程。开拓数字电视市场，向东盟国家提供有线数字电视，地面无线、直播卫星等综合信息服务；帮助部分东盟国家建设数字电视平台。

4. 通过广西卫视介绍中国各地和东盟各国的自然地理、民族风情、人文历史及非物质文化遗产等情况（目前广西电视台卫星频道已成功在越南、老挝、菲律宾、柬埔寨、马来西亚、泰国、印度尼西亚等国落地）。开辟长寿老人专栏，通过长寿老人宣传新时代中国特色社会主义所取得的丰硕成果，宣传各族人民在中国共产党领导下的美好生活，宣传中国人民艰苦创业的伟大精神，宣传中国人民的核心价值观，宣传人与自然和谐共生、构建人类命运共同体的理念。

5. 通过文明互鉴连接民心桥梁。讲述在相互理解中人类进步的故事，推动“以文明交流超越文明隔阂、文明互鉴超越文明冲突、文明共享超过文明优越”的实践。增进各国人民的人文交流与文明互鉴，推进文化相融、民心相通，从而为深化与东盟国家交流合作奠定更坚实的民意基础。让各国人民相逢相识、互信互敬，共享和谐、安宁、富裕的生活。

总之，在与东盟的交往中，以文化的柔性力量，以细雨润物的方式交流情感、沟通心灵、巩固友谊，使文化交流带来民心相通，为“一带一路”的政策沟通、设施联通、贸易畅通、资金融通奠定坚实的民意基础。

中西方话语语境中的公共外交：一种比较的视野

——兼谈中美建交前后的一段“音乐外交”史实

郭惠民 / 国际关系学院

“一带一路”倡议在丝绸之路的历史印记上，结合新时代的特质进行全面深化和改革，被赋予了全新的时代内涵，主要体现在经济贸易、区域秩序、人文交流三方面，而实现“五通”是关键，即加强与沿线各国的政策沟通、设施联通、贸易畅通、资金融通、民心相通。从某种意义和角度上看，“一带一路”倡议的始终点都应该是“民心相通”，而以文明互鉴和对话为目的的中外文化艺术交流合作，以及弘扬“人民外交”传统的中国新时代公共外交，必将对其发挥重大作用。

一、西方话语语境中的公共外交概念缘起

1965 年，美国塔夫茨大学弗莱彻法律与外交学院院长埃德蒙·古利恩（Edmund Gullion）提出了“公共外交”（public diplomacy）的概念：公共外交旨在处理公众态度对政府外交政策的形成和实施所产生的影响。它包括超越传统外交的国际关系层面；一国政府对他国公众舆论的培养与引导；一国的利益集团与另一国利益集团之间的互动；对外事务的报道及其在政策上的影响；外交使节与驻外记者等传播工作者之间的沟通；跨文化交流等。1987 年美国将公共外交纳入基本国策之后，公共外交被视为软实力战略的重要路径。应该清醒地看到：公共外交是一个在冷战年代产生于美国的概念，这个语境绝对不能忽略。彼时，美国人相信，赢得外交对象国的民众和赢得他们的政府同等重要，输出价值观、文化和输出资本与军事同等重要。

进入新世纪之后，随着全球化、信息化进程的加剧，人们发现公众可以补充或强化政府介入跨国和全球事务的能力，一国需要另一国人民最低限度的理解，同时本国人民亦应在外交中扮演表达者、行动者的角色。由此，公共外交成为政治学、传播学、公共关系等领域的热词。

二、中国改革开放话语语境中公共外交概念的提出

2004 年，外交部新闻司在北京召开中国首届“公众外交”专题研讨会，宣布外交部在新闻司内设立公众外交处。彼时官方对其的定义：“是外交工作中一个非常重要的领域，其最根本的目的在于通过外交部门与公众之间互动的加强，来引导公众、争取公众对本国外交政策的理解和支持。”

随着理论和实践的深化，外交部公众外交处改名为“公共外交处”，2006 年升格为“公共外交办公室”。

2008 年经历诸如汶川大地震、北京奥运会等重大事件之后，历史召唤“民众”“大众”“公众”走向时代的前台。

按外交部的解释，中国公共外交主要在两个层面上展开：一是增进广大国内民众对国家外交工作的理解和支持；二是促进世界人民对中国的了解，增进友谊。

公共外交和政府外交的互补构成当今中国的整体外交阵容。

三、新时代中国公共外交应重视人民外交

新时代中国外交长期以来是官方、半官方和民间外交的结合；其优良传统是人民外交。正如周恩来总理所指出的，发展两国人民之间的关系不能单靠职业外交家，应更多地依赖于两国人民直接进行。

人民群众是历史的创造者，是推动社会发展的决定力量。中国开展公共外交应重视和传承人民外交的传统。周恩来曾强调，这个时代国际关系的一个特点就是人民外交的不断发展。各国人民之间的经济、文化交流和友好交往，虽非政府间的外交关系，但可以发展人民之间的友谊，增进各国人民之间的了解。

实际上外交官最初就是信息传递者、信使、使者；外交本质上就是交往、对话、交流，沟通信息，协调关系，增进理解，避免冲突。一部人类史就是人类传播交流的历史。人是群居的，需要社交，社交就是要共享，而共享又是非常困难的，为此对话、交流就成了必然的选择。19 世纪著名的英国外交家帕麦斯顿曾说：“没有永远的朋友，没有永远的敌人，只有国家利益是永远的。”这句话是对外交最为生动形象的阐述。在有国与国之间正式的官方外交、公共外交之前，各民族之间的对外交往主要是依靠人与人之间文化的交流与传播活动而进行的。这样的传播交流活动被称为“people to people diplomacy”，即民间外交（狭义的人民外交），甚至更早的人文交流，即以人文为渠道的往来，增进各地各民族的理解和友谊。所以无

论是官方外交、公共外交，还是民间外交都源于人与人之间的接触往来，以及由此所带来的文化传播和交流。

中国话语语境里的公共外交，在当今“一带一路”倡议和新型全球化的新时代背景下，应呼唤传承民心相通的人民外交，贯穿“人类命运共同体”的理念。而文化艺术交流对人类心灵的沟通、记忆的唤醒、美感的享受、感情的共鸣、意义的传递，将展现巨大的穿透力，有助于我们更好地推动中华文明与世界文明的互鉴与共享。

四、中美建交前后文化交流案例：“乒乓外交”之外的“音乐外交”

今年正值中美建交40周年，当代国际关系史上中美关系正常化的“乒乓外交”，小球推动大球的故事已为国人所熟知，但在“乒乓外交”之外的“音乐外交”则不常被人提起。其实当年美国两个交响乐团在中美建交前后的访华，以及美方在邓小平访美期间举行的文艺晚会，就曾为两国人民的友好打开了交流的窗口，其中不少细节，今天看来颇能让人体会人民外交、文化交流的独特魅力和“弦外之音”。

1971年基辛格访华后，美国费城交响乐团音乐总监、著名指挥家尤金·奥曼迪写信给尼克松总统，建议乐团去中国演出。经过两年的协调，1973年9月费城交响乐团成为第一个到中国访问演出的美国交响乐团。1979年1月1日，中美建交。1979年1月29日至2月5日，中国领导人邓小平对美国进行了正式友好访问。美国总统卡特在华盛顿肯尼迪艺术中心为邓小平访美举行盛大的专场文艺晚会，邓小平在晚会现场宣布波士顿交响乐团随即访华的消息，肯尼迪艺术中心掌声雷动。1979年3月，波士顿交响乐团成为中美建交后第一个访华的美国交响乐团，乐团指挥是出生在中国沈阳，幼年曾在北京居住，对中国有着特殊感情的美籍日本人小泽征尔。

邓小平访美那场文艺晚会的最后一个节目，美方安排了约200名美国小学生用中文合唱《我爱北京天安门》。美国《华盛顿邮报》报道称：“他们唱着‘我爱北京天安门’，这是毛泽东版本的‘代我问候百老汇’”。一曲唱罢，邓小平为之深深动情，和夫人卓琳走上舞台热情拥抱和亲吻了美国孩子，此真诚之举得到美国媒体和民众普遍好评。

美国费城交响乐团的访华演出，当年被《纽约时报》这样描述，如果说“乒乓外交”为尼克松1972年访华铺路，开启中美外交新局面，那么正是费城交响乐团的访华之旅，真正将两国连在了一起。后来的波士顿交响乐团来访，邓小平和宋庆龄出席了在北京的首演，中国著名指挥家郑小瑛将其称作“友谊和音乐艺术交流的动人篇章”。

美国两个交响乐团在华的演出曲目的选择很有意思。在西方古典音乐上，两团都选有贝多芬的交响曲，1973年选了贝多芬《第五交响曲》，后改为演奏贝多芬《第六交响曲》；1979年则成功演奏了贝多芬《第五交响曲》。费城交响乐团首访北京，后访上海；波士顿交响乐团首访上海，后访北京。两地演出的曲目也有所不同。两团的演出都选取中国乐曲，1973年为钢琴协奏曲《黄河》；1979年为琵琶协奏曲《草原英雄小姐妹》，返场时加演了当时中国家喻户晓的《白毛女》组曲选段《红头绳》，据称观众按捺不住兴奋的情绪，即席报以春雷般的掌声。

有关美国两个交响乐团访华的媒体报道，还涉及中国著名的弦乐曲《二泉映月》。1973年，费城交响乐团来访期间前往中国中央交响乐团交流，观看该团由中国著名指挥家李德伦指挥排练《二泉映月》，美国指挥家尤金·奥曼迪对此乐曲非常欣赏，向李德伦提出，希望得到这首乐曲的总谱。

1979年波士顿交响乐团来访，一些媒体也提到美国指挥家小泽征尔和《二泉映月》。可能是久远的记忆模糊了，实际上在此之前小泽征尔于1976年和1978年曾两次来华。1978年6月，小泽征尔访问北京，他指挥中央乐团演奏了弦乐合奏《二泉映月》，大获成功。第二天，小泽征尔到中央音乐学院访问，听了二胡独奏《二泉映月》。当时民乐系17岁女学生姜建华（现为中央音乐学院教授，著名二胡演奏家、国家一级演员）的演奏如怨如慕，如泣如诉。小泽征尔听着听着，情不自禁，掩面而泣。突然，他从坐着的椅子上顺势跪下去，虔诚地说："这种音乐应当跪下去听，坐着和站着听，都是极不恭敬的。"曲终后，小泽征尔泪流满面地站起来，对姜建华深情地鞠了一躬，说："谢谢你的演奏，要是早一点听到你的二胡演奏，我昨天是根本不敢指挥乐队演奏的。"这就是著名的小泽征尔跪听《二泉映月》的现代典故。在他此后的演出中，《二泉映月》很多次成为保留节目。正是在他身体力行的宣扬下，《二泉映月》被国际乐坛公认为世界十大不朽名曲之一。

1973年，费城交响乐团来华访问，还有一个不太引人注意的细节，也许更值得回味。当乐团访问上海时，中方安排了旅游购物。乐团小提琴手帕斯奎勒（Robert De Pasquale）在逛街时，突然听到了小提琴声。他走进建筑物，上楼找到了正在练琴的学生，给这个惶恐的孩子上了一个小时的课。在那个时代，人与人的交往还是那么质朴、纯真，体现着人性的光芒。

正是由于这段史实，在中美关系正常化和中美建交史上，中国人喜谈"乒乓外交"，而美国人爱谈"音乐外交"。其实就外交而言，无论是民间外交、公共外交，还是官方外交，都源于或离不开人与人的交流，故文化交流、人文外交更显其基础和重要性。

面对世界百年未有之大变局，在当今多元文明的时代，践行"一带一路"倡议，需要积极开展公共外交和文化艺术交流，加强国际对话合作，以建成彼此沟通、民心相通、走向未来的希望之路。

现代文物保护理念与修复人才培育的实践和思考

黄广 / 上海视觉艺术学院
詹长法 / 上海视觉艺术学院、中国文物保护基金会

一、背景

党的十八大以来，党和国家更加高度重视文物工作，为文物事业发展提供了前所未有的发展机遇。

2016 年，国务院出台《关于进一步加强文物工作的指导意见》；2017 年 1 月，中共中央办公厅、国务院办公厅印发《关于实施中华优秀传统文化传承发展工程的意见》；2017 年 2 月，《国家文物事业发展“十三五”规划》正式发布实施；2018 年 10 月，中共中央办公厅、国务院办公厅联合 38 个部委印发了《关于加强文物保护利用改革的若干意见》，并发出通知，要求各地区各部门结合实际认真贯彻落实，到 2025 年，“走出一条符合我国国情的文物保护利用之路”。

《国家文物事业发展“十三五”规划》发布实施，阐明了“十三五”期间文物事业的发展目标、主要任务、重大工程和重大举措。特别是在文物人才队伍建设方面，实施高层次“文博”行业人才提升计划，加大急需专业技术人才、技能型人才和复合型管理人才培养。《全国文博人才发展中长期规划纲要（2014—2020 年）》提出到 2020 年，培养和造就一支数量充足、门类齐全、结构优化、素质优良、充满活力的文博人才队伍，为提升国家文化软实力，建设文化遗产强国奠定坚实的人才基础。

据国家相关统计表明我国文物保护与修复事业的人才队伍面临和存在着一些突出的问题，截至 2017 年年末，全国可移动文物 1.08 亿件（套），不可移动文物共有 76.67 万件，文物收藏单位 1.1 万余个，文物机构从业人员 16.16 万人，而专门从事文物保护与修复的一线工作的专业人员不足 4 万人，专业技术人员严重不足。参与调查受访的 533 家单位，认为修复人员队伍充足的单位 41 家，占比不到 8%，有 473 家单位认为文物修复人员配备不足，占比约为 90%。相比而言博物馆还有一定数量的文物修复人员，而作为数量庞大的不可移动文物保护

单位，大部分没有相应的修复人员。文化遗产保护修复工作现阶段最突出的是面临修复工作量大、时间紧、任务重等问题。

我国现代意义的文物保护与修复大约从 20 世纪五六十年代开始，至今已有五六十年的时间，取得了很多成绩，同时也存在非常多的问题，最主要的是还未形成适合中国国情的修复理论，以及建立科学的文物保护与修复专业人才培养体系。

（一）发展适合中国国情的修复理论的需要

国际遗产保护界的一些基本原则，诸如“原真性”原则等已经基本为我国该领域学者、专家和部分相关的管理者所接受。但与此同时，基层的工作者又常常对“原真性”“最少干预”“可识别性”等基本原则持囫囵吞枣态度，使西方修复理论在中国本土文化上有些“水土不服”。

文物保护与修复领域同样存在文化的多样性与多元共存的背景。我们应该科学地对西方修复理念进行本土化和地区化的理顺、整合、吸收、同化并加以发展和完善，使之成为适合中国国情的、有中国特色的文物保护与修复的理念。

这也证实：对以欧洲为中心的文物保护理念和方法不能简单移植，文化选择的过程是必经之路。这种选择有一定的自主性，但应该符合客观规律，应该是国际保护理念和方法与中国的国情及地方的实际情况相结合的创造性的产物。

我国的文物保护与修复实践在相当长的时间内，还处于抢救实物的阶段，深层次的问题尚未提上日程。探索具有本土特色的文物保护与修复途径和方式，还是当前文物保护与修复领域具有前瞻性的课题。

这首先表现在本土人员对待文物保护与修复的传统价值观、文物保护与修复的公众意识等观念；其次包含鲜明的文化特殊性的本土传统和现代技术条件的结合；最后涉及本土社会管理制度对文物保存与修复的影响。三个方面共同形成多层次的复合结构，对文物保护和修复理念与技术的影响。

因此，中国在基于文化多元共存背景借鉴国际保护准则时，在特定文化背景和地域条件下应有特定的诠释。未来形成的中华民族文化自身的文物保护与修复模式，将成为国际文物保护与修复理论的重大补充和发展。适合我国文物保护与修复的基本路线是在形成自身的稳定性文化特征的前提下，寻求适合本国国情的特定的文物保护与修复模式。

（二）培养新时期文物保护与修复专业人才的需要

欧美国家的相关学科已发展成为文理并重、多学科交叉综合发展的新型学科体系，而目前我国文物保护与修复专业人才培养行业普遍采用传统的“师承制”技艺传承的模式，对文物保护与修复工作的科学属性重视不足；国内大中专技术院校文物保护与修复教育一般放在文科类或艺术类学科下，常作为单一学科内容教学，对文物保护与修复工作的多学科交叉综合属性没有足够的重视。因此现阶段培养的人才往往会存在这样或那样的问题，不能解决文物保护与修复工作涉及的多学科交叉的实际问题，很难满足全面处理文物保护与修复工作的需要。

建立现代理念的文物保护与修复人才培养体系需突破单一的传统教学模式，引入本专业所需自然、社会学科的相关内容。同时只有在形成适合我国文物保护与修复理论基础的前提下，才能建立具有多学科综合的文物保护与修复的科学体系，培养具有综合素养的文物保护与修复专业才人队伍。

本论文基于上海视觉艺术学院（SIVA）的课题研究及教学改革实践，通过对国外上百年的文物保护与修复资料的整理，结合我国几十年的文物修复历程，总结我国文物保护与修复工作取得的经验和成果，从传统和实践中归纳，以中外兼并吸收作为支撑，探讨建立适合中国国情的修复理论。同时结合十多年的教育培训经验，以及国际合作教学改革实践，探索多学科综合的文物保护与修复专业人才培养模式。

二、西方修复理论和保护史

（一）什么是修复

修复是文物保护措施最为重要的手段之一。关于修复的概念在布兰迪的《修复理论》一书中已经有独到的阐释：“所谓修复，是为了维持某件物品物质性上的无欠缺性，为保证其文化价值的保全和保护而实施、处理的行为。”布兰迪说：“一件艺术品，我们必须要思考它要传达给未来什么意义，只要想到这一点，我们在实施修复这个行为之前，就会对这件艺术品的原始意思进行再认识。也就是说通过这件艺术品的物质性和艺术品所具有的两性，即美学性价值、历史性价值来进行再认识。”这种论述得到了广泛认可。

（二）切萨莱·布兰迪简介

切萨莱·布兰迪是著名的批评家、艺术史家、评论家、美学家、修复理论奠基者、诗人和作家。他的一生充满了对各类艺术执着的热情。

他于 1906 年出生在意大利的古城锡耶纳，1927 年，他在锡耶纳大学获得法学学位，又于 1928 年在佛罗伦萨大学获得第二个文学学位。他曾尝试不同的艺术创作，以及与艺术相关的工作，从绘画到诗歌，从艺术评论到旅行游记，都得到了同代人及后人的肯定与赞扬。正是他的这些丰富经历构成了之后的知识体系和研究方法，也成就了他对艺术深入的洞察力，以及对艺术作品保护和修复工作深刻的认识。如果以他为世界做出的贡献作为评判标准，最大的也是对后世影响最深刻的是对文化遗产保护理论的研究。他最宝贵、最成熟的著作《修复理论》至今仍是现代修复实践者最基本的知识。

布兰迪的一生都在围绕艺术和文化而忙碌。他是个幸运的人，见证了欧洲物质文化遗产保护理念，在其修复理论影响下产生了巨大的转变。作为中央修复研究院（现“意大利文物保护与修复高等研究院”，简称 ISCR）的第一任院长，他将对艺术作品和考古发现分别采用的修复方法进行整合，用于公众研究和参考，并且超越了传统以艺术家为主体进行修复的方式和修复技术秘密传授的方式。在他的领导下，修复学院广泛参与对损坏和濒危艺术作品的修复和保护工作。随着修复经验的增长，布兰迪注意到在修复过程，不同参与者之间的利益冲突，尤其是人文主义者和科学家之间的冲突。他随后对修复理论、艺术概念等论题进行了深入思考和研究，并发表了一系列的文章。这些文章，由当时中央修复学院的院长乔凡尼·乌勒巴尼等搜集、出版为《修复理论》。在这本书中，布兰迪探讨了一些有关修复的重要论题，包括修复的概念、艺术作品的双重本质等；所涉及的领域包括绘画、雕塑、建筑和遗迹等各种人类有义务实施保护的门类。

（三）布兰迪的《修复理论》一书和修复理论

1963 年布兰迪的《修复理论》一书出版，该书截至目前已被翻译成英、法、西班牙、阿拉伯、日等多种语言出版发行，是国际文化财产保护与修复研究中心（ICCROM）的首推文物保护理论教材。2006 年，由 Mario Micheli、詹长法主编，詹长法和田时纲翻译的中文版《修复理论》出版，对国内布兰迪修复理论的研究起重要的桥梁作用。随后国内对于布兰迪的修复理论的介绍和研究开始增多，2016 年同济大学的陆地教授出版了英译汉版本的《修复理论》。

布兰迪的修复理论是在吸收欧洲几个世纪以来的修复理论和哲学思想的基础上，进行的进一步发展和总结，是国际修复理论发展过程的一个重要部分。国际上对布兰迪修复理论的研究从未停止，然而各国的研究者对其理论的研究角度和评价态度不尽相同。

1. 修复的范畴

意大利语的修复一词是“restauro”，维基百科将“restauro”解释为“对历史文物（如建筑、手稿、绘画等）进行的维护、复原、修复和保护的相关活动”。而中文“修复”的概念，指“修理使恢复完整（多指建筑物）”。可以看出中文“修复”的含义类似于英文“restoration”。布兰迪所用“restauro”一词是修复的广义概念，包括修复、保护、维护等各种干预方式。

2. 修复对象

布兰迪将人类活动的产物分为工业产品和艺术品，而修复是对人类活动产物的功能再次实施的所有干预。对工业产品而言，修复是恢复其功能性；而对艺术品而言，有些类型的艺术品同样具有功能性（建筑、乐器等）。艺术品的功能性的复原是次要方面，而主要方面则取决于我们可以在一件艺术品面前找到的事实。任何一件艺术品都是唯一的，艺术品作为人类活动的产物，应该考虑它的两个层面，即历史层面和美学层面。

我们在什么情况下才能把人类活动的产物认定为艺术品，这取决于人们对艺术品的认识：面对同一件艺术作品，每个人都有自己的认识。人们在认可某件作品是一个创造性过程的产物的同时，赋予这件作品不同的艺术性批评。因此，修复行为受限于这种认识。

3.“修复”的概念

“所谓修复，是为了维持某件物品物质性上的无欠缺性，为保证其文化价值的保全和保护而实施、处理的行为。”

布兰迪学说认为：一件艺术品，我们必须要思考它要传达给未来什么意义，只要想到这一点，我们在实施修复这个行为之前，就会对这件艺术品的原始意思进行再认识。也就是说通过这件艺术品的物质性和艺术品所具有的两性，即美学性价值、历史性价值来进行再认识。

4. 修复理论核心内容

布兰迪修复理论的核心内容有：修复的概念、艺术品的材料、艺术品的潜在统一性、有关艺术品和修复的时间、修复的历史性需求、修复的美学需求、艺术品空间，以及预防性修复。

从根本上说，布兰迪的修复理论是对当时已产生的修复思想的整理、总结和升华。他在理论中总结了与艺术作品（包括建筑）相关的核心概念和保护理念，还强调了保护历史与艺术真实性的重要性。从而阐明了组织现代修复所要求的评判过程，形成了一套“评估规则”。在保护原则发展的历程中，布兰迪的理论被视为国际范围的一个典范，为许多专业修复培训学校、机构的教学基本内容和方针，至今影响依旧。

三、布兰迪修复理论和中国文物保护与修复理论

布兰迪的修复理论作为现代修复理论的开端，自然应作为开展相关研究的起点和基础性知识，也是中国现代文物修复理论发展的重要参考。目前国内对布兰迪理论认识程度仍处于初步阶段，在将理论运用于实践的过程中，部分学者、专家怀揣着对所谓“传统方法”的坚持，对现代修复原则持反对观点。而只关注于实践效果，忽略理论研究的现实情况，使许多矛盾争议长期存在，难以解决。理论研究的现状急需得到改善，也应该得到修复领域的专家、学者和工作者的重视。

（一）我国的文物保护与修复发展历史

由于历史的原因，中国具有现代意义的文物古迹保护修复理念在 1920 年才出现，由于战争等影响，使我国的文物保护与修复发展缓慢，几乎停留在手工匠个人技巧的水平上。

中国具有现代意义的文物古迹保护修复理念的萌芽，是 1929 年由梁思成在北京营造学社之初提出的古建筑修复应该“延年益寿”而非“返老还童”的观念。这句话后来被笼统地概括为“整旧如旧”的修复原则。虽然由于技术的限制等原因，梁思成的实践并没有完全依照自己的修复思想开展，但是他对修复原则的表述是国内最早出现的有别于传统修复方法的思想，对我国古建筑修复理论和实践的发展产生了重要影响。然而最初，因为缺乏更为科学严谨的界定，老师傅（技工 / 工匠）仅凭自身经验和对“旧”的不同理解，把握修复的尺度，往往在注重器物复原和美感的同时，破坏了文物的历史信息和本体的原真性。

20 世纪 70 年代后期，政府有了保护更多文化遗产的财力、物力。科学技术的巨大进步为我们对文物进行更有效的保护创造了条件。随着外来修复理念、科技手段等的引入，人才培养的加强，情况有了改善。

20 世纪 80 年代以来，经过各方努力，我国的文物保护工作得到了长足的发展，展现了日新月异的变化。改革开放之后，中国有机会接触国际修复领域的现代思想。1982 年国家颁布《中华人民共和国文物保护法》，先后又经过多次修订。近年来，国家文物局统筹全国文物保护科技工作，制定了一系列文物保护科学技术发展远景规划，2015 修改发布了《中国文物古迹保护准则》。这些都是中国近期取得的新进展。

目前，我国文物保护与修复工作正处在从混杂、不稳定的阶段向理性的、有序的、稳定的阶段过渡；有时候还不能完全把握文物的个性保护，这是我们文物保护理念处于不理性、不成熟的标志。在国际相关修复准则的基础上确立的《中华人民共和国文物保护法》是将现代修复理念与传统修复技术相融合的开始。《中华人民共和国文物保护法》在提出文物具有“历史价值、艺术价值和科学价值”的同时，明确提出修复应本着“不改变文物原状”的原则，但由于缺乏技术标准，对如何才能保持原状，什么是文物原状……由于关于这些问题的理解不同，因此说法各异，令执行文物保护技术处理的科技人员很难把握。传统修复在借鉴现代理念的过程中，因为缺乏全面系统的认识而呈现纷乱无序的现象。

（二）布兰迪修复理论在中国的传播过程

随着改革开放，中国人开始接触布兰迪的修复理论。《世界建筑》在 20 世纪 80 年代翻译了《威尼斯宪章》，并且介绍了欧洲主要的修复思想流派。虽然关于《威尼斯宪章》是否适合中国文物保护修复实情的讨论一直不曾停止，但是从《中华人民共和国文物保护法》的颁布到《中国文物古迹保护准则》的制定，可以看出《威尼斯宪章》的精神实际上越来越多地为中国人所接受和认可。

对布兰迪修复理论最直接的传播，是中国文物研究所（即现“中国文化遗产研究院”）与意大利外交部发展合作司携手开设的“中意合作文物保护修复培训班”，培训覆盖了中国主要的博物馆和文物保护机构，培训内容涉及考古、中国艺术史、中国建筑史、文物修复理论、中国艺术技术史、修复化学、修复生物学、修复物理学、结构诊断和文物修复等诸多公共和专业领域。分别在 2004 年和 2007 年举办了两期，全国共有 127 名学员参加，出版了四卷本的《文物保护与修复的问题》培训成果。

随着国际范围纪念布兰迪诞辰活动的开展，以及国际交流的增加，中国学者注意到布兰迪修复理论。2000 年之后明确提到并介绍布兰迪的文章有《文化遗产的保护与修复：理论模式的比较研究》《意大利现代的文物修复理论和修复史》等。《文化遗产的保护与修复：理论模式的比较研究》讨论了文化遗产的“特殊性”和“普遍性”，介绍了欧洲文化遗产修复的主要流派，着重介绍“奠定了现代国际学术界主流修复理论之基础的意大利派”和作为代表人物的布兰迪的理论思想。《意大利现代的文物修复理论和修复史》除了梳理意大利的现代修复理论和历史外，也试从哲学角度分析布兰迪修复理论形成的背景。2006 年，中文版《修复理论》出版。2016 年英译汉版的《修复理论》出版。

布兰迪修复理论作为国际范围内被普遍认可的现代修复思想，对国际文化遗产保护的发展做出了巨大的贡献。并且，在多年中国文化遗产保护事业的发展中也直接或间接地扮演着十分重要的角色。

当现代修复思想与中国文化传统相遇之时，中国当代“文保”领域的专家、学者究竟该如何选择，是至今仍需面对和解决的重要课题。布兰迪理论作为具有普遍指导意义的修复原则，具有极大的研究和发展潜力。

（三）布兰迪修复理论与中国修复实践

随着中外思想文化方面的广泛交流，以及国际合作项目的开展，特别是《威尼斯宪章》的引入，使国内修复实践领域对布兰迪理论有了更多的了解，对西方现代修复理论进入中国复杂的文物修复实践，必然不会是简单而不加思考地轻易接受。

中国于 1985 年加入《保护世界文化和自然遗产公约》，对文化遗产保护事业投入了极大的热情。多年的保护实践工作，一方面确实为我国文化遗产的保护起到了不可低估的作用；另一方面，由于对保护对象的认识不足，缺乏先进的理念作为指导，出现了将文化遗产保护与旅游开发混为一谈的问题。

21 世纪之初，各类文物修复领域开展了关于布兰迪修复理论是否适应中国文物修复情况的广泛讨论，参与讨论的学者和修复师主要持两种不同的态度和观点：一方面，大部分修复师愿意学习，接受布兰迪的修复思想，赞同布兰迪对艺术作品价值的分析和修复的基本原则，并在自己的修复工作中加以实践；另一方面，仍有一部分学者和修复师，抱着对“传统修复方法”的坚持，只愿意接受布兰迪理论与“传统方法”统一的观点，而对于与其相左的观点和理论，持反对的态度。

1.“原真性”的讨论

《威尼斯宪章》奠定了“原真性”对国际现代遗产保护的意义，提出“将遗产真实地、完整地传承下去是我们的责任”。部分学者认为《威尼斯宪章》本身是对保护遗产原真性的最好的诠释，并且认为国内的文物古迹保护工作者应该深入理解《威尼斯宪章》精神，依据“原真性”原则等相关原则，规范国内的修复工作，改正一些不科学的传统修复方法，认为“修复的目的不是追求风格的统一”，不提倡对古迹的重建等。

除了部分认同《威尼斯宪章》的学者外，还有一批专家认为《威尼斯宪章》虽然具有一定的权威性，但其中部分原则是不适应中国文物古迹修复实践的。如“可识别性”的原则和“原真性”原则等，认为《威尼斯宪章》的制定是以欧洲石质建筑的修复实践为基础的，不能适应中国以至东亚地区的木构建筑的修复；同时也表示古建筑的重建是我国建筑修复的传统做法，现在重建的“古代建筑”不能被称为“假古董”，并且认为中国木建筑修复实践不能套用《威尼斯宪章》的原则。

在其他文物保护领域也存在对布兰迪修复原则的质疑，认为如中国传统书画修复、青铜器修复等，“以假乱真”是最高的修复境界，布兰迪理论的一些原则不适合中国文物修复的实际情况，不能盲目崇拜西方观念。

2.“可识别性”的讨论

《威尼斯宪章》和《中国文物古迹保护准则》都对“可识别性”原则提出了明确要求。《威尼斯宪章》规定：“任何不可避免的添加都必须与该建筑的构成有所区别，并且必须要有现代标记”，“缺失部分的修补必须与整体保持和谐，但同时须区别于原作，以使修复不歪曲其艺术或历史见证。”《中国文物古迹保护准则》规定：“经过处理的部分要和原物或者前一次处理的部分既相协调，又可识别。所有修复的部分都应有详细的记录档案和永久的年代标志。”中国传统的建筑修缮与现代文化遗产保护在观念上存在很大的差异，传统建筑修缮重视功能的复原和外观的美化，实质上是对使用价值的追求；较少考虑建筑的历史价值和由此产生的美学价值；而这两点正是现代遗产保护十分强调的层面。这种差异的存在使古建筑保护领域的具体实践，出现了两种分化：一部分人在实践中以现代保护理念为指导，探索中国古建筑保护的新方法；另一部分人则坚持用“传统修复方法”进行实践。

3.“真实性”的讨论

“真实性”作为遗产保护最根本的原则，对这一原则的态度直接反映实践者对文化遗产价值的认识情况和修复目的。

在修复理论的发展过程中，对遗产价值认识的加深，以及对其进行保护的诉求增强，使现代人产生了对遗产“真实性”更深层次的认识和要求，这正是现代修复思想形成的重要原因。布兰迪修复理论十分强调对艺术作品“真实性”的保护，强调任何修复的前提是杜绝产生历史的、艺术的伪造品。在“真实性”的根本原则上，对艺术作品物质材料的强调，以及对双要素（历史要素、美学要素）的权衡和评估，是现代修复思想的核心观念。而要实现遗产保护的“真实性”，则要求我们对它的历史价值和艺术价值有一个客观、全面的认识。

（四）小结

尽管对修复的界限有多种多样的想象，然而事实上能够修复的也只能是艺术品的材料，而不能对形象的原真性进行改变性干预。物质具有双重作用：结构（作为对表面的支撑，也就是我们看到的形状）、外观（形象和色彩）。那么我们就可以理解，形象也是材料的组成部分。而从艺术品的构成的角度考虑：认识美学过程所产生的映像，形象的物体是材料，所以修复只能针对艺术品的物质部分。

1.修复过程中的评价范围

（1）美学评价：改变预防性原始条件是不合适的，因为它体现了艺术品的现状和我们所干预的时代的特点。如果为了保证形象能够幸存下来，需要对支撑材料采取措施，也是允许的。

（2）历史评价：修复是一种能够把艺术品的创作时间、地点和艺术家联系在一起的行为。修复是通过不断评论过程保持平衡的辩证行为，在修复时不仅要尊重历史性，还要尊重艺术性。艺术性的价值与实体留存到我们所处的时代才能被评价。如果一件艺术品流传到现在，保存状态十分糟糕，但作为过去的证据，并没有降低它的价值。所以作为继续评论的行为，仅能对流传到现在的材料实施修复。流传到我们现在的原始材料具有历史文献价值，并由此体现原真性概念的重要性。

2.艺术品补全

东西方之间的探讨，通过分析历史—美学过程，得出材料和形象的现代价值。不论材料的原始性，而只把形象的单一价值传递给未来。为此我们不能把价值赋予单个部分，即便我们可以把各个部分分开（例如把一幅绘画作品分割），但它的构思是完整的统一体。因此按照布兰迪的观点，艺术品不是各个部分的相加，而是统一的整体。

同样，即使艺术品的实体破碎了，但它的完整性仍然存在于我们的认知中，仍然存在于每个碎片中。这种理念制约着我们与修复有关的行为，如果承认，艺术品的形状是完整的，而不是无法组合的各个部分，那么每一个碎片仍保留很小的一部分形状，就具有与其他碎片连接在一起的可能性。因此我们应尽可能使艺术品趋于原始完整性。历史证据证明：文献，以及单体碎片均能提供启发和依据，借以补全所残缺的部分。对残缺部分进行补全时，应尊重历史性和美学性。除此之外还要确定修复干预应在什么时候适可而止，以便不影响美学欣赏，同时不产生历史赝品。修复所产生的历史赝品，指的是显示的仅仅是假设状态的干预结果，因为这样的干预抹去了时间的痕迹和历史事件，也就是修改了历史。为此我们可以确定三个基本原则：

（1）补全必须总是能够容易识别。近距离观察清晰可辨，正常距离观察又必须无法察觉。

（2）我们可以对作为结构的材料进行处理，保证作品的生存，我们不可以对作为形象的材料进行改变。

（3）我们的修复处理不应成为未来处理的障碍，因此我们应使用可逆的材料。

残缺作为一种现象，是形象结构的中断，这使得其所传达的作品是不完整的。而对于一本书，残缺同时还意味着文献信息的缺失。

一件艺术作品残缺变成形状而成为负面图像，这种图像也有其自身的形态、色彩等。在面对这件艺术品时，我们的目光首先会被残缺吸引，残缺于是成为焦点。通常在看过焦点之后，我们才去观察保存下来的原始部分。只有随着作品与观察者之间距离的增加，对残缺的感识干扰才会相应减少。

一件器物残损严重，就意味着无法恢复其原始完整性，针对这样的情况不应过度补全，否则会造成历史赝品。因此在直接修复那些残损的器物或遗存物时，应该关注实际的保存状态，延长其历史证据的寿命。同时重视实施间接维护及预防性修复，通过改变病害的环境条件，达到长期保护目的。

艺术作品残缺部位补全的必要条件是：客观、确切地认识艺术作品的整体形态和残缺部位的状态。补全不能凭主观想象、假设性推理，或是一种解释性的结果。

当艺术作品残缺部位需要进行补全工作时，必须遵守如下原则：

（1）可逆转性：补全部位易于拆除，且不损坏文物的原始材料。

（2）可辨识性：补全应尊重文物的原始部分，有所区别且与之协调。

（3）可兼容性：补全所使用的材料应同文物的原始材料有兼容性，选用的修复材料不能改变和破坏文物的原材料。

要出色地完成修复任务，要求修复者对历史艺术品有发自内心的热爱，这种热爱在今天尤其可贵。比之其他事物，也许正是艺术品的真实性，帮助我们在不失特色的前提下完善自我。

传承至今的每件艺术品都有自己的过去，在这些过去中包含了进行修复的时代的人们所具备的知识和技术，这是需要今天的我们保护和传承下去的。更重要的是艺术品也有将来，这也是需要今天的我们为之努力的。

四、文物保护与修复学科建设与人才培养

欧洲从19世纪开始将艺术品修复作为一门单独的学科进行研究，欧美已经形成成熟的“文修”人才培养体系，仅意大利就有30多所文修硕士教育高校。19世纪后半叶以来，美国在发展过程中形成了一套完整而具有特色的文物保护与修复体系。为了培养符合新时代文物保护需要的专业人才，美国改变了传统的人才培养模式，在高校与博物馆之间建立起沟通的桥梁。

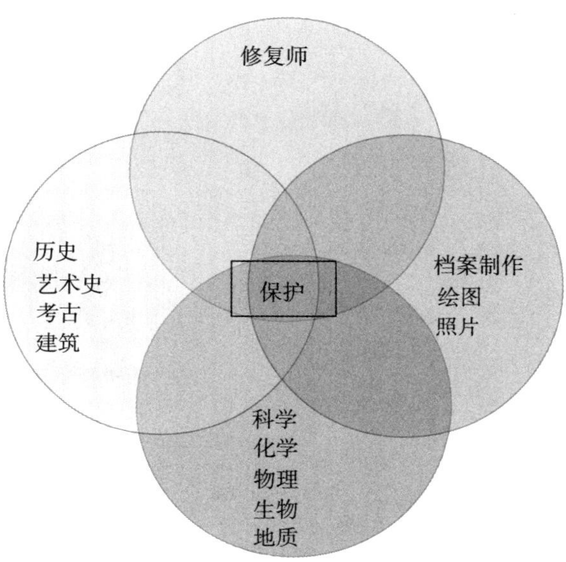

图1　文物保护与修复教学需要多学科整合与协作

1963年，布兰迪撰写的《修复理论》一书，标志着现代修复理论和方法学的建立。其理论核心是：修复是根据历史学、自然科学、美学、材料学的特征认识艺术品、修复艺术品的方法学。现代文物保护修复已经发展成为一门综合类学科，需要多领域、多学科支撑。一项文物的保护工作从开始到最后的完成，需要经历诊断、分析、保护修复、研究等阶段，每个阶段任务重心各不相同但又环环相扣，至少需要考古学家、文物保护学家及修复师的共同参与来确保完成。因此，文物保护修复已经从过去一项单纯的技术，发展为一门涵盖丰富的学科。开展保护修复涉及学科门类多，学科交叉复杂，其他行业所不能及。

（一）文物保护修复措施分类与学科支撑

单就文物保护措施而言，可以分为间接保护、直接保护及直接干预几种方式。间接保护是针对文物所处的环境及承载物条件的间接干预，间接保护是预防性保护。直接保护是对整体性受到威胁的文物进行直接的干预。直接干预属于非强制性对文物的干预，直接干预的方式就是修复行为。所有这些文物保护措施都需要以下几种学科知识作为支撑：

历史学科：艺术史、制作技术史、修复理论与历史。

科学：基础化学、基础生物学、地质及环境学、修复化学、修复生物学、修复物理学。

辅助学科：文物法规及规范、信息学、遗产经济学。

完成任何文物保护修复工作，除了采用正确的保护理论和先进的技术及设备以外，还需要具有团队精神的修复人员、历史学家和科学家之间的密切配合。

（二）国内各高校文物保护修复人才培养现状

我国新修订的职业大典，对于文物修复人员有如下明确定义：指从事文物历史、艺术与科学价值研判，保存状况分析，现状病害勘察，并在此基础上对文物进行加固、修补、清洗、补全、表面封护等工作的人员。与博物馆数量和馆藏文物的庞大规模相比，文物修复人员少得可怜。

据 2014 年统计，领域内共有“文博”机构 7737 个，按调查比例计算，文物修复人员缺口约 26000 人。本次调查共计 2207 份个人问卷，来自全国 347 家单位，按不同单位性质划分，与国家文物局统计数据比对，预测行业修复人员有 8000 人左右，按照 43.2% 的在编比例计算，纳入统计数据的修复人员应有 3400 人左右，仅占从业人员总数的 2.6%。

据不完全统计，全国超过 70 家开设文物修复专业的大专院校、职业院校在校生规模逾 17000 人，其中本科及以上学历教育学生占 34.9%，年毕业学生人数有 4000 余人。但由于编制、待遇、地域等问题，对口就业率不超过 25%，能够从事文物修复的学生少之又少。由于各种原因，行业内文物修复技术获得的主要途径为在职培训、师承、职业教育，以及其他，在职培训和师承占据大部分（图 2）。同时修复人员大部分是从其他学科方向转到文物修复来的，多数是通过在职培训的形式解决动手操作的能力，特别是以 3 个月以下时长为主，这为文物修复存在很多问题埋下了隐患。

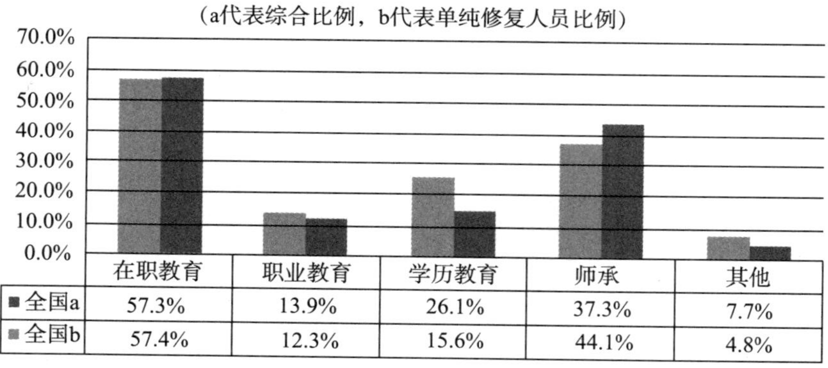

	在职教育	职业教育	学历教育	师承	其他
■全国a	57.3%	13.9%	26.1%	37.3%	7.7%
■全国b	57.4%	12.3%	15.6%	44.1%	4.8%

图 2　行业内文物修复技术获得途径分析图

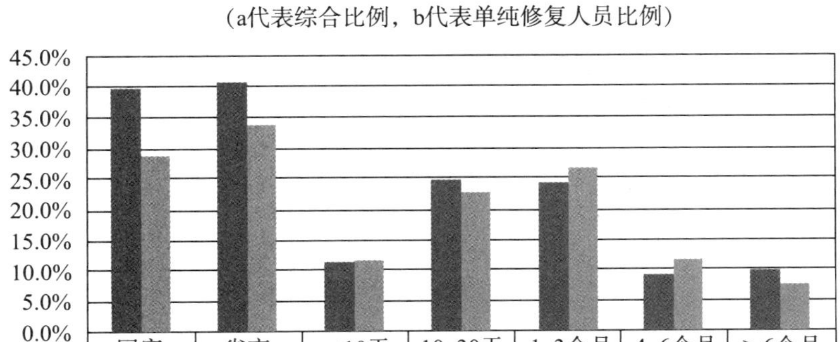

	国家	省市	＜10天	10-30天	1-3个月	4-6个月	＞6个月
■全国a	39.8%	41.1%	11.5%	24.9%	24.5%	9.4%	9.9%
■全国b	29.0%	33.9%	11.8%	23.0%	27.0%	11.9%	7.8%

图 3　文修人员参加在职培训及时长分析图

目前全国共有 68 所高等院校设置了文化遗产保护类的相关专业，计有考古学、文物与博物馆学、文物保护技术、建筑史、科技史等专业，以及科技考古、文化遗产管理、文物鉴定与修复等相关专业方向。37 所大中专开设文物保护与修复相关专业，2019 年 3 所本科院校设置了文物保护与修复专业。

另外通过第三方机构对上海视觉艺术学院（SIVA）文物保护与修复学院 2008—2013 级毕业生（共 187 名）就业调研终结报告发现：只有 36% 的毕业生表示自己当前工作内容与所学专业相关。这反映了学校的专业设置与社会需求之间有所偏差，因此专业设置和课程设置需主动适应社会需求。可移动文物修复人才的缺口特别大，另外业界机构单位对文修学院培养的学生了解不多，供需关系不平衡。同时据调查，就业专业匹配度高的往往是去往中小城市的外地生源，因此在招生的过程中应当考虑坚持全国招生的模式。

五、现代文物修复人才培育的实践和思考——以 SIVA 的国际合作为例

意大利高级文物保护修复研究院（ISCR）是全球最早开设文物保护与修复的教育机构，是全世界最著名的文物修复师的摇篮，罗马第三大学（Rome Three）是意大利多学科交叉融合办学的典范。上海视觉艺术学院（SIVA）文物修复人才培养体系以其作为参照。2018 年 5 月，SIVA 分别与上述单位签订战略合作协议，在学历互认、人员互访、联合培养研究生、筹办“亚太中心”四个方面开展合作。

由意方专家与文修学院教师组成的团队，详细对比中意双方教学的异同点，重点对 SIVA 现阶段所开设的课程、教学计划、师资、实验室、教学资源等情况做了对比探讨，着重分析

了现阶段文修学院的优势和不足点，以及课程设置存在的关键性问题，并提出相应修改方案。

（一）意大利文物保护与修复课程简介

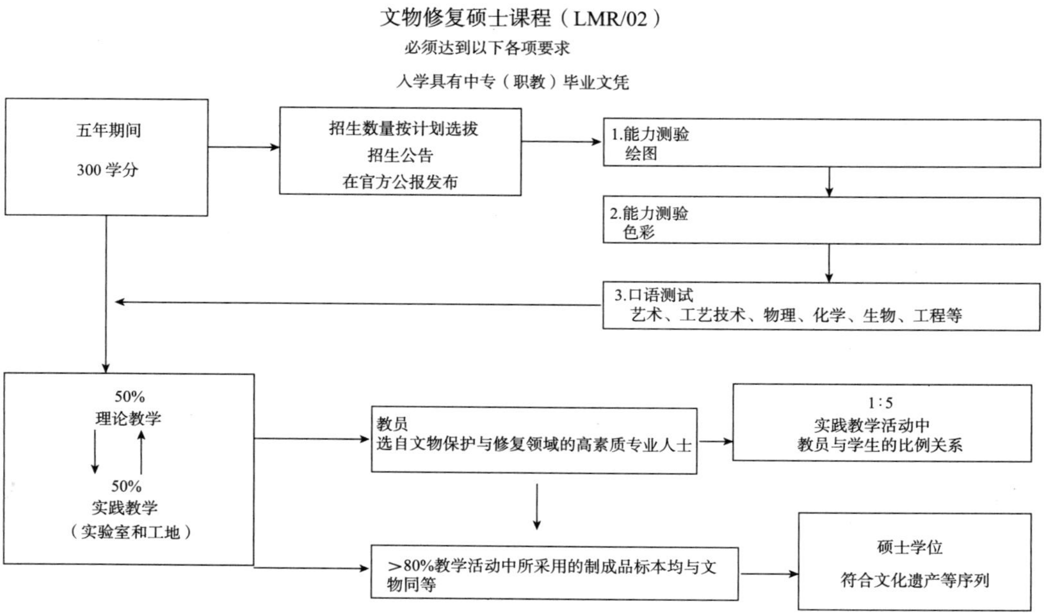

图 4 意大利文物保护与修复课程简图

意大利文物保护与修复课程简介（如图 4）。意大利文修修复课程为 5 年制硕士课程，总学分为 300 分，并且规定必须在限定的年限内修满合格才能毕业。在文物保护与修复教学过程中，确保至少一半的教学时间用于实验室和文物现场修复实践，一般上午讲授理论课程，下午和晚上实践练习，整个过程持续到第四学年，第五年以毕业修复为主导，完成毕业论文及实习课程。同时校方在整个教学过程中组织和联系大量的课堂外的修复活动，以补充学生的修复实践活动。

（二）SIVA 文物保护与修复课程架构和意方的对比

SIVA 文物保护与修复专业是在原来陶瓷、书画、油画三个修复学科方向发展起来的。初步建立了文理综合多学科交叉的课程架构，但以前大部分课程设置内容是在油画、陶瓷、书画三个方向上分别开设的，多以一般手工技艺类传承为主，对多学科交叉综合属性重视不够。教学的科学属性仍需加强。

SIVA 注重史论类课程，也偏向于实验室研究和分析检测的自然科学，以及语言、预防性保护课程，但教学内容在课程名称中系统化不明显；意方则偏向于与环境、不可移动文物相关的技能课程的设置。

教学内容的设置，意方修复模块包包含的内容更为丰富，尤其是设置了较多的与相应文物类型有关的材料科学课。这在 SIVA 的计划中没有明显看到，SIVA 更注重技法。

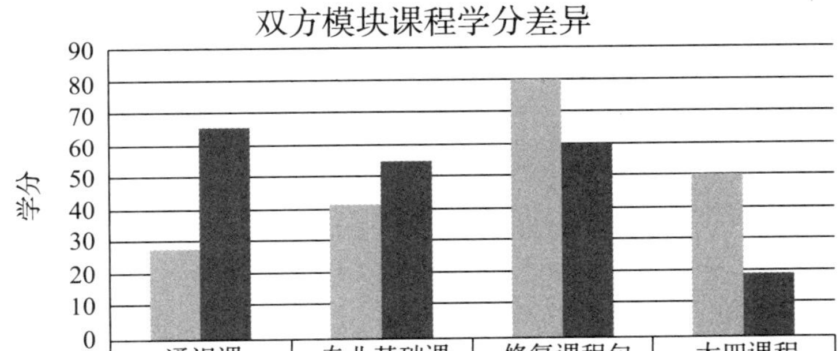

	通识课	专业基础课	修复课程包	大四课程
意方	28	42	80	50
上海视觉	66	55	60	19

图 5　SIVA 与意大利文物保护与修复模块课程学分差异分析图

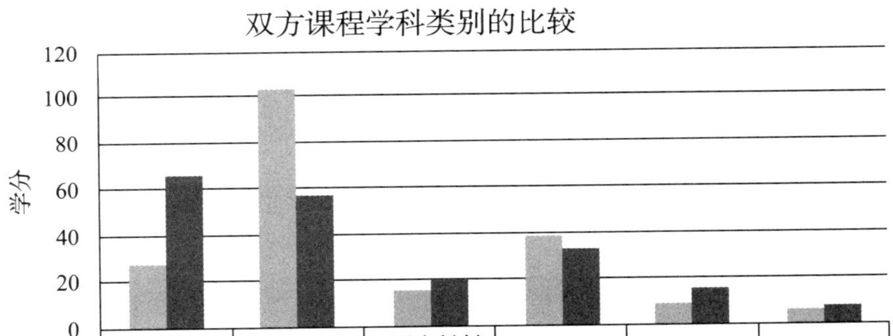

	通识课	修复实践课	历史材料技法课	科学课	文史课	其他
意方	28	103	15	39	9	6
上海视觉	66	57	20	34	15	8

图 6　SIVA 与意大利文物保护与修复学科类别差异分析图

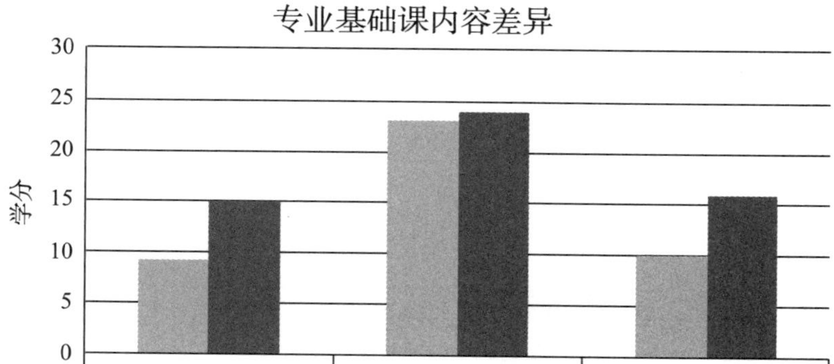

	文史课程	自然科学课程	信息技术摄影CAD法律和健康课程
意方	9	23	10
上海视觉	15	24	16

图 7　SIVA 与意大利文物保护与修复专业基础课内容差异分析图

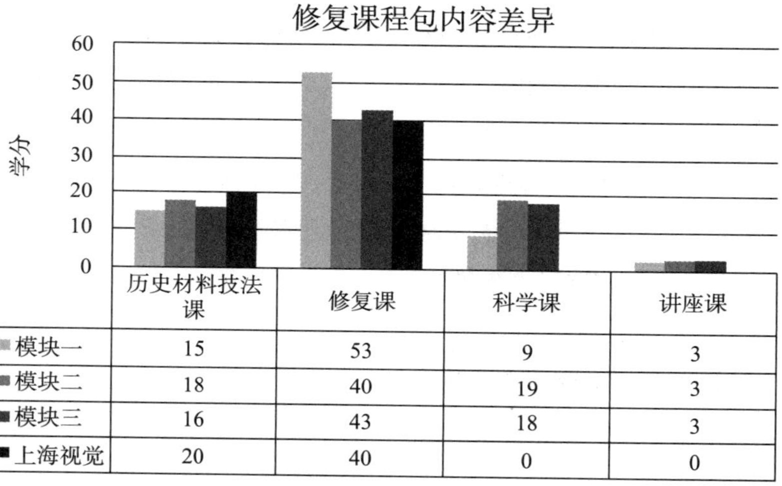

	历史材料技法课	修复课	科学课	讲座课
模块一	15	53	9	3
模块二	18	40	19	3
模块三	16	43	18	3
上海视觉	20	40	0	0

图 8　SIVA 与意大利文物保护与修复修复课程包内容差异分析图

（三）小结

通过国际合作，引入本专业所需自然、社会学科的相关资源，建立包含修复理论基础、修复材料科学和修复工艺三大模块为教学内容的基本骨架。并计划从 2018 级开始启用中意合作架构的教学计划，与国际通行教育逐渐接轨。由于在探索阶段存在不少问题，如理论与实践教学的比例问题，历史、艺术、考古、科学、技艺等方面的课程安排，不仅仅是单一学科内容教学，应重视整个教学体系的有机整合，文物保护与修复工作的多学科交叉的综合属性。

唐代沉船瓷器与宋元出土文物

——论证新加坡贸易商港的起源

许源泰 / 新加坡国立大学

1819 年，莱佛士爵士（Sir Stamford Raffles）代表大英帝国与治理新加坡的马来君长天猛公（Temenggong）签订合约，让英国东印度公司在新加坡设立商站，标志着新加坡现代史正式拉开了帷幕。在此之前，记载新加坡的史料典籍寥寥可数，有关这个小岛的实际称谓也生涩难辨，不一而足。单是已经正式定为国名的"新加坡"（Singapore），史学家饶宗颐在 19 世纪初中叶的各类书籍中，便发现至少有 35 种异译名称，[1] 更何况在此之前的古称谓和古译名？一直到新加坡逐渐走向自治和独立建国之际，族群的身份认同和国家的归属塑造，成了时人最关注的焦点课题。历史渊源，正是一个新兴国家追求独立建国的重要理论依据之一，当时的史学家为这个小岛掀起了一番追源溯流的热潮，以至议论纷纷，莫衷一是。

实际上，在莱佛士爵士登陆新加坡以前，这个小岛究竟是一个落后的渔村，还是一个繁荣的商港？在学术界，还是一个激烈争辩的热门课题。历史学者邱新民在其著作《新加坡寻根》中，便有多章篇幅的详细讨论及引证，并根据宋人赵汝适的著作《诸番志》（成书于 1225 年）、元代航海家兼商人汪大渊的著作《岛夷志略》（成书于 1349 年），以及其他相关的文献记载，辩论古老的新加坡其实是有史可稽的，早在莱佛士爵士 1819 年登陆狮城以前，新加坡"已做了 594 年的商埠了"。[2]1991 年，时任香港东南亚研究所教授的邱新民接受联合国教科文组织邀请，在一项"海上丝绸之路综合性考察"（Comprehensive Investigation of the Marine Silk Route）的研究报告中，进一步追述了几个已受专家学者认同的新加坡古名称，前后有《汉书·地理志》的"皮宗"、《通典》的"皮嵩"、《广州通海夷道》的"质"、《爪哇史颂》和《马来纪年》的"淡马锡"（单马锡），《诸番志》和《岛夷志略》等书记载的"班卒"、"龙牙门"（凌牙门），以及《马来纪年》的"新加坡拉"等。[3] 然而，由于缺乏实物证据，

---

[1] 饶宗颐：《新加坡名称华文异译表》，见饶宗颐《饶宗颐二十世纪学术文集·卷七·新加坡古事记》，（台湾）新文丰出版股份有限公司 2003 年版，第 382—383 页。

[2] 邱新民：《顺天宫碑石的发现小语》，见邱新民《新加坡寻根》，（新加坡）胜友书局 1990 年版，第 91—92 页。

[3] 邱新民：《海上丝绸之路的新加坡》，（新加坡）胜友书局 1991 年版，第 86—91 页。

其推论未能获得重视。

一、在新加坡河畔考古挖掘的大量宋元文物

20世纪末，新加坡考古学家和历史学者进行的大规模考古活动，有了非比寻常的大发现，颠覆了整个新加坡的历史观。

福康宁山，原是马来统治者的禁山“Bukit Larangan”。英殖民政府统治新加坡伊始，便将此小山丘改为英军在新加坡向南海岸线上的一座军事堡垒，并以第一任英属印度总督Viscount Charles John Canning之名改称Fort Canning（直译为“康宁堡垒”）。其实，当时已在此山丘确认的最早文物，一座可以追溯到被人们认为是“新加坡拉王朝”（Kerajaan Singapura，1299—1398）的第五位君王（苏丹，也是最后一位君王）依斯干达沙的圣墓（Keramat Iskandar Shah），即使到了21世纪初，新加坡政府的官办中小学教科书还是把新加坡的历史序幕定格于1819年，是从英人莱佛士登陆殖民的落后小渔港作为起点。

从1984年到1999年，新加坡考古专家在同一座福康宁山下大规模挖掘，发现了包括宋、元的钱币和瓷器等3万件文物。《联合晚报》在1990年3月31日报道，以新加坡国立大学历史系教授约翰·米克锡（Dr. John Miksic）为首的15人考古团队挖掘到一些佛教文物，包括一尊青瓷像，看似观世音菩萨，另有青瓷片、陶土碎片刻有菩提叶与汉字。这些陶瓷碎片可能来自一只大坛子，或是佛教僧侣所用的钵，都是14世纪的文物，反映了当时的新加坡或有佛教徒。[1]

2005年，约翰·米克锡初步总结其19年来在新加坡主持考古研究所得的文物资料，正式著书戳破官方近两百年重复叙述新加坡是英人开辟的神话，挑战新加坡历史必须跨过英殖民思维的历史观，极力往前推到500年前。米克锡论证从1300年至1600年，新加坡实际上已是一个拥有1万人口的繁荣的国际贸易港口“淡马锡”（Temasik）。[2] 随后多年，米克锡极力向教育部建议修改历史教材，并把他和考古团队在过去30年来所挖掘的50万件文物，包括中国瓷器、爪哇雕像、印度琉璃等一部分文物资料，放进一个个教学工具箱，让新加坡的中学生有机会亲手接触和分析出土文物，并由这些年轻学生向长辈证明，700年前新加坡的繁荣的确存在。经过9年的努力和漫长等待，教育部终于接受米克锡的建议，正式修订中学

[1] 《福康宁公园挖掘收获大　十四世纪佛教文物出土》，见新加坡《联合晚报》1990年3月31日；《南洋佛教》第252期，南洋佛教杂志出版社1990年版，第32页。

[2] John N. Miksic and Cheryl-Ann Low Mei Gek, *Early Singapore 1300s-1819: Evidence in Maps, Text and Artefacts*. Singapore: Singapore History Museum, 2005.

历史教科书，让中学生有机会阅读*Singapore：The Making of a Nation-state*，1300—1975（《新加坡：建构一个民族国家，1300—1975》）的全新历史教科书。

这项长达30年的考古新发现，彻底颠覆了新加坡官民的历史观。新教科书讲述新加坡在1300年至1600年期间，是一个拥有一万人口的贸易港口，其崛起与苏门答腊室利佛逝王朝的衰退息息相关，而季候风航海技术造就了新加坡当时的辉煌。米克西奇认为，当时的新加坡社会相当繁荣，人们使用中国钱币和纸币，有各种制造业，包括酿酒业、铸金业。这里也是区域的交汇点，船只进出频密，人口多元，有马来人、华人、印度人、爪哇人等，和现在的新加坡差不多。不过，从1600年直至莱佛士开埠，新加坡的发展的确进入了暗淡期，以致被误认为只是一个小渔村。那是因为荷兰人抵达东南亚后，与当地土著激烈交战，导致人们纷纷离开新加坡。[1]

这一连串的考古新发现，引起了“那烂陀—室利佛逝研究中心”（Nalanda-Sriwijaya Centre，ISEAS，NUS）的注意，并结合新加坡国家文物局（National Heritage Board）的考古队伍，于2015年在福康宁山附近（新加坡河口）的皇后坊（Empress Place）展开进一步的考古活动。这是新加坡自31年前开始考古挖掘工作以来，面积最大的挖掘地点，占地面积1000多平方米。据《联合早报》的报道，截至2015年2月14日，在皇后坊出土的文物总重量已多达400公斤，包括700多年前的陶瓷碎片、龙泉青瓷碗、古铜钱，以及中国元朝的小型佛像。[2] 两个月的考古活动结束后，挖掘出土的文物竟重达3吨。据参与这项活动的考古学家戴柔星博士介绍，这些出土文物以中国古陶瓷为主，例如元青花瓷、龙泉青瓷、德化白瓷等，比较特别的是多尊佛、神、人像，红色（即“玉髓”）、黑白相间的玛瑙天珠，以及制作这些天珠的原材料，可以说明古代新加坡人的宗教信仰。[3]

关于《联合晚报》在1990年的报道，新加坡考古专家在福康宁山挖掘到一尊“看似观世音菩萨的青瓷像”和刻有“菩提叶与汉字的陶瓷碎片”等佛教文物；以及《联合早报》在2015年报道考古专家在皇后坊发现“中国元朝的小型佛像”的新闻，我日前当面请教了考古学博士戴柔星。戴柔星根据他的专业判断，持谨慎态度和保留意见。戴柔星慷慨分享了他在皇后坊考古现场拍摄的古文物瓷雕人物塑像照片，如图1至图6，作为本文的辨析证据，并参照中国其他考古文物断定为元代景德镇瓷器，当无异议。至于塑像本身是否是观世音菩萨等佛教文物，则有待商榷。因为在皇后坊出土的多尊瓷像中，有下身着叶饰、有手势与坐姿均

[1] 沈约：《教科书新加坡史推前五百年，莱佛士登陆前已是繁荣贸易港》，见新加坡《联合早报》2014年5月13日。
[2] 李静仪：《皇后坊展开历来最大规模考古挖掘》，见新加坡《联合早报》2015年2月14日。
[3] 戴柔星：《海上霸权——单马锡》，见新加坡总乡会馆联合总会《源》2016年第4期。

与《元瓷之珍》所记载的元代瓷雕人物精品类似，不一定是菩萨佛像，也有可能是中国神话里的神像，甚至是表现元杂剧人物的瓷器。是中国式的人像、神像或佛像，一时难以判断。

然而，有一项可以确定的推断是，在皇后坊出土的红色（即“玉髓”）、黑白相间的玛瑙天珠，以及制作这些天珠的原材料。当其他在现场的考古学者还没留意这些天珠和天珠原材料的意义时，戴柔星却敏锐地联想到，古代的新加坡很可能是制作密教（金刚乘）佛教天珠，然后将制成品销售到东南亚其他佛教古国的厂、作与转换站。如图 7 至图 9，显示的是已近完成的密教（金刚乘）天珠；图 10 与图 11，很可能是工匠在制作半途，发现纹路不适合故随手丢弃的半成品。若这个推演属实，新加坡多元佛教的最早邂逅，至少可以断定是在元代（1271—1368），而且与密教（金刚乘）息息相关。

戴柔星曾经撰文《海上霸权——单马锡》分析新加坡古名“单马锡”“凌牙门”“龙牙门”等，很有深度和启发性。其中分析宋代泉州港的市舶司赵汝适（1170—1231）撰写的《诸番志》（1225）有段描写很值得注意：“三佛齐（室利佛逝），间于真腊、阇婆之间，管州十有五。在泉之正南，冬月顺风月余方至‘凌牙门’。经商三分之一始入其国（三佛齐）。”

这可以说明古新加坡港口的贸易量非常庞大。众所周知，宋代的海外贸易非常发达，在

左起图 1、图 2　2014 年，在皇后坊出土的元代人 / 神 / 佛瓷像（戴柔星提供）

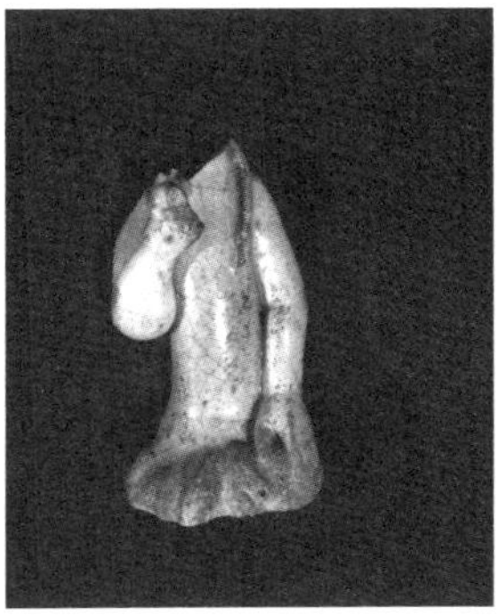
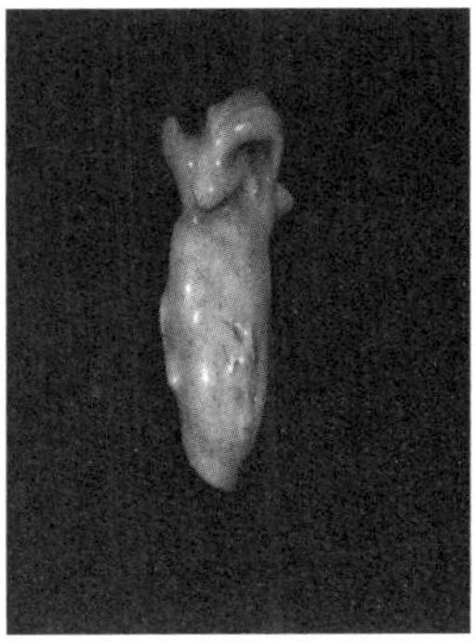
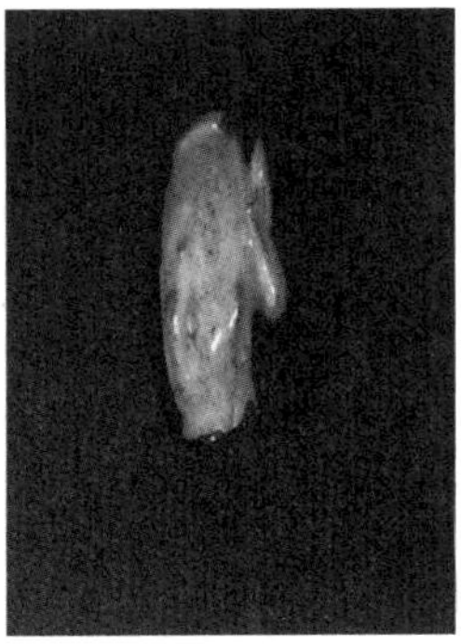

左起图 3、图 4、图 5、图 6　2014 年，在皇后坊出土的元代人 / 神 / 佛瓷像（戴柔星提供）

左起图 7、图 8、图 9　在皇后坊出土的红色、黑白相间的玛瑙天珠（戴柔星提供）

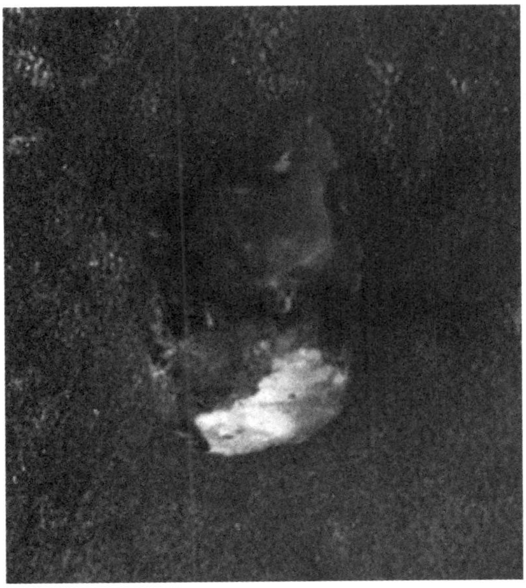
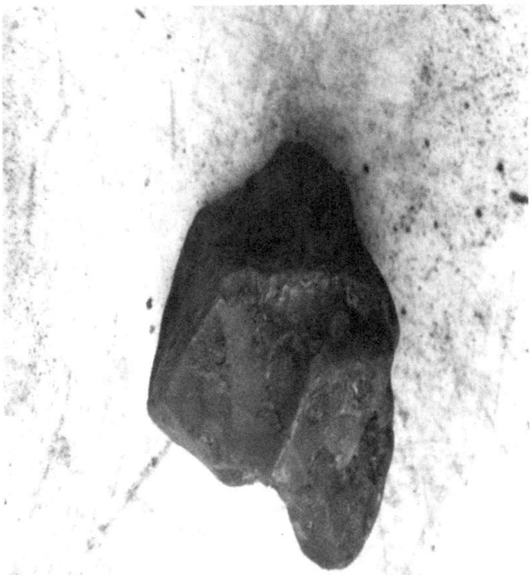

左起图 10、图 11　在皇后坊出土的玛瑙天珠原材料半制成品（戴柔星提供）

真德秀（1178—1235）主政泉州的年代，每年到泉州的船有 36 艘，成为中国第一大港。马可·波罗（Marco Polo，1254—1324）和伊本·白图泰（Ibn Batūtah，1304—1377）先后于 1292 年和 1345 年抵达泉州，都声称泉州是当时世界的第一大港。倘若从中国最大港口（甚至世界最大港口）出发到三佛齐的商船，有三分之一的货物在古新加坡进行贸易，数额就等于东南亚强国三佛齐的近一半。有那么庞大的贸易量，古新加坡作为一个专为四周围的佛教古国制造密教（金刚乘）天珠的厂、作或转换站，应合情合理。

二、在新加坡东南方的爪哇海域发掘的唐代沉船文物

1998 年，几位印尼渔民在勿里洞岛附近（新加坡东南方约 600 公里）的爪哇海域潜水捕捞海参时，发现海底有个隆起土堆，内有多只已被珊瑚覆盖的瓷碗，完好无损。由于沉船位于离岸仅 3 公里内的浅水区域，极易遭人盗劫或受到捕鱼活动的毁坏，印尼政府即刻授权一家打捞公司将沉船中的货物取出。经过两次打捞，成千上万的珍贵文物，以产自唐代（618—907）的六万件瓷器为主，以及多件金银珍品得以发掘。由于许多瓷器被发现时仍整齐有序地装于大罐内，并被海泥掩没保护，故文物出水后仍然光亮如新。[1]

根据以下的三个证据，考古学家考证这艘沉船属于唐代沉船。其一，沉船内有两组铸于公元 845 年前的中国铜钱。其二，船上的木材、八角和树脂等有机物经过放射性碳年代测定后确认，沉船的年份介于 670 年至 890 年之间。第三，船内的一只长沙窑烧制的瓷碗上刻有 826 年夏季的一天，这是论证该船航程的最早日期之一。根据种种线索的综合推断，这艘商船当于 9 世纪 30 年代或 40 年代期间（唐代）沉没。

根据沉船的木制龙骨和船体由多块木板捆绑一起的技术，考古学家确认此船具备了波斯湾地区造船的特点（未用任何木榫或铁钉建造，几块木板凿洞并以椰壳纤维制成的绳子扎结起来，接缝空隙处再以椰壳纤维填塞后以含石灰的涂料密封，使船身不透水。此为波斯湾与印度地区早期典型的造船技术）。该地区当时属于阿拔斯王朝（750—1258）的一部分，由此推断这艘商船造于中东。公元 9 世纪的亚洲，正由世界两大强权所主宰，东边是地处东亚的中国唐朝，西边是地处中东的阿拔斯王朝（建都巴格达，即今伊拉克首都）。由于两大帝国的主要贸易路线途经东南亚，商船多在此处逗留以等待季候风转向并补充淡水和物资，故东南

---

[1] 18 米长的商船上所装载的七万件瓷器重达 25 吨，成千上万只瓷碗以螺旋形堆叠的方式装入储物罐里，这种做法巧妙地节省了许多空间。每只储物罐内垫稻秆，装有约 130 只紧紧叠放的瓷碗。在稻秆和海床淤泥的保护下，大多数瓷碗免于受损。详见 Shipwrecked，*Tang treasures and monsoon winds.* Washington，D.C.：Arthur M. Sackler Gallery，Smithsonian Institution；Singapore：National Heritage Board；Singapore Tourism Board，2011.

亚崛起了一个最重要的港口中心，即主导着东南亚贸易物流的海洋王国室利佛逝——位于今日的苏门答腊巨港——处于这两大东西文明古国的交会位置。多项考古证据均显示，今日的越南、印度尼西亚、新加坡、马来西亚和泰国，当时都具备主要的贸易港口。

从沉船的货物推断，这艘船失事前很可能正驶往阿拔斯王朝的主要港口巴斯拉（波斯湾附近，今伊拉克地区）。根据当时的季候风判断，这艘商船是在夏天时通过西南季候风从波斯湾往东航行，十月以后便随着东北季候风离开中国，扬帆西去。合理的推论是这艘船会从波斯湾起航，在抵达中国南方港口前曾停留在印度和东南亚，之后载上中国的货物返回中东，却在中途经过爪哇海域时沉没了。

按常理，中国与中东之间最直接的航线是经新加坡，并通过马六甲海峡。但这艘商船却在爪哇海域沉没，看似偏离了航道。合理的推论是这艘商船欲前往爪哇进行肉豆蔻和丁香等珍贵香料的交易，因为沉船上的长沙窑瓷碗也曾在爪哇被发现，这显示了中国瓷器是 9 世纪爪哇区的重要商品之一。再根据船上许多文物的图案样式皆出自阿拔斯帝国区域。故推断这艘商船的最终目的地为阿拔斯帝国。据考察显示，这艘沉船原定驶回中东（今伊朗和伊拉克），证明了中国至少在唐代，已与东南亚和中东地区拥有密切的商贸联系。

沉船内有约 5.75 万件瓷器，皆产自湖南长沙窑，证明早在 9 世纪，长沙窑瓷器已批量生产，商业交易量蓬勃发展。扬州是当时瓷器的主要集散地，爪哇、马来半岛、越南、柬埔寨和泰国都曾发现长沙窑瓷器，所以船上部分的货物极有可能是要外销至东南亚。长沙与唐代都城长安（今西安）相距甚远，也远离沿海的商业中心。长沙陶工工人以采用绿色与褐色釉面的创造风格鲜明独特的装饰手法取胜，其装饰多为几何抽象图案，笔墨自由率意表现灵动气势，瓷器多以碗、罐和壶等日用器皿为主，装饰粗犷奔放，生动活泼。

长沙窑的青釉瓷器并不多见，这艘沉船内仅能找到几件，并以模仿越窑青瓷的釉色和造型烧制而成。除了大部分价格较为低廉的瓷碗外，沉船货物中也有一些主要产自中国南方的金银制品，包括中亚伎乐纹八棱金杯，是迄今所发现最大的唐代金杯。沉船宝物包括为中东烧制的白釉绿彩瓷、300 件品质优良的白瓷、青花瓷器（瓷器上的钴蓝釉彩，以及四角各绘花叶的菱形装饰图案皆源自伊朗）、29 面中国铜镜（其中 3 面镜子在商船起航之际就已是古董，其中一面更是铸于汉代，比该航程早了将近一千年），等等。

从这艘唐代沉船数量庞大的货物可合理推断：（一）9 世纪时，中国瓷器在外国已相当流行；（二）当时的中国已有能力批量生产成千上万件几近相同的瓷器；（三）当时的中国已拥有一个能够将全国各地的货物集中到一个港口的国内运输网络；（四）当时的中国具有一个货物投资，以及利润共享的金融系统。

左起图 12、图 13、图 14、图 15 在爪哇海域出土的中国钱币、长沙窑瓷器、青瓷等（资料来源：Shipwrecked： Tang treasures and monsoon winds. 2011.）

左起图 16、图 17、图 18、图 19 在爪哇海域出土的中国白瓷、青花瓷、金杯、铜镜（资料来源：Shipwrecked ：Tang treasures and monsoon winds. 2011.）

小结

唐代沉船在爪哇海域的发现，证实了早在 9 世纪，海上贸易路线同样扮演着与陆上的丝绸之路将中国与中亚和中东联系起来的重要角色。该商船源自中东，很可能将中东盛产的玻璃与矿物等运往中国，然后从中国载着丝绸与瓷器返航，并在沿途与东南亚和印度进行货品交易与船员补充。相对于陆路的骆驼与马匹，海上贸易的商船运载量似更庞大。新加坡处于这艘沉船约 600 公里处，显示自千年前，包括新加坡在内的这片海域就已是东西航线必经之路的国际贸易枢纽。因此，新加坡作为今日全球航运贸易点的成就，可说是其来有自，源远流长，此其一。

其二，根据新加坡最新的考古发现，至少在七百年前已有来自中国宋、元朝代的钱币和瓷器，而且新加坡不但是室利佛逝、满者伯夷等佛教古国势力范围之内的一个古国，并有可能扮演着协助推广和弘扬密教系（金刚乘）佛教的重要港口。皇后坊发现的多枚宋、元时期密教系（金刚乘）的天珠和天珠半成品，便是考古证据。

总之，新加坡在不断填海造地之前，其实仅是不足600平方公里的小岛。在任何意义上，这个蕞尔小岛从来都不是一个隔离而自足的地理单位。摊开东南亚的地图一看，不难发现新加坡恰好处于东南亚海域上的十字路口，门户洞开，常与外来的商业贸易和多层文化接触，大唐帝国和阿拔斯王朝的互相来往，以及宋元时代的海上贸易来往，必然会给这个小岛带来丰厚的思想交流和宗教文明。因此，在某种程度的意义上，新加坡是属于大于其本身的某种东西的一部分，其意义与价值，必须置于整个亚洲的历史背景中才可以显现。